Profecías de
NOSTRADAMUS
y de los más grandes videntes

Profecías de NOSTRADAMUS y de los más grandes videntes

Predicciones para el año 2000 y más allá

Francis King y Stephen Skinner

GRUPO EDITORIAL norma

Barcelona, Bogotá, Buenos Aires, Caracas, Guatemala,
Lima, México, Miami, Panamá, Quito, San José,
San Juan, Santiago de Chile, Santo Domingo.

Edición original en inglés:
The Prophecies of Nostradamus and
The World's Greatest Seers and Mystics
de Francis King & Stephen Skinner

Una publicación de Carlton Books Limited

Apartado Aéreo 53550, Bogotá, Colombia.

Impreso por Cargraphics S. A. — Imprelibros
Impreso en Colombia — Printed in Colombia
Agosto, 1997

Diseño de cubierta, María Clara Salazar
Armada electrónica, Andrea Rincón G.

Este libro se compuso en caracteres A Caslon.

ISBN 958-04-3931-1

CONTENIDO

INTRODUCCIÓN

Vivimos en un mundo de alta tecnología, un mundo en el que nuestra realidad cotidiana — de la televisión a los trasplantes de órganos y los viajes espaciales — constituye lo que hace un siglo eran meras fantasías producto de imaginaciones tan brillantes como las de los escritores Julio Verne o H.G. Wells.

A pesar de esto, vivimos también en un ambiente de magia y de misterio que todo lo invade: actualmente, son muchos los hombres y mujeres que acuden a consultar a videntes, astrólogos y echadores de cartas profesionales en un intento de hallar orientación sobre sus vidas sentimentales, asuntos económicos, y sobre el destino futuro de la humanidad en conjunto.

Los métodos elegidos por quienes se interesan por los aspectos anteriormente mencionados son numerosos y diversos. Van desde consultar el antiguo libro chino de oráculos, el *I Ching* (El Libro de las mutaciones), hasta intentar alcanzar un estado alterado de consciencia en el que el espíritu se libera del cuerpo y es libre para deambular por todo tiempo y espacio.

Ninguna de estas técnicas es nueva. Una de las más extendidas de ellas se ha practicado, con un éxito irregular, desde mediados del siglo XVI: la interpretación de las estrofas proféticas de cuatro versos (cuartetas) compuestos hace más de 400 años por Nostradamus, el astrólogo y visionario francés conocido por todo el mundo. Las cuartetas, cuya colección se conoce con el título de *Las Centurias,* están escritas con una terminología profundamente codificada, cuya total comprensión exige mucho tiempo y dedicación. ¿Es correcto afirmar que quienes se empeñan en esa tarea y en otras similares no son más que los vestigios humanos de un pasado supersticioso, y que sus creencias se han quedado obsoletas por el desarrollo de la ciencia y la tecnología modernas, y que sus actividades son, por tanto, completamente estériles? ¿O es de verdad posible contemplar un boceto del futuro y Nostradamus viajó a través del tiempo y tuvo conocimiento de acontecimientos que todavía están por venir?

Un ejemplo reciente de que el antiguo arte de la adivinación predecía con éxito hechos futuros queda ilustrado por las oscilaciones de los precios de 1992 en la Bolsa de Hong Kong, con todos sus sistemas de alta tecnología, y su relación con el "Índice del viento y el agua (Feng Shui)".

Este índice fue compilado a principios de 1992 por Credit Lyonnais Securities (Asia), partiendo de una serie de consultas hechas a tres adeptos del antiguo arte chino de la predicción conocido como Feng Shui. Predijo con éxito la gran subida de los precios que tuvo lugar entre marzo y mayo de 1992, el máximo de noviembre del mercado de Hong Kong, y su estrepitosa caída al mínimo anual de principios de diciembre. Sin embargo, Credit Lyonnais Securities (Asia) asesoró a sus clientes basándose en unas previsiones más ortodoxas que las obtenidas a partir del Feng Shui y, aunque su asesoramiento resultó tan excelente como suele serlo siempre, no fue tan exacto como el consejo de los adeptos del Feng Shui. Quizás algunas de las artes antiguas no estén tan superadas por la moderna tecnología como algunos pueden creer.

RENACENTISTA VIAJANDO EN EL TIEMPO

Existen — y siempre han existido — multitud de supuestas profecías que indican que nuestro futuro inmediato es bastante oscuro. Pocas son las que vale la pena considerar en serio pero las de Nostradamus son verdaderamente impresionantes.

En julio del año 1999, o tal vez a principios de agosto, exactamente después de concluir ese séptimo mes, descenderá a la Tierra el "Rey del Terror".

¿Quién o qué es el Rey del Terror? Es casi seguro que se trata de un individuo que desencadenará la guerra nuclear en nuestro planeta o que, quizás, hará estallar una bomba de fusión con un extraordinario poder de destrucción.

Antes y después de la llegada del Rey del Terror "Marte rige felizmente", aunque no felizmente para la humanidad. Puesto que Marte es el dios romano de la guerra y, a la vez, el planeta que, en la antigua tradición, es el regente de las batallas, las luchas, las matanzas y la cólera humana, esta frase sólo significa una cosa: que durante los meses o años anteriores y posteriores a la llegada del Rey del Terror, el planeta será asolado por una lucha de una crueldad jamás conocida hasta entonces.

En torno a los meses en que se celebren los Juegos Olímpicos del año 2008, un dirigente de algún país del mundo, que será el jefe de un siniestro culto nigromántico y que podría muy bien ser el "Rey del Terror", llevará a cabo una acción de gran importancia relacionada con el hecho de encender el Oriente.

Pero estos no son los únicos hechos que nos amenazan en un futuro inminente. Los cuatro jinetes del Apocalipsis —la enfermedad, la guerra, el hambre y la muerte— cabalgarán por los cielos, esparciendo la miseria y la muerte entre nosotros.

Empero, no todos los acontecimientos por venir son tan lóbregos; al otro lado del abismo de la historia, que la humanidad está destinada a atravesar, hay soleadas colinas sobre las que los hombres y mujeres vivirán con sus cabezas entre las estrellas.

Todas estas predicciones están extraídas de la obra del escritor francés Nostradamus (1503-1566), hombre al que a menudo se alude con el sobrenombre de "el vidente de Salon", puesto que fue Salon la ciudad donde finalmente se estableció después de una vida errática durante la que adquirió una vasta y extraña sabiduría. ¿Qué clase de hombre fue Nostradamus? ¿Qué se sabe de las aventuras que vivió durante sus numerosos viajes? Y, lo que es más importante, ¿debería su elevado porcentaje de profecías cumplidas inducirnos a tomar en serio sus predicciones sobre el futuro del género humano? El primer capítulo de este libro trata de dar respuesta a esas preguntas.

¿MAGO, VIDENTE O CHARLATÁN?

Nostradamus nació en la Provenza, en Saint Rémy, el 14 de diciembre de 1503, en el seno de una familia judía, aunque católicos conversos. Según la tradición, los antepasados de su padre habían sido médicos eminentes, famosos por su saber; empero existen ciertas evidencias de que muchos de los antepasados directos del vidente habían sido comerciantes judíos afincados en el enclave papal de Aviñón. Sin embargo, este dato no rebate por completo la veracidad de la tradición ya que eran numerosas las familias de humildes comerciantes judíos en la Europa del siglo XVI que, por línea colateral o incluso directa, estaban emparentadas con personas ilustradas como rabinos, médicos y filósofos, y la familia del profeta podría muy bien haber sido una de ellas.

Lo cierto es que cualesquiera que fueran sus orígenes, Nostradamus fue un niño inteligente que al alcanzar la pubertad ya dominaba los rudimentos de griego, latín y matemáticas, y al que habían enviado a estudiar a Aviñón.

En 1552, a los 18 años de edad, Nostradamus dejó Aviñón para dirigirse a Montpellier, a donde fue enviado a estudiar medicina. Con tan sólo 21 años, recibió la licencia para practicar el arte de la curación y durante algunos años viajó de un lugar a otro, especializándose en el tratamiento de lo que se conocía en francés con el término de *le charbon,* enfermedad que probablemente fuera una variante de la peste bubónica neumónica.

Al parecer, los tratamientos que aplicó a los afectados por *le charbon* debieron de tener más éxito que los del resto de sus colegas contemporáneos. Posiblemente, esto no fuera a causa de ninguna virtud especial de los remedios empleados en la terapia, de los que algunas fórmulas han llegado hasta nuestros días. La composición de uno de ellos, por ejemplo, incluía pétalos de rosa, clavos, áloes de palo santo y raíces secas y molidas de lirio y juncia. No podía causar mucho daño a sus pacientes, pero es poco probable que les sirviera de gran ayuda; seguramente, su éxito se debió al hecho de que se oponía a los tratamientos violentos que solían aplicarse en su época — sangrías y la utilización de purgante que tendían a reducir las posibilidades de supervivencia del paciente.

Fue casi seguro durante estos años de médico errante cuando Nostradamus se inició en los conocimientos de algunas antiguas técnicas de predicción que más tarde utilizaría para descorrer los velos del tiempo y conocer el futuro. Sin embargo, no hay por qué suponer, como algunos han hecho, que, por sus aptitudes de profeta, Nostradamus, como médico, fuera un adelantado a su época. Por lo que se sabe, se puede afirmar que la mayoría de las mezclas que prescribiera a sus pacientes eran tan extrañas como cualquiera de los remedios habituales en su tiempo.

Tomemos por ejemplo el ungüento con el que afirmaba haber curado una serie de dolencias que aquejaban al Obispo de Carcasona. Sus ingredientes incluían coral en polvo, lapislázuli y oro cortado en láminas de un grosor tal que eran translúcidas; si bien no podía hacer mucho daño, resulta difícil de creer que semejante mezcla consiguiera, según palabras de Nostradamus, "rejuvenecer a la persona... protegerle contra el dolor de cabeza y el estreñimiento... y aumentar el esperma en tal cantidad que un hombre puede permitirse lo que desee sin poner en peligro su salud". En esta afirmación está presente el tono inconfundible del charlatán pero, como se verá en este libro, aunque Nostradamus en ocasiones pudiera remedar al charlatán, era también un auténtico profeta y un mago practicante.

Nostradamus y la Virgen

Al parecer, después de su muerte, Nostradamus adquirió una reputación de hombre con un gran sentido del humor así como la capacidad de percibir lo que estaba ocurriendo en lugares muy lejanos en el tiempo y en el espacio. Se cuenta, por ejemplo, que pocos años antes de su muerte, él vio a una recatada joven que caminaba hacia el lugar en donde las parejas de adolescentes de Salon solían encontrarse. "Bonjour pucelle (Buenos días, doncella)", dijo el vidente; "Bonjour, Monsieur Nostredame", replicó la muchacha con una cortés reverencia.

Una hora después se la volvió a encontrar, con el mismo aspecto recatado de siempre. Ella hizo una nueva reverencia y repitió: "Bonjour, Monsieur Nostredame", a lo que el vidente correspondió con una sonrisa y las palabras "Bonjour petite femme (Buenos días, mujercita)".

Ésta y otras historias similares se pueden considerar ficticias, pero su simple existencia indica la fama que tenía el profeta de hombre capaz de transgredir los límites de la existencia cotidiana y apreciar las realidades ocultas que subyacen bajo las apariencias externas. Al parecer, esta fama era bien merecida porque, como se demostrará en muchas páginas siguientes, un buen número de sus predicciones — algunas de las cuales incluyen tanto nombres como fechas, reales o indicados mediante pistas, de acontecimientos concretos — se han cumplido al pie de la letra.

NOSTRADAMUS EL ASTRÓLOGO

Durante un tiempo, Nostradamus abandonó su vida errante, contrajo matrimonio y se estableció en la ciudad de Agen, pero pronto la mala fortuna y la tragedia ensombrecieron su vida. La peste segó las vidas de su esposa y de sus dos hijos, la familia de su esposa recientemente fallecida le llevó ante los tribunales reclamándole la devolución de la dote y, lo peor de todo, en 1538 fue acusado de herejía debido a la observación que le hizo a un artesano que se encontraba atareado fundiendo una imagen de bronce de la Virgen María. Nostradamus comentó que el artesano "estaba fundiendo la imagen de un demonio", observación desafortunada, aunque él sostuvo que se trataba simplemente de un juicio sobre el valor artístico de la obra.

Estos acontecimientos empujaron a Nostradamus a reanudar su vida de médico errante. Poco se sabe a ciencia cierta sobre las actividades que desarrolló durante los años siguientes hasta 1544, época en la que se encontraba en Marsella. Al parecer, durante ese tiempo, estuvo viajando por la Lombardía, por los territorios bajo dominio veneciano, y por Sicilia. En 1546, fue llamado a Aix, localidad en donde la peste había irrumpido con tal virulencia que, según cuenta la leyenda, las mujeres aquejadas por los primeros síntomas de la enfermedad se cosían en el interior de sus sudarios para que sus cadáveres desnudos no pasearan a la vista de la gente al ser transportados en carros por la ciudad de camino hacia las fosas comunes donde habrían de ser sepultados. Según parece, una proporción sorprendentemente elevada de pacientes de Nostradamus se salvaron y los agradecidos ciudadanos de Aix le asignaron una suma periódica de dinero. Sin embargo, pronto se trasladó a Salon de Craux — ciudad en la que tienen su origen las frecuentes referencias literarias al "vidente de Salon" —, en donde contrajo segundas nupcias con una mujer que habría de darle varios hijos.

Poco después de su traslado a Salon, fue convocado a Lyón para colaborar en el tratamiento de las víctimas de una epidemia de tos ferina, pero que muy probablemente pudo haber sido un brote de peste bubónica. Por alguna razón, su reputación de buen médico declinó entre los ciudadanos de Salon durante su ausencia y fue esto lo que le indujo a dedicarse en serio al estudio de la astrología y otras ciencias ocultas.

Particularmente, nos permitimos manifestar un cierto escepticismo con respecto a esa afirmación, porque, como se puede comprobar en las páginas siguientes de este libro, consideramos más probable que el interés de Nostradamus por los asuntos esotéricos tuviera su origen en un período mucho más temprano de su vida. A este respecto, resulta interesante observar que Théophile de Garencières, estudioso de la vida y profecías de Nostradamus que vivió en el siglo XVII, aseguraba que el vidente acometió en serio los estudios de astrología por su convencimiento de que un médico competente no podía mantenerse ajeno a esos conocimientos. Siendo así, su relación práctica con las antiguas técnicas de la predicción y otras ciencias ocultas podría haberse iniciado cuando contaba poco más de 18 años. Fuera cual fuere la verdad de este asunto, Nostradamus empezó a publicar desde 1550 unos almanaques anuales que contenían una considerable dosis de astrología y que gozaron de una difusión muy amplia; al parecer de ellos se llegó a publicar traducido al inglés con el título de Almanacke For 1559, casi coincidiendo con la publicación del original en francés.

En 1555, Nostradamus publicó la primera edición de las Centurias, que contienen algo menos de 400 cuartetas. Suscitó un gran interés; algunos lo consideraron un falsario o un loco. Sin embargo, cuando realmente alcanzó el éxito fue al cabo de cuatro años, cuando se cumplió lo que se empezó a considerar una exacta predicción de la muerte fortuita del rey Enrique II de Francia, hecho que tuvo lugar en el verano de 1559.

A partir de este momento, la reputación de auténtico profeta que el vidente empezó a adquirir fue en progresivo aumento y en 1566, cuando murió (debido probablemente a un fallo renal relacionado con problemas de corazón), su fama justificaba plenamente la inscripción que se grabó en su lápida:

Aquí yacen los restos del ilustre Michel Nostradamus, cuya pluma casi divina no tuvo igual, a juicio de todo mortal, y bajo la inspiración de las estrellas, dignamente registró los acontecimientos futuros del mundo entero... Posteridad, no turbes su descanso...

Ciertamente, Nostradamus practicó la astrología y el autor del epitafio afirma que registró el futuro "bajo la inspiración de las estrellas". No hay duda, sin embargo, de que la mayoría de las predicciones contenidas en las Centurias — tanto las que ya se han cumplido como aquellas que auguran una etapa sangrienta de fuego y violencia para dentro de unos pocos años — deben su origen a métodos distintos de la astrología. Más adelante se hablará con mayor amplitud de estas poderosas, y tal vez peligrosas, técnicas.

PREDICCIONES CUMPLIDAS

La cuarteta 42 de la Centuria I de Nostradamus reviste una gran importancia en relación con la naturaleza de los métodos empleados por el vidente para alargar su vista por las vastas extensiones del tiempo.

Una de las líneas de esa misma cuarteta es muy significativa en otro sentido: es evidente que Nostradamus tenía conocimiento de los acontecimientos futuros mucho antes de que ocurrieran. El texto de esta línea, traducido, dice: "el décimo día de las calendas góticas de abril".

A pesar de la aparente sencillez de esta forma de referirse a una fecha, queda demostrado — sin ningún género de dudas

— que el vidente era consciente de que iba a producirse una reforma en el calendario cristiano, que no llegaría hasta 16 años después de su muerte, y que todavía no se ha completado en su totalidad. Nostradamus emplea la palabra "calendas" cuyos orígenes se remontan a la antigüedad.

En el calendario romano, las "calendas de abril" era sinónimo del primer día de abril; "calendas" simplemente significa el primer día de cualquier mes. Por eso, con la frase "el décimo día de las... calendas de abril", Nostradamus se refería al 10 de abril, pero al calificar las calendas con el adjetivo "góticas", estaba afirmando que la fecha que tenía en mente era el décimo día de abril para los "godos", que no coincidía con el verdadero 10 de abril.

Pero, ¿a quiénes se refiere Nostradamus cuando habla de los "godos"?, y ¿qué peculiaridades tiene el calendario de éstos por las que sus fechas están equivocadas?

Estas preguntas fueron respondidas con acierto hace más de 300 años por Théophile de Garencières en su obra Las profecías o predicciones ciertas de Michel Nostradamus (1672). De Garencières señaló que el calendario juliano, que era el que se utilizaba en toda la cristiandad en la época en que vivió Nostradamus, era un poco demasiado rápido: contenía demasiados años bisiestos. Con el paso de los siglos, el error había ido acumulándose progresivamente hasta el punto de que en el siglo XVI el calendario utilizado en el mundo cristiano llevaba 10 días de retraso con respecto al calendario solar verdadero. Lo que, por ejemplo, el calendario juliano llamaba solsticio de verano (es decir, el día más largo del año) era una fecha 10 días posterior al que en realidad era el día más largo del año. En 1582, el papa Gregorio XIII reformó el calendario mediante el simple y expeditivo procedimiento de añadirle 10 días a la fecha oficial hasta entonces, y disponiendo que, en lo sucesivo, se omitieran los años bisiestos anómalos. Los países católicos adoptaron rápidamente esta reforma, pero los pueblos de mayoría protestante del norte de Europa, es decir los "godos" o no latinos, continuaron utilizando el antiguo e incorrecto calendario juliano hasta mucho tiempo después. De hecho, en la época en que De Garencières publicó su libro, algunas naciones como Inglaterra, por ejemplo, todavía no habían aceptado el calendario gregoriano que, al parecer, los ingleses consideraban una desagradable innovación papal, ni lo aceptarían hasta 80 años después.

Los "godos" que gobernaban la Rusia zarista (en el siglo XVI, la palabra godo se solía emplear para referirse a cualquier bárbaro de la cristiandad), eran incluso más conservadores que los ingleses, y Rusia no abandonó el calendario juliano hasta la Revolución de 1917. (Las iglesias ortodoxa y monofisita de todo el mundo todavía hoy utilizan el inexacto calendario juliano que, con el paso del tiempo se ha quedado 13 días retrasado.)

¿Un golpe de suerte de Nostradamus? Tal vez. Después de todo, la cuarteta no contiene nombres (como el del papa Gregorio, por ejemplo) relacionados con la reforma, ni indicación alguna de la fecha en la que ésta podría entrar en vigor. En cualquier caso, en el momento en que Nostradamus escribió su predicción, ya habían surgido comentarios sobre la posible reforma del calendario juliano, y algunos de los colegas del vidente en la investigación de los saberes ocultos (como el inglés John Dee) eran destacados partidarios de la iniciativa.

Sin embargo, no hay hipótesis alguna sobre casualidades o golpes de suerte capaces de explicar los aciertos de otras predicciones contenidas en las cuartetas de las Centurias, como aquellas que incluyen nombres concretos — en ocasiones, de una forma anagramática o ligeramente distorsionada — o fechas. Tomemos, por ejemplo, la cuarteta 16 de la Centuria IX, que dice:

Desde el Castillo [es decir, Desde Castilla]
Franco expulsará a la Asamblea,
los embajadores no lo aceptarán y se producirá la división,
la gente de Ribiera estará entre la multitud,
y al gran hombre se le negará la entrada al golfo.

En esta cuarteta se hace referencia a dos nombres, Franco y Ribiera, que son muy relevantes en cuanto a su significado. Parece hacer alusión a las diferencias diplomáticas que surgieron en 1940 entre Adolf Hitler y el dictador que gobernaba España en esa fecha, el general Franco, cuando éste negó al "gran hombre", Hitler, la entrada al golfo (en este contexto, el control del estrecho de Gibraltar).

¿Quién es esa persona misteriosa a la que Nostradamus llama Ribiera? No se puede afirmar a ciencia cierta, pero el nombre es muy parecido al del asesinado fundador del fascismo español, José Antonio Primo de Rivera, cuya "gente", destacados oficiales de la Falange, se encontraban efectivamente "entre la multitud", en el momento de las infructuosas negociaciones entre Hitler y Franco.

Estas son solamente dos de las predicciones cumplidas contenidas en las Centurias. El lector puede encontrar otras muchas en las páginas siguientes.

LA MUERTE DEL LEÓN

Si bien la primera edición de las Centurias despertó un gran interés, algunos de sus lectores sacaron la conclusión de que su autor no podía gozar de una buena salud mental. La impresión de otros, a su vez, era que se trataba simplemente de un profeta charlatán, es decir, alguien que se dedica a escribir supuestos versos proféticos que en realidad no son más que un conjunto oscuro de tonterías sin sentido.

En el verano de 1559, muchos de estos escépticos cambiaron de opinión y reconocieron que el hombre al que habían tildado de falsario o de loco verdaderamente poseía auténticos dones proféticos. Este cambio de opinión se produjo a raíz de la muerte fortuita del rey Enrique II de Francia a consecuencia de una herida infligida en una justa.

El fatal accidente ocurrió cuando el rey, que a la sazón contaba 40 años de edad y que en ocasiones usaba un león como emblema personal (aunque en su caso, esto suponía una transgresión de la heráldica), se encontraba tomando parte en un torneo de tres días de duración que se celebraba en honor de los esponsales conjuntos de su hermana Isabel y de su hija Margarita, con el rey Felipe II de España y el duque de Saboya, respectivamente.

El tercer día del torneo, el rey se enfrentó en una justa con el comandante, de 33 años de edad, de su Guardia Escocesa, al que se conocía con el nombre de Coryes o, más frecuentemente, Montgomery. A pesar del nombre normando de este comandante y de que probablemente habría nacido en Francia, al parecer sus antepasados eran originarios de Escocia, país cuyo símbolo heráldico era (y continúa siendo) un león rampante. La lanza de Montgomery se astilló; una de las astillas ocasionó una herida superficial en la garganta del rey y la parte principal de la lanza se introdujo a través de las doradas barras del visor del yelmo en forma de jaula que protegía la cara del rey y penetró en uno de sus ojos. El ojo herido se infectó y algunas astillas de la lanza debieron de llegar hasta el cerebro. Tras diez días de atroz sufrimiento, una muerte compasiva hizo cesar los agónicos gritos de dolor.

Casi inmediatamente vino a la memoria de muchos el hecho de que el suceso parecía estar profetizado por Nostradamus en la Centuria I, Cuarteta 35, publicada cuatro años antes y a la que en ese momento nadie había encontrado ningún sentido. Esta cuarteta dice:

El joven león vencerá al viejo
en campo similar al de batalla y en combate único,
perforará sus ojos en jaula de oro,
uno de los dos pedazos, después morirá de muerte cruel.

Mucha gente consideró que la cuarteta coincidía hasta extremos sorprendentes con las circunstancias del terrible final del rey. El "joven león" evidentemente era Montgomery, el comandante de la Guardia Escocesa. El "viejo león" derrotado en un "campo similar al de batalla y en combate único" (o sea, una justa de un torneo) era, no menos obviamente, el rey Enrique II, cuyo ojo fue atravesado a pesar de estar protegido por una "jaula de oro" — el visor dorado de su yelmo —, y que efectivamente murió "de muerte cruel" como consecuencia de "uno de los dos pedazos" de la lanza de su oponente.

Una broma profética

Una de las consecuencias inmediatas del acierto de Nostradamus en la predicción de la muerte de Enrique II fue su nombramiento como uno de los médicos permanentes del rey Carlos IX de Francia y un aumento de su reputación como vidente entre la nobleza. Muchos cortesanos y nobles le consultaban sobre asuntos tanto de salud como relacionados con sus vidas.

El tiempo — antes y después de la muerte del vidente — demostraría hasta qué punto esta fama se había difundido, no sólo entre la nobleza sino también entre los campesinos, comerciantes, artesanos e incluso entre los buscadores de tesoros y ladrones de tumbas.

Podría haberse dado el caso de que Nostradamus incluso hubiera predicho su fama póstuma puesto que, según un relato impreso por primera vez a principios del siglo XVIII, habría planteado una broma práctica que no habría tenido efecto hasta que, mucho tiempo después de su muerte, hubieran empezado a difundirse leyendas relacionadas con manuscritos o tesoros que supuestamente se habrían enterrado en su tumba.

No era infrecuente que surgieran leyendas de esta naturaleza en relación con las tumbas de santos, videntes y magos, y, como muy tarde alrededor de 1690, debieron de ser muy abundantes las referidas al sepulcro de Nostradamus. Tan arraigada era la creencia en estas leyendas que en 1700 una banda de osados ladrones de tumbas profanó su sepulcro.

Los ladrones no encontraron ni tesoros ni documentos que contuvieran revelaciones desconocidas de Nostradamus; lo que encontraron, junto con los huesos del vidente, fue un delgado medallón dorado. En una de sus caras estaban grabadas las letras MDCC, número romano equivalente a 1700, año en que los ladrones cometieron la profanación. Al parecer, Nostradamus tenía un gran sentido del humor.

LA SERPIENTE Y SU ESTIRPE

Tras la muerte de Enrique II, Francisco II, uno de los siete hijos de Enrique y Catalina de Médicis, le sucedió en el trono.

Catalina era una mujer culta e inteligente, pero absolutamente carente de principios y cuyo único deseo verdadero consistía en perpetuar el poder de sus hijos y, en particular, el suyo propio. En aras de estos fines, no dudaba en ser tan implacable como traidora, haciendo gala de todo el despiadado ingenio que tradicionalmente — aunque con menor justicia — se suele atribuir a las serpientes.

Curiosamente — y con una oportunidad exquisita — tras la muerte de su marido, cambió su emblema heráldico por una serpiente que se mordía la cola. Nostradamus lo había predicho en las primeras dos líneas de la Centuria I, Cuarteta 19, que dicen:

Cuando las serpientes rodeen el altar,
y la sangre troyana se vea embrollada...

La segunda línea es un buen ejemplo de cómo Nostradamus a menudo prefería enmascarar sus mensajes en oscuras alusiones en lugar de transmitirlos con claridad. En éste y en muchos otros casos en las Centurias, se vale del término "sangre troyana" como expresión codificada con la que se refiere a la familia real francesa, haciendo alusión a una leyenda medieval según la cual esta familia descendía del mítico Francus, supuestamente hijo de Príamo de Troya.

Los aproximadamente 30 años durante los que la serpiente y su estirpe — Catalina de Médicis y sus hijos — jugaron un papel destacado en la historia de Francia, parecen encontrarse en el origen de muchas de las visiones de Nostradamus. Exceptuando el tiempo de la Revolución francesa y del Primer Imperio en el que culminó, a ninguna otra época le dedicó el vidente tantas cuartetas. Esto podría responder al hecho de la fascinación que sentía por el carácter de la Médicis, a quien cita, con parcialidad, en más de uno de sus versos como, por ejemplo, en la Centuria VI, Cuarteta 63:

La gran dama permanece sola en el reino,
su único [marido] *murió primero en el lecho del honor:*
durante siete años llorará con gran pesar,
después una larga vida para la felicidad del reino.

Efectivamente, Catalina nunca volvió a casarse después de la muerte de Enrique II, guardó luto por siete años y, tal como lo predijo el vidente, disfrutó luego de una larga vida. Sin embargo, pocos historiadores compartirían la opinión de Nostradamus de que dedicase el resto de su vida a trabajar por "la felicidad de su reino". O el vidente adopta una postura marcadamente partidista o, lo que es más probable, puesto que la cuarteta era obviamente aplicable a Catalina y se publicó en vida de ambos, su autor debió optar por la actitud más política de presentar el tema bajo una perspectiva elogiosa, si bien inexacta.

Francisco II, el mayor de los cinco hijos de Catalina y primer marido de María I Estuardo, reina de Escocia, sólo permaneció dos años en el trono y en las Centurias solamente hay dos referencias — una de las cuales es considerablemente vaga — que aludan directamente a él. A pesar de que oficialmente había alcanzado la mayoría de edad, se le consideraba demasiado joven para gobernar, y los auténticos gobernantes de Francia durante su breve reinado fueron los tíos de María, los hermanos Guisa. Principalmente de instigación protestante, se preparó una intriga, que se conoce como la Conspiración de Amboise, para acabar con el poder de los hermanos pero fracasó y fue enérgicamente reprimida, como podría haber apuntado Nostradamus en la Centuria I, Cuarteta 13, en la que escribió en términos poco concretos sobre una conspiración en la que estaban involucrados los exiliados (protestantes) a los que perdió su ira y su "odio visceral".

La muerte de Francisco II en 1560 pareció despejar cualquier amenaza para la continuidad de la dinastía de los Valois en el trono de Francia porque, aunque sus dos hermanas quedaban descartadas de la sucesión por la ley Sálica vigente en el siglo XVI, el fallecido rey tenía cuatro hermanos menores. Sin embargo, Nostradamus sabía que todos ellos habrían de morir sin llegar al trono. Así, en la Centuria I, Cuarteta 10 queda claramente expuesto:

En la cámara de hierro se introduce un ataúd
con los siete hijos del rey,
sus antepasados emergerán desde las profundidades del infierno,
para lamentar la muerte de los vástagos de su estirpe.

A pesar de la terminologia gnómica con la que Nostradamus redactó esta cuarteta (y otros muchos versos), parece que no cabe duda de que es profética tanto en lo que se refiere al fin de la dinastía Valois como con respecto a un hecho concreto que tuvo lugar en 1610: la exhumación de los restos del último monarca Valois (Enrique III, fallecido en 1589) de su sepultura provisional y su traslado al mausoleo de la familia en Saint Denis.

A Francisco II le sucedió Carlos IX, su hermano menor, el trono de Francia que reinó durante el período 1560-1574. Sin embargo, fue su madre — la reina-serpiente Catalina de Médicis — quien ejerció buena parte del poder, además de haberse dedicado, según parece, a instigar ciertos excesos que tuvieron lugar durante su reinado. Algunos de ellos fueron profetizados por Nostradamus.

TODA SU DESCENDENCIA MORIRÁ

Según lo que se sabe, Catalina de Médicis, aunque carente por completo de cualquier tipo de inquietud religiosa, sentía un profundo interés por conocer la posible influencia de las fuerzas sobrenaturales sobre ella y sobre su familia, y según fue pasando el tiempo, su interés por lo misterioso fue aumentando progresivamente. Si bien este hecho podría no concordar con su carácter, no es sorprendente puesto que vio cómo las predicciones de Nostradamus relativas a su vida se iban cumpliendo una por una, como por ejemplo, la contenida en la Centuria VI, Cuarteta 11:

Las siete ramas se reducirán a tres,
a las de más edad las sorprenderá [las tomará desprevenidas] *la muerte,*
las dos se verán seducidas por el fratricidio,
los conspiradores morirán mientras duermen.

En diciembre de 1588 aquellos que conocían esta cuarteta confirmaron que contenía una predicción exacta; nuevos hechos consumados que Nostradamus había sido capaz de ver certeramente en el futuro. Las "siete ramas" de la primera línea eran los siete hijos de Catalina de los que solamente tres — Enrique III, Francisco y Margarita — quedaban vivos a principios de 1576. Hubo una lucha fratricida entre los dos hermanos con Francisco, que aspiraba a acceder al trono, y se había aliado con los hermanos Guisa con los que conspiró contra el rey.

Los conspiradores — los dos hermanos Guisa — efectivamente murieron, asesinados por orden del rey, aunque no "mientras dormían" como se aseguraba en la última línea de la cuarteta. Sin embargo, queda poco lugar a dudas sobre si era la muerte de estos dos a la que el vidente se refería puesto que su predicción de los asesinatos y las circunstancias en que se produjeron quedaba bastante detallada en la Centuria III, Cuarteta 51:

París conspira [literalmente, "se juramenta"]
para cometer un gran crimen,
Blois se asegurará de que se lleve a cabo,
el pueblo de Orleáns deseará sustituir a su jefe,
Angiers, Troyes y Langres les harán una fechoría.

Los asesinatos del duque de Guisa y de su hermano Luis, el cardenal de Guisa, se habían planeado en París; el primero de ellos tuvo lugar en Blois el 23 de diciembre de 1588 y el segundo, al día siguiente. Alrededor de esas mismas fechas, la burguesía de Orleáns se revolvió contra su gobernador y le sustituyó por un pariente de los Guisa, apasionado defensor del catolicismo. En vista de la exactitud de ésta y otras muchas predicciones de las Centurias que parecen estar relacionadas con los asesinatos, no es extraño que las leyendas que circulaban ya en vida de Nostradamus sobre sus dones milagrosos alcanzasen una difusión cada vez mayor.

Ocho meses después de haberse producido los asesinatos por orden del rey, le llegó a éste su hora: fue asesinado por un monje partidario de la causa de los Guisa. Nuevamente, este hecho había sido profetizado por Nostradamus, al que se refirió en la Centuria I, Cuarteta 97:

Eso que ni el fuego ni el hierro podrían conseguir,
lo logrará el consejo de una lengua dulce:
durmiendo, el rey verá en sueños a un enemigo,
ajeno al fuego y sin sangre militar.

Y así ocurrió. Tres noches antes de su asesinato, Enrique III tuvo un sueño perturbador, pues parecía ser premonitorio de una muerte inminente a manos de un monje o de alguien del pueblo llano. En su sueño, Enrique vio su corona, su cetro, su espada y su manto real pisoteados en el barro por un numeroso grupo de monjes y laicos de baja ralea.

Tres días después el sueño y la profecía de Nostradamus se cumplieron plenamente. En Saint Cloud, un monje se acercó hasta el rey con el pretexto de ofrecer consejo sobre una carta secreta. Cuando el rey Enrique se inclinó para escuchar la confidencia, fue apuñalado en el estómago por el falso consejero. Tardó casi un día entero en morir.

El apellido del monje era Clement, que significa dulce; parece que el vidente se refería a esto al describir al asesino como "una lengua dulce".

Nostradamus y los cerdos

Debido al hecho de que Nostradamus incluyera fechas concretas en algunas de sus predicciones, no resulta extraño que incluso durante su vida empezase a cobrar reputación de acertar siempre, y circulasen multitud de leyendas sobre su auténtica omnisciencia.

Según una de estas leyendas, un noble preguntó al vidente cuál de dos cochinillos (uno blanco y otro negro) iba a comerse en primer lugar. Nostradamus respondió: "El blanco". Entonces, el noble trató de demostrar el error de Nostradamus ordenando que se sacrificase inmediatamente el cochinillo negro y se sirviera en la cena.

Al cabo de una hora aproximadamente, se sirvió en la mesa un cochinillo asado, pero el cocinero se disculpó ante su señor; un lobo se había llevado el cochinillo negro, por lo que había tenido que cocinar el blanco.

ENRIQUE DE NAVARRA

Incluso antes de la muerte de Enrique III ya empezaba a vislumbrarse con claridad que el fin de la dinastía Valois estaba próximo y, como consecuencia de esta evidencia, surgieron varios pretendientes que reclamaban su derecho a heredar el trono de Francia.

Entre algunos de los más destacados de este grupo de pretendientes, se encontraban varios miembros de la familia Guisa. Estos hombres eran enemigos declarados del protestantismo y militantes activos de la Liga Católica. Algunos de ellos habían llegado al punto de haberse hecho elaborar una genealogía completamente falsa con la pretensión de poner de manifiesto su supuesto derecho al trono dada su (imaginaria) descendencia del emperador Carlomagno.

Lo cierto, sin embargo, es que desde un punto de vista estrictamente genealógico, el legítimo heredero del trono indudablemente era el rey Enrique de Navarra, hombre que contaba con escasos dominios, que había pasado buena parte de su vida en la milicia y que, por más señas, era protestante. Por este último motivo, resultaba inaceptable como futuro rey de Francia para España, para el papa, para los obispos franceses (que no dudaron en manifestar su negativa a ungir y coronar a un "rey hereje") y para la mayoría del pueblo de Francia.

A pesar de todo, Enrique de Navarra habría de triunfar, tal como había profetizado Nostradamus en la Centuria IX, Cuarteta 50, que redactó de la siguiente forma anagramática:

Pronto llegará Mendosus a su gran reino,
dejando atrás a Nolaris,
el rojo pálido, el de la época del interregno,
la tímida juventud y el temor de Barbaris.

"Mendosus" es uno de los muchos anagramas (o transposiciones de letras) parciales que Nostradamus emplea; se refiere a "Vendosme", es decir, a Enrique de Navarra, que había heredado el ducado de Vendosme de su padre. "Nolaris" era la palabra, derivada de otro anagrama parcial, con la que el vidente aludía con frecuencia a la Lorena, feudo tradicional de la familia Guisa. Consecuentemente, sería posible parafrasear los dos primeros versos de la cuarteta de la siguiente forma:

Enrique de Navarra pronto llegará a su gran reino,
dejando atrás a los Guisa...

Las palabras de la tercera línea, "el rojo pálido, el de la

época del interregno", son igualmente fáciles de interpretar. En diciembre de 1585, casi cuatro años antes de la muerte de Enrique III, se había sellado un pacto en Joinville entre el rey Felipe II de España, el papa y la familia Guisa con el fin de evitar el ascenso al trono de Enrique de Navarra. Se había dispuesto que, tras la muerte de Enrique III, uno de los Guisa, concretamente Carlos, el anciano cardenal de Bourbon, debía ser proclamado rey de Francia y que en su testamento reconocería a Enrique de Guisa como sucesor. Era el cardenal de Bourbon al que Nostradamus llamaba "el rojo pálido". La razón es que rojo es el color del capelo cardenalicio y el anciano era muy pálido de tez por su avanzada edad y, tal vez, por la proximidad de su muerte. Aunque el anciano clérigo fue proclamado rey con el nombre de Carlos X a finales de 1589, jamás llegaría a reinar ya que, durante todo el período de su reinado fantasma, estuvo prisionero de Enrique de Navarra y falleció al poco tiempo.

En cuanto a "el de la época del interregno", "la tímida juventud" y "Barbaris", se trata de referencias codificadas con las que Nostradamus se refería a otros rivales que en su pretensión al trono se enfrentaron a Enrique de Navarra: el primero de ellos es el duque de Mayenne, el segundo, el joven duque de Guisa y el último, el rey Felipe II de España cuyas pretensiones nunca se tomaron muy en serio, ni siquiera por el mismo.

Enrique de Navarra no sólo tuvo que luchar violentamente para acceder al trono, sino que además se vio obligado a cambiar de religión. Sin embargo, finalmente alcanzó su objetivo, echando por tierra las pretensiones de sus únicos rivales serios, el duque de Mayenne y el tímido y joven duque de Guisa, como hubiera profetizado Nostradamus en la Centuria X, Cuarteta 18:

> *La Casa de Lorena abrirá camino a Vendosme,*
> *el poderoso será rebajado y el humilde enaltecido,*
> *el hijo de Mamon* [o Hamon — en cualquier caso
> se refiere a un hereje] *será elegido en Roma,*
> *y los dos grandes serán derrotados.*

Ya se ha explicado la significación que reviste el uso por

parte del vidente de las palabras "Lorena" y "Vendosme", de manera que la primera línea de la cuarteta podría leerse como sigue: "Los Guisa tendrán que abrir camino a Enrique de Navarra". El significado de la siguiente línea es figurado. En la tercera se afirma que el papa finalmente reconocería a Enrique como rey legítimo; y los dos grandes derrotados de la última línea del verso habrían sido los dos pretendientes, los duques de Mayenne y de Guisa.

Nostradamus hizo por lo menos otra referencia explícita al rey Enrique IV, si bien se trata de una alusión bastante oscura. En la cuarteta 45 de la Centuria X, expresó la siguiente predicción:

La sombra del reino de Navarra es falsa,
convertirá a un hombre fuerte en bastardo [o ilegítimo]
la vaga promesa hecha en Cambrai,
el rey de Orleáns dotará de muro legítimo [frontera].

Parece más probable que en esta cuarteta Nostradamus se refiera a las irregularidades de la vida privada de Enrique que a una serie de acontecimientos políticos de cierta relevancia, puesto que Enrique tenía numerosas amantes, entre las que se encontraba la esposa del gobernador de Cambrai, y se afirmaba que había engendrado un gran número de hijos ilegítimos. Sin embargo, la segunda línea del verso podría contener una referencia a uno de los pretendientes al trono al que Enrique hubiera convertido en "ilegítimo".

EL YUGO ESPAÑOL

La Europa de ese tiempo era un continente dominado por las disputas religiosas sobre materias como el libre albedrío y la predestinación, la naturaleza de la presencia de Cristo en el pan y el vino eucarísticos y la supremacía del papa. Estas disputas estaban casi inextricablemente unidas con las ambiciones dinásticas de unos y los intereses económicos de otros. Por ejemplo, la lucha entre calvinistas y otros protestantes de los Países Bajos porque se autorizara la libre práctica de su religión estaba íntimamente ligada a los primeros brotes de un sentimiento de identidad nacional que hizo surgir el rencor hacia "el yugo español", es decir, el sometimiento de los Países Bajos al rey de España, y también guardaba relación con las tensiones económicas derivadas de la creciente importancia comercial de las regiones del norte (a grandes rasgos, la Holanda actual) y el relativo declive de Amberes.

Empero, si bien había factores políticos y económicos de auténtica importancia, fueron las diferencias religiosas las que causaron toda una serie de conflictos, levantamientos y guerras que produjeron unos enormes daños a Europa y a sus pueblos desde la tercera década del siglo de Nostradamus hasta mediados de la siguiente.

Por ser a la vez un hombre de su tiempo y un devoto católico (ver el recuadro de la página siguiente), Nostradamus no sólo tendió a interpretar las visiones de los conflictos del futuro próximo en unos términos puramente religiosos, sino que además lo hizo con una inclinación decididamente favorable al catolicismo. Esta inclinación se pone de manifiesto prácticamente en la totalidad de cuartetas en las que, de cualquier forma, aunque sea de manera secundaria, alude a la Iglesia y a quienes se rebelaron en su contra. Pero en pocas de ellas este hecho resulta evidente con tanta claridad como en la Centuria III, Cuarteta 67:

Una nueva secta de filósofos
despreciando la muerte, los honores, el oro y otras riquezas,
no será limitada por las fronteras
[literalmente, montañas] *de Alemania*
[en este contexto, todos los países de habla alemana],
sus partidarios serán multitud.

Es esta una predicción redactada en unos términos relativamente vagos para la mayoría de los lectores actuales. Sin embargo, para aquellos católicos que la leyeron dentro de las tres o cuatro décadas posteriores a su publicación, sin duda representó una profecía cumplida con triste exactitud sobre la forma en que las doctrinas de Calvino (en latín, *Calvinus*, literalmente, "el calvo") se difundieron por toda Europa desde su reducto germanoparlante de Ginebra. Uno de los lugares en donde estas doctrinas arraigaron con mayor fuerza fue Lausana, de donde, como Nostradamus con cierto exceso de crudeza había predicho en la primera línea de la Centuria VIII, Cuarteta 10, "el gran hedor llegará" como consecuencia de las actividades de Teodoro Beza, discípulo de Calvino.

El catolicismo de Nostradamus era tal que no dudaba en publicar algunas profecías sobre el protestantismo que podrían muy bien calificarse de libelos, es decir, predicciones en las que falsamente atribuía a todos los protestantes las inmoderadas opiniones que solamente una escasa minoría compartía. La segunda línea de la cuarteta anteriormente citada es buen ejemplo de esto: Nostradamus insinúa que todos los protestantes comparten las opiniones radicales de violentos extremistas como Jan de Leyden. Algunos estudiosos de la obra de Nostradamus han llegado a suponer que el vidente deliberadamente publicó profecías falsas de conversiones masivas del protestantismo al catolicismo. Como prueba de esta mendacidad, suelen proponer la Centuria III, cuarteta 76:

Diversas sectas surgirán en Alemania
que se asemejarán a un feliz paganismo,
el corazón cautivo y poco recibido,
se volverá a pagar el auténtico diezmo.

Para el autor, sin embargo, parece probable que Nostradamus fuera inocente de la imputación de falsedad y que la cuarteta anterior se refiriera a las sectas neopaganas que surgieron en los países del norte de Europa en el período 1890-1945.

Catolicismo y reencarnación

A pesar de que durante algún tiempo Nostradamus fue sospechoso de herejía, durante toda su vida acudió regularmente a oír misa y cumplió con los demás preceptos propios de un leal hijo de la Iglesia.

Algunos han apuntado la posibilidad de que su catolicismo fuera fingido, un simple mecanismo que le asegurara librarse de una indeseada atención eclesiástica, y que las verdaderas creencias religiosas de Nostradamus eran poco ortodoxas hasta el extremo de creer en la reencarnación. Como prueba de estas aseveraciones, se ha puesto de ejemplo la Centuria II, Cuarteta 13:

El cuerpo sin alma no más al sacrificio,
en el día de la muerte vuelve a renacer.
El Espíritu Divino hará regocijarse al alma,
a la vista de la eternidad de la palabra.

La primera línea de esta cuarteta, según se afirma, significa que Nostradamus, en su fuero interno, rechazaba la doctrina cristiana de la resurrección de la carne y la segunda línea demuestra su creencia en la reencarnación.

En opinión del autor, todos estos argumentos se basan en una interpretación equivocada de la Centuria II, Cuarteta 13, ya que, si bien es indudable que el verso es portador de una significación religiosa para su autor, su contenido es perfectamente ortodoxo. Lo único que el vidente pretendía expresar en esta cuarteta era su seguridad en la salvación; así, sus versos podrían parafrasearse de la manera siguiente:

Después de mi muerte mi cuerpo no volverá a
estar presente en el sacrificio de la misa,
mi alma renacerá en el Cielo,
en donde veré la eternidad con el Espíritu Santo
[es decir, el Logos, literalmente, la "Palabra"
del Evangelio de san Juan].

No parece que haya razón alguna para dudar del catolicismo de Nostradamus, aunque, como muchos ocultistas de todos los siglos, es probable que considerase su fe perfectamente compatible con la práctica de rituales mágicos y otras artes prohibidas.

PARÍS BIEN VALÍA UNA MISA

El ascenso al trono de Francia de Enrique de Navarra había sido anticipado por Nostradamus en las Centurias. Igualmente lo fueron al menos algunas de las luchas militares y diplomáticas en las que habría de tomar parte antes de afianzarse en un trono que legítimamente le correspondía. La Centuria III, Cuarteta 25, dice:

El que ostente [o herede] *el reino de Navarra*
cuando Nápoles y Sicilia estén unidos,
ostentará [se hará con] *Bigore y las Landas por Foix y Oloron,*
de uno demasiado estrictamente unido a España.

La profecía es algo vaga pero, si se lee conjuntamente con otra, sus primera y segunda líneas hacen posible fechar los sucesos a los que Nostradamus se refería con un aceptable grado de exactitud, ya que, mientras los reinos de Nápoles y Sicilia prácticamente estuvieron unidos entre sí durante siglos, sólo se produjeron tres ocasiones históricas en las que su unidad fuera formalmente proclamada.

Las dos últimas ocasiones fueron en el siglo XIX, cuando el pequeño reino de Navarra había dejado de existir como estado independiente desde mucho tiempo atrás. Consecuentemente, la cuarteta no puede referirse a ninguna de estas dos ocasiones. Sólo queda la primera de ellas cuando en 1554, el rey Felipe II de España proclamó la unidad de los dos reinos. Y fue en 1562, durante el reinado de Felipe II, cuando el futuro Enrique IV de Francia heredó el trono de Navarra. Por ello, es posible tener la seguridad de que era a él y no a cualquier otro regente de Navarra a quien Nostradamus se refería al escribir la Centuria III, Cuarteta 25.

Los nombres de la tercera línea son todos lugares de Navarra, pero uno de ellos, Bigore, es significativo en otro contexto: el de las batallas libradas entre las tropas protestantes de Enrique IV y sus enemigos católicos, ya que "Bigorro" era un grito de guerra que entonaba la infantería protestante de Enrique IV antes de entrar en combate.

El significado de la última línea de la cuarteta es poco concreto porque muchos de los enemigos de Enrique IV estaban estrechamente aliados con España por comodidad, pero parece que hay algo que queda claro: Nostradamus sabía mucho sobre las luchas de Enrique IV contra sus oponentes mucho antes de que se iniciasen.

Aunque Enrique de Navarra era un gran estratega esto no bastó para asegurarle el trono completamente. Para conseguirlo, se vio obligado a cambiar de religión, abrazando la fe católica, porque como él mismo comentó con cinismo, "París bien vale una misa". Empero, a pesar de abandonar el protestantismo, no abandonó a los protestantes que habían luchado por su causa, y por el Edicto de Nantes de 1598, se garantizaba a los calvinistas franceses la casi total tolerancia religiosa y exactamente los mismos derechos civiles de que gozaban los católicos.

Como era de suponer, el Edicto de Nantes no fue bien acogido por los más firmes y acérrimos católicos hispanófilos; fue uno de ellos el que en 1610 asesinó a Enrique IV, futuro acontecimiento este del que Nostradamus tenía evidente y amplio conocimiento.

La poda de la rama sagrada

En la primavera de 1610, como, consecuencia de una compleja disputa en la que estaba implicada la sucesión al trono del pequeño estado de Julich-Cleves, Enrique IV se encontraba realizando los preparativos para la guerra contra los Habsburgo.

Para el rey francés, se trataba de un plan trascendente y peligroso en el cual embarcarse y que, de haberse llevado a cabo, habría representado el enfrentamiento de Francia con media Europa, ya que una de las ramas de la dinastía Habsburgo gobernaba la todavía poderosa España, mientras que otra regía el tambaleante Sacro Imperio Romano Germánico, que comprendía Bohemia, Moravia y todas las regiones de habla alemana de la Europa central, con la excepción de Suiza.

La guerra no llegó, a producirse pues el 14 de mayo de 1610, Enrique IV fue mortalmente apuñalado por un asesino hispanófilo llamado François Ravaillac. Al rey asesinado le sucedió su joven hijo, Luis XIII. La madre del nuevo rey, designada regente, cedió ante el partido hispanófilo — de unos hombres que eran "más papistas que el papa" — y llegó a un acercamiento con la casa de Habsburgo.

Nostradamus había profetizado el asesinato de Enrique IV en la Centuria III, Cuarteta 11:

Durante una larga estación las armas lucharán en los cielos,
el árbol caerá en medio de la ciudad,
la rama sagrada podada por una espada opuesta a Tison,
entonces el monarca Hadrie sucumbirá [caerá].

La primera línea del verso con su referencia a la lucha "en los cielos" parece indicar que la cuarteta estuviera dedicada al siglo XX o a un tiempo posterior. Sin embargo, la última línea demuestra que este no es el caso, debido a que las menciones que Nostradamus hace del nombre codificado "Hadrie" parecen ser siempre aplicables a Enrique IV. De hecho, la primera línea se refiere a que en la época del magnicidio corrían abundantes bulos, muy similares a los que circularon al comienzo de la guerra civil inglesa, sobre fantasmagóricos ejércitos vistos en el cielo.

La rama sagrada podada en medio de la ciudad era el mismo Enrique IV — como rey ungido, su persona se consideraba sagrada — y su asesinato tuvo lugar a poca distancia de la rue Tison (ver la tercera línea de la cuarteta). Una vez más, el curso de la historia iba a dar cumplimiento a una cuarteta de tan extraña redacción como ésta.

LAS DOS REINAS

El primer marido de la reina María de Escocia, a la que con mayor frecuencia se conoce como María Estuardo, fue el monarca de la dinastía Valois Francisco II, hijo de Enrique II y su reina, Catalina de Médicis.

El breve tiempo que duró el matrimonio de Francisco y María que terminó con la viudez de la reina, había sido profetizado con gran exactitud por Nostradamus en la Centuria X, Cuarteta 39:

El primogénito, una viuda, un desgraciado matrimonio,
sin hijos, dos islas [¿reinos?] *en discordia.*
Antes de los dieciocho años, un menor,
del otro la [edad] *del desposorio será incluso menor.*

A pesar de su curiosa redacción y su extraña sintaxis, el significado profético de esta cuarteta se puso de manifiesto de inmediato en la corte francesa en el momento en que se produjeron los hechos a los que se refiere; con razón se consideró un gran éxito de predicción que contribuyó a aumentar la fama de Nostradamus como vidente.

Francisco era el hijo mayor de los monarcas franceses, y su esposa María — cuyo nombre escribió Nostradamus con la ortografía angloescocesa "Mary" y no con la francesa "Marie" en la Centuria X, Cuarteta 55 (ver más adelante) — se quedó viuda y sin hijos cuando él murió. Además, Francisco tenía menos de 18 años cuando contrajo matrimonio. Por otra parte, las consecuencias del regreso de María a Escocia tras la temprana muerte de su marido iban a ser la causa de graves discordias en Inglaterra y en Escocia.

La última línea de la cuarteta tenía también un claro significado para los contemporáneos de Nostradamus; se consideró una referencia directa al casamiento, a la edad de 11 años, de Carlos, el hermano de Francisco, con Isabel de Austria.

Nostradamus hizo una segunda referencia al desafortunado matrimonio de María Estuardo en la Centuria X, Cuarteta 55:

El desafortunado casamiento se celebrará
con gran alegría, pero su final será desgraciado.
La madre [del marido] *desdeñará a María* [Mary],
el Phybe muerto y la nuera muy lastimosa.

El contenido profético de las dos primeras líneas fue fácilmente inteligible y rápidamente cumplido. La tercera línea también parece haber tenido un significado evidente y haber resultado exacto, ya que Catalina y María no se apreciaban en absoluto: de hecho, hay constancia de que María se había atrevido a llegar tan lejos como a hacer despectivas alusiones a los (lejanos) orígenes burgueses de la familia Médicis, refiriéndose como "la hija del mercader".

Las tres primeras palabras de la cuarta línea de la cuarteta a primera vista parecen carecer de sentido, pero lo tienen, y para explicarlo es necesario recurrir a dos de los muchos trucos relacionados con los juegos de palabras y los idiomas de la antigüedad clásica que Nostradamus empleaba con tanta frecuencia. "Phybe" es una palabra compuesta por los nombres de dos letras griegas la phi, cuya fonética equivale a la "f" y la beta, que en la Grecia clásica representaba al número dos. Así, "Phybe" no significa ni más ni menos que "FII", o lo que es lo mismo, Francisco II.

Matrimonio, asesinato y las cartas del cofre

El segundo y tercer matrimonios de María Estuardo fueron todavía más desgraciados que el primero, tanto para ella como para otros. Su segundo marido fue Henry Stewart, Lord Darnley, con quien contrajo matrimonio en la capilla de Holyrood, en el verano de 1565.

En la época del casamiento, Darnley era un joven apuesto —al poco tiempo de haberlo conocido, María lo describió como "el hombre alto mejor proporcionado que jamás he visto" — y, si bien las razones políticas debieron pesar mucho en el ánimo de la reina a la hora de elegir marido, seguramente también sus sentimientos por él jugaron su papel. Efectivamente, su relación fue lo bastante íntima como para que María quedase embarazada del niño que, con el paso del tiempo, habría de convertirse en Jaime I de Inglaterra y VI de Escocia.

Sin embargo, en la época del nacimiento del niño, los sentimientos de la reina ya eran de aborrecimiento y desprecio hacia el padre de su hijo. Él había sido el responsable del asesinato de Rizzio el secretario italiano de María, había perdido su atractivo juvenil, en su físico eran evidentes los estragos causados por una sífilis terciaria y, además, María se estaba enamorando. El destinatario de su afecto era el conde de Bothwell que, muy probablemente con la connivencia de María, asesinó a Darnley y se casó con su viuda unas semanas después.

El descubrimiento de unas cartas y otros documentos en un cofre sacó a la luz pública la supuesta implicación de María en el asesinato de su segundo esposo, posibilidad que en general se consideró como hecho probado. Como consecuencia de todo esto, se produjo una rebelión contra ella en Escocia, por lo que la reina huyó a Inglaterra para buscar refugio junto a la reina Isabel I, prima suya.

Este refugio resultó ser solamente temporal. María tenía ciertas pretensiones — apoyadas sobre argumentos genealógicos — al trono de Inglaterra, y entonces empezó a conspirar contra su prima. Sus intrigas eran ingeniosas pero siempre fracasaron, hasta que llegó un momento en que empezó a ser más que invitada, prisionera de la reina Isabel I que, en 1587, la mandó decapitar.

Nostradamus no hizo predicción alguna al respecto, aunque parece que sí profetizó el descubrimiento de las "cartas del cofre" en la misteriosa Centuria VIII, Cuarteta 23:

Se descubren cartas en los cofres de la Reina,
sin firma y sin el nombre de su autor,
el engaño [o el gobierno] *ocultará las ofrendas,*
de forma que no se sepa quién es el amante.

LA REVOLUCIÓN INGLESA

Existe un número sorprendentemente elevado de cuartetas de las Centurias que se consideran relacionados con el período de las revoluciones inglesas, es decir, con los años de luchas entre la Corona y el Parlamento, la primera y la segunda guerras civiles, el gobierno personal de Oliver Cromwell como Lord Protector y los acontecimientos que dieron lugar a la restauración de la dinastía Estuardo en 1660.

En opinión de este autor, algunas de estas relaciones son un poco rebuscadas porque se basan más en una interpretación intencionada de los significados de unas predicciones oscuramente redactadas por el profeta que en una investigación científica orientada a desvelar objetivamente su contenido frecuentemente codificado. Tomemos por ejemplo la Centuria III, Cuarteta 81:

El calvo y desvergonzado gran hablador,
será elegido jefe del ejército,
la audacia de su contienda,
el puente roto, la ciudad se desvanece de pavor.

Con frecuencia se ha dicho que la persona a la que se describe en las dos primeras líneas de esta cuarteta como orador audaz y osado que se convierte en jefe del ejército era Oliver Cromwell. ¿Y la ciudad que se desvanece de pavor? Se trataría, según se dice, del bastión monárquico de Pontefract — nombre derivado del latín que significa "puente roto"— que sufrió dos duros asedios durante las guerras civiles.

Es posible. Pero, de la misma forma, estos versos podrían entenderse referidos a la revuelta de Kronstadt de 1921 contra el gobierno bolchevique de Lenin, en cuyo caso el orador calvo sería Trotski, jefe del Ejército Rojo, la ciudad aterrorizada sería la misma Kronstadt y el "puente roto" podría haber sido el bombardeado istmo de hielo que la unía con tierra firme, sobre el que las tropas de Trotski avanzaron para atacar el bastión rebelde.

Se afirma que otra de las cuartetas "cromwelianas" (Centuria VIII, Cuarteta 56) de interpretación dudosa contenía la predicción de la victoria de Cromwell sobre los escoceses en la batalla de Dunbar. Sin embargo, estos versos, que contienen uno de los típicos anagramas parciales que tanto empleaba Nostradamus referido en este caso a Edimburgo, parece aplicable con más precisión a la batalla de Culloden (1746) que a la de Dunbar.

A pesar de estas interpretaciones cromwelianas excesivamente entusiastas de determinados versos de las Centurias, resulta evidente que Nostradamus conocía una gran cantidad de informaciones sobre la guerra civil inglesa casi 100 años antes de que tuviese lugar. En efecto, en la Centuria IX, Cuarteta 49 predijo concretamente que "el Senado [es decir, el Parlamento] de Londres condenaría a muerte a su rey". La numeración de esta cuarteta puede ser significativa pues podría significar que el vidente hubiera podido saber incluso el año en que este acontecimiento, la ejecución de Carlos I, iba a tener lugar: 1649.

La lectura de las cuartetas que cierta, probable o posiblemente se refieren a las personas y acontecimientos que dominaron la historia de Inglaterra durante el periodo 1641-1660 trae a la mente el intenso sentimiento de animadversión hacia el Parlamento al que se debió, por ejemplo, la negativa imagen con la que el vidente inviste a la figura de Oliver Cromwell. Similares sentimientos están también presentes en cuartetas relacionadas con otras épocas de revoluciones y desorden social.

Al contemplar los acontecimientos de los años futuros, Nostradamus se ponía siempre de parte de los gobernantes y nunca de los gobernados; es como si alguna obnubilación hubiera distorsionado su clarividente capacidad de percepción. Siempre veía el sufrimiento de reyes y nobles y en muy pocas ocasiones el del pueblo llano; al contemplar los ciclos de cambio y revolución tendía a compadecerse de las plumas y a olvidar al pájaro agonizante.

Esta compasión se pone de manifiesto en varias cuartetas relacionadas con Carlos I, en quien veía a un inocente cuya sangre fue derramada sin razón.

Cromwell, el carnicero

Al parecer, Nostradamus desaprobaba a Cromwell casi tanto como a los dirigentes de la Revolución francesa; se refirió a él calificándolo de "cesto de carne" (carnicero) y de "bastardo". Este último calificativo, que aparece en la Centuria III, Cuarteta 80, que está centrada en la figura de Carlos I, lo empleó posiblemente de forma metafórica con el sentido de "innoble", más que con su significado literal. El primer término aparece en la Centuria VIII, Cuarteta 76, que dice:

Más un cesto de carne que un rey en Inglaterra,
nacido en la oscuridad adquirirá rango por medio de la fuerza,
cobarde sin fe [católica] *desangrará la tierra;*
su momento está tan próximo que me hace sollozar.

La alusión a Cromwell como carnicero tiene un doble sentido muy del estilo de Nostradamus. Por un lado, se refiere a las carnicerías que indefectiblemente se producían tras las victorias de Cromwell; por otra parte, alude a la leyenda según la cual en el siglo XV, los antepasados de Cromwell habían sido carniceros y herreros. En realidad, los orígenes de Cromwell eran oscuros (ver segunda línea de la cuarteta) sólo en el sentido de que no corría sangre noble por sus venas y porque, con anterioridad al estallido de la guerra civil, su vida transcurría como la de cualquier otro tranquilo campesino acomodado.

La "proximidad" de la llegada de Cromwell que se menciona en la última línea de la cuarteta era de alrededor de 40 años, es decir, el intervalo de tiempo entre la primera publicación de la cuarteta y el año del nacimiento de Cromwell (1597).

LA SANGRE DEL JUSTO

Nostradamus era conservador en el sentido más estricto de la palabra; es decir, era un hombre apegado a la tradición al que disgustaba cualquier tipo de cambio, a menos que en su opinión se tratase de un muy evidente cambio para mejor.

Este conservadurismo, en combinación con la reverencia por la monarquía hereditaria, típica del siglo XVI, tiene su reflejo en muchas de las cuartetas que predicen acontecimientos relacionados con la agitación social. Así, por ejemplo, la gran cantidad de versos de las Centurias referentes a la Revolución francesa, con frecuencia llaman la atención no sólo por su precisión, sino también por su desaprobación — implícita y explícita — de los revolucionarios y de sus actos. Semejante nota de censura se percibe especialmente en las cuartetas en las que se relata la ejecución de Luis XVI y su esposa, la reina. Es evidente que Nostradamus estaba convencido de la sacralidad de la sangre real.

Su postura sobre otro regicidio anterior, la decapitación del rey Carlos I por sus súbditos ingleses el 30 de junio de 1649, fue, igualmente, de condena. En efecto, las predicciones del vidente sobre los dos grandes desastres que habrían de tener lugar en el Londres de la década de 1660 ponen de manifiesto su convencimiento de que se trató de un castigo divino. Londres, según predijo, iba a ser castigada por su pecaminosa participación en la ejecución del rey.

Las cuartetas en las que el vidente predice estos desastres — Centuria II, Cuarteta 51 y Centuria II, Cuarteta 53. Lo que ahora se analiza son los pasajes de esas cuartetas en los que se predice la ejecución del rey Carlos I, o sea, la primera línea de la Centuria II, Cuarteta 51 que dice textualmente: "La sangre del justo será exigida en Londres", y la tercera línea de la Cuarteta 53: "La sangre del justo condenado por ningún crimen". En esta última cuarteta, Nostradamus no menciona concretamente Londres, sino que se refiere al lugar donde la injusta condena iba a tener lugar indicando que se trataba de "una ciudad marítima". Ningún otro gran puerto sufrió desastres semejantes a aquellos a los que se hace referencia más adelante en la fecha indicada por el vidente, de manera que con bastante seguridad se puede afirmar que la capital de Inglaterra era la ciudad en la que predijo que la sangre de un hombre justo iba a ser derramada.

Resulta obvio que había una intención de que las dos líneas citadas en el párrafo anterior, igual que la totalidad de las dos cuartetas a las que pertenecen, se leyeran conjuntamente; de esta forma, la "sangre del hombre justo" que según Nostradamus estaba destinado a ser condenado sin crimen alguno no podía ser otra que la del rey Carlos el Mártir, ejecutado por orden de quienes ilegalmente le habían juzgado y sentenciado a muerte. En las dos cuartetas se emplea la palabra francesa "Dame" en alusión a la catedral de San Pablo, "ultrajada", según la última línea de la Centuria II, Cuarteta 53, ya que en el momento del asesinato legal del monarca, sus legítimos ocupantes, clérigos leales a la Iglesia de Inglaterra, habían sido expulsados y sustituidos por sectarios de uno u otro tipo.

Sin duda, los escépticos podrían preguntar si no había más "hombres justos" que Carlos I que fueran ejecutados en Londres con anterioridad a los desastres que Nostradamus predijo. Y ¿por qué se identifica al "hombre justo" de las cuartetas con el rey ejecutado?

Existen tres buenas razones que justifican esa identificación. La primera es la referencia a una catedral de San Pablo ocupada por "pretendientes", término con el cual Nostradamus califica a unos ministros de la religión que, más que cismáticos, eran sectarios. En tiempos de Nostradamus, los católicos solían emplear el término "cismáticos" al referirse a los sacerdotes y obispos anglicanos; las órdenes anglicanas no fueron condenadas por el Santo Oficio hasta 1896. Como cismáticos, se consideraba que los clérigos anglicanos vivían en pecado mortal, pero no por ello se pensaba que pretendieran un sacerdocio que no poseían. El único momento entre la publicación de las Centurias y nuestros días en que la catedral estuvo total o parcialmente ocupada por las personas a las que

Nostradamus llamó "pretendientes", fue entre 1641 y 1662, de manera que tuvo que ser durante estos años cuando se derramase la sangre del justo.

En segundo lugar, los realistas ingleses empleaban la frase "el hombre justo" para referirse a su anterior monarca; estas palabras tenían un significado textual derivado de la traducción de la Biblia realizada por el rey Jaime y, en cualquier caso, formaban una expresión menos comprometedora que "el Mártir real".

Y, en tercer lugar, en la tercera línea de la Centuria IX, Cuarteta 49, Nostradamus afirma textualmente que "el Senado de Londres condenará a muerte a su rey".

Al leerlas juntas, las dos cuartetas sugieren que Nostradamus tenía visiones de acontecimientos que iban a tener lugar en Londres entre los años 1649 y 1666. Los dos primeros acontecimientos en que con tanta clarividencia atisbó el futuro de Londres fueron, por orden cronológico, el de los "pretendientes" de la catedral de San Pablo y el de la ejecución del rey Carlos I.

Como era un hombre de su tiempo, y en su época se aceptaba ampliamente el hecho de que el cielo intervenía constantemente en los asuntos terrenales, el vidente llegó a la conclusión de que los dos últimos acontecimientos de ese conjunto de cuatro cayeron sobre Londres como castigo por la participación de sus habitantes en los dos primeros.

PESTE Y FUEGO

Se cree que Nostradamus predijo tanto el brote de peste bubónica que asoló Londres en 1665 como el gran incendio que se produjo el año siguiente. Con respecto al segundo de los dos sucesos mencionados, el vidente llegó hasta el punto de anunciar la fecha exacta del siniestro: la Centuria II, Cuarteta 51 dice:

La sangre del justo será exigida por Londres,
arrasada por el fuego en tres veces veinte y seis,
la antigua Dame caerá desde su elevado lugar,
y muchas de la misma secta caerán.

El significado codificado de la primera línea de este verso se estudió más arriba; el significado literal del segundo resulta evidente: buena parte de Londres quedó reducida a cenizas. Las únicas ocasiones en que se han producido grandes incendios en Londres fueron en 1941, a consecuencia de un bombardeo alemán, y en 1666, cuando un fuego originado en una panadería se propagó y durante muchos días ardieron grandes zonas de la ciudad. Está claro que el incendio al que Nostradamus se refiere, el que predijo que se produciría en "tres veces veinte y seis", era este último. Al parecer, la "antigua Dame" habría sido la catedral de San Pablo; el vidente empleaba con frecuencia la palabra "Dame" en lugar de "iglesia". Las "muchas de la misma secta" que habían de caer eran, presumiblemente, las más de 80 iglesias de Londres que resultaron destruidas por el gran incendio.

Al igual que tantas otras de las profecías del vidente, es imposible que esta predicción pudiera haberse realizado sobre una base astrológica. Si bien existían — y existen — métodos predictivos que supuestamente permiten a los astrólogos realizar predicciones tipo "en tal fecha, la oposición de Marte con Júpiter en tantos grados de Aries, combinada con la cuadratura del sol de Géminis a Saturno, indican un grave riesgo de incendio en Londres", nunca ha habido una técnica astrológica que haga posibles unas previsiones tan precisas como la de la Centuria II, Cuarteta 51.

La Centuria II, Cuarteta 53, probablemente se refiere a la peste que causó estragos en Londres antes que el incendio:

La gran peste de la ciudad marítima
no cesará hasta que la muerte se haya tomado su venganza,
por la sangre del [hombre] *justo condenado por ningún crimen,*
la gran Dame es ultrajada por pretendientes.

Por las razones que ya se expusieron, es probable que la ciudad marítima que se menciona en esta cuarteta fuera Londres, y podría muy bien ser alusiva al brote de peste de 1665, que, durante un tiempo, redujo la ciudad de Londres a una especie de ciudad fantasma en la que la hierba crecía en las calles y todos aquellos habitantes que tenían la posibilidad de hacerlo abandonaron la ciudad para refugiarse en el campo. Es evidente que estas dos últimas cuartetas fueron escritas para que se leyeran conjuntamente, puesto que se referían a dos acontecimientos próximos en el tiempo.

En opinión de este autor, probablemente estas dos cuartetas tuvieron su base en una visión o una serie de visiones experimentadas por el vidente en las que vio, con el "ojo psíquico" de su mente cuatro sucesos distintos que tenían lugar en una ciudad que supuso ser el Londres de los años 1649-1666. Los dos primeros de estos cuatro acontecimientos se trataron anteriormente. El tercero (según el orden en que aparecían en la primera impresión de las cuartetas), era el gran incendio de 1666, y el cuarto, era el brote de peste bubónica de 1665.

El tesoro enterrado

Nostradamus no fue el único vidente que predijo la irrupción de la peste bubónica y el gran incendio de Londres del año siguiente. Otro augur que lo profetizó fue el inglés William Lilly (1602-1681), hombre que, al igual que Nostradamus, era más conocido como astrólogo y médico pero que también practicaba otras artes ocultas y vivió interesado por todo lo relacionado con lo sobrenatural; en cierta ocasión llegó a afirmar que una criatura de la que se decía que se había desvanecido "con el más melodioso de los sonidos" era un hada.

Una noche, a principios de la década del sesenta, le ocurrió una anécdota que resulta muy significativa de sus investigaciones místicas. En compañía de otros ocultistas, se encontraba utilizando las "varas de Moisés" que probablemente pertenecían a algún ritual de zahoríes — para buscar un tesoro enterrado en la catedral de San Pablo. Todos los intentos resultaron vanos; los buscadores del tesoro sólo consiguieron perturbar el descanso de algún espíritu guardián que desató una tormenta tal que les hizo temer que la cúpula de la catedral se derrumbase sobre sus cabezas.

Otros muchos buscadores de tesoros enterrados encontraron tormentas parecidas. John Dee, matemático y geógrafo de la reina Isabel I, empleaba su varita de zahorí "para encontrar cosas que podrían estar perdidas y devolver a muchas personas plata y otros objetos que se perdieron a veces hace muchos años". En una de esas ocasiones, John Dee descubrió oro en un estanque de Breconshire (Gales). Después de sus actividades, advertidas por las gentes del pueblo, se produjo una tormenta tan terrible y en el momento más crítico de la cosecha que se decía que "la gente no había visto nada parecido". John Dee y sus colegas fueron detenidos por conjurar espíritus y acusados de cosas aun peores por parte de los iracundos habitantes del pueblo.

EL REY SOL

Los primeros años de la vida de Carlos II, el rey Estuardo que fue restaurado en los tronos de Inglaterra, Escocia e Irlanda en 1660, y de su hermano menor, Jaime, habían estado llenos de desgracias. Su infancia había transcurrido entre los sobresaltos y las convulsiones de la guerra civil; durante su adolescencia tuvieron lugar el juicio y ejecución de su padre, Carlos I, el "hombre justo" de las Centurias; ya en su juventud, se habían visto obligados a vivir con sus leales en un exilio sumido en la pobreza, con una total dependencia de las escasas ayudas económicas que recibían de Francia y de los Países Bajos.

Los primeros años de la restauración de los Estuardo fueron felices; el acomodaticio Parlamento Cavalier (o Parlamento monárquico) era más complaciente que ninguno de aquellos con los que su padre se las había tenido que ver, y contaban con el aprecio de todos los sectores de la sociedad, salvo el de quienes se aferraban con firmeza a la "Buena y Vieja Causa", es decir, el republicanismo protestante.

Pero todo esto era demasiado bueno para que durase. Londres fue asolada por la peste y por el fuego, las voces críticas del Parlamento fueron en aumento, se empezó a considerar que la familia real tenía un apetito desmedido por el dinero y se sospechaba de sus simpatías católicas — y una impopular guerra contra los Países Bajos acarreó derrotas navales y una humillante incursión holandesa por el río Támesis, durante la que barcos ingleses fueron destruidos o capturados.

En 1670, las arcas del tesoro se encontraban vacías y tanto Carlos II como su hermano Jaime, duque de York, empezaron a prestar atención al ejemplo del otro lado del canal de la Mancha. La decisión tomada se traduciría finalmente en desastre: fue la causa por la que Jaime, que había heredado el trono de su hermano en 1685, perdió la corona y más tarde, en 1714, la dinastía Estuardo fue sustituida por la estólida casa de Hannover. Nostradamus había predicho todos estos acontecimientos, pero en 1670 todavía pertenecían al futuro, y a los Estuardo les parecía una buena idea aliarse con Francia. Esta alianza se plasmó en el Tratado de Dover, que Carlos firmó. Se trataba de un acuerdo, que incluía un anexo de protocolos secretos que no fueron revelados hasta después de un siglo, por el que Carlos recibiría cuantiosas sumas de dinero a cambio de convertir su reino al catolicismo y establecer una política, tanto interior como exterior perfectamente plegada a los intereses de Francia.

Por su parte, en Francia, Luis XIV, el "Rey Sol" que estaba llamado a dominar la vida política de Europa durante medio siglo, había empezado a gobernar en 1661 y había aumentado muy notablemente el poder y la imagen de su país. Francia había dejado atrás los conflictos internos de los 20 años anteriores y se encontraba en pleno período de prosperidad material y de transformaciones que Nostradamus había profetizado en la Centuria X, Cuarteta 83:

Los muros se transformarán de ladrillo en mármol,
cincuenta y siete [o setenta y cinco] *años pacíficos.*
Gozo a todas las gentes, el acueducto renovado,
salud, el gozo de abundantes cosechas, tiempos dulces como la miel.

La primera línea de esta cuarteta entraña un especial interés pues hace una alusión a Luis XIV similar a la hecha por el historiador romano Suetonio del emperador Augusto (63 a.C. - 14 d.C.), de quien él aseguraba que se había autodefinido con la frase "encontrar una Roma de ladrillo y dejarla de mármol". Esta identificación parcial de los dos gobernantes tiene una significación especial dado que a Luis XIV se le conocía como el "Rey Sol", y el emperador Augusto fue póstumamente deificado como avatar (encarnación) del "Sol invicto".

Sin embargo, a pesar de que la cuarteta en esencia tiene una precisión suficiente, no está exenta de la debilidad típica de Nostradamus por los monarcas franceses poderosos que se percibe en las Centurias, puesto que aunque los años del reinado de Luis XIV fueron un tiempo de paz dentro de Francia (salvo para quienes habían abrazado la religión protestante), su política exterior fue beligerante en extremo. Para hacer justicia a Luis XIV hay que admitir que su belicosa política fue, en los primeros años de su reinado, una reacción natural al ambiente de guerras con países extranjeros y de guerra civil en el que había nacido y en el que había transcurrido su infancia.

Este turbulento período de Francia había sido anticipado por Nostradamus en la Centuria X, Cuarteta 58:

En un tiempo de lucha el felino monarca,
irá a la guerra con el joven Emacio,
la Galia se estremece, la barca [de Pedro] *en peligro,*
Marsella probada y habla en el Poniente.

La frase "el joven Emacio" de la segunda línea de la cuarteta es obviamente una referencia a la transmutación de Luis XIV en Rey Sol, y a que en la mitología clásica, Emacio era el hijo del amanecer por lo que se puede identificar con el sol. El "monarca felino" de la línea precedente era el astuto Felipe IV de España que incitó activamente a la guerra contra Francia durante el período de luto que siguió a la muerte de Luis XIII en 1643. La "Galia estremecida" de la tercera línea lo fue debido a la Fronda (rebeliones contra la excesiva recaudación de impuestos y la administración del cardenal Mazarino) y a otras luchas y agitaciones civiles que caracterizaron los años de minoría de edad de Luis XIV. La frase "la barca [de Pedro] en peligro" de la tercera línea entraña un doble significado, de los que con tanta profusión aparecen en las Centurias. En primer lugar, es una alusión a la difícil posición de la Iglesia gala durante los años 1643-1661; y, en segundo lugar, se refiere a las posteriores disputas entre Roma y Luis XIV. El problema de la Iglesia gala se derivó del hecho de que, durante los años en cuestión, la Iglesia se enfrentó con el gran obstáculo — en sus relaciones con el Estado, ya de por sí difíciles — de que el ministro jefe del gabinete de Luis XIV, el cardenal Mazarino, fuera un príncipe de la Iglesia.

LA GLORIA DE EUROPA

En La Centuria X, Cuarteta 58, Nostradamus predijo que la política de Luis XIV, el Rey Sol, pondría en peligro a la Iglesia católica, "la barca [de Pedro]". Dado que Luis XIV era un fanático de la fe católica (aunque no siempre muy devoto), esta afirmación se podría considerar un error de predicción de Nostradamus. En realidad, este presagio fue sorprendentemente exacto, porque en el mismo momento en que Luis XIV alcanzó el cenit de su éxito diplomático y militar que dio pie a que los sicofantes le aclamasen como "la gloria de Europa", finalmente estalló una disputa largamente incubada entre el rey y el papado.

La controversia versaba sobre la propiedad de los bienes materiales y los derechos espirituales de los obispados vacantes, que el rey aseguraba que le pertenecían. La Asamblea Francesa del Clero accedió a sus deseos y por medio de los cuatro Artículos de 1682, el rey y la Asamblea proclamaron el poder del papado sobre los asuntos exclusivamente espirituales y la inviolabilidad de las reglas de la Iglesia francesa. La respuesta del papa consistió en negarse a autorizar la consagración de obispos que hubieran sido nombrados por Luis XIV, con lo que se originó una compleja lucha cuerpo a cuerpo que debilitó tanto a la Iglesia como al Estado.

Luis XIV había conseguido poner a su favor a la Asamblea del Clero sobre este asunto aceptando los rígidos planteamientos del clero francés respecto del protestantismo original. A los protestantes franceses, hombres y mujeres adeptos a la rigidez lógica de la teología del calvinismo, se les había garantizado una completa tolerancia mediante el Edicto de Nantes de 1598. Sin embargo, a partir de 1651 el clero católico de Francia en general y un grupo llamado la "Compañía del Santísimo Sacramento" en particular habían estado haciendo todo cuanto les era posible para conseguir la anulación del edicto, basándose en una estricta interpretación legal de sus artículos.

Deseoso de tener de su parte a la Iglesia gala en sus próximas pugnas con Roma, Luis XIV apoyó esta política de confrontación religiosa desde el comienzo de su reinado en 1661. Entre este año y 1685, los hugonotes (calvinistas franceses) fueron sometidos a un proceso de desgaste que les fue privando sucesivamente de sus escuelas, universidades y hospitales. Les fueron impuestas fuertes multas y, en los casos en que estas medidas resultaban ineficaces en cuanto a conseguir conversiones al catolicismo, se veían expuestos a la cruel brutalidad de los soldados. Finalmente, en 1685, Luis XIV sencillamente revocó el Edicto de Nantes y empezó a practicar una política de abierta persecución que culminaría en una guerra de guerrillas de ocho años de duración que había sido profetizada con gran acierto por Nostradamus casi 150 años antes. Tres años después de la Revocación, los esfuerzos en los que Luis XIV había estado empeñado desde 1670 para conseguir imponer el catolicismo en Inglaterra fracasaron estrepitosamente. Este fracaso y la identidad del hombre a quien se debió — el príncipe Guillermo de Orange — estaban escritos en la obra de Nostradamus; los mencionó en la Centuria II, Cuartetas 67, 68 y 69.

Guillermo de Orange era el yerno de Jaime II de Inglaterra, hermano menor de Carlos II, anteriormente duque de York. Aceptando la invitación de un gran número de destacados protestantes, invadió Inglaterra y, junto con su esposa, María, se hizo con el trono inglés. Fue un fuerte golpe para Luis XIV, que Nostradamus había anticipado con gran exactitud:

Un rey galo de la diestra céltica [es decir, Holanda],
viendo la discordia de la gran monarquía,
hará florecer su cetro sobre los tres leopardos,
contra la capa [capeto, es decir, rey de Francia]
de la gran jerarquía.

Guerra de guerrilla

Cuando Luis XIV revocó el Edicto de Nantes en 1685, pensó que así estaba acabando con el calvinismo francés; en realidad, aunque su acción propiciaba tanto las conversiones en masa como la emigración en masa, la organización de los hugonotes consiguió sobrevivir, especialmente en la zona montañosa de las Cevenas.

En 1703, desesperados por las brutalidades y el derramamiento de sangre, los protestantes de las montañas se alzaron en armas y durante ocho años libraron una guerra de guerrillas contra los ejércitos del Rey con gran coraje y valor, aunque esto no fuera suficiente para alcanzar el éxito final. Esta valerosa lucha y su desgraciado final fueron profetizados por Nostradamus en la Centuria III, Cuarteta 63 y en la Centuria II, Cuarteta 64. Las líneas más significativas a este respecto de la primera de las dos, son las siguientes:

El ejército celta [en este contexto, galo, es decir, francés]
contra los montañeses,
que serán conocidos y atrapados,
morirán bajo la espada...

Se trata de una predicción algo vaga y, además, se podría aducir que es fácilmente aplicable a cualquier ejército francés que derrote a cualquier tipo de montañeses. Sin embargo, la Centuria II, Cuarteta 64, con sus referencias a los seguidores de Calvino y a las Cevenas, es mucho más concreta:

El pueblo de Ginebra [es decir, los calvinistas]
se secará de sed y de hambre,
sucumbirán sus esperanzas;
la ley de las Cevenas estará en el punto de ruptura,
la flota no podrá entrar en el gran puerto.

La única línea que puede requerir cierta explicación es la última, que parece ser una alusión al fracaso del calvinismo internacional en prestar un apoyo efectivo a los camisards o guerrillas protestantes.

REVOLUCIÓN
DERRAMAMIENTO DE SANGRE

Nostradamus vivió en una época en la que el mundo estaba gobernado por monarcas y el galope de un caballo era el medio de locomoción más rápido. A pesar de esto, viajando a través del tiempo, anticipó los viajes espaciales, las revoluciones republicanas y las conquistas de la tecnología moderna.

Las revoluciones, el ascenso y caída del Imperio napoleónico, la terrible política de Adolf Hitler, el hambre, los derramamientos de sangre y la tecnología moderna son los temas predominantes del siguiente capítulo de este libro. Antes de adentrarnos en el análisis de estos temas, es preciso que el lector tenga presentes una serie de aspectos importantes.

La primera reacción de la mayoría de la gente que lee las Centurias ya sea en su forma original o en alguna traducción, suele ser de desconcierto puesto que, como el lector de este libro ya habrá tenido oportunidad de apreciar, la mayoría de las cuartetas están escritas en un lenguaje indirecto y codificado en el que abundan los anagramas y los neologismos clásicos (palabras inventadas derivadas del latín o del griego) y se mencionan los nombres de las personas mediante términos alusivos, como "Vendosme", por Enrique de Navarra, por ejemplo. Incluso el título es engañoso, puesto que la palabra "Centurias" (conjuntos de cien años, es decir "siglos") induce a pensar que Nostradamus hubiera redactado sus profecías según algún tipo de estructura cronológica; es decir, que las cuartetas proféticas situadas al comienzo del libro tratasen de acontecimientos próximos a los tiempos del vidente y aquellas situadas hacia el final, guardasen relación con el futuro más lejano.

Desafortunadamente, no es así. Al parecer, las Centurias son el registro de una serie de visiones que no estaban totalmente bajo el control del vidente y que le proporcionaban una selección de vislumbres del futuro — y del pasado, ya que hay unas pocas cuartetas que parecen ser "predicciones retrospectivas".

Existen otras explicaciones que justifican la naturaleza aleatoria de las cuartetas. La más plausible de ellas, íntimamente ligada a las teorías relacionadas con las "realidades alternativas" que muchos físicos matemáticos aceptan, se examina más adelante. Sin embargo, cualquiera que sea la explicación del hecho de que las cuartetas no estén ni en orden cronológico ni, dentro de lo que se puede apreciar, estén dispuestas según una determinada estructura, los estudiosos de la obra de Nostradamus tienen que aceptarlo como un hecho y acometer su estudio de la mejor forma que les sea posible.

En ningún otro caso se presenta un problema mayor que el de interpretar las predicciones sobre las que trata este capítulo. Las cuartetas relativas a Napoleón, por ejemplo, se encuentran repartidas por las diez secciones de las Centurias, y sin embargo, no parece existir la menor duda de que estos versos esparcidos se refieren al mismo hombre.

TEMPESTAD, FUEGO, SANGUINARIO DEGOLLAMIENTO

"¡Es, sin duda, el más grande acontecimiento acaecido en el mundo! ¡Y, sin duda, el mejor!", escribió Charles James Fox (1749-1806), líder del sector radical del partido Whig (Partido Liberal, en nuestros días) de la Cámara de los Comunes y tal vez el mejor orador parlamentario inglés de todos los tiempos, cuando llegaron a Inglaterra las noticias sobre el estallido de la Revolución francesa.

Nostradamus, que murió más de 200 años antes de este acontecimiento que Fox comentaba en una carta a su amigo Richard Fitzpatrick, tenía un punto de vista sensiblemente distinto sobre este particular. En su opinión, lejos de ser el mejor, la Revolución francesa era uno de los peores acontecimientos de la historia de la humanidad; casi todas las referencias a los jacobinos y a otros revolucionarios que aparecen en las cuartetas de las Centurias son críticas en extremo.

Pero, cabría preguntarse si Nostradamus hizo referencia explícitamente a la revolución 200 años antes de que tuviese lugar. Existen evidencias irrebatibles de que así fue. Tomemos, por ejemplo, la Centuria IX, Cuarteta 20:

De noche vendrán atravesando el bosque de Reines
dos cónyuges, por un tortuoso camino, la reina, la piedra blanca,
el rey monje de gris en Varennes,
el Capeto electo, se produce tempestad, fuego, sanguinario degollamiento.

En el tiempo en que se publicó por primera vez esta cuarteta, se desconocía su significado, pero a principios de la década de 1790, se comprendió su alcance y lo que había parecido poco menos que farfulleos sin sentido fue transformado por la historia en un dato importante que ponía en evidencia la capacidad de Nostradamus de ver el futuro.

El aspecto más significativo de esta cuarteta es la mención concreta de Varennes, puesto que solamente es posible relacionar esta pequeña localidad con un hecho histórico importante: el frustrado intento de huir de la revolución que en 1791, llevaron a cabo Luis XVI y su esposa, María Antonieta.

En efecto, los dos hicieron el camino a Varennes siguiendo un itinerario ciertamente indirecto y tortuoso, a través del bosque de Reines; al parecer, Luis XVI se había vestido de un gris apagado en lugar de los ostentosos púrpura y oro tradicionales de los monarcas dieciochescos. La captura de la pareja real produjo una verdadera tempestad (en el sentido de agitación social), la llamarada del fuego revolucionario y la "sangrienta degollación", en su sentido más literal: tanto Luis XVI como María Antonieta fueron decapitados en la guillotina.

Hay dos expresiones de esta cuartet — "el Capeto electo" y "la piedra blanca" — que requieren una explicación.

Al hablar del Capeto "electo" o "elegido", casi con toda certeza Nostradamus se estaba refiriendo a Luis XVI. El nombre "Capeto", hablando con propiedad, solamente se podría haber utilizado para referirse a monarcas pertenecientes a una dinastía anterior a la de los Borbones, de la que Luis XVI era el primero. Sin embargo, con frecuencia se empleaba esta palabra en un sentido más amplio, para referirse a cualquier rey que ocupase el trono de Francia.

La expresión "piedra blanca" de la cuarteta no resulta tan fácil de explicar, a pesar de que muchos estudiosos hayan tratado de hacerlo. Algunos han apuntado la posibilidad de que, por ejemplo, estas palabras se refirieran a un curioso escándalo que tuvo lugar en la década de 1780-1790 y que se dio en llamar "el asunto del collar de diamantes" que contribuyó al desprestigio de la monarquía, y en el que se vieron implicados un collar de diamantes, un cardenal crédulo y decrépito, María Antonieta y el oscuro aventurero que se hacía llamar Cagliostro, personaje con un fuerte componente de charlatanería, aunque pudiera haber tenido ciertas dotes proféticas.

Es posible que quienes hayan identificado la "piedra blanca" de Nostradamus con el collar de diamantes del escándalo estén en lo cierto, aunque en opinión de este autor, esa interpretación es excesivamente retorcida. En cierto sentido, sin embargo, esta cuestión es secundaria. La auténtica importancia de la Centuria IX, Cuarteta 20 estriba en el hecho evidente de que en el decenio de 1550-1560, Nostradamus conocía oscuros detalles relacionados con un suceso que no tuvo lugar hasta 1791.

Oscuridades proféticas

La labor de interpretación de las cuartetas proféticas de Nostradamus resulta incluso más difícil de lo que se podría esperar debido a la deliberada utilización de frases oscuras y enrevesadas, neologismos (palabras inventadas) derivadas del latín y del griego y anagramas, que en ocasiones son completos (como la sustitución de París por "Rapis", por ejemplo), pero que con mayor frecuencia solamente son parciales.

El texto francés original de la cuarteta que predice la huida de Luis XVI y su consorte contiene dos típicos anagramas parciales. Uno de ellos es "Herne", anagrama parcial de "Reine" (reina) que incluye la transmutación de la letra "i" en una "h", letra precedente en el alfabeto; el otro es la palabra "noir" (negro), distorsión empleada con cierta frecuencia en las Centurias con el significado de la palabra francesa roi (rey).

EL MALVADO PORTADOR DE LA GUADAÑA

La profecía cumplida de Nostradamus sobre la escapada fallida de Francia de Luis XVI y María Antonieta, en absoluto es la única predicción que el vidente hiciera en las Centurias o en otras de sus obras sobre la Revolución francesa de 1789 y los acontecimientos que posteriormente tuvieron lugar entre los años 1790 y 1815. Si hay alguna temática que se pueda considerar dominante en las Centurias, es de hecho la Revolución francesa. De las algo menos de 1 000 cuartetas que integraban la versión final de tan peculiar obra, por lo menos 40 de ellas parecen estar relacionadas con la historia de Francia en el período comprendido entre la Primera República y el Imperio napoleónico que la siguió.

Desde luego, solo es un cuatro por ciento aproximadamente, pero como los años en cuestión suman sólo alrededor de un cuarto de siglo y en las Centurias se predicen acontecimientos datados entre la época en que vivió su autor y una fecha posterior al año 3 000, la proporción resulta sorprendentemente elevada.

No todas estas "cuartetas revolucionarias" son tan concretas como la Centuria IX, Cuarteta 20 ni como otras predicciones que se analizan en las siguientes páginas. Algunas de ellas están redactadas en unos términos muy generales; es decir que, a pesar de que parecen perfectamente aplicables en todos los sentidos a la Revolución francesa, cabe la posibilidad de que se refieran a (— o además — Nostradamus solía emplear el truco de escribir profecías relacionadas con más de un acontecimiento) hechos todavía futuros de la historia de Francia. Un buen ejemplo de versos de este tipo es la Centuria VI, Cuarteta 23:

Defensas [del dominio] *socavadas por el espíritu del reino,*
el pueblo será agitado en contra de su rey,

nuevamente la paz, sagradas leyes degeneran,
jamás se vio Rapis [París] *en tan gran tribulación.*

Estos versos se adaptan mejor a los primeros años de la Revolución que a cualquier otra época, pero podría tratarse de una predicción doble o incluso triple, no sólo aplicable a los primeros años de la Revolución, sino también a los acontecimientos que tuvieron lugar durante la minoría de edad de Luis XVI y a otros sucesos que podrían producirse en el futuro. La Centuria I, Cuarteta 53 contiene otra doble predicción; esta cuarteta parece profetizar los similares acontecimientos que se derivaron de las revoluciones francesa y rusa. Traducido libremente, el texto de esta doble profecía es el siguiente:

Veremos un gran pueblo atormentado,
y la sagrada ley en la más completa ruina,
la cristiandad bajo otras leyes [distintas de las cristianas],
cuando se encuentre una nueva fuente de oro y plata [o sea, dinero].

La cuarteta parece hacer referencia a la abolición del catolicismo en la Francia de principios de la década de 1790-1800 (ver más abajo) y la aun más enérgica abolición de la Iglesia ortodoxa rusa posterior a la Revolución bolchevique de 1917. La última línea reviste un significado específico puesto que tanto los revolucionarios franceses como los rusos encontraron una "nueva fuente de dinero", al imprimir grandes cantidades de papel moneda que se depreció muy de prisa hasta perder finalmente casi todo su valor.

¿Es deliberado el doble sentido — la referencia a acontecimientos similares de dos revoluciones diferentes — de esta cuarteta escrita por Nostradamus? ¿O demuestra que los estudiosos de la obra de Nostradamus deforman el significado de los versos para adecuarlo a hechos concretos?

Parece evidente que la respuesta a la primera de las dos preguntas es "sí", mientras que la de la segunda, con la misma rotundidad, es "no", porque Nostradamus dejó bien claro en las dos líneas inmediatamente anteriores a la Centuria 1, Cuarteta 53, que estaba haciendo referencia a dos revoluciones distintas:

Dos revoluciones serán causadas por el malvado
portador de la guadaña,
realizando un cambio de reinos y de siglos...

Con la expresión "el malvado portador de la guadaña", el vidente aludía al planeta Saturno el "Gran Maléfico" de la astrología del siglo XVI — cuyos símbolos son el reloj de arena y la guadaña. Lo que Nostradamus pretendía dar a entender en estas dos líneas es que, en el análisis final, sería la influencia de Saturno la que causaría tanto la Revolución francesa como la rusa.

Cera y miel

Nostradamus hizo aún otra predicción relativa a la persecución del clero católico en la Francia de principios del decenio de 1790, en la Centuria I, Cuarteta 44:

En breve tiempo retornarán los sacrificios [no cristianos],
quienes se opongan sufrirán martirio.
Ya no habrá monjes, ni abades, ni novicios,
la miel costará más que la cera.

Tradicionalmente, el precio de la cera de abeja había superado a la de la miel, por lo que en la última línea Nostradamus indica que el precio de la cera descendería durante el período de persecución religiosa, al caer la demanda para la fabricación de cirios y velas votivas. La línea anterior alude a la abolición de las órdenes monásticas y religiosas como consecuencia de la entrada en vigor de la Constitución de 1790 y de otras innovaciones legislativas. Como aseguraba la profecía, quienes se opusieron a estos cambios fueron martirizados.

La alusión a la reinstauración de los sacrificios paganos con la que se inicia la cuarteta es una referencia a los ritos seudorreligiosos que los revolucionarios más extremistas introdujeron temporalmente en Francia. Las más notables entre estas ceremonias fueron la fiesta de la "diosa de la Razón" (10 de noviembre de 1793) y el absurdo "Festival del Ser Supremo", que fue orquestado por Robespierre.

LA LUCHA EN LAS TULLERÍAS

Si bien muchas cuartetas de las Centurias pudieron haber resultado excesivamente oscuras a los ojos de intérpretes de tiempos anteriores, posteriormente se fueron clarificando con el paso de los acontecimientos históricos. Así ocurre con la Centuria IX, Cuarteta 34, que dice:

El solitario cónyuge del matrimonio será mitrado,
de regreso, lucha se producirá en la teja [thuille],
por quinientos un dignificado será traicionado,
Narbona y Saulce, tendremos aceite por cuchillos.

Mientras que "Narbona" podría ser la ciudad homónima, los antiguos especialistas en la obra de Nostradamus, consideraron que la palabra "thuille" podía ser o uno de los típicos neologismos del vidente o una acepción poco frecuente de la palabra francesa equivalente a teja o a horno de tejas. En cualquier caso, ninguno de los comentaristas de las cuartetas pudo haber comprendido esta predicción hasta unos 250 años más o menos después de su publicación.

Un estudioso de la obra de Nostradamus del siglo XVII propuso una osada interpretación. Considerando que "thuille" fuera una variante de la palabra francesa equivalente a teja, tradujo el verso de la siguiente forma:

El marido separado se pondrá una mitra,
de regreso de la batalla, pasará sobre las tejas,
por quinientos un dignificado será traicionado,
Narbona y Salces, tendrán aceite por quintales.

Su interpretación de estos versos era la siguiente: "Los versos significan que un cierto hombre que estaba unido en matrimonio será separado de su esposa, y alcanzará una dignidad eclesiástica... de regreso de algún lugar o empresa, será encontrado y combatido, y obligado a escapar por encima de las tejas de una casa..., un hombre de gran importancia será traicionado por 500 de sus hombres..., cuando estas cosas ya hayan ocurrido, Narbona y Salces recogerán [la cosecha] y obtendrán una gran cantidad de aceite". Ingenioso, desde luego; pero difícil. Con la peculiar idiosincrasia que dominaba muchos aspectos de la Iglesia del siglo XVII, era improbable que un hombre, después de haberse separado de su esposa, pudiese ascender hasta un cargo elevado en su jerarquía, ser "encontrado y combatido" y luego, huyendo de sus atacantes, corretear por los tejados.

Sin embargo, la aparente oscura falta de sentido de esta cuarteta se aclaró en 1791 y 1792. En el mes de junio del año anterior, el rey de Francia, Luis XVI y su consorte, María Antonieta, llevaron a cabo su intento de huida de la Francia revolucionaria. La oportunidad de éxito de la empresa se perdió desde el mismo momento de iniciarse, con todo el cortejo real, incluidos el rey y la reina, viajando juntos en un enorme y pesado carruaje que inevitablemente tenía que llamar la atención a su paso.

En la pequeña localidad de Sainte Menehould, un hombre llamado Drouet se dio cuenta de que el rostro de uno de los viajeros recordaba el aspecto con el que el rey aparecía retratado en un asignado (papel moneda reembolsable con la venta de los bienes eclesiásticos) de 50 libras. En Varennes, todo el cortejo fue detenido y arrestado, en buena parte gracias a las acciones de un hombre llamado Saulce, vendedor de cera y comestibles y comerciante de aceite. Su nombre y profesión recuerdan el Salces que en la última línea de la cuarteta se relaciona con el aceite.

El resto de la cuarteta se refiere también — y con gran exactitud — a la huida de Luis XVI y a los acontecimientos que de ella se derivaron. La primera línea dice "El solitario cónyuge del matrimonio será mitrado", y tras su regreso a París procedente de Varennes, el rey fue "mitrado" y era un "cónyuge solitario", esto último, debido a que se iba encontrando más y más aislado políticamente de sus consejeros y, progresivamente, de María Antonieta que no fue más que un títere en manos de su consejero sueco, el reaccionario conde Hans Axel von Fersen, hombre cuya influencia política resultó desastrosa. El rey fue literalmente mitrado el 20 de junio de 1792, cuando una multitud asaltó el palacio de las Tullerías y obligó a su monarca a ponerse el gorro rojo de la libertad, inspirado en la mitra frigia de la antigüedad.

¿Qué se puede decir con respecto a las siguientes líneas de

la cuarteta: "de regreso, lucha se producirá en la teja [thuille]" y "por quinientos un dignificado será traicionado"?

La escena de los enfrentamientos que tuvieron lugar el 10 de agosto de 1792, y que poco después terminaran con el derrocamiento del rey, fue el palacio de las Tullerías. Este palacio, cuya construcción no sólo no se había iniciado, sino que ni siquiera se había decidido en la época en que se publicaron las Centurias por primera vez, fue erigido en el lugar en que anteriormente había existido un horno de cocer tejas: las "thuille", de la cuarteta. Así, la lucha se produjo en el horno de tejas tras el regreso de Luis XVI a París después de su fallida escapada. En lo que había sido, dos siglos antes, un lugar en donde los montones de arcilla se transformaban, cociéndose al fuego, en cubiertas para los tejados de París, una nueva ideología moldeada por los teóricos jacobinos se transformó, al calor de la batalla, en la República francesa.

¿Y los "quinientos" que según la profecía habían de "traicionar a alguien dignificado"?

El dignificado era el rey; los "quinientos" que le traicionaron fueron probablemente los "federales" marselleses que tomaron parte en las luchas de las Tullerías. Ya que, según el historiador francés del siglo XIX Louis Thiers (1797-1877), "ils étaient cinq cents": eran quinientos.

EL COMIENZO DE UNA NUEVA ERA

El prefacio que Nostradamus introdujo en la primera edición de las Centurias era una epístola a Enrique II redactada en un tono marcadamente apocalíptico. Tales son la expresión y el lenguaje empleado que dan pie a la escéptica afirmación de que no se trata sino de un vago — o incluso carente de todo sentido — catálogo de desastres, con secciones enteras susceptibles de ser distorsionadas por intérpretes ingeniosos de forma tal que pueden atribuirse a cualquier acontecimiento desagradable que haya ocurrido durante los últimos 400 años más o menos.

Sin embargo, en esta epístola hay profecías con un significado específico y llenas de sentido concreto que el curso de la historia se ha ocupado de verificar. Una de ellas entraña un enorme interés puesto que cita un año concreto — 1792 — en el que habría de producirse un destacado acontecimiento. El pasaje más relevante a este respecto dice lo siguiente:

> *Será entonces el comienzo* [de una era] *en la que se originarán* [modelos de comportamiento y pensamiento, formas de entender el mundo] *que serán muy duraderos, y en su primer año se producirá una gran persecución de la Iglesia cristiana, más fiera que la de África* [casi con seguridad, se trata de una referencia histórica a la persecución de la Iglesia que los vándalos realizaron en el norte de África en el siglo V], *y todo esto estallará durante el año de mil setecientos noventa y dos.*

No se puede negar el acierto de la predicción de Nostradamus que afirmaba que los acontecimientos que se producirían en el año 1792 iban a ser el inicio de una nueva era. Si algún año se puede considerar como el inicio de la era en la que nos encontramos, es sin duda 1792, por encima de otros posibles candidatos de dudoso merecimiento, como 1776, cuando las colonias británicas de América del Norte declararon su independencia de la metrópoli; ó 1783, año en el que Luis XVI de Francia convocó los Estados Generales. El acontecimiento que por encima de todos hizo de 1792 el año especial tuvo lugar el 10 de agosto, cuando lo que se dio en llamar "plebe" asaltó el palacio de las Tullerías, que se había convertido en la residencia de la familia real francesa después de haber sido expulsada de Versalles. En realidad, el asalto fue muy bien organizado y planificado por un comité rebelde, cuya dirección estaba dominada por los jacobinos, la extrema izquierda del movimiento revolucionario, que mantenían una estrecha colaboración con grupos extremistas de Brest y Marsella.

Entre las consecuencias directas del asalto se cuentan la muerte en lucha cuerpo a cuerpo de 400 insurrectos y 800 miembros del ejército realista; el hecho de que el rey fuera primeramente separado del trono, luego depuesto y finalmente ejecutado; las horrorosas masacres de septiembre en las que cientos de eclesiásticos, hombres y mujeres de la aristocracia, monárquicos de alto y de bajo rango — incluso prostitutas y criminales de poca monta — que habían sido apresados, fueran asesinados por los sans-culottes aliados de los jacobinos de clase media; y la conversión de la Comuna de París aunque sólo de nombre, en el gobierno central de Francia.

Las consecuencias finales del éxito de la insurrección que tuvo lugar en aquella calurosa tarde del mes de agosto de 1792, han afectado, y todavía continúan afectando, las vidas de todos y cada uno de nosotros. Cualquier intento de enumerar todas esas consecuencias escapa a la intención del presente libro. Baste decir que los acontecimientos que tuvieron lugar en París en 1792 — acontecimientos que Nostradamus parecía conocer bastante bien unos 250 años antes de que se produjesen — condujeron al surgimiento de las ideologías que han dominado la política mundial durante más de dos siglos: secularismo, nacionalismo, democracia revolucionaria y socialismo.

Existe aún otro punto que vale la pena tocar en relación con la predicción de que 1792 marcaría el comienzo de una nueva era.

En este año, los revolucionarios jocobinos de Francia introdujeron un nuevo calendario. Los tradicionales nombres de los 12 meses del año derivados de la mitología y de la historia, eran considerados por los revolucionarios más radicales como reliquias de un pasado obsoleto y, por tanto, abandonados; se cambió también el número del año, para que no estuviera basado en una cronología cristiana.

A medianoche del 21 al 22 de septiembre de 1792 comenzó el "Año de la República". Tenía una duración de 365 días y constaba de 12 meses, cada uno de los cuales tenía 30 días, más otros 5 días. Se bautizaron estos nuevos meses con nombres que se pudieran considerar "racionales"; así, por ejemplo, el mes que normalmente era el más caluroso — el que comenzaba el día que la mayoría conocemos como 22 de julio — se llamó "termidor" (calor).

De esta forma, en septiembre de 1792, el pronóstico que hiciera Nostradamus se cumplió al pie de la letra. ¿O no? Después de todo, el vidente predijo que esta nueva era sería "muy duradera", y la verdad es que no se encuentra mucha gente que se queje de que esté haciendo un "termidor muy fresco" o de que un "prairal esté siendo muy lluvioso". Sin embargo, cualquiera que esté familiarizado con los textos de los teóricos marxistas contemporáneos, no se sorprenderá de encontrar constantemente referencias a ese calendario en el uso de frases tan trilladas como "reacción termidoriana". En cierto sentido, por lo menos el calendario revolucionario, al igual que la nueva era social inaugurada en 1792, continúan estando presentes en nuestras vidas.

NAPOLEÓN, EMPERADOR Y SOLDADO

La gran agitación que se originó en Europa a raíz de la Revolución francesa no fue una etapa pasajera, y la Primera República que siguió al reinado del Luis XVI existió en un estado de cambio constante. Robespierre y sus partidarios sustituyeron a los más moderados republicanos, para ser, a su vez, reemplazados por el corrupto Directorio al que sucederían el Consulado y el Imperio de Napoleón Bonaparte.

Nostradamus predijo el ascenso y caída de Napoleón; en efecto, hay tantas cuartetas que parecen referirse a Napoleón —el gris oficial de artillería corso que habría de convertirse en gran emperador— que no resulta posible ofrecer más que una interpretación detallada de algunas de ellas. Tal vez la más conocida sea la Centuria VIII, Cuarteta 57:

De simple soldado alcanzará el Imperio,
cambiará la capa corta por la larga,
valeroso en las armas, mucho peor con la Iglesia,
veja a los sacerdotes como el agua empapa la esponja.

El término "capa corta" era una de los típicos dobles sentidos del vidente; con él se refería tanto al capote militar que el futuro emperador llevaba cuando era un simple cadete como a la capa que usaría en las celebraciones de gala a las que asistiría como primer cónsul. La "capa larga" por la que sustituiría la anterior era el manto que vestiría al ser coronado emperador por el papa Pío VII en 1804. El sentido de la tercera línea es evidente, y la forma en la que Napoleón "vejó a los sacerdotes" tal como se anuncia en la cuarta línea.

Nostradamus no sólo sabía que un "simple soldado alcanzaría el Imperio", sino que llegó a tener una idea aproximada del nombre de ese soldado o, por lo menos, eso es lo que se asegura a partir de una ingeniosa interpretación de la Centuria VIII, Cuarteta 1:

PAU, NAY, LORON, tendrán más fuego que sangre.
Para nadar en alabanzas, el gran hombre nadará hacia la confluencia.
Negará la entrada a las urracas.
Pampon y el Durance le confirmaron.

Los tres nombres con los que se inicia la primera línea corresponden a pequeñas ciudades del oeste de Francia insignificantes desde un punto de vista histórico. Sin embargo, a Nostradamus le pareció conveniente imprimir estos tres nombres en mayúsculas, lo que casi siempre es un indicio de que el vidente utiliza las palabras en mayúsculas con un segundo sentido que, normalmente, tiene que ver con un anagrama o algún tipo de juego de palabras.

Un anagrama que uno de los intérpretes franceses de las Centurias —considerado de los "serios"— descubrió fue NAPAULON ROY, o sea, "Napoleón rey". Como este mismo estudioso se señalaba hace aproximadamente un siglo, en la época de Napoleón, la ortografía de un nombre tan poco frecuente con el grupo "au" en lugar de "o" era bastante habitual y, en cualquier caso, Nostradamus podría haber tratado de insinuar la forma en que el emperador modificó la ortografía de su apellido corso "Buonaparte" a la forma más francófona "Bonaparte". Todo esto podría responder al hecho de que en la Centuria I, Cuarteta 76 — una de esas extrañas cuartetas dobles en las que parece que Nostradamus profetiza hechos aplicables a dos personas distintas—, parece insinuar los apellidos "bárbaros" tanto de Napoleón como de Adolf Hitler. Independientemente de que Nostradamus conociera o no el apellido de Napoleón, es indudable que, como se explica en las dos páginas siguientes, conocía el destino final del emperador.

El Águila, Milán y Pavía

La reputación de buen militar de Napoleón recibió un fuerte espaldarazo a raíz de la racha de victorias de la campaña de Italia de 1796-1797. Dos de los más destacados episodios de este su primer, y en cierto sentido, el mayor triunfo militar de Napoleón, se mencionan en la Centuria III, Cuarteta 37:

Antes del asalto se pronuncia un discurso [o una oración],
Milán, traicionada por emboscada, es capturada por el Águila,
las antiguas murallas son derruidas por la artillería,
a sangre y fuego a pocos se les concede perdón.

El "Águila" de la segunda línea que captura Milán es Napoleón — al que se menciona con esta palabra en varias de las cuartetas —, pero ¿a cuál de las dos veces que Napoleón tomó Milán se refiere este verso?

Está claro que a la primera, porque el discurso al que se refiere la cuarteta fue aquel tan trascendental con el que el futuro emperador arengó a sus tropas al comenzar la campaña de Italia de 1796-1797: "Soldados, estáis muertos de hambre y medio desnudos... Yo os conduciré a las praderas más fértiles del mundo... Allí encontraréis el honor, la gloria y las riquezas... ¿Os va a faltar valor?"

Con la toma de Milán y de otras ciudades próximas, los soldados del ejército francés encontraron las riquezas que su general les había prometido. Desgraciadamente, sus exacciones alcanzaron tal magnitud que los habitantes de Milán, Pavía y Binasco se alzaron en una revuelta, aliados con los campesinos de los alrededores. Este levantamiento fue reprimido con la máxima brutalidad, muy especialmente en Pavía y, tal como se predecía en la última línea de la cuarteta, hubo poco perdón por parte de los soldados de Napoleón para aquellos a quienes se capturó durante los enfrentamientos.

EL FIN DEL IMPERIO

En el tiempo en que Napoleón fue coronado emperador de los franceses dominaba toda la Europa al oeste de la frontera de Rusia. Desde la época del emperador Carlos I de España y V de Alemania, ningún hombre había ejercido tanto poder en el mundo occidental.

Las islas Británicas representaban el único enemigo poderoso capaz de constituir un peligro; su flota dominaba los mares y su riqueza comercial se dedicaba a financiar a cualquier estado europeo que fuera capaz de enfrentarse a sus aparentemente incontenibles ejércitos. Napoleón pensaba que Gran Bretaña era el único obstáculo de consideración que se oponía a sus planes y que debía ser eliminada de su camino; era necesario acabar con su supremacía naval y, si era posible, invadir su territorio.

Intentó ambas cosas y en ambas fracasó, tal como Nostradamus había profetizado, con gran acierto, en la Centuria I, Cuarteta 77 y en la Centuria VIII, Cuarteta 53, respectivamente. El texto de la primera es el siguiente:

Entre dos mares se alza un promontorio,
un hombre que más tarde morirá por la brida de un caballo [o por mordedura],
Neptuno desplegará una vela negra por su hombre,
la flota cerca de Calpre [¿Gibraltar?] *y Rocheval* [Rochefort].

Es evidente que este verso profetiza algún tipo de batalla naval en la que una de las dos flotas desplegará una "vela negra" (es decir, se dará definitivamente por vencida), aunque al parecer, una primera lectura pone de manifiesto que esta cuarteta está redactada con el mismo lenguaje oscuro que la mayor parte de las Centurias.

Sin embargo, la segunda línea "un hombre que más tarde morirá por la brida de un caballo" da la clave que hace posible identificar el acontecimiento con alguna certidumbre como la batalla de Trafalgar, la decisiva batalla naval en la que los ingleses destruyeron la flota conjunta española y francesa y frustraron definitivamente la ambición de Napoleón de alcanzar la misma supremacía en el mar que la que tenía en tierra. Puesto que pocos almirantes con cierta relevancia histórica murieron por culpa de la brida de un caballo, Villeneuve, el almirante en jefe de la flota francesa en la batalla de Trafalgar, al parecer murió por esta causa peculiar. Hecho prisionero durante la batalla, fue liberado y volvió a Francia al año siguiente, donde moriría estrangulado en misteriosas circunstancias en una posada de Rennes. Según los conocimientos actuales, el asesino eligió una brida de caballo para cometer el crimen.

El resto de la cuarteta es fácilmente comprensible — el "promontorio entre dos mares" es Gibraltar, que se alza entre el océano Atlántico y el mar Mediterráneo.

El fracaso de la invasión napoleónica de Inglaterra y la forma en que empleó su ejército invasor, que no llegó a entrar en combate, después de ordenar la retirada de sus líneas próximas a Boulogne unos dos meses antes de que su armada fuera destruida en Trafalgar, fueron profetizados por Nostradamus en la Centuria VIII, Cuarteta 53:

En Bolongne [Boulogne] *querrá lavar sus faltas,*
no puede hacerlo en el Templo del Sol,
se apresurará a hacer grandes cosas,
en jerarquía nunca tuvo igual.

Las "faltas" de las que Napoleón deseaba limpiarse no eran de índole moral, sino las sucesivas valoraciones equivocadas de la importancia de la supremacía naval y del potencial económico de Gran Bretaña que le habían negado sus éxitos militares desde la campaña de Egipto de 1798. Pero ¿qué era el "Templo del Sol" en el que Nostradamus dice que Napoleón en sentido metafórico, sería incapaz de lavar sus faltas?

La frase se refiere simplemente a Gran Bretaña, porque al emplear las palabras "Templo del Sol", el vidente estaba haciendo dos de esas típicas alusiones de las que tanto gustaba. En primer lugar, se estaba refiriendo a las obras de un geógrafo griego de la época precristiana que habló de Stonehenge con la seguridad de que había sido un templo del dios sol Apolo; en segundo lugar, aludía a la creencia tradicional de que la abadía de Westminster, en donde se ha coronado a los monarcas ingleses desde la época de los normandos, está construida en el emplazamiento en donde hubo un templo romano británico dedicado al sol.

Una vez que Napoleón abandonó las barcazas que había dispuesto para la invasión en la costa del canal de la Mancha en el verano de 1804, ordenó a su ejército marchar hacia el este, donde ocupó Viena y destruyó los ejércitos austrorrusos en la batalla de Austerlitz. En otras palabras, se apresuró desde Boulogne a hacer "grandes cosas", tal como Nostradamus había indicado. Pero Gran Bretaña continuó preparando y financiando coaliciones contra él.

Cuando la invasión de Rusia terminó en desastre y fue derrotado en la batalla de Leipzig, Napoleón se vio forzado a abdicar como emperador en 1814. Fue exilado al pequeño estado de Elba, del que se le otorgó soberanía. Inevitablemente, la reducida isla resultó ser demasiado pequeña para él; escapó y regresó a Francia, en donde fue proclamado emperador. Sin embargo, tras un gobierno de sólo 100 días, los ingleses junto con los prusianos le infligieron la grave derrota de Waterloo; entonces se exilió en la ventosa isla de Santa Elena, en el océano Atlántico meridional, donde murió en 1821.

Según parece, estos últimos acontecimientos fueron el tema de más de una visión de Nostradamus, y se habla de ellos bajo los habituales velos de la alegoría y del símbolo en diversas cuartetas. Por ejemplo, en la Centuria II, Cuarteta 66, y en la Centuria X, Cuarteta 25, se describen, en forma simbólica aunque de fácil interpretación, algunos de los acontecimientos de la breve restauración del Imperio napoleónico; la Centuria I, Cuartetas 23 y 38, contiene profecías relacionadas con la batalla de Waterloo. Estas dos últimas están escritas en la terminología simbólica cuasi heráldica tan querida por el vidente, aunque no por eso dejan de estar llenas de sentido: la primera, contiene una clara predicción de que el leopardo heráldico de Inglaterra triunfa sobre las águilas del Gran Ejército de Napoleón.

EL TRONO DE PEDRO

En las Centurias es fácil encontrar referencias al papado en general y a algunos papas en particular. Podría parecer que, como cabría esperarse de un hombre de su tiempo — en el que el papa era un gobernante temporal y espiritual, al que los cristianos de Occidente consideraban el hombre más importante del mundo — Nostradamus tuviera muchas visiones relacionadas con el papado y con personas concretas destinadas a sentarse en el "trono de Pedro".

Algunas de las "cuartetas papales" se refieren a acontecimientos que todavía no han tenido lugar, por lo que o bien Nostradamus erró sus profecías, o bien se cumplirán en el futuro — probablemente muy próximo. En otras ocasiones, las profecías son tan concretas y se adecúan a los datos históricos con tal exactitud que se pueden considerar certezas razonables que constituyen excelentes ejemplos de los éxitos predictivos de Nostradamus. Por ejemplo, el presagio de las circunstancias en las que el más extraño caso de eclesiástico de finales de la Edad Media — un papa exiliado — tendría su fin.

Otra predicción muy concreta de Nostradamus relativa al papado es la que contiene la Centuria V, Cuarteta 29:

La libertad no será recobrada,
será ocupada por un [hombre] *negro, orgulloso, fiero y malvado,*
cuando la materia del papa se abra
por Hister, la República de Venecia será vejada.

Si se considera en sentido literal la última línea de este verso, podría parecer que la predicción se refiere al siglo XVIII o incluso a algún momento anterior, puesto que la República veneciana patricia dejó de existir como estado independiente a consecuencia de las conquistas de los ejércitos de la Francia revolucionaria.

Sin embargo, desde mucho tiempo atrás, los intérpretes de la obra de Nostradamus coinciden en que en esta cuarteta, el vidente utilizaba la expresión "República de Venecia" en un sentido semialegórico, refiriéndose a las "libertades populares en la península italiana y libertad de acción del papa".

Si aceptamos esta interpretación — y los argumentos a favor son variados e ingeniosos — parece cobrar relevancia el período comprendido entre 1939 y 1945 y, entonces, el "Hister" que se menciona, no es otro que Adolf Hitler. Según esta interpretación, la libertad no recobrada que se menciona en la primera línea tenía un doble sentido en la pluma de Nostradamus. Por un lado, era la libertad política del pueblo italiano que éste había perdido a raíz de la toma del poder por parte de Mussolini, que era el hombre negro [camisas negras] y malvado de la segunda línea. Por el otro, era la libertad temporal de los papas, perdida en 1870, cuando Roma se vio incorporada por la fuerza al Reino de Italia, libertad que en realidad no recuperaron por medio del concordato firmado por el Vaticano con Mussolini; las cargas infligidas al papado a consecuencia de su poder se volvieron aún más onerosas debido a las intromisiones de Hitler tanto en los asuntos de Italia como en los del Vaticano.

Todas estas interpretaciones son muy ingeniosas pero, en opinión del que esto escribe, resultan demasiado ingeniosas para ser interpretaciones de una profecía: parece uno de esos casos en que la especulación legítima vulnera los límites del sentido común. Hay que admitir, sin embargo, que en varias cuartetas de las Centurias se menciona a "Hister", y que lo que de él se dice parece coincidir con la vida y obras de Adolf Hitler.

Los sacerdotes vejados

Como se mencionó antes, en la cuarta línea de la Centuria VIII, Cuarteta 57, Nostradamus profetizaba que Napoleón Bonaparte "vejaría a los sacerdotes como el agua empapa la esponja".

Esta predicción fue exacta, ya que de una u otra forma Napoleón vejó a un gran número de miembros del clero católico, y lo hizo antes y después de ser coronado emperador. Entre ellos había no sólo humildes párrocos, sino también obispos (y, por lo menos, un exobispo, el aristócrata Talleyrand), cardenales y dos papas, Pío VI y Pío VII.

Como consecuencia de los éxitos franceses que siguieron a los triunfos de Napoleón en la campaña de Italia, el papa Pío VI fue hecho prisionero y llevado a Francia, para morir, posteriormente, en Valence, entre vómitos de sangre, a finales del verano de 1799. Es posible que Nostradamus hubiera profetizado — de una forma algo vaga — su muerte en suelo extranjero en la última línea de la Centuria II, Cuarteta 37, en la que habla de "el papa y... sepulcro, ambos en tierras extranjeras". La Centuria II, Cuarteta 97, contiene, sin embargo, una predicción mucho más concreta:

Romano Pontífice, guárdate de aproximarte
a la ciudad de los dos ríos.
Escupirás tu sangre en ese lugar,
tú y los tuyos, cuando florezcan las rosas.

El sucesor del papa que murió escupiendo sangre cuando las rosas del verano y de la Revolución florecieron fue Pío VII, que firmó un concordato con Francia en 1814, a pesar de lo cual fue prisionero de Napoleón durante casi cuatro años. Nostradamus predijo de forma alusiva esta cautividad tanto en la tercera línea de la Centuria 1, Cuarteta 4 ("En este tiempo, la barca del papado se perderá"), y en las dos primeras líneas de la Centuria V, Cuarteta 15, que dicen:

Viajando [literalmente, "navegando" o "viajando por mar"]
será capturado el Gran Pontífice,
los esfuerzos del atribulado clero fracasan...

PROFECÍAS ERRÓNEAS

Quizá Nostradamus sea uno de los profetas más conocidos del mundo — del mundo occidental, desde luego —, aunque no siempre acertaba los detalles de sus predicciones. Así, por ejemplo, su profecía sobre el asesinato de los hermanos Guisa contenida en la Centuria III, Cuarteta 51, fue correcta salvo en su última línea.

En esta línea, que dice "Angers, Troyes y Langres les harán una fechoría", claramente estaba prediciendo que las mencionadas ciudades serían hostiles a la causa de los hermanos Guisa, la supremacía de la fe católica en Francia. En realidad, ninguno de los gobernantes de esas ciudades mostró demasiadas simpatías por los protestantes en las guerras francesas de religión: uno de ellos se mantuvo más o menos neutral, mientras que los otros dos apoyaron a la Liga Católica.

Hay varias predicciones sobre acontecimientos acaecidos en el siglo XIX, que son correctas en gran parte, aunque no en su totalidad. Sirven para ilustrar los errores de Nostradamus, aunque el presente autor sospecha que al menos algunos de estos errores han surgido debido a lo erróneo de la interpretación más que a posibles nubes que hubieran oscurecido las visiones de Nostradamus sobre el futuro.

En la Centuria X, Cuarteta 8, hay un llamativo ejemplo de estas profecías mal interpretadas. Las dos primeras líneas se han relacionado con el bautismo del hijo de Napoleón III en el verano de 1856, y la tercera línea a la esposa de Napoleón III, la emperatriz Eugenia; se ha supuesto que el cuarto de los versos o no se ha cumplido, o su significado es tan oscuro que nadie es capaz de apreciar que se haya cumplido. La cuarteta dice:

Con el índice y el pulgar le salpicará la frente,
el Conde de Senegalia a su propio hijo [ahijado],
Venus entre varios en corto plazo,
en una semana tres son mortalmente heridos.

No existe dificultad alguna en llegar a una interpretación napoleónica de las dos primeras líneas: evidentemente se habla de un bautizo en el que el "Conde de Senegalia" sería el principal padrino del niño. Como el padrino del hijo de Napoleón II fue Pío Nono (el papa Pío IX), que era hijo del conde Mastoi Feretti di Senegalia, la cuarteta es exacta hasta aquí. No parece, sin embargo, que exista razón alguna para suponer que la cuarteta contenga una predicción relacionada de alguna manera ni con Napoleón III ni con su familia. El papa Pío IX apadrinó a un gran número de niños antes y después de ser elevado al "trono de Pedro", y el significado profético del verso puede referirse a la vida de personas a las que la historia ha olvidado.

La mala interpretación napoleónica (si es que se trata de una mala interpretación) de la Centuria X, Cuarteta 8, surgió como resultado de la excesiva vehemencia con que los estudiosos franceses del siglo XIX de las profecías de Nostradamus acometían la interpretación de las cuartetas oscuras y de su no menos vehemente empeño en adecuarlas a hechos consumados que les eran próximos o que esperaban que se produjeran durante sus vidas, como, por ejemplo, la Restauración de los Borbones tras la caída del Segundo Imperio, o la proclamación de la Tercera República (1870).

No todas las interpretaciones del siglo XIX sobre profecías de Nostradamus relacionadas con la vida de Napoleón III se basan en razonamientos tan dudosos como el de la Centuria X, Cuarteta 8. Tanto la Centuria IV, Cuarteta 100, como la Centuria V, Cuarteta 32, parecen haber contenido predicciones relacionadas con la guerra franco-prusiana que dio origen a la abdicación de Napoleón III, el final de su Imperio, la proclamación de la Tercera República y a una amarga y mortífera lucha entre su ejército y las fuerzas de la Comuna de París.

La primera de las dos cuartetas anteriores es especialmente adecuada a estos acontecimientos:

Fuego caerá del cielo sobre el real edificio
cuando el fuego de Marte se debilite:
durante siete meses una gran guerra, el populacho
muriendo por maldad,
Ruán y Evreux no fallarán al rey.

Durante el asedio de París de 1870, cuando la guerra franco-prusiana de siete meses de duración se acercaba a su final ("cuando el fuego de Marte se debilite"), ese "edificio real", las Tullerías fue destruido por un intenso fuego de artillería pesada. Durante el asedio, el espectro del hambre y la enfermedad que esto acarreó mataron a más parisinos que las acciones militares de los prusianos. Y después de la proclamación, Ruán, Evreux y otras ciudades de Normandía no "fallaron al rey", porque fueron centros de legitimistas, aquellos que propugnaban el Segundo Imperio para dar paso a la restauración de los Borbones y no a una nueva república.

En el caso concreto de esta interpretación del siglo XIX no parece que se haya deformado el significado de los versos. Sin embargo, hay que tener presente que en todos los siglos — no solamente en el anterior — ha existido una comprensible y casi inevitable tendencia entre los estudiosos de la obra de

Nostradamus a adaptar inconscientemente las cuartetas a los acontecimientos recientes. Los actuales intérpretes de los versos de Nostradamus no están completamente exentos de esa misma actitud viciada, independientemente del sincero empeño que pongan en hacer lo contrario.

Al avanzar por las siguientes páginas, el lector debe, por tanto, ser consciente en todo momento de que existe la posibilidad de que el autor haya podido caer en la misma trampa en la que cayeron los estudiosos del siglo XIX que atribuyeron la Centuria X, Cuarteta 8, al bautismo del hijo de Napoleón III.

NOSTRADAMUS Y LOS NAZIS

Una noche del invierno de 1939 a 1940, durante el período de inactividad militar que precedió al blitz-krieg alemán a raíz del cual se produjo la caída de Francia, Magda Goebbels, esposa del brillante pero totalmente amoral ministro de Propaganda e Ilustración de Hitler, se encontraba leyendo en la cama. De repente, llamó a su marido presa de una gran excitación: "¿Sabías que hace unos 400 años fue profetizado que en 1939 Alemania entraría en guerra con Francia y Gran Bretaña por causa de Polonia?"

Es probable que Goebbels ya estuviera al corriente de esta predicción, puesto que parece que cuatro miembros distintos del Partido Nazi ya le habían enviado ejemplares del libro que tanto había impresionado a su mujer. Por tanto, miró el pasaje que su mujer le enseñó y se dio cuenta de inmediato de su enorme potencial propagandístico, ya que parecía predecir con exactitud tanto la fecha como la causa de la guerra que acabara de estallar hacía unos tres meses. Tal vez, pensó, el autor del libro conociera otras profecías que podrían servir para convencer a los enemigos del Reich de lo inevitable de la victoria alemana.

El libro se titulaba Mysterien von Sonne und Seele (Misterios del sol y del espíritu). Había sido escrito por un tal Doktor H. H. Kritzinger, y se había publicado en 1922, 17 años antes del inicio de la guerra. La predicción que tanto impresionó a Magda Goebbels y a los otros cuatro nazis que habían llamado la atención de su marido al respecto estaba basada en una interpretación muy particular y extremadamente ingeniosa de la Centuria III, Cuarteta 57.

Esta interpretación no era debida al Doktor Kritzinger; de hecho, algunos elementos de esta particular pieza de exégesis profética se remontan al menos a 1715, año en el que uno de los intérpretes ingleses de Nostradamus, hombre que escribió bajo el seudónimo de "D.D.", prestó atención a esta cuarteta, que dice:

Siete veces veréis cambiar a la nación británica,
teñidos de sangre durante doscientos noventa años:
nada libre por apoyo germánico,
Aries teme por su "polo" Bastarno.

D.D. expresó como una opinión personal que la frase "teñidos de sangre durante doscientos noventa años" se refería al período que comenzaba con el derramamiento de la sangre real en la ejecución del rey Carlos I en 1649. Esto le facilitó a D.D. la fecha de 1939, en que se produciría un importante acontecimiento en la historia británica. D.D. interpretó la primera línea de la cuarteta en el sentido de siete cambios dinásticos o cuasi dinásticos, como, por ejemplo, la restauración de la casa Estuardo en 1660.

Entre 1715 y 1921, otros estudiosos de la obra de Nostradamus continuaron desarrollando las teorías de D.D. El último de ellos, llamado Herr Loog, combinó todas estas interpretaciones en una sola, a la que añadió su propia explicación de la última línea de la cuarteta. "Aries teme por su 'polo' Bastarno". Según él, esto significaba: "Francia duda de (o teme por) su aliado subordinado, la tierra de Bastarnae (Polonia)".

¿Por qué razón Herr Loog identificó a Francia con Aries? ¿Fue una suposición al azar? No, no lo fue, porque remontándonos hasta el siglo XVII, Théophile de Garencières había escrito sobre esta cuarteta en concreto que Aries significaba Francia porque "es el signo de Aries el que gobierna Francia".

Loog aceptó la propuesta de otros investigadores anteriores de 1939 como el año en que se "teñirían de sangre" y, a partir de ahí, predijo para esa fecha una guerra en la que se verían inmersos Polonia, Francia, Alemania y Gran Bretaña, predicción que el Doktor Kritzinger incluyó en su libro.

Esta predicción cumplida de Nostradamus, ¿es sólo un golpe de suerte, tal como aseguran los escépticos? El observador imparcial, ante esta pregunta, no puede más que replicar que si la predicción que al parecer se cumplió cuando Hitler invadió Polonia y estalló la segunda guerra mundial en septiembre de 1939 fue sólo un golpe de suerte, entonces hay que admitir que el vidente tenía una extraordinaria facilidad para los golpes de suerte.

Porque, como el lector de este libro podrá apreciar, existen numerosos ejemplos del mismo tipo de predicciones cumplidas en las Centurias y en otras obras de Nostradamus.

HITLER, HIMMLER Y LOS NAZIS

Tal como se indicaba antes, en ocasiones Nostradamus escribía versos proféticos de doble sentido, es decir, predicciones que sin ser excesivamente vagas, parecían adaptarse a más de un acontecimiento o persona. La explicación que dan los escépticos sobre estas cuartetas es que el vidente no hizo ninguna profecía auténticamente cumplida, que, simplemente, los intérpretes han deformado el significado de los versos de las Centurias de manera que se adaptaran a sus propias ideas preconcebidas, y que la existencia de cuartetas con más de un supuesto significado no representa más que la demostración del hecho de que dos o más estudiosos de la obra de Nostradamus han llegado a distintas interpretaciones.

Se trata de un argumento ingenioso y, en cierto modo, persuasivo, pero se basa en la premisa de que ninguna de las predicciones de Nostradamus se ha cumplido auténticamente. En opinión de este autor y de otros muchos, esta postura parece bastante insostenible a la vista de los diversos pronósticos explícita o implícitamente fechados por el vidente. Una explicación más probable del doble sentido de algunas cuartetas es que, en su visión, Nostradamus fue capaz de discernir dos individuos distintos cuyas vidas estaban separadas en el tiempo, que muy bien podían ser dos personalidades completamente diferentes, pero que tenían algunas cosas en común que le permitían escribir una estrofa profética referida a ambos.

Uno de los mejores ejemplos de estas ingeniosas predicciones de doble sentido es la Centuria I, Cuarteta 76, que parece referirse tanto a Napoleón Bonaparte, como a algún alemán de los años veinte no nacido en la zona fronteriza de Slavdom, que respondía al "nombre bárbaro" de Hitler. El significado de esta cuarteta es evidente:

Este hombre será llamado por nombre bárbaro
que las tres hermanas habrán recibido,
hablará a un gran pueblo con palabras y acciones,
tendrá fama y renombre más que cualquier otro hombre
[de su tiempo].

Parece probable, sin embargo, que algunas cuartetas que se han atribuido a más de una persona hayan sido objeto de la mala interpretación de algunos estudiosos excesivamente crédulos. Una de ellas es la Centuria II, Cuarteta 70, que algunos aplican a Napoleón, pero que muy probablemente profetiza la personalidad y la muerte de Heinrich Himmler, jefe de las SS de Hitler, que puso fin a su vida mientras hablaba, tal como el "monstruo humano" del verso en cuestión:

El dardo de los cielos hará su viaje,
muerte mientras habla, una gran ejecución;
la piedra en el árbol, una raza orgullosa degradada,
hablo de un monstruo humano, de purga y expiación.

Otra cuarteta que se ha aplicado a Napoleón, pero que parece mucho más oportuna en el contexto del nazismo, es la Centuria III, Cuarteta 35:

En las más lejanas profundidades de la Europa occidental,
nacerá un niño de gente pobre,
que por medio de sus discursos seducirá a muchos,
su reputación será incluso mayor en el dominio del Oriente.

Estos versos parecen contener una nueva referencia a Adolf Hitler, ya que sus padres eran mucho más pobres que los de Napoleón, nació en los confines de la Europa occidental, su llegada al poder se produjo como consecuencia de su oratoria que "sedujo a muchos", y su ofensiva se dirigió, en un principio, hacia el "dominio del Oriente" (la Unión Soviética).

De las numerosas cuartetas que se han aplicado a los nazis durante los últimos 50 años, algunas parecen dudosas en extremo, pero resulta difícil dudar ante otras muchas. La Centuria IX, Cuarteta 90, por ejemplo, predice con gran exactitud los desastrosos efectos que iba a tener sobre Hungría la aceptación por parte de su gobernante, el almirante Horthy, de la "ayuda" ofrecida por Hitler:

Un capitán de la Gran Alemania [es decir, Hitler]
prestará una falsa ayuda,
un Rey de reyes para apoyar a Hungría,
su guerra causará un gran derramamiento de sangre.

De igual forma, es evidente que la Centuria V, Cuarteta 29 se refiere a Hitler, Mussolini y el papado; la Centuria V, Cuarteta 51, es relativa a las actividades de los dos dictadores durante la guerra civil española, y la Centuria VI, Cuarteta 51, alude al fallido atentado que se produjo contra la vida de Hitler en noviembre de 1939.

Las conquistas realizadas por Hitler en la primavera siguiente fueron, al parecer, recogidas también por Nostradamus, en la Centuria V, Cuarteta 94:

Él [presumiblemente, Hitler]
transformará en la Gran Alemania,
a Brabante, Flandes, Gante, Brujas y Boulogne...

El símbolo de la Esvástica

En la mayoría de nuestras mentes, la esvástica, o hakenkreuz (literalmente, "cruz gamada"), estará siempre asociada con los nazis y a los terribles crímenes que cometieron durante la segunda guerra mundial. Sin embargo, anteriormente, este símbolo tenía un significado estrictamente espiritual, tanto en el hemisferio oriental como en el occidental de nuestro planeta;

de hecho, aún en la actualidad la esvástica se encuentra en muchos templos hindúes.

Con anterioridad al estallido de la primera guerra mundial, en Alemania la esvástica se consideraba el símbolo del dios Tor (oThunor) y por esta razón los Freikorps — grupos armados que defendían Alemania después de la guerra — la eligieron como distintivo. A principios de los años veinte, Hitler invirtió la posición de los brazos de la esvástica y la convirtió en el emblema de su movimiento.

Parece que Nostradamus hubiera predicho la futura notoriedad no sólo de la esvástica, sino también del dirigente nazi en la Centuria VI, Cuarteta 49:

El gran sacerdote del partido de Marte [es decir, Hitler]
que subyugará el Danubio, la cruz
acosada por el criminal ...

FRANCIA, ESPAÑA Y LA II GUERRA MUNDIAL

Al describir al dirigente nazi como "un ave de presa que vuela por la izquierda", Nostradamus profetizaba las primeras noticias que se tuvieron de Adolf Hitler en la Europa del período 1933-1939; la frase anterior forma parte de la Centuria I, Cuarteta 34, que dice:

El ave de presa que vuela a la izquierda
realiza [belicosos] *preparativos antes de combatir a los franceses:*
algunos lo considerarán bueno, otros malvado y otros ambiguo;
será la parte más débil quien lo considere un buen augurio.

La descripción de Hitler de la primera línea "que vuela a la izquierda" es uno de los típicos juegos de palabras de Nostradamus. Esto hace referencia en primer lugar al hecho de que la palabra "siniestro" se deriva de la palabra latina que significa izquierda; en segundo lugar, a que Hitler, tal como él mismo explicó en su libro Mein Kampf, deliberadamente elaboró sus métodos de propaganda a semejanza de los utilizados por el marxismo y que además numerosos miembros de su tropa de choque, la SA, habían sido reclutados entre las filas de los comunistas.

La segunda línea de la cuarteta exige escasa aclaración: los preparativos bélicos de Hitler contra Francia eran tan evidentes que en el verano de 1940, cientos de miles de refugiados colapsaban las carreteras francesas; pero la tercera línea, sí requiere una explicación.

Para nosotros, que contamos con la ventaja de una visión retrospectiva, resulta obvio que Hitler era un belicista megalómano cuyo deseo era dominar el mundo y destruir a cualquier individuo o pueblo que se interpusiese en su camino o al que considerase racialmente indeseable. En los años treinta, sin embargo, nada de esto resultaba tan evidente. La derecha consideraba que el comunismo soviético constituía la mayor amenaza de la estabilidad y la paz de Europa y la creencia de que los nazis "habían salvado a Alemania del bolchevismo" era una idea dominante en muchos sectores. Por otra parte, tanto en la izquierda liberal como en la derecha se pensaba mayoritariamente que, con toda su enardecida oratoria, Hitler no deseaba la guerra aunque estaba dispuesto a utilizarla como amenaza para remediar las injusticias que se habían cometido contra Alemania a raíz del Tratado de Versalles de 1919.

Por todo esto y tal como Nostradamus había predicho, las opiniones sobre el Führer eran muy dispares. Algunos, como el líder liberal británico Lloyd George, durante un tiempo le miraron con admiración, otros descubrieron sus malas intenciones desde el principio de su carrera, mientras que otros no sabían qué pensar. La "parte más débil" de la cuarta línea de la cuarteta, que el vidente asegura que consideraría a Hitler "un buen augurio" era, paradójicamente, el KPD, Partido Comunista de Alemania, cuyos dirigentes estalinistas sostenían que una etapa de gobierno nazi precedería a la revolución proletaria del pueblo alemán.

En varias cuartetas de las Centurias, aparece alguien o algo llamado "Hister"; casi todas ellas contienen ese tipo de predicciones de doble sentido en las que Nostradamus, por así decirlo, era especialista. El doble sentido de todas estas predicciones se refiere al río Ister nombre clásico del Danubio, y a Adolf Hitler. Una de ellas es la Centuria II, Cuarteta 24, que parece referirse tanto al encarcelamiento del dirigente húngaro, almirante Horthy, ordenado por "Hister" en su sentido hitleriano, como a la derrota final de la Wehrmacht en Hungría y a su retirada en la que — presa del pánico — cruzó "Hister", en el sentido del Danubio. El texto de esta cuarteta es el siguiente:

Los animales enloquecidos por el hombre cruzarán los ríos a nado,
la mayor parte del campo de batalla será contrario a Hister.
En una jaula de hierro el dirigente será arrastrado [¿por él?]
cuando el hijo de Alemania no respete ley alguna.

Nostradamus profetizó las derrotas de Hitler en la Europa occidental así como las del Danubio y es evidente que la Centuria II, Cuarteta 16, se refiere a la "nueva tiranía" de los fascistas italianos y sus patrones alemanes, la invasión aliada de Sicilia de 1943 y el intenso bombardeo aéreo y naval ("ruido y fuego grandes en los cielos") que la precedió. La cuarteta dice:

En Nápoles, Palermo, Siracusa y en toda Sicilia
los nuevos tiranos [gobiernan], *ruido y fuego grandes en los cielos,*
una fuerza de Londres, Gante, Bruselas y Suce,
una gran matanza, y luego triunfo y celebraciones.

La última línea profetiza la victoria aliada, aunque en la Centuria 1, Cuarteta 31, el vidente confirma su conocimiento de que esta victoria aliada tendría algo de pírrica, con los fascistas todavía en el poder en España, las nuevas amenazas de la Unión Soviética, y la certidumbre de "los tres grandes, el Águila [EE.UU.], el Gallo [Francia]... y el León [Reino Unido]" de haber logrado, en el mejor de los casos, "una victoria incierta".

El festín de Carroña

La huida de los infelices refugiados franceses que, bombardeados por los Stukas y acosados por el fuego de los cazas, se dirigían al sur ante el avance de la Wehrmacht sobre París a principios del verano de 1940, fue profetizada por Nostradamus en la Centuria III, Cuarteta 7:

Los refugiados [literalmente, fugitivos],
fuego de los cielos en sus armas,
la siguiente batalla será la de las aves carroñeras,
ellos [los refugiados] *claman al cielo y a la tierra pidiendo ayuda,*
cuando los guerreros se aproximan a los muros.

El "fuego del cielo" era el debido a los aviones de la Luftwaffe y fue tan eficaz que murieron hombres, mujeres y niños — como el vidente había predicho — y las aves carroñeras pelearon entre sí por los restos de carne humana con los que pudieron darse un festín.

LA GUERRA EN EL AIRE

Durante un período de más de 400 años los estudiosos de las profecías y las artes adivinatorias han desmenuzado los tortuosos y frecuentemente oscuros versos que constituyen las Centurias de Nostradamus. Algunos de ellos, como por ejemplo James Laver, simplemente han tratado de descubrir casos de profecías cumplidas; otros, han pretendido interpretar las cuartetas con objeto de averiguar lo que el futuro les depara a ellos y a sus descendientes. Hay todavía otro grupo que ha estudiado las Centurias con un objetivo distinto: desean, por razones que sólo es posible conjeturar, desacreditar la profecía en general y las de Nostradamus en particular.

La mayoría de estos escépticos profesionales han rechazado todos los casos de profecías de Nostradamus cumplidas, incluidas aquellas en las que el vidente facilitó fechas concretas, aduciendo posibles coincidencias o calificándolas de lo que se podría llamar una "ilusoria percepción retrospectiva", expresión relativa a la ingeniosa deformación del significado de cuartetas determinadas con el fin de que se adecúen a algún acontecimiento pasado. No cabe la menor duda de que esto se ha hecho en ocasiones, tanto por parte de partidarios excesivamente entusiastas de Nostradamus, como por quienes han deseado llevar a cabo divertidos trucos.

Así, por ejemplo, uno de los intérpretes americanos de las profecías (de quien cabe esperar que fuera uno de los truculentos y no un estudioso que desease contribuir seriamente a enriquecer los estudios de las Centurias), se complicó bastante la vida para reinterpretar una cuarteta que normalmente se consideraba una clara predicción de la invención por los hermanos Montgolfier del vuelo en globo, en el siglo XVIII. Según él, la cuarteta en cuestión se había mal interpretado: en realidad, contenía la revelación de un campeonato Open de golf de EE.UU. que tuvo lugar en los años veinte.

Independientemente de lo divertida que pueda resultar una interpretación tan lúdica como ésta, en general no resulta fácil deformar las cuartetas de las Centurias para adecuarlas a un propósito concreto. A este respecto, resulta interesante mencionar una circunstancia relacionada con el avance del ejército alemán en suelo francés a principios del verano de 1940. Los departamentos de "propaganda negra" tanto de la Wehrmacht como del ministerio de Propaganda ansiaban encontrar una cuarteta de Nostradamus cuyo significado pudiera ser desvirtuado de forma que sirviera para animar a los refugiados civiles franceses a lanzarse a las carreteras que llevaban al suroeste de Francia, y así colapsarlas.

La idea era que la Luftwaffe lanzase octavillas con la cuarteta en cuestión — convenientemente interpretada — sobre las zonas de concentración de refugiados.

Sin embargo, a pesar de que los expertos de la "propaganda negra" reclamaron la ayuda de especialistas en la obra de Nostradamus al menos uno de los cuales, Karl Krafft, era un nazi comprometido — no consiguieron encontrar una sola cuarteta que se adecuara a sus intenciones. Estaba, desde luego, la cuarteta mencionada antes, pero como sugería que quienes se lanzasen a las carreteras podían muy bien acabar comidos por las aves carroñeras, difícilmente servía a las intenciones alemanas. En su lugar, los nazis se vieron obligados a lanzar desde el aire burdas falsificaciones, que se atribuían a Nostradamus pero que en modo alguno se asemejaban a las cuartetas originales ni en su contenido, ni en su estilo.

Probablemente, a Nostradamus no le habría sorprendido demasiado que, casi 400 años después de su muerte, unos versos supuestamente suyos se hubieran visto lanzados desde máquinas voladoras, puesto que, aunque vivió en un tiempo en el que el método de locomoción más rápido era el galope del caballo, al parecer experimentó visiones de combates aéreos. La Centuria I, Cuarteta 64, parece describir una de estas visiones:

En la noche les parecerá que han visto el sol,
cuando vean el medio hombre con aspecto porcino,
ruido, disparos, batallas vistas en los cielos:
se oirá hablar a animales irracionales.

Estas palabras traen a la mente la idea de un combate aéreo como los que podrían haberse producido en cualquier momento entre el principio de la primera guerra mundial y la guerra del Golfo de 1991. De aceptar esta interpretación, el sol visto durante la noche sería el resplandor de las explosiones del fuego antiaéreo o de los misiles; "el medio hombre con aspecto porcino", podría ser un piloto o un navegante con el casco y la máscara de oxígeno, que podría recordar vagamente al hocico de un cerdo. Y los "animales irracionales" a los que se oirá hablar, serían los "medio hombres", o sea los aviadores, comunicándose por radio con sus bases o entre sí.

Tecnología moderna

Muchas de las cuartetas que no parecían más que una sucesión de frases incomprensibles a los ojos de los lectores de 1690, 1790 y 1890, contienen un significado que resulta evidente para quienes intentamos interpretarlas en la década de 1990. Muchos de los versos de Nostradamus que, por ejemplo, en 1890 no parecían más que textos simbólicos sin sentido y vagamente misteriosos son ahora coherentes, en la medida en que corresponden a visiones de un hombre del siglo XVI, que intentaba describir una tecnología que desconocía por completo.

La Centuria I, Cuarteta 64, constituye un excelente ejemplo de esos intentos de Nostradamus por describir la tecnología de un siglo futuro.

LA ENERGÍA DEL ÁTOMO

Si aceptamos que Nostradamus tuvo visiones de modernos combates aéreos y se tomó la molestia de describir algo tan difícil que se vio obligado a emplear términos como el de "medio hombres con aspecto porcino", es lógico pensar que si hubiera tenido momentos de clarividencia relacionados con tecnologías aun más avanzadas, le habría resultado poco menos que imposible poner en palabras lo que hubiera visto.

Aun así, hay una serie de cuartetas en las Centurias en las que parece probable que el profeta hubiera intentado describir las explosiones atómicas y los vuelos espaciales.

La Centuria II, Cuarteta 6, por ejemplo, podría muy bien haber sido la predicción de los acontecimientos que causaron la rendición de Japón en agosto de 1945: el lanzamiento de las bombas atómicas sobre Hiroshima y Nagasaki. El texto de esta cuarteta es el siguiente:

Cerca del puerto y en dos ciudades
habrá dos azotes jamás vistos.
Hambre y epidemia, aquellos alcanzados por el arma
[literalmente, "acero"]
implorarán socorro al Dios inmortal.

Desde luego, cabe la posibilidad de que en este verso el vidente estuviera pronosticando dos desastres similares que todavía no se hayan producido; pero hay que admitir que se adaptan con gran precisión a los acontecimientos de agosto de 1945. Las dos ciudades son contiguas a puertos; sus habitantes se vieron sometidos a "azotes jamás vistos", es decir a la deliberada liberación de la energía nuclear con el fin de matar a seres humanos; y muchos de los que sobrevivieron a los efectos inmediatos de las bombas, sufrieron unas formas jamás vistas con anterioridad de enfermedad y hambre: la enfermedad fue la derivada de las consecuencias de la radiación y el hambre, uno de sus síntomas característicos: un vómito continuo de tal intensidad que el cuerpo de la víctima era incapaz de absorber ningún tipo de alimento.

Al parecer Nostradamus conocía la posibilidad de realizar viajes espaciales, y trató de explicarlo de la mejor forma que le fue posible. En las dos primeras líneas de la Centuria VI, Cuarteta 34, probablemente quiso referirse a la utilización militar de los vehículos espaciales al hablar de "la máquina del fuego volador". Por otra parte, las dos últimas líneas de la Centuria VI, Cuarteta 5, carecen totalmente de sentido salvo en el contexto de una estación espacial habitada por seres humanos. Dice lo siguiente:

Samarobin a cien leguas del hemisferio [o sea, la Tierra],
vivirán sin ley, ajenos a la política.

La palabra política, probablemente se emplea aquí con su primitivo sentido del siglo XVI (moderación, equilibrio, cálculo razonado), de manera que Nostradamus estaba prediciendo que un grupo de personas viviría sin ley ni moderación a cien leguas de la superficie terrestre en alguna estructura que él llamó "Samarobin".

Parece probable que Nostradamus fuera capaz de discernir la naturaleza de algunas epidemias modernas al igual que la tecnología del siglo XX; en este sentido, las tres primeras líneas de la Centuria IX, Cuarteta 55, se pueden — razonablemente — interpretar como una doble predicción de la epidemia de gripe que asoló Europa en 1917-1918 (que causó más muertes que la primera guerra mundial) y de la actual epidemia de sida. Estas tres líneas de la cuarteta en cuestión son las siguientes:

La terrible guerra que se prepara en Occidente,
el siguiente año la pestilencia llegará,
tan horrible que ni joven ni viejo [sobrevivirán].

Estas dos epidemias se han debido a mutaciones de virus; el brote de gripe siguió a las matanzas del frente occidental de la primera guerra mundial, y la epidemia de sida, aunque el virus pueda haber existido desde hace siglos, no se empezó a propagar a tan terrible velocidad hasta el momento en que Irak invadió Irán desde el oeste, comenzando una guerra en la que, según se ha dicho, se produjeron más bajas que en ninguna otra desde los grandes avances de la infantería de la primera guerra mundial.

¿Virus informáticos?

Como se comentó anteriormente en relación con la cuarteta del "marido mitrado", en algunos casos es necesario abandonar antiguas e ingeniosas, aunque improbables, interpretaciones de predicciones de Nostradamus, a la luz clarificadora del conocimiento actual de los acontecimientos históricos.

Otra de esas antiguas interpretaciones es la de las dos primeras líneas de la Centuria I, Cuarteta 22, que dice:

Una cosa que existe sin ningún sentido
causará su propia muerte por medio de artificio...

Desde 1672, cuando Théophile de Garencières comentó estas líneas, algunos estudiosos de la obra de Nostradamus habían intentado aplicarlas a un suceso que tuvo lugar en 1613: la extracción quirúrgica de un embrión enquistado del útero de una mujer llamada Colomba Chantry.

Para algunos, esta interpretación siempre ha sido poco probable; además de representar un suceso histórico de escasa relevancia como para merecer convertirse en objeto de una profecía, es difícil de imaginar cómo se puede considerar que el embrión fuera el causante de "su propia muerte por medio de artificio". Una interpretación alternativa y más actualizada es la de que la cosa (o cosas) que de alguna forma existe, es capaz de causar su propia muerte y no tiene sentidos es un ordenador. Un "sabio sin sentidos" de esta naturaleza puede destruirse así mismo como resultado del artificio que se ha cargado con un programa portador de un virus que condiciona a la máquina a ir destruyendo progresivamente su propia memoria.

¿Es muy fantástico? Tal vez. Pero no más que algunas de las exactas predicciones repartidas por todas las Centurias.

LA CAÍDA DE LA UNIÓN SOVIÉTICA

Hace veinte años, muchos sovietólogos, es decir, expertos en los asuntos económicos, sociales y políticos de la Unión Soviética y del bloque de países considerados socialistas, con el ánimo alegre o sombrío, dependiendo de sus preferencias políticas, predecían el declive de las economías de mercado de la sociedad capitalista occidental y el "inevitable" triunfo del bloque socialista. Incluso hace cinco años, cuando la estructura de la burocracia soviética ya empezaba a resquebrajarse, no faltaban voces que recomendaban "llegar a un acuerdo con la actualidad soviética", ni quienes se aferraban a la opinión de que de alguna forma misteriosa la tiranía soviética era moralmente superior al capitalismo moderno.

Nostradamus fue más sabio que todos estos autodenominados expertos. Más de cuatro siglos antes de que ellos nacieran, él había profetizado no sólo el triunfo de los bolcheviques rusos de 1917 y la persecución de la Iglesia ortodoxa que de aquél se derivó, sino también la caída final del muro de Berlín y del imperio que lo había erigido.

Los dos primeros acontecimientos los predijo en la Centuria VIII, Cuarteta 80:

La sangre de los inocentes, de la viuda y de la virgen.
Muchas maldades cometidas por el Gran Rojo,
íconos sagrados colocados sobre velas encendidas,
atenazados por el pánico todos temerán moverse.

Estos versos representan una excelente descripción, no sólo de lo que realmente aconteció durante las épocas de Lenin y de Stalin, sino también del estado psicológico de aterrorizada inmovilidad que esos hechos provocaron entre los cristianos rusos.

El derrumbamiento final del comunismo en Rusia y las

demás repúblicas Soviéticas, fue profetizado en la Centuria III, Cuarteta 95:

> *La ley morisca* [forma de vida] *se verá fracasar,*
> *seguida por otra que es más atractiva:*
> *el Boristenes será el primero en ceder el paso*
> *a otra* [forma de vida] *más placentera*
> *como consecuencia de los dones y las lenguas.*

La estrofa en conjunto tuvo muy poco sentido hasta fechas muy recientes, aunque hace algunos años, al menos un comentarista sugirió que la cuarteta podía profetizar la caída de Rusia como estado marxista. Esta interpretación se apoyaba en el juego de palabras de la primera línea, "la ley morisca", que hace alusión a algo que no resulta evidente a la primera vista. Karl Marx, el teórico cuyas obras inspiraron a Lenin, Trotski, Bujarin y a tantos otros dirigentes de la Revolución rusa, tenía un apodo que usaban su familia y sus más íntimos allegados como Friedrich Engels. Este apodo era "el Moro", y mediante la expresión "ley morisca", Nostradamus se refería a "una sociedad basada en las enseñanzas de Karl Marx".

"El Boristenes será el primero en ceder el paso a otra [forma de vida] más placentera como consecuencia de los dones y las lenguas", afirmaba Nostradamus en la tercera y cuarta líneas. Boristenes era el nombre clásico del Dnièper, uno de los ríos más importantes de Rusia, mientras que, con toda probabilidad, la frase "los dones y las lenguas" se refería a las influencias occidentales: los primeros serían los productos occidentales de contrabando y las segundas, los efectos de los cantos de sirena del capitalismo escuchados a través de Radio Free Europe y otras emisoras occidentales. Así, se puede parafrasear la cuarteta de la forma siguiente:

> *La forma de vida marxista se verá fracasar,*
> *y será sustituida por otra más placentera:*
> *Rusia será el primero* [o sea, antes que China]
> *en abandonar el comunismo*
> *como consecuencia de las influencias exteriores.*

En un análisis final, todas estas influencias exteriores surgían del mundo occidental, y algunas fueron introducidas en Rusia por los soldados del Ejército Rojo que presenciaron los acontecimientos relacionados con la caída del muro de Berlín. Pero hay otro suceso completamente inesperado que al parecer Nostradamus predijo en la Centuria V, Cuarteta 81:

El Ave Real sobre la ciudad del sol,
dará su nocturno augurio [profecía] *durante siete meses,*
trueno y relámpago, el muro de oriente caerá,
en siete días el enemigo directamente a las puertas.

El "Ave Real" es el águila, símbolo de la antigua monarquía de Prusia, cuya capital era Berlín, a la que al parecer el vidente menciona como "ciudad del sol" por dos razones: la más creíble es, al menos según un astrólogo del siglo XVI, porque Brandemburgo, el estado que se transformaría en Prusia, estaba regido por Leo, el signo del sol.

Los acontecimientos que directamente precipitaron la caída tanto de la Alemania Oriental como del muro, que se había construido con objeto de evitar la huida de sus ciudadanos, estuvieron precedidos por unos siete meses de una agitación social en progresión creciente; así, la cuarteta se adapta perfectamente a lo que realmente ocurrió y se puede considerar como otra más que pasa a engrosar las filas de los éxitos proféticos de Nostradamus.

Es justo decir, sin embargo, que en el pasado los versos en cuestión se habían aplicado por lo menos a otros dos acontecimientos, a saber, las derrotas sufridas por Francia en 1870 y 1940. En el otro sentido, hay que admitir que en 1972, casi 20 años antes de la caída del muro de Berlín, la especialista en la obra de Nostradamus, Erika Cheetham, hizo pública su opinión de que muy probablemente, la cuarteta se refería a ese acontecimiento no sólo posible, sino largamente esperado.

LA GUERRA DEL GOLFO

Tal como ya se ha indicado, en ocasiones Nostradamus escribía versos proféticos que, hasta hace muy poco tiempo, no parecían más que revoltijos de confusos sin sentidos, pero que ahora cobran pleno sentido al relacionarlos con las modernas tecnologías bélicas.

Una de estas profecías "sin sentido" es la Centuria I, Cuarteta 29, que según se cree actualmente, podría referirse o a una futura guerra nuclear que no tardaría en producirse o, más probablemente — lo que resulta bastante esperanzador — a la guerra del Golfo, librada contra Irak, por motivo de la ocupación de Kuwait por el ejército de ese país. La cuarteta dice:

Cuando el [viajero] *pez terrestre y acuático*
sea arrojado a la orilla por una gran ola,
su extraña forma brutal y horrorosa,
desde el mar sus enemigos pronto alcanzarán los muros.

"Los muros" de la última línea podrían significar, en la terminología de nuestra era, "defensas estáticas" las murallas fortificadas eran la única forma importante de defensa pasiva en el siglo XVI —, y "sus enemigos", hace clara alusión a las fuerzas armadas que tratarán de atravesar esas defensas.

Una vez más, nos encontramos con una cuarteta cuyo significado habría resultado absolutamente críptico a cualquiera que la hubiera leído, por ejemplo, en 1840, o incluso en 1940. Su pez que acechaba los muros y que viajaba por tierra y por mar, sólo podría haberse interpretado forzando el supuesto simbolismo de la expresión de una forma que no resultaría convincente sino para el más entusiasta devoto de Nostradamus. Sin embargo en 1990, parece probable que, al igual que el "medio hombre de aspecto porcino", haga referencia a los avanzados armamentos de la moderna tecnología militar. Podría ser una referencia a un misil nuclear lanzado desde un submarino contra el enemigo, hecho que todavía no se ha producido. En opinión de este autor, sin embargo, se parece mucho más a la descripción de la guerra del Golfo de 1991, entendida con la clarividencia de un profeta del Renacimiento.

En este supuesto, el pez que viajaba por tierra y por mar, sería uno de los tantos misiles Cruise que se lanzaron desde los barcos que destruyeron los centros de mando de la máquina militar iraquí y los sistemas de aprovisionamiento que los mantenían operativos. La "gran ola" que lo arrojaría a la orilla, sería el prolongado rugido del motor del cohete del misil, sonido tan distinto de todos los conocidos por un hombre del siglo XVI que probablemente le sugeriría el ruido del oleaje rompiendo en la costa durante una tormenta.

Finalmente, "el enemigo desde el mar" que sería capaz de destruir los "muros"— líneas defensivas construidas por los soldados iraquíes — como consecuencia de los estragos causados por los "peces" (misiles Cruise lanzados desde los navíos), serían las tropas americanas, británicas y de los demás países aliados que surcaron los océanos del mundo para liberar Kuwait.

Como ya se ha señalado con anterioridad, Nostradamus fue un hombre de su tiempo, que tuvo que interpretar las confusas visiones que experimentaba en los términos con los que estaba familiarizado. Es posible comparar su situación a este respecto con la de los colonizadores europeos que en el siglo XIX se asentaron en Tasmania y que descubrieron animales tan desconocidos para ellos que se veían obligados a describir basándose en la fauna que conocían. Así, por ejemplo, consideraron que el carnívoro tasmano de mayor tamaño y más feroz que descubrieron era un tigre, aunque el "tigre de Tasmania" ni siquiera perteneciera a la familia de los felinos. De la misma forma, Nostradamus interpretó cualquier objeto aerodinámico (como los misiles) que con gran clarividencia percibía, en los términos de las únicas criaturas aerodinámicas que el conocía, o sea, los peces.

En la Centuria II, Cuarteta 5, se refiere a otro "pez" similar, en este caso un submarino:

Cuando el hierro [armas] *y las cartas estén encerradas en un pez,*
de él vendrá un hombre que hará la guerra:
su flota habrá viajado a través del mar,
para aproximarse a orillas latinas.

Tal vez esto sea la descripción del jefe de una banda de saboteadores que subrepticiamente llevasen a cabo un desembarco tras las líneas enemigas durante la guerra del Golfo o alguna otra conflagración reciente, o quizás — lo que sería mucho más alarmante — Nostradamus estuviera prediciendo una guerra que estallaría en 1996.

Conjunción en piscis

Existe una interpretación alternativa y alarmante de la primera línea de la Centuria II, Cuarteta 5 ("Cuando el hierro [es decir, las armas] y las cartas estén encerradas en un pez") que deriva de la simbología tradicional de la astrología que Nostradamus conocía a la perfección. Según esta lectura del verso, "pez" indicaría el signo zodiacal de Piscis, "hierro" significaría el planeta Marte, regente astrológico de ese metal, de la guerra y de las armas y "cartas" sería una alusión a Mercurio, planeta más interior del sistema solar y regente de todo tipo de comunicación. La línea entera, se podría leer como sigue: "Cuando Marte y Mercurio estén en conjunción en Piscis", y la cuarteta, en conjunto, podría interpretarse como la predicción de que, en la época en que se produzcan esas condiciones, habrá guerra en el Mediterráneo — junto a "orillas latinas" —, en la que tomará parte una flota que ha viajado desde muy lejos.

La próxima ocasión en la que Mercurio y Marte estarán en conjunción en Piscis se producirá en la primavera de 1996. ¿Estará esta fecha marcada por el estallido de un conflicto importante en el que tome parte la flota de EE.UU?

LOS KENNEDY EN LAS CUARTETAS

En todas las épocas ha habido una comprensible tendencia, por parte de los comentaristas de las Centurias de Nostradamus, a buscar referencias a los acontecimientos que han tenido lugar durante la vida de esos investigadores. Así, los intérpretes franceses de la obra de Nostradamus de las dos últimas décadas del siglo XIX buscaron cuartetas aplicables a la guerra franco-prusiana; los estudiosos ingleses de las Centurias de finales de la década de 1930 creyeron haber detectado en la Centuria X, Cuarteta 40 la predicción de la abdicación de Eduardo VIII. Igualmente, algunos especialistas contemporáneos en las ocultas ciencias adivinatorias han descubierto — según afirman — un número sorprendentemente elevado de cuartetas relacionadas con los hermanos Kennedy asesinados, el presidente John F. Kennedy y Robert Kennedy.

Este autor considera que muy probablemente sea erróneo atribuir muchas de estas cuartetas a los Kennedy. Son tan vagas que resulta imposible afirmar a ciencia cierta que se refieren a los Kennedy, de la misma forma que resulta muy aventurado asegurar que la Centuria IX, Cuarteta 20 sin duda se refiere a la huida de Luis XVI, o que las dos últimas líneas de la Centuria VI, Cuarteta 5 haga una alusión cierta a una estación espacial tripulada por seres humanos.

Es imposible estar seguro, por ejemplo, de que la Centuria II, Cuarteta 57, se refiere, tal como se afirma, a la crisis de los misiles de Cuba y a la muerte del presidente Kennedy. Desde luego, la traducción no parece muy apropiada:

Antes del conflicto el gran hombre caerá,
el llorado grande [fallecerá] *de muerte repentina,*
nacido imperfecto, hará la mayor parte del camino,
cerca del río de sangre está manchada.

A pesar de que durante la presidencia el presidente Kennedy, sufrió de una afección de la columna y padeció las consecuencias de una gonorrea crónica, difícilmente podría decirse que hubiera nacido imperfecto, exceptuando, tal vez, los aspectos morales. El resto de la cuarteta parece ser incluso menos adecuado puesto que, mientras en la segunda línea se habla de una muerte inesperada y posiblemente violenta, el asesinato del presidente se produjo después, y no antes, de los conflictos diplomáticos relacionados con la crisis de los misiles de Cuba.

También vagas, pero con más fundamento para aplicarse a John F. Kennedy y a Robert Kennedy, puesto que ambos fueron asesinados, son las tres primeras líneas de la Centuria X, Cuarteta 26:

El sucesor vengará a su atractivo hermano,
y ocupará el reino bajo la sombra de la venganza,
él, matado, el obstáculo de la muerte culpable, su sangre...

Los problemas para aceptar, como tantos han hecho, que estos versos eran una profecía sobre los Kennedy son: a) que Robert Kennedy ni vengó a su hermano ni le sucedió en la presidencia, ni inmediata ni posteriormente, y b) que la última línea de la cuarteta — "durante un largo período el Reino Unido y Francia estarán en el mismo bando" — parece haber profetizado que independientemente de la naturaleza del acontecimiento predicho o de los acontecimientos relacionados con los dos hermanos estaba, o estaban, destinados a ser de alguna forma importantes en el contexto de las relaciones franco-británicas. Lo que difícilmente se puede afirmar de la muerte de los Kennedy.

Otra de las cuartetas que también se ha atribuido a la familia Kennedy, es la Centuria IX, Cuarteta 36, cuyas dos últimas líneas dicen:

Cautivos perpetuos, un tiempo en el que el relámpago está encima,
cuando tres hermanos sean mortalmente heridos.

Este autor es escéptico respecto al supuesto contenido profético de esta cuarteta. En caso de aceptarlo, las perspectivas para el tercer hermano, presumiblemente Edward Kennedy, son bastante poco halagüeñas, y el último asesinato que se predice en la línea final, se produciría en Semana Santa, ya que, según la segunda línea de la cuarteta, "No lejos de Pascua, habrá confusión, un golpe de cuchillo".

Números de mortalidad

Una de las razones que inducen a dudar que alguna cuarteta concreta pueda contener una predicción segura del magnicidio del presidente John F. Kennedy es el hecho de que ninguno de los intérpretes de las Centurias identificó ningún verso antes de que se produjera el suceso en cuestión. Esto resulta particularmente sorprendente puesto que una gran cantidad de ocultistas especializados en numerología — el estudio de los atributos supuestamente sobrenaturales de los números —, predijeron, cuando Kennedy fue elegido para la presidencia en 1960, que con seguridad moriría ejerciendo su cargo y que muy probablemente, su muerte se produciría a manos de un magnicida.

La idea era que quien fuera a ser elegido presidente en 1960 habría de morir en el ejercicio de su cargo, había estado "en el aire" desde que el presidente Roosevelt muriera durante su mandato en 1944. Esto se debía a que, al morir Roosevelt, los interesados en la numerología habían advertido que desde 1840 todos los presidentes de EE.UU. que habían resultado elegidos para el cargo en un año que terminaba en cero, habían muerto durante su mandato, y tres de ellos — los presidentes Lincoln, Garfield y McKinley, elegidos por primera vez en 1860, 1880 y 1900, respectivamente — habían sido asesinados.

La llamada "maldición presidencial de los ceros" probablemente no era más que una curiosa serie de coincidencias. De haber existido, habría tenido una validez de 120 años (que es un período significativo, según algunos numerólogos) o, en cierto sentido, habría sido vencida por Ronald Reagan, que fue elegido por primera vez en 1980, y que consiguió sobrevivir a atentados y a graves enfermedades que pusieron en peligro su vida.

EL FINAL DE LA GUERRA FRIA

La inclinación de la mayoría de las personas a que nuestro país (o continente) y sus dirigentes desempeñen un papel primordial en la historia del mundo, posiblemente sea la principal culpable de todas las malas interpretaciones y atribuciones dudosas de las cuartetas de Nostradamus, como las que se han tratado en relación con los hermanos Kennedy. Si, por ejemplo, a alguien se le ocurre relacionar los hechos de que a) los presidentes Lincoln y Kennedy eran figuras de relevancia mundial, y b) que Nostradamus fue capaz de discernir con clarividencia los principales acontecimientos lejanos en el futuro de la historia desde su época, resulta difícil de aceptar la posibilidad de que estos hombres no sean mencionados en algún lugar de las Centurias.

Desgraciadamente, en lo que se refiere a los acontecimientos acaecidos en los tiempos más próximos al suyo, Nostradamus parece haber mantenido una marcada actitud eurocéntrica que, por otra parte, habría sido bastante lógica en un francés del siglo XVI. Aparte de algunas vagas referencias a las Hespérides y a su riqueza, en realidad no hay predicciones que razonablemente se puedan aplicar a los acontecimientos de la historia de EE.UU. anterior al siglo XX.

Sin embargo, parece que cuanto más lejos posaba su mirada en el futuro, el campo de visión del vidente se ampliaba y, como el lector podrá comprobar, hay un gran número de cuartetas relativas a acontecimientos que todavía forman parte del futuro y que probablemente están relacionados, total o parcialmente, con EE.UU. En lo que se refiere al siglo XX, en las Centurias hay una serie de predicciones que se pueden interpretar pensando en EE.UU., algunas de las cuales parecen adaptarse a hechos ocurridos con gran exactitud. Como siempre, las más interesantes de estas últimas son aquellas que no sólo se adaptan a acontecimientos que ya se han producido, sino las que predicen acontecimientos por venir lo cual invalida la sospecha de ingenuidad interpretativa condicionada por la visión retrospectiva. Buenos ejemplos de esto son las cuartetas que se interpretaron, cuando la guerra fría se encontraba en la época de mayor intensidad, como profecías de la efímera amistad de EE.UU. y la Unión Soviética.

Esta amistad, que tan poco tiempo se prolongó debido a la desintegración de la URSS, surgió en los años de las presidencias de Reagan, Bush y Gorbachov, y de no haber surgido, el mundo habría evolucionado de manera bien distinta. Una de las cuartetas en las que se consideró profetizado este hecho mucho antes de que se produjera es la Centuria II, Cuarteta 89:

Un día los dos grandes dirigentes [líderes de las superpotencias] *serán amigos,*
se verá aumentar su gran poder:
la Nueva Tierra [América] *estará en el punto culminante de su poder,*
para el hombre de la sangre el número está escrito.

Con estas alusiones a los dos grandes líderes y a la "Nueva Tierra", la forma más frecuente con la que en el siglo XVI se hablaba de América, se consideró que esta cuarteta indicaba la futura amistad de EE.UU. y la Unión Soviética; esta interpretación se hizo en un momento tan crítico como los años 60. Los comentaristas, sin embargo, se mostraban desconcertados por el significado de la última línea. ¿Es que EE.UU. se iba a convertir en aliado virtual de un país gobernado por alguien cuya personalidad sugirió al vidente llamarle "hombre de la sangre"?

Sin embargo, con la presidencia de Gorbachov, el significado de la última línea empezó a aclararse: Nostradamus se había referido a una de las señas más características del dirigente soviético, el gran nevus de su frente (zona de piel pigmentada debido a una hipertrofia de los vasos sanguíneos), que parece una mancha de sangre seca.

Todo esto parece muy claro y adecuado a las circunstancias, pero algunos comentaristas contemporáneos de las Centurias sostienen una opinión mucho más pesimista, identificando al "hombre de la sangre" con el Anticristo, gobernante infame cuya hora puede estar muy próxima. Nostradamus predijo la corta duración de la amistad de EE.UU. y la URSS en las dos primeras líneas de la Centuria V Cuarteta 78 ("los dos no permanecerán aliados durante mucho tiempo, [la Unión Soviética] dará paso a bárbaras satrapías").

Globos, batallas y tonterías

La Centuria V, Cuarteta 57, es una de las que se han utilizado para llevar a cabo los más extravagantes intentos de relacionar a EE.UU. con una predicción de Nostradamus. Parte de la traducción de esta cuarteta, en la que por razones evidentes se han dejado sin traducir algunas palabras, es la siguiente:

Se irá desde el Mont Gaulfier
y el Aventino
el que a través de un agujero dará información
al ejército...

El hecho de que estas líneas se refieran a la primera ocasión en que se emplearon globos de aire caliente en aplicaciones militares de observación es algo unánimemente aceptado por los intérpretes de las Centurias. Este acontecimiento tuvo lugar en la batalla de Fleurus (1794), época en la que los globos se conocían con el nombre de "montgolfiers", en honor a los dos hermanos que los inventaron en 1783.

Sin embargo, en los años 30, hubo un americano — al parecer convencido de que casi todas las predicciones de Nostradamus se podían deformar para que tuvieran algo que ver con EE.UU. — que decidió que la expresión Mont Gaulfier se refería al golf y que la cuarteta profetizaba el resultado de un campeonato Open de EE.UU. determinado. Admitir una sola interpretación de estas características resulta cómico, pero para admitir más de una hay que estar chiflado.

PREDICCIONES APÓCRIFAS

En las páginas anteriores se ha hablado de los sorprendentes éxitos proféticos que contienen las Centurias de Nostradamus, de cómo, por ejemplo, profetizó los años exactos en que se produciría el gran incendio de Londres y en el que estallaría la segunda guerra mundial, de cómo pone de manifiesto su detallado conocimiento de hechos ocurridos durante la Revolución francesa, que se produjo más de dos siglos después de su muerte, y de su forma de describir los misiles teledirigidos de la moderna tecnología bélica.

En el siguiente capítulo, se examinarán las predicciones de Nostradamus que todavía no se han cumplido, profecías relacionadas con el futuro próximo de nuestro planeta, que muy probablemente afectarán a las vidas de todos y cada uno de nosotros.

El estudio de esas predicciones resulta apasionante, puesto que quienes toman parte, en cierto sentido se esfuerzan — emulando a Nostradamus — por desentrañar las más íntimas fibras del tiempo. Este apasionamiento debe quedar, sin embargo, atemperado por la consciencia de que hay dos factores importantes que deben tener constantemente presentes los estudiosos de la obra de Nostradamus que deseen conocer lo que el futuro les depara a ellos y al mundo en general.

El primero de ellos es que los significados exactos de las predicciones de Nostradamus relativas a nuestro futuro colectivo se derivan de las interpretaciones que diversos investigadores aislados de las Centurias han facilitado sobre el enrevesado y oscuro lenguaje que a menudo empleaba Nostradamus, y que algunas de estas afirmaciones sobre los significados exactos del vidente pueden ser parcial o totalmente incorrectas. El segundo es que algunas de las profecías supuestamente atribuidas a Nostradamus son, probablemente o con seguridad, apócrifas. Algunas de estas últimas tuvieron su origen en los departamentos de propaganda nazi durante la segunda guerra mundial, mientras que otras muy probablemente son el resultado del autoengaño o del deseo de embaucar a los más crédulos. A este respecto, vale la pena mencionar el curioso relato de un suceso que supuestamente tuvo lugar a principios de nuestros años 70. Según esta narración, Nostradamus se apareció en forma de "ser humano de carne y hueso" en los camerinos de un estudio de televisión en EE.UU. Emitió varias profecías nuevas en francés, aunque eran tan "comprensibles como en inglés", e hizo una presentación de algo llamado "Tarot druida". El único testigo de tan extraordinario suceso fue un conocido ocultista norteamericano que se hacía llamar "Criswell" a secas, y que relató su experiencia en un libro titulado *Predicciones prohibidas de Criswell basadas en Nostradamus y en el Tarot*. Criswell, hombre que parecía desdeñar los nombres de pila, se encontraba sentado en su camerino quitándose el maquillaje cuando escuchó que alguien llamaba con fuerza a su puerta; inmediatamente después, irrumpió en la habitación un hombre ataviado a la usanza del siglo XVI. Con admirable concisión el inesperado visitante procedió a presentarse diciendo: "Soy Nostradamus".

Repentinamente, Criswell se encontró transportado a una enorme gruta amueblada solamente con una mesa y dos sillas de roble. Nostradamus se sentó en una de ellas mientras ofrecía a Criswell la otra, desde la que Criswell — hombre sin duda mejor dotado para enfrentarse a extrañas situaciones que el presente autor — calmadamente se limitó a prestar atención a su visitante del siglo XVI mientras éste procedía a emitir una larga serie de predicciones completamente nuevas. Criswell quedó tan impresionado por estas predicciones que las retuvo con la nitidez necesaria como para incorporarlas a su libro.

Casi todas eran de lo más asombroso. Y todas ellas, o al menos todas las que se refieren a fechas anteriores a la publicación de este libro, han demostrado ser total y absolutamente erróneas.

Polillas gigantes y pirámides volcadas

Si bien este autor no tiene demasiada confianza en las predicciones para los años inmediatamente anteriores al 2000 que Nostradamus supuestamente comunicó a Criswell, puede resultar interesante resumirlas a modo de advertencia a los incautos.

1. Vendrá una fase pasajera de total relajación moral en lo relativo al sexo, en la que la orgía mundial alcanzará tal magnitud que llegará a "valerse de los animales".

2. Las bacterias crecerán hasta igualar el tamaño de las polillas; entonces picarán a los seres humanos y a los animales, para lo que no habrá ayuda posible. Texas y México serán las regiones que más sufrirán esta plaga y "lastimosamente implorarán auxilio". Afortunadamente, la amenaza bacteriana será erradicada cuando el "aire se llene de electricidad".

3. Se producirá un gran resurgimiento ocultista, en el que hombres, mujeres y niños echarán hechizos a "todo y a todos". Cinco mil de estos hechiceros se congregarán en las cataratas del Niágara y entre todos cambiarán el curso del río. Otro grupo parecido "volcará las pirámides", mientras que un millón de ocultistas se reunirán en Prairie (Dakota del Sur) para celebrar una gran sesión de espiritismo. En ella, se manifestarán los espíritus de individuos como Adolf Hitler, Mussolini y Stalin.

4. Todos los aparatos de televisión, teléfonos, máquinas de escribir, lápices, bolígrafos y plumas serán confiscados por los gobernantes del mundo, que promulgarán también una ley que prohibirá reunirse a más de dos personas.

¡La verdad es que sería espantoso!

NIGROMANCIA Y LA MARCA DE LA BESTIA

El extraño lenguaje codificado que Nostradamus empleó en muchas de sus cuartetas era de tal naturaleza que permite afirmar con seguridad que poseía los conocimientos de una antigua tradición oculta, lo que para quienes vivimos en esta era de escepticismo resulta un enigma cuya clave difícilmente descubriremos.

Interpretar las predicciones de Nostradamus en relación con los acontecimientos que ya se han producido no resulta tan fácil, exceptuando quizá aquellas profecías en las que implícita o explícitamente se cita una fecha concreta como 1666 ó 1792. Aun así, esa tarea es lo más sencillo del mundo en comparación con las dificultades de interpretar con exactitud el significado de las cuartetas proféticas que todavía no se han cumplido, como, por ejemplo, de las que parecen predecir grandes agitaciones sociopolíticas en todo el mundo, guerras en las que se utilizan nuevas y terroríficas armas de destrucción masiva, la aparición de un siniestro culto dirigido por alguien a quien Nostradamus identificó con el tan anunciado Anticristo, y los viajes interestelares.

La mayoría de las cuartetas pertenecen a este grupo de profecías sin cumplir; es decir, que su contenido parece referirse al futuro, puesto que la terminología empleada sólo resultará comprensible a la luz de los acontecimientos futuros.

Otra posibilidad es que algunas de ellas sean relativas a asuntos secretos pertenecientes a las artes ocultas que la mayoría de nosotros desconoce casi por completo. Los últimos versos, que en ocasiones se mencionan como "cuartetas ocultas", están suscitando el interés de algunos investigadores actuales de la obra de Nostradamus.

No obstante, el intérprete de Nostradamus no debe olvidar que por lo menos algunas de las "cuartetas ocultas", a pesar del misterioso lenguaje con el que están redactadas, podrían no tener nada que ver con la magia ritual, la alquimia ni otras disciplinas esotéricas. Es posible que en ellas, el vidente hubiera empleado una simbología oculta para describir los acontecimientos y los conceptos que le hubieran resultado imposibles de expresar con el lenguaje de su época porque las palabras necesarias todavía no se habían inventado.

Incluso las cuartetas relativas al año 2000 y a fechas posteriores, que son mucho más fáciles de entender que las que están redactadas en el lenguaje del ocultismo, con frecuencia son oscuras o susceptibles de más de una interpretación. Consecuentemente, *algunas* de las interpretaciones de las predicciones de Nostradamus que se analizan en las páginas siguientes pueden estar equivocadas; el acierto de otras es más que probable.

NOSTRADAMUS Y LA NIGROMANCIA

Durante más de 400 años ha habido personas que se han afanado en encontrar la clave que permitiera descubrir la hipotética estructura oculta que se cree escondida en las Centurias.

Quienes han buscado esta clave lo han hecho movidos por la idea de que ningún vidente cuyas predicciones hayan resultado tan sorprendentemente precisas como las de Nostradamus podría haber registrado sus visiones de cosas futuras sin disponer de alguna planificación; ellos han creído que debe haber alguna lógica interna oculta detrás del aparente orden aleatorio con el que se escribieron las cuartetas. Y, si fuera así, Nostradamus debió intentar que aquellos que como él dedicasen años de estudio a las misteriosas artes adivinatorias deberían ser capaces de descubrir la naturaleza de esa lógica estructural secreta y, aplicándola, proceder a leer las Centurias de forma tal que todo tuviese sentido, tanto cronológicamente como en lo tocante a su contenido.

Como se decía anteriormente, en las Centurias hay una serie de versos cuyo contenido y terminología ha sugerido su denominación de "cuartetas ocultas", o sea, que parecen guardar alguna relación con la magia. Desde luego, en el sentido primitivo de la palabra "oculto" — es decir, "secreto" — en las Centurias hay un gran número de cuartetas cuyo significado está oculto en cuanto a que sin duda son profecías, pero no es probable que su significado exacto se pueda descubrir hasta que se cumplan o se descubra esa clave de las Centurias que desde hace tanto tiempo se está buscando. Si alguna vez se llega a encontrar esta clave, posiblemente será mediante el análisis de cuartetas que, según algunos, vinculan a Nostradamus con la cábala, la alquimia, la numerología e incluso con las prácticas negras de la nigromancia.

Este autor no se considera competente para tratar de descubrir ninguno de los profundos secretos de las Centurias, pero si algún lector desea intentarlo, cabe sugerir que las Cuartetas 28-31 de la Centuria IV, pueden resultar muy adecuadas en este contexto, ya que la numeración de estos versos podría no ser fortuita y entrañar un significado numerológico. Este es concretamente el caso de las dos últimas del conjunto citado, las Cuartetas 30-31 de la Centuria IV, que respectivamente, dicen:

Más de once veces la luna no querrá al sol,
todos ascendidos y descendidos:
puestos tan bajos que se verá poco oro
tras el hambre y la peste el secreto será desvelado.

La luna en el centro de la alta montaña,
el nuevo sabio lo ha descubierto:
por sus discípulos invitado a convertirse en inmortal
los ojos hacia el sur, las manos sobre el pecho, cuerpo en llamas.

Si estas dos cuartetas contienen o no la clave secreta de la compleja estructura de las Centurias, es un asunto de opiniones; lo que revelan, sin embargo, es que Nostradamus sabía que se iba a desarrollar el culto al secreto que ya se practica y, si algunos observadores no se equivocan, en un futuro próximo puede llegar a estar presente en muchos aspectos de nuestra vida cotidiana.

Las luces esplendorosas

Uno de los planteamientos en el que algunos estudios contemporáneos del esoterismo occidental han tratado de encontrar la clave secreta de la interpretación de las Centurias se basa en la certeza de que Nostradamus estaba familiarizado con la cábala cristiana.

La cábala es un antiguo y misterioso sistema judío que en el siglo XVI existía en una forma cristianizada, casi inextricablemente asociada con la magia y con la alquimia. Que Nostradamus durante un tiempo poseyó libros sobre la materia es un hecho evidente que se desprende de un pasaje de una carta que publicó:

...Te prevengo contra la seducción de... la magia execrable...
Aunque he tenido ante mí numerosos volúmenes
que desde hacía mucho tiempo permanecían
ocultos, no he sentido deseo alguno de divulgar
su contenido... después de haberlos leído... los
he reducido a cenizas.

Parece probable que el vidente escribiera este pasaje con la intención de desviar las sospechas de que practicaba la magia cabalística; resulta difícil de creer que el erudito Nostradamus, ávido lector y bibliófilo, pudiera destruir deliberadamente valiosos textos mágicos.

Los estudiosos contemporáneos del cabalismo cristiano que se han esforzado en emplearlo con el fin de comprender la estructura profunda de las Centurias se han visto sorprendidos por el hecho de que las Centurias sean 10 (no todas ellas completas) y que la teoría cabalística se basa en un sistema de 10 emanaciones — los sefiroth, o "luces esplendorosas" — de Dios. Según las doctrinas de los cabalistas contemporáneos, todo en el Universo, desde las ideas y sentimientos hasta los objetos materiales, se pueden clasificar de acuerdo con los 10 sefiroth.

Así, por ejemplo, todo lo conflictivo se puede considerar que en el plano místico se corresponde con la quinta sefira, todo lo relacionado con el amor, con la séptima, y lo relativo al dinero, con la décima.

Esta opinión se podría compartir si las 10 Centurias guardasen alguna correspondencia obvia con los 10 sefiroth, es decir, si, por ejemplo, la Centuria X estuviera claramente dedicada a los asuntos relacionados con el dinero, propiedades, etc. Desgraciadamente, no es así; pero podría ser que hubiera alguna relación oculta pero auténtica entre la estructura de las Centurias y los esquemas de los sefiroth y que el descubrimiento de la naturaleza exacta de esta relación aportase la solución definitiva a todos los problemas de interpretación de la obra de Nostradamus.

Hace algunas décadas, esta idea habría parecido demasiado fantástica como para creerla, pero las recientes investigaciones de los historiadores han demostrado que un gran número de libros del siglo XVI tienen una estructura oculta derivada del saber cabalístico, por lo que las Centurias podrían también tenerlo.

¿EL FIN DEL PAPADO?

Muchos estudiosos especialistas en la obra de Nostradamus, entre los que destaca James Laver, estaban fascinados por la llamada "profecía de San Malaquías", al haber llegado a la conclusión de que esta profecía guardaba cierta concordancia con algunos versos proféticos de Nostradamus relativos al papado, como por ejemplo, la Centuria V, Cuarteta 56:

A raíz de la muerte del muy anciano papa,
será elegido un romano de muy buena edad [o sea, joven],
de él se dirá que debilita el Asiento [o sea, el trono de Pedro],
pero en él se mantendrá mucho tiempo con dolorosa obra.

El significado de esta cuarteta es claro por sí mismo. Nostradamus indica que en el curso del tiempo se elegirá a un joven papa para suceder a un pontífice muy anciano y que algunos le atacarán aduciendo que debilita a la Iglesia. No obstante, con gran esfuerzo ("dolorosa obra") ocupará el trono papal durante mucho tiempo.

Es evidente que esta profecía todavía no se ha cumplido, ya que, desde la publicación de las Centurias y nuestro tiempo, el único papa elegido de quien se pudiera afirmar con cierto motivo que era "joven" fue Gregorio XIV que, lejos de mantenerse mucho tiempo en el trono, tuvo un papado especialmente corto.

Si, como James Laver y otros muchos, se acepta que existen puntos concordantes entre la "profecía de san Malaquías" y las Centurias, parece bastante probable, por algunas razones que ya se verán, que el joven pontífice cuya elección predijo Nostradamus en la Centuria V, Cuarteta 56, tendrá que ser el sucesor de Juan Pablo II.

Se está mencionando la "profecía de san Malaquías" entre comillas debido a que la opinión universalmente aceptada por los eruditos es que quien quiera que en realidad fuera el autor de la profecía en cuestión, no fue el monje irlandés san Malaquías (1095-1148). También es cierto que hay quien afirma que no se trata de una auténtica profecía sino de una falsa predicción que, probablemente, no se remonte en el tiempo hasta fechas anteriores a 1590. Por otra parte, muchos creyentes han encontrado una justificación para atribuir la profecía a san Malaquías en el hecho de que un sacerdote francés del siglo XIX, el padre Cucherat, afirmó terminantemente que las profecías habían sido escritas por san Malaquías, que la visión o visiones sobre las que se basan tuvieron lugar en Roma en el año 1140, y que san Malaquías escribió sus textos proféticos en un pergamino que entregó al papa Inocencio II, quien lo depositó en la biblioteca del Vaticano, en donde nadie tuvo la posibilidad de leerlo durante los cuatro siglos siguientes más o menos.

Todo esto parece un poco difícil de creer, pero en el Breviario de oficios de la festividad de san Malaquías se le menciona como bendito con el don de la profecía y, lo que es más importante, san Bernardo de Claraval aseguró que san Malaquías había predicho con gran exactitud el día y la hora precisos en que a él, Malaquías, le llegaría la muerte.

La profecía atribuida a san Malaquías es sumamente corta.

Consta de 108 versos latinos, cada uno de los cuales se supone que debe referirse a un papa, empezando a partir de Celestino II (papa 1143-1144) y terminando con "Pedro, el romano", que al parecer, sería el último papa. Con frecuencia, los versos latinos constan tan sólo de dos o tres palabras; por ejemplo, el que se refiere a Celestino II es Ex castro Tiberis ("De un castillo sobre el Tíber"), alusión al nombre de su familia, Guido de Castello. Al papa actual, Juan Pablo II, se le atribuye el verso número 107 de la profecía, lo que parece indicar que solamente faltaría un papa por venir. De él, San Malaquías (o cualquiera que hubiera escrito los textos que a él se han atribuido), aterradoramente afirma lo siguiente:

En la persecución final de la Santa Iglesia Romana,
reinará Pedro el romano, que alimentará a su rebaño
entre grandes tribulaciones, después de lo cual,
la ciudad de las siete colinas será destruida y
el Juez terrible juzgará a las personas.

La expresión "Juez terrible" suele guardar relación con el Juicio Final, cuando los vivos y los muertos sean sentenciados al castigo eterno o recompensados con el Paraíso. Pero podría referirse a un juicio de muy distinta clase: algún acontecimiento, o conjunto de acontecimientos, que convulsionase al mundo y que destruyese la Iglesia. En cualquier caso, si las profecías de Nostradamus y las de San Malaquías son concordantes, el próximo papa será el último.

El ex porquero

El papa Sixto V, que ocupó el trono de San Pedro desde 1585 hasta 1590, fue un hombre de origen humildísimo. En esto, poco tuvo que ver con la mayoría de los papas de su época, que solían estar emparentados con las principales familias de Italia.

Nacido en 1521 con el nombre de Felice Paretti e hijo de un jardinero, el futuro Sixto V fue enviado a trabajar de porquero cuando solamente contaba ocho años de edad. Era, no obstante, un muchacho de una inteligencia excepcional y, tras un año de trabajar con los cerdos, se le llevó a un convento donde habría de recibir educación. Se le ordeno sacerdote en 1547, fue consagrado obispo en 1566, y nombrado cardenal cuatro años más tarde.

Nostradamus predijo que finalmente sería elevado al pontificado casi cuarenta años antes de que este hecho se produjera. Durante una visita que el vidente hizo a Italia, se arrodilló ante Paretti, que en aquel momento no era más que un sacerdote recién ordenado, y se dirigió a él empleando el tratamiento de "Su Santidad".

RESURGIMIENTO DEL ISLAM

Durante los últimos años, el fundamentalismo islámico que se basa en la creencia de que el Corán es la Palabra de Dios comunicada por un ángel a su mensajero Mahoma para establecer las leyes de conducta que deben regir en todo momento la vida de los hombres ha cobrado una inusitada fuerza. Como ha quedado demostrado por los acontecimientos que han tenido lugar durante los últimos 15 años en países como Irán, Afganistán y las repúblicas centroasiáticas de la antigua Unión Soviética, la fe del profeta Mahoma es, de nuevo, una importante fuerza presente en el mundo que probablemente va a desempeñar un papel cada vez más importante en los asuntos internacionales durante las primeras décadas del siglo XXI.

El origen de este actual renacimiento islámico se remonta por lo menos a la década de los veinte, si bien el mayor auge del movimiento se inició con el declive del comunismo a partir de los años setenta. Fue entonces cuando, entre los pueblos de Irán, Afganistán y el Asia soviética, empezó a extenderse la idea de que la solución de todos sus problemas sociales y económicos podría estar en la vuelta a la ley islámica, en lugar de inclinarse por el materialismo ateo de la ideología marxista.

Nostradamus predijo el declive y la caída del comunismo en más de una cuarteta, y una de las predicciones más directamente relacionadas con el resurgimiento islámico es la que contiene la Centuria IV, Cuarteta 32, cuyas tercera y cuarta líneas hacen alusión al "antiguo orden [islam] que será renovado" ya que "Pánta koiná phílon" (frase del griego clásico que significa "todas las cosas en común", o sea, comunismo) será abandonado.

Desde el punto de vista de quienes consideran el fundamentalismo religioso de cualquier tipo como algo opuesto a los valores de las ideologías occidentales dominantes tanto de izquierdas como de derechas, este resurgimiento del islam representa un gran mal. No obstante, tanto si el cambio del islam es para mejor como para peor, vamos a tener que aprender a convivir con él, o, por lo menos, así será si las predicciones de Nostradamus se cumplen en el futuro igual que se cumplieron en el pasado. Vivir con el islam y quizá, algunos de nosotros, morir con él; porque, una de las cosas que Nostradamus podría haber predicho es que uno de los hechos más destacados de las próximas décadas será una serie de terribles y devastadoras guerras entre países islámicos y no islámicos. Durante el desarrollo de estas guerras, según predicen las Centurias, el bando islámico sufrirá graves contratiempos — como la posible captura de un califa —, pero se producirán también otros grandes desastres, como la destrucción total de Montecarlo.

Oscuridades proféticas

Uno de los problemas con que se enfrentan los comentaristas de las Centurias es la existencia de cuartetas cuyo contenido ha dado pie a algunos para calificarlas de "predicciones retroactivas", lo que quiere decir que parecen guardar relación con acontecimientos que tuvieron lugar antes de que Nostradamus escribiera su obra. Ejemplo de estas predicciones retroactivas son, de la Centuria VIII, las Cuartetas 51 y 83, la primera de las cuales podría estar relacionada con los sucesos que tuvieron lugar antes de la expulsión de los musulmanes de España en 1492, y la segunda, con las atrocidades cometidas por los venecianos durante la cuarta Cruzada, unos 350 años antes de que Nostradamus "profetizara" estos hechos.

Es obvio que todos los videntes encuentran alguna extraña razón que les hace tomarse la molestia de emplear una oscura redacción al describir acontecimientos que tuvieron lugar mucho antes de su época. En consecuencia, la aparente existencia de tales seudopredicciones en las Centurias siempre ha supuesto un auténtico rompecabezas para los especialistas, que han propuesto diversas posibles explicaciones al respecto. Entre otras, hay ideas relacionadas con las realidades alternativas, mundos que existen en un espacio de tiempo paralelo al nuestro en el que la historia ha seguido un curso distinto, así como la sugerencia de que, en ocasiones, las visiones de Nostradamus quedaban fuera de su control y que con gran clarividencia discernía acontecimientos que habían transcurrido mucho tiempo antes. Estas dos hipótesis podrían ser total o parcialmente ciertas, aunque también podría darse el caso de que estas supuestas predicciones "retroactivas" no fueran en absoluto retroactivas, sino que se refiriesen a un tiempo futuro en el que existiese una superpotencia islámica. La Centuria VI, Cuarteta 78 contiene una de estas profecías:

> *Gritar la victoria de la creciente media luna,*
> *el Águila será proclamada por los romanos,*
> *Ticino, Milán y Génova no están de acuerdo,*
> *y al gran Basil* [término inventado por Nostradamus
> y derivado del griego,
> que significa "rey" o "emperador"] *ellos reclamarán.*

Debido a la complejidad de interpretación, en general se ha considerado que esta cuarteta describía la captura, a manos de las fuerzas occidentales, de un sultán musulmán que reclamaba el califato, institución que dirige la espiritualidad en el mundo musulmán. Como la figura de sultán o califa desapareció con el derrumbamiento del Imperio otomano al final de la primera guerra mundial, ahora se considera que la predicción es retroactiva, y que se refiere muy probablemente, al sultán Yem del siglo XV. Sin embargo, no parece que haya motivo para suponer que jamás vaya a volver a haber algún califa poderoso a quien hagan prisionero los occidentales, a quienes Nostradamus —empleando la terminología del siglo XVI— llamaba "romanos". Parece así probable que la Centuria VI, Cuarteta 78, se refiera a nuestro mundo o al de nuestros descendientes y no al de nuestros antepasados.

LAS GUERRAS SANTAS DEL ISLAM

El concepto de yihad — o guerra santa contra aquellos que habitan fuera de la "Casa del islam" — es muy antiguo y tiene un poder enorme en el mundo musulmán. Entre los años 622 y 732, los árabes inspirados por esa idea conquistaron todo el norte de África y en su invasión llegaron hasta Francia; en el siglo XV la yihad emprendida por los turcos otomanos contra Bizancio terminó con la caída de Constantinopla y, más tarde, en la década de 1680-1690, los guerreros musulmanes asediaron infructuosamente la ciudad de Viena.

Sin embargo, en los 300 años siguientes, la ideología de la yihad iba a perder buena parte de su capacidad de impacto, aunque no su gran atractivo místico. Los pocos intentos que se hicieron de utilizar la yihad como arma política y diplomática — como, por ejemplo, por el sultán de Turquía durante la primera guerra mundial — en conjunto resultaron ineficaces.

Durante los últimos 10 años aproximadamente, se han producido hechos que demuestran que eso ha cambiado; en Afganistán, el Ejército Rojo fue derrotado por la guerrilla integrada por fervorosos partidarios de la yihad, y en Bosnia, esta idea ha inspirado a algunos de los más fanáticos luchadores musulmanes contra los serbios ortodoxos y los croatas católicos. Si creemos lo que Nostradamus predijo, esto sólo es el principio y seremos testigos de más guerras santas musulmanas.

El vidente predijo que los efectos de estas guerras, en las que se utilizarían armas de destrucción masiva para cuya descripción se vio obligado a valerse de extrañas analogías, serían devastadores. En la Centuria IV, Cuarteta 23, que por complejas razones se cree que hace alusión a un conflicto entre el islam y Occidente, el vidente profetizó que la utilización de tales armas causaría la completa destrucción de Montecarlo, que hoy día es la "capital mundial del placer":

La Legión de la flota marina
quemará limo, mineral magnético, azufre y pez:
el largo descanso en un lugar seguro,
Port Selin y Hércules serán consumidos por el fuego.

La expresión "flota marina" (*marine classe*, esta última palabra derivada del latín, era la que el vidente empleaba siempre con el significado de armada, flotilla o flota) de la primera línea resultaba tautológica a los ojos de algunos estudiosos de la obra de Nostradamus del siglo pasado. Parecía lo mismo que hablar de un triángulo de tres lados o de un cuadrado de cuatro lados; ¿cómo podría pensarse en una flota que no fuera marina? Hoy conocemos la respuesta a esta pregunta: también hay flotas aéreas y, en un futuro no muy lejano, podría haber flotas espaciales. Por esto, parece que al calificar la palabra flota, Nostradamus trataba de comunicarnos que sabía bien que en el futuro la humanidad llevaría a cabo la conquista del aire y del espacio.

En la segunda línea de la cuarteta se enumeran algunos de los componentes del material incendiario empleado por los bizantinos y conocido con el nombre de "fuego griego"; cabe imaginar que podría tratarse de una metáfora con la que tratase de describir una tormenta de fuego — en este contexto, la mención de un "largo descanso" cobra una importancia siniestra — pero es la predicción concreta del destino de "Port Selin y Hércules", citados en la cuarta línea lo que entraña el interés principal. "Port Selin", significa "el Puerto de la Media Luna", recordemos que la Media Luna es el símbolo del islam, y "Hércules" es una abreviatura de Herculeis Monacei, el nombre latino de Montecarlo. En esta cuarteta, Nostradamus podría estar profetizando la destrucción simultánea por el fuego de una flota, de un importante puerto islámico y de Montecarlo. Obviamente, en una conflagración de estas características se producirían un gran número de bajas que no se limitarían a las acciones de Montecarlo y de "Port Selin": si uno de los especialistas en Nostradamus está en lo cierto, sólo en Francia se producirían casi un millón de bajas.

No cabe duda de que la Centuria IV, Cuarteta 23, predice el estallido de una guerra mundial o de una serie de guerras. Como se explica en las dos páginas siguientes, hay otras cuartetas que parecen predecir que en esta lucha titánica se emplearán las armas bacteriológicas y nucleares.

Un millón de franceses muertos

Al menos uno de los especialistas contemporáneos en las Centurias, al que este autor conoce y que es miembro de ese pequeño grupo de intérpretes de Nostradamus que trabaja en el análisis de las predicciones del vidente a la luz de la cábala, afirma basándose en la numerología y en otras ciencias que la profecía de Nostradamus en la que se predice la total destrucción de Montecarlo contenida en la Centuria IV, Cuarteta 23, está estructuralmente vinculada a las Cuartetas 71 y 72 de la Centuria I, cuyos textos son, respectivamente, los siguientes:

Por tres veces la torre marina será capturada y vuelta a capturar,
por los españoles, los bárbaros [quizá los bereberes, o sea, los habitantes del norte de África] *y por los italianos:*
Marsella y Aix, Arlés por oriundos de Pisa,
dejarán los restos de la espada y del fuego,
Aviñón será saqueada por los turineses.

Los habitantes de Marsella cambiarán completamente,
en huida, perseguidos hasta Lyón,
Narbona y Toulouse ultrajadas por Burdeos,
muertos y cautivos casi un millón.

Aunque todavía no resulta posible conocer a ciencia cierta el significado exacto de las dos cuartetas anteriores, no es difícil intuir su importancia. Si efectivamente se hubieran escrito para leer junto con la Centuria IV, Cuarteta 23, el mundo tiene por delante batallas aún más sangrientas que cualquiera de las que han tenido lugar durante la historia de la humanidad hasta ahora. Como se explica anteriormente, existen razones para creer que estos aterradores conflictos pueden estar muy cercanos en el tiempo.

GUERRA NUCLEAR Y BACTERIOLÓGICA

Por las razones que se explican más adelante, es probable que muchas de las más sombrías predicciones que contienen las Centurias se refieran a tiempos muy próximos; concretamente, a las primeras décadas del siglo XXI y posiblemente a finales de nuestros años 90.

Uno de los más espeluznantes de estos pronósticos se encuentra en la Centuria VIII, Cuarteta 77, y se refiere a una guerra que no durará menos de 27 años. La última línea dice: "El granizo rojo, el agua, la sangre y los cadáveres cubrirán la faz de la Tierra". Los especialistas contemporáneos coinciden en que esta línea tiene que ver con un conflicto en el que se emplearán armas nucleares y/o bacteriológicas.

Obviamente, la utilización de este tipo de armamento llenaría la Tierra de cadáveres. En cuanto al granizo rojo y al agua de los que habla Nostradamus, podrían ser o un aerosol deliberadamente empleado para propagar infecciones bacterianas o la contaminación del agua atmosférica por la radiactividad de las explosiones nucleares, o ambas cosas a la vez. En el peor de los casos, podría referirse a la deliberada contaminación radiactiva de toda una zona por medio de un arma extremadamente maléfica: un dispositivo nuclear equipado con una carcasa de cobalto. La profetizada lluvia de ese mortal granizo rojo sobre nuestro planeta se encuentra próxima; así se sugiere en la Centuria I, Cuarteta 16, en la que se habla de "plaga, hambre y muerte a manos militares" en un tiempo en el que "los siglos se acercan a su renovación". Esta última frase parece sugerir una deliberada referencia de Nostradamus a las teorías esotéricas de los ciclos astrológicos y cronológicos que a él, con seguridad, no le eran ajenas. Podría aludir, concretamente, al concepto neoplatonista del "Gran Año" integrado por 12 "meses", cada uno de los cuales consta de unos 2 000 años.

Si la "renovación de los siglos" que se cita en la Centuria I, Cuarteta 16, se refiere efectivamente al "Gran Año" de los platonistas, es probable que indique una fecha para el cumplimiento de la predicción de "plaga, hambre y muerte a manos militares" que coincidiría exactamente con lo que algunos ocultistas modernos han dado en llamar la "transición de la era de Piscis a la de Acuario", que tendrá lugar unos años antes o después del año 2000. De esta forma, la fecha exacta de ese acontecimiento sería un poco incierta, puesto que dependería de la estrella concreta que se tomase como punto de referencia del inicio del Zodiaco. Esto último es un asunto técnico que deben debatir los profundos conocedores de esta teoría esotérica, pero la esencia de la cuestión resulta clara: el cumplimiento de la predicción de Nostradamus de plaga y hambre universales está a la vuelta de la esquina.

Hay otras cuartetas de las Centurias que parecen confirmar esta interpretación, como por ejemplo, la Centuria I, Cuarteta 91:

Los dioses manifestarán a la humanidad
que son los causantes de una gran guerra:
antes de esto, los cielos estaban libres de "espée et lance"
los peores daños serán infligidos sobre la izquierda.

Las palabras de la tercera línea que se han dejado en el francés original significarían que el cielo quedaría oscurecido por las espadas y las lanzas durante la gran guerra profetizada. Por tanto, es probable que la intención del vidente fuera que el lector próximo a su tiempo encontrase en esta frase un sentido figurado, mientras que el especialista moderno entendiera por *espée et lance* "armas y misiles". El significado más probable de la expresión "la izquierda" que Nostradamus emplea en la cuarta línea se examinará luego; basta ahora con decir que es posible aunque poco probable que el vidente la hubiera utilizado con el moderno sentido político, que no se remonta más atrás del siglo XVIII.

La gran estrella arde

La Centuria II, Cuarteta 41, entraña un gran interés en relación con las predicciones de Nostradamus sobre grandes conflictos mundiales en los que se emplearían armas nucleares y biológicas y que estallaría poco antes o poco después del final de este siglo. El texto de esta cuarteta es el siguiente:

La gran estrella hervirá durante siete días,
su nube hará que el sol tenga una doble imagen:
el gran perro aullará toda la noche
cuando el Papa cambie de residencia.

En un intento de precisar la fecha en la que tendrá lugar este acontecimiento, se ha identificado la "gran estrella" de la primera línea con el regreso del cometa Halley. Sin embargo, como sus dos últimas apariciones han sido tan poco espectaculares hasta el punto de no haber sido siquiera visibles a simple vista, esta interpretación no parece estar muy acertada. Parece mucho más probable que la "estrella" sea la explosión de una gran arma de fusión nuclear. Este tipo de armas generan la energía siguiendo exactamente el mismo proceso que tiene lugar en el interior de la mayoría de las estrellas: la transformación de hidrógeno en helio. Sin embargo, en la bomba de fusión fabricada por el hombre la explosión no "hierve" durante una semana, ni produce la visión doble del sol.

Posiblemente se haga referencia a una serie de ataques nucleares, aunque la explicación más convincente es que la metáfora de la ebullición que Nostradamus empleó, tenga que ver con una enorme nube de polvo levantada por bombas de fusión que tardaría varios días en volverse a sedimentar sobre la superficie de la Tierra.

LA LLEGADA DEL ANTICRISTO

Tal como se deduce de la interpretación que se hacía anteriormente de la última línea de la Centuria VIII, Cuarteta 77, Nostradamus predijo que los primeros años del nuevo milenio estarían marcados por la infinidad de cadáveres que cubrirían la Tierra a consecuencia de una guerra bacteriológica o atómica. Pero ¿cuál es la interpretación del resto de la cuarteta?

El texto completo de la Centuria VIII, Cuarteta 77, es el siguiente:

El Anticristo muy pronto aniquila a los tres,
siete y veinte años durará esta guerra,

los herejes son muertos, cautivos, exiliados,
el granizo rojo, el agua, la sangre y los cadáveres cubrirán
la faz del la Tierra.

La identidad de esos "tres" a los que, según se afirma, aniquilará el Anticristo sigue siendo un misterio para todos los especialistas en las Centurias, se ha apuntado que podría tratarse de las tres mayores potencias o de los tres líderes más destacados del mundo, espirituales o no. Pero independientemente de lo que signifique la expresión "los tres", ¿quiénes son los herejes mencionados en la tercera línea?, y ¿cuál es el significado de la palabra "Anticristo" de la primera línea?

Es mejor tratar de responder en primer lugar a la segunda pregunta. Según la doctrina cristiana tradicional, el Anticristo será un falso salvador al servicio de los grandes Príncipes del Infierno, causará estragos en el mundo y llevará a buena parte de la humanidad por el camino de la destrucción espiritual que, literalmente, conducirá a la condenación. A pesar de que se trata de una creencia muy antigua, todavía son muchos los que se atienen a ella en nuestros días, y cabe recordar que en un pasado relativamente reciente, un hombre tan religioso e instruido como el cardenal Manning (1808-1892) pronunció una serie de conferencias sobre el Anticristo y manifestó su convicción de que algunos de los extraños acontecimientos relacionados con el surgimiento de la moderna espiritualidad podrían ser indicios de que el infernal advenimiento, el nacimiento del Anticristo, es inminente.

Tanto si las creencias de este cardenal estaban bien fundamentadas como si eran erróneas, no cabe duda de que Nostradamus compartía unas concepciones teológicas que, en esencia, eran idénticas a las del cardenal. Algo de capital importancia y que hay que tener presente en todo momento a la hora de interpretar las cuartetas de las Centurias en las que Nostradamus menciona al Anticristo, es que las ideas sobre la llegada de este enemigo de Cristo, el "hijo de la perdición", ocupaban un lugar tan destacado en la concepción del mundo de Nostradamus como en la de cualquier otro cristiano instruido de su tiempo. En consecuencia, es necesario asumir que, si Nostradamus era capaz de ver el futuro, interpretaría su visión de las personas hostiles y acontecimientos desagradables mediante una terminología que le fuera familiar, como podría ser el advenimiento del Anticristo, la manifestación de un falso salvador taumaturgo cuyos discípulos trabajarían al servicio de los poderes y fuerzas del Infierno.

En otras palabras, de la misma forma que parece que Nostradamus se esforzó por describir los ingenios bélicos del siglo XX basándose en los materiales y armas que él conocía, podría haber tratado de describir las actitudes morales y las acciones que de ellas se derivan, que la mayoría de nosotros consideraría algo absolutamente inhumano y vinculado con el principio del mal eterno, valiéndose de los términos de la escatología del siglo XVI, es decir, de las creencias y enseñanzas religiosas que se refieren al fin del mundo. En las siguientes páginas se verá cómo estas creencias coinciden con las predicciones de Nostradamus sobre la llegada del terrible "Anticristo Supremo" en fechas cercanas al año 2000.

El mesías del mal

Desde que el cristianismo se encontraba en sus primeras etapas, se ha venido empleando la expresión "Anticristo" para describir a cualquier personaje de maldad extraordinaria. Puesto que Nostradamus, al igual que otros cristianos de su tiempo, empleaban la palabra en este sentido, el Supremo Anticristo habría sido para ellos un Mesías del Mal, un profeta de una perversidad auténticamente infernal.

Las opiniones de san Roberto Belarmino (1542-1651) sobre los orígenes del Anticristo eran las típicas de los teólogos contemporáneos de Nostradamus. San Roberto creía que el padre del Anticristo sería un íncubo, o sea, un demonio que mantiene relaciones sexuales con mujeres, y que su madre practicaría la magia negra. Un fraile dominico del siglo XVII afirmó que el Anticristo no sólo sería engendrado por un demonio, sino que su llegada sería:

> *...con la malicia de un loco, con una perversidad que jamás se había visto sobre la tierra... tratará a los cristianos como se trata a las almas condenadas en*

el infierno. Tendrá multitud de nombres de sinagoga, y podrá volar cuando lo desee. Belcebú será su padre, Lucifer su abuelo.

LA MARCA DE LA BESTIA

En tiempos de Nostradamus, las creencias escatológicas relativas a las experiencias mundanas que tenían lugar antes del Juicio Final, estaban inseparablemente entretejidas con la tradición que hablaba de una serie de acontecimientos que se producirían antes y después de la llegada del Anticristo. Esto significa que, si Nostradamus fue capaz de percibir el futuro lejano con su gran clarividencia, podría haber considerado las acciones de Hitler, de Stalin o de algún otro dictador que todavía no ha llegado como las manifestaciones de uno o más anticristos.

A este respecto, vale la pena recordar un pasaje concreto de la epístola a Enrique II que se incluyó en la primera edición de las Centurias y en el que, indicaba una fecha determinada y totalmente precisa en la que habrían de producirse los acontecimientos de la Revolución francesa. Este pasaje contiene un escalofriante relato de los sucesos que precederían a la etapa de poder del "tercer [es decir el Supremo] Anticristo".

Al escribir sobre un "rey" (que en este contexto se refiere a cualquier tipo de gobernante absolutista) que cometería grandes crímenes contra la Iglesia, afirmaba que este auténtico monstruo:

...habrá derramado más sangre de eclesiásticos que vino pueda escanciar cualquier persona... Correrá la sangre humana por las iglesias y por las calles como el agua después de una fuerte lluvia y teñirá de púrpura los ríos próximos... después, en el mismo año y en los siguientes, sobrevendrá la más horrible de las plagas, que aún cobrará mayor virulencia debido a la terrible hambre que la precederá, y tales sufrimientos no se habrán conocido desde la fundación del cristianismo... El gran Vicario de la Capa [el papa] se verá... desolado y abandonado por todos... Después de esto el Anticristo será

el príncipe infernal... todo el mundo será sacudido durante veinticinco años... y las guerras y las batallas serán intensas... y serán tantos los enviados de Satanás... que casi todo el mundo será arrasado y desolado.

Exceptuando la mención del Anticristo como "príncipe infernal" y la referencia a que el mundo quedará desolado como consecuencia de las acciones de los numerosos enviados de Satanás, no hay absolutamente nada en esta prosa profética que no se pueda considerar como la descripción de una serie de futuros acontecimientos políticos. Una vez aceptado que cabe la legítima posibilidad de que Nostradamus y otros videntes y profetas fueran capaces de discernir los acontecimientos futuros (o quizá sentir lo que estaba ocurriendo en una realidad alternativa), el pasaje no contiene nada que pueda abusar de la credulidad de sus lectores. Podría muy bien ser la descripción profética de algún futuro dictador de monstruosa perversidad —una versión posterior y con mayor éxito de Hitler o Pol Pot— que consiguiera dominar el mundo durante un cuarto de siglo. No sería sorprendente que un hombre como Nostradamus, que sólo conocía la tecnología y las ciencias del siglo XVI, supusiera que semejante dictador poseedor de los perversos dones de las armas nucleares o de bombas cargadas con el bacilo del ántrax, no fuera un hombre sino un demonio, o sea, el Anticristo o su antecesor.

Algunos estudiosos de las profecías en general y de las obras de Nostradamus en particular, aseguran — basándose en unas razones cuya exposición, incluso resumida, resultaría demasiado compleja para estas páginas — que el advenimiento de ese monstruoso gobernante del que habla el vidente en su epístola a Enrique II, es inminente. Identifican además a este "rey" con el tercer y mayor de los anticristos. Creen, al igual que Nostradamus, que esta vil criatura derramará "más sangre de eclesiásticos que vino pueda escanciar cualquier persona". Se cree que sus nefandas actividades que acarrearán el brote de "la más horrible de las plagas, que aún cobrará mayor virulencia debido a la terrible hambre que la precederá" estarán relacionadas con la guerra bacteriológica.

Muchos creen con casi total seguridad, que la llegada del tercer Anticristo tendrá que ver con el mismo individuo que será responsable del descenso de los cielos del Rey del Terror en el mes de julio o agosto de 1999. Si todo esto es cierto, nuestras perspectivas en un futuro próximo son bastante negras.

EL HIJO DE LA PERDICIÓN

El tercer Anticristo, el ser del que Nostradamus profetizó que haría que corriera "la sangre humana por las iglesias y por las calles como el agua después de una fuerte lluvia", ha sido identificado por muchos de los intérpretes de la obra de Nostradamus con el "hijo de la perdición" del Nuevo Testamento, alguien que engañará a muchos con sus "maravillosas mentiras".

El texto en cuestión se encuentra en el capítulo decimotercero del último libro de la Biblia, el Apocalipsis de San Juan. Describe una "segunda Bestia", a la que los comentaristas tradicionales del Nuevo Testamento identifican con la misma entidad infernal del Anticristo. El texto de este pasaje es el siguiente:

...Yo advertí de otra bestia... y él habló como un dragón.
Y él... hizo que la tierra y los que la habitan rindieran culto a la primera bestia... Y obra grandes maravillas, como hacer caer fuego del cielo sobre la tierra...
Y engaña a los que habitan la tierra por medio de esos milagros que tiene poder para obrar...

EL RETORNO AL TRADICIONALISMO

Como ya se ha comentado anteriormente, Nostradamus predijo que las décadas inaugurales del tercer milenio, del que nos separan muy pocos años, serían tiempos caracterizados por guerras, plagas, hambre, un resurgimiento del islam militante y por la aparición de un líder político-religioso de tal perversidad que el vidente le identificó con el Anticristo. Inevitablemente, una época para la que Nostradamus auguró tal cúmulo de fatalidades no dejará ileso al cristianismo, pero esta religión, según está profetizado en varias cuartetas de las Centurias, mantendrá una capacidad de contraataque, que redundará en su exaltación ante los ojos de algunos, aunque sea humillada a los ojos de otros. Resulta interesante, a este respecto, la Centuria I, Cuarteta 15:

Marte nos amenaza con belicosa fuerza,
setenta veces esto causará derramamiento de sangre:
los clérigos serán tanto exaltados como denigrados,
por aquellos que nada desean aprender de ellos.

En otras palabras, tras una serie de guerras, los enemigos ideológicos ("los que nada desean aprender") de la fe tradicional de Occidente, del cristianismo, conseguirán hundirlo parcialmente al igual que a sus más destacados representantes, pero se producirá una reacción a favor del cristianismo histórico que exaltará a la iglesia militante.

Nostradamus podría haber facilitado una interesante clave sobre la naturaleza de las guerras que, según predijo, se derivarían de conflictos religiosos, al emplear la frase "setenta veces esto causará derramamiento de sangre", en la segunda línea. No parece probable que emplease el número 70 en su sentido literal y, aunque podría ser que sólo quisiera indicar que habría un gran número de conflictos, también podría darse el caso de que estuviera haciendo referencia al significado que el número 70 tiene en la numerología de la cábala cristiana, de la que él era buen conocedor.

Se supone que el número 70 guarda una relación esotérica con las palabras hebreas y caldeas que significan "noche", "vino" y "secreto"; esto permite suponer la posibilidad de que Nostradamus quisiera indicar que los responsables de muchos de los conflictos pronosticados serían devotos de una fe cuyas enseñanzas los cristianos considerarían "oscuros y nocturnales secretos", y en cuyos ritos se utilice el vino y, tal vez, extrañas drogas.

La Centuria I, Cuarteta 96, contiene una enigmática descripción de uno de los personajes destinados a dirigir o inspirar el resurgimiento del tradicionalismo:

A un hombre se le encomendará la tarea de destruir
templos y sectas cambiados por [extrañas] *fantasías:*
hará más daño a las rocas que a los vivos,
llenando los oídos de elocuencia.

No queda claro si esta destructiva tarea que le será encomendada a alguien, según se asegura en las primera y segunda líneas, le será impuesta por otros seres humanos o por algún poder sobrenatural. Pero la naturaleza del trabajo es evidente: destruir total o parcialmente las seudorreligiones fantásticas que a tantos han engañado. De acuerdo con esta interpretación, cabe presumir que el culto del perverso al que el vidente identifica con el "tercer Anticristo" sería uno de los más importantes "templos cambiados por la fantasía".

La máscara de hierro

Un intérprete contemporáneo de la obra de Nostradamus (el numerólogo esotérico que se citaba anteriormente) sugirió a este autor que, aparte de la mera afinidad, existe un vínculo oculto entre la Centuria I, Cuarteta 96 (ver más arriba) y la Centuria I, Cuarteta 95. Este vínculo, derivado de las doctrinas cabalísticas sobre las relaciones entre las combinaciones de letras del alfabeto hebreo y las determinadas manipulaciones numéricas de un instrumento oculto llamado la "cábala de las Nueve Cámaras", ha inducido a este especialista a sugerir que el líder religioso del que en la Centuria I, Cuarteta 96, se profetiza que destruirá los "templos y sectas cambiados por la fantasía" y que "llenará los oídos de elocuencia" debe ser identificado con el misterioso niño que Nostradamus menciona en la Centuria I, Cuarteta 95:

Ante un monasterio será hallado un niño gemelo,
descenderá de una antigua estirpe monástica:
su fama y poder entre las sectas y su elocuencia
son tales que ellos afirmarán que el gemelo viviente
es verdaderamente el elegido.

La mayoría de los comentaristas del siglo pasado, y también algunos actuales — han basado sus interpretaciones de esta cuarteta en la leyenda de que Luis XIV de Francia fue el hijo ilegítimo del cardenal Mazarino y que, teniendo un hermano gemelo y para evitar disputas sobre la sucesión al trono, su hermano fue encarcelado desde su infancia hasta su muerte. Este hermano cautivo habría sido el prisionero anónimo y silencioso que ha pasado a la historia con el sobrenombre de "el hombre de la máscara de hierro". Sin embargo, las investigaciones modernas han demostrado que esta anticuada interpretación de la Centuria I, Cuarteta 95, era errónea, puesto que aunque el hombre de la máscara de hierro efectivamente existió, no se trataba del hermano gemelo de Luis XIV. En consecuencia, no hay ninguna razón de peso por la que se pueda pensar que el sujeto de esta cuarteta sea alguien distinto del mismo líder cristiano tradicionalista que aparece en los siguientes versos. Si el paso del tiempo demuestra la veracidad de esto, es probable que se descubra que el "descendiente de una antigua estirpe monástica" no es más que una referencia simbólica a sus creencias más que una descripción literal de sus orígenes.

EL GRAN CHIRENO

En el siglo pasado, en el período posterior a la caída del Imperio de Napoleón III en 1870, muchos especialistas franceses en Nostradamus fueron también fervorosos legitimistas, o sea, partidarios de la restauración en el trono de Francia del representante de más edad de la casa de Borbon. Su sentimiento monárquico les indujo a profundizar en el estudio de una serie de cuartetas de las Centurias en las que aparecen referencias a un hombre al que Nostradamus llamó "el gran Chireno" y a quien estos intérpretes, valiéndose de los más ingeniosos argumentos, identificaban con el conde de Chambord, que en aquella época era el pretendiente de la línea más antigua de la dinastía de los Borbones.

No cabe duda de que esta interpretación era errónea, porque la línea más antigua de los Borbones se extinguió en la década de 1880; el actual pretendiente al trono de Francia es miembro de la rama Orleáns de la familia. Tampoco cabe ninguna duda de que, bajo este nombre codificado de Chireno, Nostradamus predijo el advenimiento de un personaje francés determinado que ejercería una enorme influencia para bien sobre su propio país y en el mundo entero. Según algunos especialistas actuales, este francés podría muy bien ser la misma persona que el tradicionalista destructor de la falsa religión y un papa, cuya futura elección se profetiza en la Centuria V Cuarteta 49:

No de España, sino de la vieja Francia
será elegido uno para guiar el tambaleante barco
[la barca del papado],
desafiará al enemigo,
que causará una vil pestilencia durante su reinado.

No ha habido ningún papa francés desde antes del nacimiento de Nostradamus, por lo que es seguro que esta profecía aún no se ha cumplido. La primera línea de la cuarteta es muy curiosa, porque aunque sea normal que Nostradamus facilitase la nacionalidad del papa, no parece haber un motivo por el qué especificar que no sería español. La explicación más probable es que la cuarteta prediga un inminente cisma a partir del cual surjan dos aspirantes al papado, y que Nostradamus considerase legítimo al francés.

La última línea, con la sugerencia de que se emplearán armas químicas o biológicas contra los partidarios del verdadero papa resulta ser tristemente coherente con otra cuarteta en la que se profetiza que será el tercer Anticristo quien utilice ese tipo de armas.

Oscuridades proféticas

Tanto si el hombre del que en la Centuria I, Cuarteta 96, Nostradamus profetizaba que habría de destruir lo que el vidente, adentrando su mirada en el futuro, consideraba templos de una fe falsa y fantástica, se puede identificar o no con el "gran Chireno" o con el papa francés que guiará el tambaleante barco del papado, es un asunto que deben discutir los estudiosos de las Centurias. Sin embargo, a menos que muchas de las predicciones del vidente relativas al tercer Anticristo estén completamente equivocadas, es seguro que los principales opositores al tradicionalista cristiano "destructor" cuya llegada se predice en la Centuria I, Cuarteta 96, será el amenazado Mesías del Mal, sus discípulos y todos sus aliados.

En varios de los versos de Nostradamus se pone de manifiesto que el vidente estaba convencido de que el tercer Anticristo sería asiático de nacimiento. En la Centuria IX, Cuarteta 62, — que por complicadas razones numerológicas se vincula al concepto del Anticristo — el vidente predice el lugar en donde se producirá ese acontecimiento, o el sitio en donde el poder del Anticristo se originará; el texto de esta cuarteta es el siguiente:

Al grande del ágora de Cheramón
todas las cruces le serán dadas por rango,
los pertinaces [probablemente quiera decir "de efectos perpetuos"]
opio y mandrágora,
Rougon será liberado el tercero de octubre.

Esta cuarteta, cuya redacción es una de las más oscuras de las Centurias, a menudo ha sido interpretada por los comentaristas modernos en el sentido de referirse a secretas técnicas mágicas relacionadas con la utilización de drogas alucinógenas (opio y mandrágora) y a lo que los magos del mundo antiguo conocían como "bárbaras palabras de conjuro", dos de las cuales podrían ser Cheramon y ágora.

Es probable que esta interpretación contenga dos errores. La utilización de la frase "los pertinaces opio y mandrágora" por parte del vidente, implica el hecho de que no estaba empleando los nombres de estas drogas en su sentido literal; es mucho más probable que tratase de comunicar, con las palabras más propias de su época, que el protagonista de la cuarteta utilizaría sustancias capaces de causar pérdida de consciencia, coma y muerte a modo de armas: en otras palabras, que emplearía exactamente las mismas armas químicas que las que se relacionan con el Anticristo en otras cuartetas. En segundo lugar, el ágora de Cheramón no es una "palabra mágica"; era el nombre antiguo de una remota ciudad de la Turquía actual, y las "cruces" que Nostradamus asegura "le serán dadas por rango", podrían guardar relación con la jerarquía de la secta pastoreada por el falso Mesías.

Parece que en la última línea de la cuarteta se profetiza que el tercer Anticristo desencadenará un ataque con venenos químicos ("Rougon"), en una fecha precisa, el 3 de octubre. ¡Es una pena que Nostradamus no hubiera sido igualmente preciso al predecir el año de ese mes de octubre!

EL SAQUEO DEL FORT KNOX

Como el lector ya se habrá dado cuenta, de algunas de las cuartetas se deduce que Nostradamus profetizó que los años inmediatamente anteriores y/o posteriores al año 2000 serán tiempos de continua y grave crisis. Nuestro destino, según profetizó el vidente, nos deparará fuertes desórdenes sociales y políticos, cismas y guerras, en gran medida motivadas por causas religiosas, en las que se utilizarán armas químicas y bacteriológicas. No es menos cierto que, de ser así, estos acontecimientos producirían directa o indirectamente un desastroso derrumbamiento de la economía mundial y las consecuentes miseria, desnutrición, enfermedades y muerte de cientos de millones de personas. No es extraño, por tanto, que el vidente hablara en sus predicciones exactamente de estos mismos males: plagas, hambre y la pérdida de valor de la moneda, con las sublevaciones populares y desórdenes sociales que esto acarrearía.

No cabe duda de que, desde los orígenes de la humanidad, todos los años de la historia han muerto de hambre muchos miles de personas en muchos lugares del mundo; esto significa que cualquier vidente que haya profetizado sin indicar una fecha concreta que el azote del hambre caería sobre algún país determinado, ha tenido la seguridad de que tarde o temprano su predicción se cumpliría. En las Centurias también hay predicciones de este tipo; por ejemplo, en la Centuria I, Cuarteta 70, se profetiza el hambre en Irán:

Lluvia, hambre y guerra serán incesantes en Persia,
la confianza demasiado grande traicionará al monarca,
los asuntos iniciados en la Galia concluirán también allí,
un secreto augurio para uno que será parco.

Interesante cuarteta, muy posiblemente relacionada con el futuro de la república islámica de Irán, aunque su significado preciso es demasiado vago como para aventurar una interpretación con un mínimo de garantías de acierto con anterioridad al momento en que se produzcan los hechos de los que se habla. Por otro lado, Nostradamus hizo una predicción sobre una racha de hambre que azotará a todo el mundo con inusitada crueldad, que podría coincidir con la época de agitación religiosa, política y social que el vidente profetizó para los años en torno al fin del milenio. Esta deprimente profecía se encuentra en la Centuria I, Cuarteta 67:

La gran carestía que siento aproximarse
se repetirá a menudo [en determinados países]
para luego hacerse universal:
tan grande será y de tan larga duración
que ellos [los hambrientos] *comerán*
raíces y arrancarán a los recién nacidos del pecho de sus madres.

Esta última línea podría significar que los hambrientos arrancarían a los lactantes del pecho de sus madres para alimentarse con la leche; también podría significar que la escasez que profetiza Nostradamus sería tan severa que se llegaría a practicar el canibalismo en todo el mundo...

Esta carestía vendrá acompañada de una inflación igualmente generalizada, a raíz de la cual el papel moneda perderá todo su valor, o, al menos, eso es lo que parece decir la Centuria VIII, Cuarteta 28:

La inflación afectará a los simulacros
[imágenes o reproducciones] *del oro y de la plata,*
que tras el robo [de su valor real] *serán arrojados al lago,*
al descubrirse que todo ha sido destruido por la deuda.
Todos los títulos y valores serán cancelados.

Como el papel moneda, "simulacro de oro y plata", se desconocía en la Europa de la época en que Nostradamus escribió las Centurias, la primera línea del verso tiene un gran valor en sí mismo; si la totalidad de la profecía se cumple, la inflación que se aproxima será la más grave y devastadora que el mundo haya conocido, puesto que no sólo perderá su valor el papel moneda, sino también "todos los títulos y valores"; en otras palabras, desaparecerá toda forma de riqueza con excepción de aquellos bienes cuyo valor reside en su materialidad.

Es muy probable que en una situación semejante todo el mundo desease hacerse con la única forma de bien de cambio mueble, es decir, oro y otros metales preciosos. Esto, junto con la ira hacia los banqueros a quienes se culparía de la catástrofe económica, indudablemente podría inducir a la rebelión pública, los disturbios y el asalto a los edificios de las instituciones financieras.

Esta explosión de furia de la gente irritada contra un sistema que, en su opinión, les ha despojado de todos sus bienes, es lo que parece predecir la Centuria X, Cuarteta 81:

El tesoro es situado en un templo por los ciudadanos
de las Hespérides [América]
desde donde es llevado a un secreto escondite,
el templo será asaltado por inciertos famélicos,
recapturado, saqueado, una terrible presa en medio [¿del templo?].

Las cámaras acorazadas de los bancos y otras construcciones modernas similares para el almacenamiento de metales preciosos que, desde luego, Nostradamus desconocía pudieron haberle inducido a hablar de "templo", por analogía con el hecho de que en la antigüedad, era frecuente que los ciudadanos guardasen sus riquezas en los templos de los dioses. Como el "templo" que se menciona en esta cuarteta se encuentra en América, el verso podría ser la profecía de un violento ataque a Fort Knox, en cuyas cámaras acorazadas se guarda la mayor parte de las reservas de oro de los EE.UU.

EL ENVENENAMIENTO DE NUEVA YORK

Entre los comentaristas de la obra de Nostradamus, existe, y tal vez haya existido siempre, una tendencia a relacionar determinadas predicciones con acontecimientos relativamente recientes. Si bien gracias a esta proclividad ha sido posible descubrir algunos de los más llamativos aciertos de las profecías, como la cuarteta del gran incendio de Londres, es una inclinación que no está exenta de peligro. Primero, es probable que el intérprete empiece a deformar los ya enrevesados versos del vidente para conseguir que se adapten a unos acontecimientos que han tenido lugar durante la vida del intérprete. Luego, esto a veces ocasiona que el intérprete, abandonando todo sentido común, llegue a la conclusión de que Nostradamus redactó un gran número de profecías sobre unos acontecimientos que se producirían cientos de años después de su muerte y que, salvo para quien carece de las más mínima visión histórica y tiene una mentalidad pueblerina, no son más que unos hechos triviales e históricamente insignificantes.

Esta tendencia ha sido la responsable de que más de un es-tudioso contemporáneo de las Centurias haya gritado a los cuatro vientos que el accidente nuclear que tuvo lugar hace al-gunos años en Isla de las Tres Millas (Harrisburg) y que, después del posterior desastre de Chernobil, ha sido el más grave de todos, estaba profetizado en la Centuria X, Cuarteta 49:

Jardín del mundo cerca de la ciudad nueva,
en el camino de las montañas huecas
será atrapado y arrojado dentro del depósito,
forzados a beber agua envenenada con azufre.

Los que han afirmado que esta predicción se refiere al accidente de la Isla de las Tres Millas, aseguran que la "ciudad nueva" de la primera línea es Nueva York (lo que, de hecho, parece ser cierto), que las "montañas huecas" de la segunda línea eran la forma en la que Nostradamus llamó a los rascacielos que observó en su visión, y que las dos últimas líneas hablan del peligro que el accidente podría haber supuesto para la red de abastecimiento de agua potable de haberse producido una explosión nuclear.

Quizá, pero incluso aceptando que ese "azufre" de la cuarta línea tenga el significado del principio alquímico conocido con ese nombre, la esencia del ardiente "elemento" de destrucción, cuya radiactividad incontrolada es una de sus más típicas características, en lugar de que se refiera a cualquier otro compuesto químico de azufre, resulta difícil aplicar esta predicción al incidente de Harrisburg. La magnitud del suceso queda reducida puesto que, si bien es cierto que el accidente que tuvo lugar en la central nuclear de la Isla de las Tres Millas pudo haber provocado un desastre en una gran zona de la costa noreste de los EE.UU., se pudo controlar en una semana de manera que, en definitiva, no llegó a ocurrir ningún tipo de catástrofe, ni se envenenó el agua potable de Nueva York ni la de ningún otro lugar.

Sin embargo, al hablar de la "ciudad nueva" (que se considera unánimemente el nombre con que Nostradamus se refería a Nueva York), parece que la cuarteta se podría aplicar a un literal envenenamiento del agua de Nueva York o de algún otro centro urbano próximo. A no ser que la predicción que Nostradamus hizo en la Centuria X, Cuarteta 49, sea completamente errónea — y hay que recordar que bien pocas predicciones del vidente han resultado bastante equivocadas —, es indudable que se refiere a algún acontecimiento que todavía pertenece al futuro.

Evidentemente, en esta profecía no se da la menor indicación de la posible fecha en que se debería cumplir, pero mediante consideraciones numerológicas y de otras índoles se ha establecido su vinculación con otras cuartetas predictivas de acontecimientos que podrían tener lugar durante los últimos años del presente milenio o durante los primeros del siguiente. En otras palabras, esta profecía de que los neoyorquinos, u otros ciudadanos norteamericanos, se encontrarán en una situación tal que su única alternativa consistirá en "beber agua envenenada con azufre" está relacionada con aquellas otras predicciones de Nostradamus sobre la época de guerras santas del islam, el tercer Anticristo, la profusión de conflictos mundiales y los períodos de carestía.

Por consiguiente, es probable que si la profecía del agua envenenada es cierta, se cumplirá: a) en algún momento de un futuro próximo, probablemente entre los años 1995 y 2005, y b) como consecuencia de un ataque militar contra Estados Unidos. Es también probable, dado el significado de la primera línea "Jardín del mundo cerca de la ciudad nueva"que el envenenamiento afecte principalmente a la ciudad vecina de Nueva York, es decir, Nueva Jersey, "the Garden State" [el Estado Jardín].

Si las depuradoras de agua fuesen alcanzadas por los bombardeos, como ocurrió en Bagdad durante la guerra del Golfo, la red de abastecimiento de agua podría resultar contaminada hasta el punto de que fuese peligroso beber agua. Sin embargo, esto se solucionaría fácilmente hirviendo el agua antes de beberla, por lo que la frase de Nostradamus "forzados a beber" da idea de un envenenamiento más grave que una simple contaminación: probablemente, el que podría causar la utilización de armas químicas o nucleares. Esto último sería a lo que más probablemente podría haberse referido Nostradamus al hablar de "azufre", si tomamos esta palabra en su sentido literal, puesto que existen numerosos compuestos de azufre terriblemente tóxicos. Si, por el contrario, entendemos la palabra de una manera simbólica, lo más probable es que la profecía se refiera a venenos radiactivos y a un ataque nuclear contra Estados Unidos. En relación con la posibilidad de un ataque nuclear, en las dos páginas siguientes se estudia en profundidad la Centuria VI, Cuarteta 97, que entraña una aterradora importancia.

AVIONES DE GUERRA SOBRE AMÉRICA

El territorio continental de Estados Unidos jamás ha sufrido los efectos directos de una guerra moderna; o dicho de otra forma, de los ataques de la aviación o de misiles tierra-tierra. Aunque desde 1917 hasta nuestros días han sido muchas las familias y comunidades estadounidenses que han padecido los efectos de las guerras que han tenido lugar en otros países — desde las estrecheces económicas, hasta el dolor de haber perdido a vecinos, amigos y familiares — los únicos daños que fuerzas extranjeras han infligido directamente en el territorio continental de Estados Unidos desde 1814 fueron los leves desperfectos que las bombas de los submarinos japoneses causaron en la costa oeste durante la segunda guerra mundial, así como los aún más leves que provocaron los globos incendiarios lanzados desde el otro lado del Pacífico.

Se profetiza en las Centurias que esa relativa inmunidad a la destrucción y daños entre la población civil, que caracterizan a la guerra moderna, no va a ser muy duradera. Según Nostradamus, el conjunto de conflictos mundiales que profetizó en torno al cambio de milenio — concretamente, entre 1995 y 2004, si se acepta la cronología de Nostradamus refrendada por la mayoría de los especialistas contemporáneos en las Centurias — causará directamente unos terribles daños a América y a sus gentes. Tomemos, por ejemplo, la predicción de un conflicto mundial recogida en la Centuria I, Cuarteta 91. La última línea de esta cuarteta dice: "Los peores daños serán infligidos sobre la izquierda".

Es poco probable que la palabra "izquierda" se utilizase aquí con su sentido político moderno; pero esto no se debe descartar totalmente, ya que en algunas de las predicciones cumplidas, parece que el vidente utilizó la palabra "Rojos" con el sentido moderno de "revolucionarios sociales", en lugar de dotar a esta palabra de alguno de sus sentidos más propios en el siglo XVI como "cardenales de Roma", por ejemplo. Es igualmente posible que al hablar de la "izquierda", Nostradamus quisiera referirse simplemente a los enemigos más siniestros, ya que esta palabra tiene su origen en el término latino cuyo significado era "izquierda".

Sin embargo, parece más probable que el vidente hiciera referencia al tipo de mapa del mundo más empleado en el siglo XVI, que al igual que en la actualidad era esencialmente eurocéntrico: el hemisferio boreal se representa en la parte superior del mapa y el hemisferio occidental, América, a la izquierda. Si el profeta estaba haciendo una referencia geográfica, como parece ser el caso, en el contexto de las tres líneas restantes, la última línea de la Centuria I, Cuarteta 91, se podría parafrasear de la siguiente forma: "En la guerra mundial profetizada se emplearán misiles y otras armas voladoras que causarán los daños más graves a América".

Esta interpretación de la última línea del verso cobra más fuerza al analizar el contenido de otras predicciones de las Centurias, como por ejemplo, la Centuria VI, Cuarteta 97, que también incluye una evidente referencia geográfica:

El cielo arderá a cuarenta y cinco grados,
el fuego se aproxima a la gran ciudad nueva,
una enorme y extendida llama se eleva muy alto
cuando quieren tener pruebas [o evidencias] *de los normandos.*

A menudo resulta muy difícil discernir con total exactitud el significado de los versos de Nostradamus sobre nuestro futuro, pero en el caso concreto de esta cuarteta, sólo presenta dudas el contenido de la última línea. La línea que habla de los "cuarenta y cinco grados" debe referirse a la latitud y/o longitud aproximadas (o que tal vez se encuentre entre 40° y 50°) de una zona determinada de la superficie terrestre; no es razonable interpretarlo como una referencia astronómica como, por ejemplo, una elevación o una cuadratura concreta del Zodiaco, porque si fuera así, el resto de la cuarteta carecería de sentido.

Como referencia geográfica a una latitud y/o longitud de entre 40° y 50° , hay distintas regiones que se encuentran en los 45° , entre las cuales se hallan las zonas petrolíferas de Oriente Medio y una amplia zona continental de Estados Unidos que incluye a toda Nueva Inglaterra, y a Nueva York. Podría tratarse de una de las predicciones dobles de Nostradamus, y que se refiriera a estas dos partes del mundo, pero la alusión a la "gran ciudad nueva" de la segunda línea de la cuarteta deja bien claro que la parte principal de la profecía tiene que ver con EE.UU., puesto que todas las demás cuartetas en que se menciona la "nueva ciudad" parecen referirse a América, ya sea a Washington, a San Francisco o, la mayoría de las veces, a Nueva York.

De esta forma, parece que en las líneas segunda y tercera se profetiza un gran ataque nuclear contra Estados Unidos (que posiblemente coincidiría con otro similar en Oriente Medio), en el que Nueva York sufriría graves daños, o quizá sería totalmente arrasada, por la "llama que se aproxima".

Normandos y norteños

Parece que la Centuria VI, Cuarteta 97, contiene la predicción de un ataque nuclear a Nueva York y a otras zonas de Estados Unidos. Solamente una parte de la estrofa, la última línea de la cuarteta, parece ser susceptible de discusión: "Cuando quieren tener pruebas [o evidencias] de los normandos".

Algunos destacados especialistas en Nostradamus, entre los que se cuenta Erika Cheetham, han estimado que esta línea podría significar la participación militar o política de Francia en los acontecimientos relacionados con el bombardeo de Nueva York. Es posible, pero la palabra "normandos", se deriva de un término del antiguo idioma nórdico, que significaba "norteños" o habitantes del norte, por lo que la línea en cuestión podría, por esto, referirse a alguna alianza del Norte de Asia, en lugar de a Francia; quizá, se trataría de una alianza dirigida por el "tercer Anticristo".

NOSTRADAMUS Y LA ÉPOCA DEL TERROR

La película Parque Jurásico está basada en la recreación de unos monstruosos animales que se extinguieron hace millones de años. Nostradamus creía que también algunos monstruosos seres humanos, como gengis Kan, regresarían causando el terror en un futuro próximo.

Como ha quedado demostrado en las últimas páginas, las profecías de Nostradamus que parecen referirse a las próximas décadas, desde aproximadamente 1995 hasta bien entrado el próximo siglo, son francamente deprimentes. Algunas de las amenazas que se ciernen sobre nuestro futuro son: una carestía mundial de tal magnitud que muchos nos veremos obligados a alimentarnos con raíces y otros practicarán el canibalismo, guerras en las que se utilizarán armas químicas, bacteriológicas y nucleares, la peor inflación que la humanidad haya conocido jamás, y todas las consecuencias económicas y sociales derivadas de los excesos del fanatismo religioso. En resumen, una época de espantoso terror que ya está casi a la vuelta de la esquina.

Tan terrible se presenta el futuro que Nostradamus profetizó para nosotros y para nuestros hijos o, por lo menos, eso es lo que la mayoría de los especialistas contemporáneos creen que el vidente quiso decir, que hasta el más devoto admirador de las Centurias y de los aciertos de su autor desearía descubrir que, en lo que a los próximos 10 ó 15 años se refiere, Nostradamus hubiera cometido un grave error. O mejor todavía, que los intérpretes del oscuro lenguaje en el que están escritas las cuartetas que se refieren a esos años hubieran interpretado equivocadamente su contenido, o se demostrase que se hubieran asignado unas fechas inexactas y que aún falten varios siglos para que esos terribles acontecimientos tengan lugar. Esto es lo mejor que podría suceder, dado el mal cariz que presentan muchas de las predicciones que se estudian en las páginas siguientes. Entre estas predicciones, hay que destacar un grave desastre, probablemente relacionado con la utilización de armas atómicas, que tendrá lugar simultáneamente con la celebración de unos inminentes Juegos Olímpicos, la intervención en los asuntos mundiales de alguna forma de horror, que podría ser una persona o una cosa material, a la que Nostradamus bautizó con el enigmático nombre codificado de "Rey Reb", siniestros movimientos religiosos, más guerras y hambres, y un futuro muy negro para Rusia. No todo es tan sombrío porque, si bien es cierto que Nostradamus profetizó muchas miserias para los años próximos, parece que también estaba convencido de que un buen día, mucho después de todos estos sufrimientos, los seres humanos vivirían felices y viajarían por las estrellas.

LOS JUEGOS OLÍMPICOS DE LA MUERTE

Algunos estudiosos contemporáneos de las cuartetas proféticas de Nostradamus suelen defender una idea sorprendente. Aseguran que en dos de ellas — la Centuria X, Cuarteta 74, y la Centuria I, Cuarteta 50 — el vidente predijo que, coincidiendo con los Juegos Olímpicos del 2008, unos antiguos cultos secretos que se creían extinguidos desde hacía mucho tiempo o el resto de algún puñado de chiflados demostrarían al mundo su fuerza oculta. Estas sectas mágicas serán paganas, practicarán la nigromancia (el culto a los muertos), serán muy sangrientas y, en torno al año 2008, podrán estar dirigidas por el individuo que está llamado a ser el responsable de la llegada del "Rey del Terror" en el verano de 1999.

Por eso, y por si resulta de alguna utilidad, se incluyen la Centuria X, Cuarteta 74, y la Centuria I, Cuarteta 50, parafraseadas de acuerdo con la anterior interpretación. De estos textos es de los que se extraen las conclusiones de las sensacionales y alarmantes predicciones de las que se hablaba en la primera parte de este capítulo. La Centuria X, Cuarteta 74, dice lo siguiente:

El año del gran número séptimo vencido,
eso aparecerá en el tiempo de los juegos de la Hecatombe,
no distante del gran Milenio,
cuando los muertos salgan de sus tumbas.

"No distante del gran Milenio", se interpreta en el sentido de "en fecha no muy lejana al año 2000". Lo cual puede significar un poco antes o un poco después del año del milenio. Sin embargo, como la fecha exacta que parece haber tratado de indicar Nostradamus es posterior a un año que acabe en siete ("el año del gran número séptimo vencido", es decir, terminado), en cualquier momento posterior y no lejano de los años 1997 ó 2007 puede cumplirse la predicción. Como Nostradamus habla de un gran número séptimo, es obvio que se tratará del 2007 y no de 1997. Así, el momento en que, metafórica o literalmente, los muertos saldrán de sus tumbas será un poco después del 2007, o sea que probablemente estará en torno al año 2008.

La segunda línea de la cuarteta confirma que ese 2008 es el año indicado para el cumplimiento de la profecía. "Aparecerá en el tiempo de los juegos de la Hecatombe". Hecatombe es una palabra derivada del griego clásico, que significa literalmente "cien bueyes" y que daba nombre a un gran sacrificio sangriento público en el transcurso del cual se daba muerte a un gran número de víctimas. En los primeros tiempos de la Grecia clásica este sacrificio se celebraba al comienzo de los juegos atléticos que tenían lugar periódicamente en Corinto y en otras ciudades. Estos juegos, los más famosos de los cuales eran los de Olimpia, distaban mucho de los modernos; eran solemnes celebraciones paganas a las que acudían atletas de todas las zonas grecoparlantes del Mediterráneo oriental. El origen de los Juegos Olímpicos está relacionado con los cultos de Deméter, diosa del mundo de los muertos (las únicas mujeres autorizadas a asistir a los Juegos eran las sacerdotisas de Deméter), y a la diosa de la luna, Selene, que probablemente derivaba de algún primitivo culto a la fertilidad.

Hacia finales del siglo IV de nuestra era, todos los Juegos, incluidos los que se celebraban en Olimpia, fueron prohibidos por el emperador Teodosio que era cristiano, al igual que todos los demás emperadores de la segunda mitad de ese siglo, con excepción de Juliano el Apóstata. El motivo de esta prohibición fue la naturaleza pagana de todos los Juegos y el hecho de que la costumbre de que todos los atletas participaran en las pruebas completamente desnudos ofendía al mojigato pudor cristiano. Esto también supuso el fin de lo que, de nombre por lo menos, todavía eran los "juegos de la Hecatombe", aunque, al parecer, los sacrificios ya se habían dejado de celebrar muchos años antes.

¿Hay algo en nuestros días a lo que se pudiera aplicar la frase de Nostradamus "los juegos de la Hecatombe"? Ciertamente, no existen juegos públicos en los que se ofrezcan sacrificios de animales a los antiguos dioses, pero los Juegos Olímpicos modernos se iniciaron en 1896 con la deliberada intención de restablecerlos, tras los 1500 años de olvido de los más grandes de todos "los juegos de la Hecatombe", es decir, los que se celebraban en Olimpia en honor de las diosas Deméter y Selene. Los primeros Juegos Olímpicos cuya celebración está prevista en fecha posterior al año 2007 — "el año del gran número séptimo" de la primera línea de la Centuria X, Cuartera 74 — son los que corresponden al año 2008. Es en este año cuando "eso" — cualquier persona o cosa que sea — aparecerá y cuando, real y/o simbólicamente, "los muertos saldrán de sus tumbas". Por una serie de complicadas razones, "eso" suele identificarse con una persona a la que se menciona en la Centuria I, Cuarteta 50, que se estudia en las páginas siguientes.

TEMPESTADES ORIENTALES

Las tres grandes religiones que Nostradamus y sus contemporáneos conocían eran el islam, el judaísmo y el cristianismo, cuyos días sagrados son, respectivamente, el viernes, el sábado y el domingo. Pero en la Centuria I, Cuarteta 50, Nostradamus habla de alguien que no sigue ninguna de estas tres religiones:

De la tríada del agua nacerá,
uno cuyo día sagrado será el jueves,
su fama, aclamación y poder crecerán
en tierra y mar, causando tempestades orientales.

La primera línea de esta extraña estrofa profética simplemente nos indica algo sobre las influencias astrológicas más destacadas del horóscopo de la persona a la que se refiere la predicción. Pero, ¿qué significa la segunda línea de la cuarteta en la que se afirma que la persona en cuestión será "uno cuyo día sagrado será el jueves"? Es imposible conocer la forma concreta de paganismo que practicará este individuo, pero gracias a la referencia de la última línea de la Centuria X, Cuarteta 74, en la que se habla de que los muertos saldrán de sus tumbas, es probable que esté relacionada con el restablecimiento de algún antiguo culto a los muertos; quizá, y teniendo en cuenta la referencia a las "tempestades orientales", pudiera tratarse de alguna siniestra desviación del tantrismo o de un culto bon (Tíbet).

La interpretación de estas dos cuartetas relacionándolas entre sí y con otras, adquiere un sentido que se puede resumir así: en los primeros años del nuevo milenio, una nueva y poderosa influencia se hará presente en el mundo: un maligno líder político que también lo será religioso o que, en cualquier caso, jugará un papel religioso. Cabe suponer que sus seguidores le considerarán un genio espiritual, y es evidente que no se reconocerá cristiano, ni musulmán, ni judaico, puesto que su "día sagrado será el jueves". En el año 2008 este gobernante participará en una o varias acciones de una gran importancia y que tendrán luctuosas implicaciones. Parece bastante lógico tratar de identificar al "Rey del Terror" de 1999 del que se habló anteriormente (o, como alternativa, al individuo que ponga en práctica lo que semejante nombre significa) con ese individuo cuya fama crecerá hasta el punto de provocar "tempestades orientales". A menos y hasta que el curso de la historia futura demuestre que los textos se refieren a dos personas completamente distintas. Sin embargo, esto no parece posible; es mucho más probable que el que desata "tempestades orientales" —que en este contexto hay que entender como intensas agitaciones religiosas, sociales y políticas en lugar de perturbaciones meteorológicas — sea la misma persona que el "Rey del Terror", o el individuo con el que esta expresión se relaciona. También es muy probable que su identidad se confunda con el "Anticristo" al que se alude en relación con el "Rey Reb" en la Centuria X, Cuarteta 66.

La tríada del agua

Según la astrología tradicional, los 12 signos del Zodiaco están agrupados en cuatro tríadas, cada una de las cuales consta de tres signos. Cada una de las tríadas está dedicada a uno de los "elementos" de la antigua tradición esotérica: tierra, aire, fuego y agua. Los signos de la tríada del agua son Cáncer, Escorpio y Piscis, de manera que lo que Nostradamus indicaba en la primera línea de la Centuria I, Cuarteta 50, es que esos signos serían importantes en el horóscopo del individuo en cuestión. Quizá, por ejemplo, esa persona nacería con Escorpio como ascendente, con el Sol y Mercurio en Piscis y la Luna en Cáncer. En otras palabras, Nostradamus predijo que el horóscopo de ese futuro gobernante estaría dominado por los planetas y, consecuentemente, por los correspondientes signos zodiacales que se asocian con la tríada del agua.

En determinadas circunstancias, un horóscopo como ése puede resultar muy siniestro si se aplican las reglas astrológicas que se solían utilizar en los tiempos en que Nostradamus practicaba lo que todavía se conocía como "ciencia celestial", que universalmente se consideraba la segunda en importancia, sólo superada por la teología.

Si, por ejemplo, tanto el Sol como el planeta Marte fueran ascendentes del signo acuático de Escorpio en el horóscopo de un individuo, cualquier astrólogo competente del siglo XVI esperaría encontrarse ante un sujeto brutal, sanguinario, susceptible de sufrir arrebatos de cólera, con gran proclividad sexual, inteligente y engañoso; en la jerga de nuestra época, sería un individuo de gran inteligencia, extremadamente astuto y un sociópata terriblemente violento.

De esto se suscita una interesante posibilidad. Podría haberse dado el caso de que la clarividencia de Nostradamus no hubiera sido suficiente en esta ocasión como para haber podido discernir el horóscopo del individuo en cuestión, y que se hubiera limitado a plasmar un esbozo de su personalidad; a partir de ahí, y gracias a sus conocimientos de astrología, podría muy bien haber diseñado el horóscopo que tendría un individuo tan execrable.

LA GUERRA QUÍMICA

Hasta ahora, la humanidad no ha conocido ninguna guerra en la que se haya producido la enorme cantidad de bajas, tanto militares como civiles, que se ocasionaría como consecuencia del uso de armas químicas o nucleares. Aunque durante la primera guerra mundial muchas veces se emplearon el cloro, el fosgeno y el gas mostaza, las bajas mortales que estos productos causaron fueron sorprendentemente escasas. Por otra parte, aunque también se utilizaron armas nucleares en 1945 contra Hiroshima y Nagasaki, el número de civiles que perdieron la vida en estas dos ciudades no fue muy elevado, en comparación con los que ya habían muerto en otros lugares de Japón por causa de los bombardeos convencionales.

Está pronosticado que esta situación no se prolongará mucho más tiempo, o así parece entenderse del contenido de la Centuria X, Cuarteta 72, cuarteta que forma parte de esa minoría de versos en los que Nostradamus cita una fecha concreta. El texto de esta cuarteta es el siguiente:

En el año 1999 [y] *siete meses,*
desde el cielo llegará un gran Rey del Terror.
él resucitará al gran Rey de Angolmois,
antes y después Marte rige felizmente.

Tal como está, esta cuarteta es bastante más fácil de interpretar que otras muchas de Nostradamus. En primer lugar, en el séptimo mes de 1999 (o sea, julio o tal vez principios de agosto), el Rey del Terror descenderá del cielo y hará volver a la vida al Rey de Angolmois. En segundo lugar, tanto antes como después de la llegada del Rey del Terror, "Marte rige felizmente", evidente elemento de simbología predictiva que significa que durante los meses antes y después del descenso el Rey del Terror, el mundo será asolado por la conflagración bélica.

Sin embargo, aún quedan incógnitas. ¿Quién es el Rey de Angolmois? ¿Cómo le resucitará el Rey del Terror, y qué o quién es exactamente esto o este último?

"Angolmois" puede entenderse simplemente como una provincia de Francia. Pero también se puede interpretar como uno de tantos juegos de palabras que una y otra vez aparecen a lo largo de las Centurias; no se debe olvidar que podría ser uno de estos términos sin sentido aparente compuestos a partir de un anagrama, generalmente imperfecto, de la palabra o nombre que Nostradamus tenía en mente. En este caso concreto, "Angolmois" podría ser el anagrama imperfecto del nombre que en el francés medieval se daba a los mongoles (*mongolois*).

El más grande de los mongoles fue Gengis Kan, que pasó a la historia como hombre destructivo y de monstruosa crueldad. Durante la conquista de su gran reino millones de personas murieron por alguna causa directa o indirectamente relacionada con él. Dicho de otro modo, parece muy probable que "el gran Rey de Angolmois" que Nostradamus menciona no fuera otro que Gengis Kan. Sin embargo, lo que no parece tan probable es que el vidente predijera que ese misterioso Rey del Terror devolviese literalmente la vida al caudillo mongol; lo que más bien parece querer indicar es que ese Rey del Terror será un nuevo Gengis Kan por el hecho de que causará la muerte de tantas personas o incluso más que el rey mongol.

¿Quién o qué podría ser, entonces, el Rey del Terror cuyo número de víctimas igualará o superará a los millones de muertos por Gengis Kan? Podría tratarse de un ser humano, concretamente un gran gobernante que infunde terror a quienes tiene sometidos a su poder. Sin embargo, de ser este el caso, resulta difícil de entender cómo podría llegar desde los cielos, a no ser que se tratase de un extraterrestre que, en misión de conquista, llegase desde el espacio exterior. Al menos un especialista en las Centurias está convencido de que esta última es la interpretación correcta de la Centuria X, Cuarteta 72; así, tendríamos que en julio o agosto de 1999, nuestro planeta sería invadido por extraterrestres que darían muerte a una gran parte de la humanidad y esclavizarían al resto.

Quizá, pero parece mucho más probable que al hablar del Rey del Terror, Nostradamus lo hiciera en un sentido metafórico y no se refiriera a ningún ser vivo, de la misma forma que un publicista puede hablar de un coche que sea "el rey de la autopista" o de una esencia que sea "la reina de las fragancias". Si es así, el significado de la cuartera es claro y, considerando el gran número de predicciones de Nostradamus que se han cumplido, alarmante en extremo: en julio o agosto de 1999, mientras se esté librando una gran guerra, del cielo vendrá un arma de destrucción masiva tan potente que ocasionará la muerte a más personas de las que murieron por causa de Gengis Kan.

Inmediatamente se piensa en la utilización de la bomba atómica por uno de los bandos beligerantes; pero ni siquiera la bomba de hidrógeno más grande de la actualidad sería capaz de aniquilar a tantas personas como mató Gengis Kan. Quizá Nostradamus empleara la palabra "rey" como símbolo de una entidad plural: decenas o cientos de bombas atómicas. En definitiva, podría ser la predicción del estallido de una guerra en 1999 en la que se utilizará todo tipo de armamento nuclear a gran escala.

Otra de las posibilidades es que el Rey del Terror no sea un arma nuclear, sino una bomba química o bacteriológica que expanda indiscriminadamente sus venenos químicos o sus bacilos letales por todo un continente o incluso por todo el mundo, causando millones de muertes.

Por las razones expuestas posteriormente, algunos especialistas contemporáneos consideran probable que el continente europeo esté destinado a ser la víctima de la mortandad masiva de 1999.

Oleadas de extraterrestres

A partir de 1947, parece que los avistamientos de OVNI se han producido en oleadas, casi como si una civilización extraterrestre nos hubiera estado "investigando" a intervalos regulares. La mayor oleada de avistamientos se produjo en 1952, cuando el asesor de astronomía del proyecto de estudio del fenómeno OVNI del gobierno de los EE.UU. era el profesor Allen Hynek. Después de haber investigado 1 501 casos, de los que 303 quedaron sin explicación, su escepticismo había desaparecido. Algunos casos concretos en los que la confirmación del radar se había correspondido con la evidencia visual, y además, habían tenido lugar en las proximidades de Washington D.C., resultaban difíciles de ignorar. También experimentados pilotos de líneas comerciales avistaron OVNI y, en cierta ocasión, unos aviones militares estuvieron persiguiendo a varios de estos objetos voladores, mientras seguían la aventura desde el radar. En los últimos tiempos, ha descendido el número de avistamientos, aunque esto no significa que no puedan volver con intenciones belicosas en 1999.

ALQUIMIA, MAGIA Y CULTOS

Como se expuso anteriormente, las llamadas cuartetas ocultas de las Centurias siempre han desconcertado a los especialistas. Sus intentos de dar unas respuestas que solucionaran el enigma de la precisa razón por la que el vidente consideró oportuno introducir en sus profecías una serie de versos que parecen guardar más relación con la alquimia y la magia que con el futuro, en todos los casos, han arrojado unos resultados con más ruido que nueces. En general, las soluciones propuestas han tenido escasa aceptación entre los demás estudiosos salvo por su utilidad para descartar posibilidades de interpretación de cuartetas tan oscuramente redactadas como la Centuria VI, Cuarteta 100, de la que Nostradamus simplemente escribió el título: Legis cantio contra ineptos críticos, "la canción de la Ley contra críticos ineptos" (véase más abajo).

Es posible que algunos que han ido más allá en el intento de comprender no solamente el significado de las cuartetas puramente predictivas de las Centurias dispongan de una gran cantidad de información sobre los detalles relacionados con los acontecimientos profetizados por Nostradamus en algunos de sus precisos pero irritantemente incompletos pronósticos. Por ejemplo, en la Centuria X, Cuarteta 72, en donde hablaba del Rey del Terror, a quien creyó ver descendiendo de los cielos en el verano de 1999. Estos intérpretes han tratado de entender la naturaleza intrínseca de los asuntos que se tratan en las cuartetas ocultas — alquimia, magia y esas extrañas sendas o ese saber secreto que han dado en llamar "cultos de las sombras" — y, aplicando estos conocimientos a las Centurias, se han esforzado por aumentar sus conocimientos sobre la naturaleza de determinados aspectos de la "historia secreta".

Estos intérpretes corren el riesgo de causar risas y cometer equivocaciones grotescas, pero posiblemente ellos siguen la senda que Nostradamus llamaba de los "sacerdotes del rito". Uno de estos experimentadores, alguien a quien Nostradamus podría calificar de "sacerdotisa del rito", es una mujer que dispone de unos vastos conocimientos teóricos y prácticos tanto de la adivinación ceremonial, como de las antiguas técnicas de alteración de los estados de consciencia, que supuestamente capacitan a quienes las practican para echar un vistazo al futuro, y que ha facilitado a este autor los resultados de un experimento cuyo objetivo consistía en volver a experimentar la visión del "Rey del Terror" que Nostradamus registró en la Centuria X, Cuarteta 72. Posteriormente, se explicarán las técnicas que se emplearon para llevar a cabo este experimento; baste aquí con resumir la visión psíquica que se obtuvo como resultado del experimento.

Según esta visión psíquica, a principios de 1999 el gobernante de un estado centroasiático con pretensiones expansionistas que anteriormente fuera una de las repúblicas que integraban la Unión Soviética dispondrá de un determinado vehículo espacial orbital. En este tiempo, todos los estados que formaron parte de la URSS se encontrarán sumidos en terribles disturbios étnicos y religiosos y azotados por guerras civiles. Como medio disuasorio contra enemigos reales y potenciales, ese vehículo espacial orbital será equipado con sistemas de lanzamiento de bombas químicas y bacteriológicas. Como consecuencia de lo que posteriormente será calificado de accidente, estas terribles armas serán lanzadas y caerán en la zona del sur de Francia, aunque devastarán y llevarán la muerte por toda la Europa continental.

Si esta moderna predicción llegara a cumplirse, Europa sería el blanco de un criminal ataque por parte de uno de los países de la antigua URSS, con lo que la tercera guerra mundial estallaría con todo su horror.

La canción del vidente

La Centuria VI, Cuarteta 100, única cuarteta a la que Nostradamus puso título (ver página anterior), posee otra singularidad más: se imprimió, exceptuando una palabra, en latín, en lugar de emplear el enrevesado francés habitual, sembrado de anagramas y neologismos, que caracteriza a otras cuartetas. El texto de este verso es el siguiente:

Permítase a quienes lean estos versos ponderar su significado,
que ni la masa de mortales comunes ni los iletrados lo conozcan:
que ninguno de ellos, astrólogos idiotas y bárbaros, se acerque,
que él, que hace lo otro, sea sacerdote del rito.

En esta cuarteta, el vidente indicaba con claridad que el contenido de este verso no iba destinado ni al hombre común ("bárbaros"), ni siquiera para los "astrólogos idiotas", que se limitaban a decir la buenaventura, a diferencia de los que en nuestros días podrían catalogarse de "adivinos iniciados", sino a los sacerdotes del rito.

Sin embargo, es evidente que Nostradamus trató de comunicar algo más. Probablemente, fuera alguna de estas dos cosas, o ambas a la vez: primero, que existe, como algunos estudiosos de sus escritos aseguran, una estructura secreta en las Centurias. En segundo lugar, que los "sacerdotes del rito", es decir, los conocedores de las artes predictivas y no quienes se limitaban a decir la buenaventura, no sólo podrían interpretar las cuartetas, sino aclarar y ampliar la comprensión de su significado por medio de la adivinación ritual.

LA TERCERA GUERRA MUNDIAL

Por lo menos hay 12 cuartetas en las que Nostradamus hace lo que se puede interpretar como la predicción de la tercera guerra mundial. La más famosa de estas cuartetas, la Centuria X, Cuarteta 72, ya se ha estudiado anteriormente, pero es susceptible de una interpretación distinta que resulta algo más concreta. En lugar de interpretar Angolmois como anagrama imperfecto de "mongolois" (mongoles), podría referirse a la ciudad francesa de Angulema. François Mitterand, presidente de la República francesa, es originario de Charente, población muy próxima a esa ciudad. Así, la cuarteta parece sugerir que después de que el Rey del Terror descienda del cielo, Mitterand experimentará una suerte de resurrección política y volverá temporalmente al poder para hacer frente a la situación. De acuerdo con esta interpretación, Marte podría ser entendido en el sentido general de guerra o como alusión a algún líder francés cuyo horóscopo esté presidido por Marte, y cuyo gobierno se vea interrumpido por la reincorporación temporal al poder del presidente Mitterand; también podría referirse a algún otro dirigente francés de la misma región.

En la Cuarteta 16, Centuria I, Nostradamus se vale de la simbología astrológica para indicar la fecha de la inminente guerra:

Una guadaña junto con un estanque en Sagitario
en su más alto ascendente.
Plaga, carestía, hambre y muerte a manos militares,
el siglo se aproxima a su renovación.

En este contexto astrológico, la guadaña representa al planeta Saturno, y "junto con un estanque" se refiere a algún planeta o signo del Zodiaco acuático. Hay un comentarista que traduce "estanque" por Acuario e interpreta este pasaje como "cuando Saturno y Acuario estén en cuadratura con Sagitario". Sin embargo, dos signos del Zodiaco no pueden estar en cuadratura; lo correcto sería hablar de dos planetas en cuadratura, en lugar de hacerlo de un planeta (Saturno) y un signo (Acuario). Obviamente, el "estanque" podría ser la Luna, en cuadratura con Saturno y Sagitario. La cuarta línea parece asegurar que los acontecimientos tendrán lugar a finales de siglo. La última vez que Saturno estuvo en Sagitario fue en 1988; desde ahora hasta el fin del siglo, Saturno — que es un planeta que se desplaza muy lentamente — solamente pasará por Acuario, Piscis, Aries y Tauro. De esto se puede deducir que estas determinadas plagas, carestía y muerte no tendrán lugar hasta bien entrado el siglo XXI.

La Centuria II, Cuarteta 46, aporta más información sobre una posible tercera guerra mundial:

Tras gran miseria de la humanidad otra aún más grande se aproxima,
cuando el gran ciclo de los siglos se renueve,
lloverá sangre, leche, hambre, guerra y enfermedades,
en el cielo se verá un fuego arrastrando una cola de chispas.

Una vez más la fecha se determina con la expresión "cuando el gran ciclo de los siglos se renueve". A diferencia de la Centuria II, Cuarteta 41, en la que se habla de una gran estrella que hierve o arde, en esta cuarteta se especifica más: "un fuego arrastrando una cola de chispas". Probablemente se trata de una referencia más concreta a algún gran cometa. Como el Halley pasó en 1986 y además de ser muy poco visible, casi no causó perturbaciones astrológicas, este "fuego" de Nostradamus probablemente sea un fenómeno meteorológico inesperado, quizá el impacto de un meteorito en la Tierra.

Con independencia de la fecha exacta, la frase "cuando el gran ciclo de los siglos se renueve" parece referirse al final del milenio. La guerra traerá consigo una lluvia de sangre, leche, hambre y enfermedad. Lo que no encaja es la palabra "leche", por lo que cabe suponer que la palabra francesa del original "laict" puede interpretarse en el sentido de "laicité", que sugeriría un brote de laicismo o sentimientos antirreligiosos.

Nostradamus vuelve a mencionar la llegada del cometa en la Centuria II, Cuarteta 62:

Mabus pronto morirá y entonces se producirá
una terrible destrucción de personas y animales:

súbitamente aparecerá la venganza,
cien manos, sed y hambre, cuando pase el cometa.

La clave temporal está en la identidad de Mabus, que quizá sea alguien todavía desconocido en el mundo. La referencia a que también los animales mueren permite imaginar que la causa de tan terrible destrucción podría ser algún ingenio nuclear de efectos indiscriminados. Erika Cheetham sugiere que "cien manos" podría referirse a los innumerables campos de refugiados que se originan a raíz de las guerras o las carestías. Sin embargo, el paso de un cometa podría haber sido la visión de Nostradamus de la trayectoria de un misil, en lugar de un cometa real. Otra de las cuartetas que resultan especialmente relevantes con respecto al siglo XX es la Centuria I, Cuarteta 63, en la que resulta sorprendente la claridad, con que Nostradamus afirma que:

La pestilencia ha pasado, el mundo se vuelve más pequeño,
durante largo tiempo las tierras se habitarán pacíficamente.
La gente viajará sin riesgo por cielo, tierra y mar:
luego, volverán a empezar las guerras.

El mundo se hace más pequeño, es una frase típica del siglo XX, en el sentido de que se acortan las distancias gracias a los modernos medios de locomoción y de comunicaciones; parece como si Nostradamus hubiera oído un retazo de alguna conversación del siglo XX. No habría "visto" realmente que el mundo se encogiera. Este punto es muy interesante en relación con la forma en que Nostradamus recibía los conocimientos que le inspiraban sus cuartetas: es casi como si hubiera viajado por el tiempo de forma aleatoria (al menos esto es lo que parece deducirse del orden de las cuartetas) viendo y escuchando todo tipo de acontecimientos. Algunas de sus visiones son de cosas, como los pilotos de caza, para las que no debió encontrar marco de referencia por lo que los describió con los términos propios de su tiempo, a menudo con gran ingenio.

La última línea indica que tras un período de paz, volverán a empezar las guerras. Esta frase podría referirse a las guerras mundiales que ya han tenido lugar, o tal vez, a una tercera que estallase tras un intervalo de unos 50 años de relativa paz. Un intervalo de 50 años a partir del fin de la segunda guerra mundial, nos situaría en el año 1995.

Como las dos primeras guerras mundiales de este siglo tuvieron su origen en los Balcanes, zona confusa y étnicamente muy dividida que hasta hace poco fue Yugoslavia, por analogía resultaría muy sencillo señalar el actual conflicto de los Balcanes como la mecha que hará estallar la tercera guerra mundial que predijo Nostradamus.

EL FUTURO DE RUSIA

La nación rusa ha existido desde muchos siglos antes de que la revolución de 1917 supusiera la formación de la Unión Soviética, que ahora, tras 72 años, se ha vuelto a desintegrar. La alianza entre la antigua Unión Soviética y Estados Unidos de principios de 1990 está profetizada en la Centuria VI, Cuarteta 2l, en cuya última línea se identifica a estos dos países:

Cuando los del Polo norte se unan,
gran temor y espanto habrá en el Este:
será elegido un hombre nuevo apoyado por el grande...

La segunda línea puede referirse a la reacción de China, que es el único país grande que continúa siendo comunista. El "hombre nuevo que será elegido" es evidentemente Borís Yeltsin que, a pesar de algunos enfrentamientos, fue apoyado por "el grande", que propició los cambios, Mijaíl Gorbachov.

La desintegración de la Unión Soviética en todas sus repúblicas, que ya no aceptan el gobierno de Moscú, ha dejado un legado de disputas entre estos nuevos países que están tratando de agruparse en la llamada Comunidad de Estados Independientes.

Nostradamus habló de algunos de ellos, Ucrania y Bielorrusia, en la Centuria III, Cuarteta 95:

La ley morisca se verá fracasar,
seguida por otra que es más atractiva:

el Boristenes será el primero en ceder el paso,
a otra más placentera como consecuencia de los dones y las lenguas.

La "ley morisca" es una alusión velada a la doctrina de Marx y por ello, al comunismo, cuyo fracaso se ha producido. La referencia al río Boristenes (Dniéper) permite identificar a los países de Ucrania y Bielorrusia (la Rusia Blanca, como solía llamarse), por ser países que atraviesa. Está claro que el resurgimiento del fundamentalismo islámico en algunas de las antiguas repúblicas de la Unión Soviética no se producirá en estos dos estados. Nostradamus parece considerar que la forma de gobierno que finalmente se impondrá en estos países será mejor que el fundamentalismo islámico o incluso que el comunismo.

Como estos dos antiguos satélites son los primeros "en ceder el paso" a la propaganda occidental y quizá al señuelo de los bienes de consumo (dones y lenguas), podría darse el caso de que en algún momento se vieran implicados en algún conflicto, presumiblemente con su vecino, Rusia.

Nostradamus facilita una información más amplia a este respecto en la Centuria IV, Cuarteta 35:

El gobierno dejado a dos, que lo mantendrán poco tiempo,
tres años y siete meses habiendo transcurrido,
ellos irán a la guerra.
Las dos vestales se rebelarán contra ellos;
el víctor entonces nacido en suelo americano.

"El gobierno dejado a dos" parece referirse a las dos grandes potencias, la antigua Unión Soviética (actualmente, Rusia) y EE.UU. Parece que la fecha de este acontecimiento es muy precisa: tres años y siete meses después de la ruptura de la Unión Soviética; es decir, que algún momento de 1994 o principios de 1995 habrá guerra, no entre Rusia y Estados Unidos, sino entre Rusia aliada con Estados Unidos y las dos "vestales" (virginales) o nuevas naciones. Estas dos nuevas naciones podrían muy bien ser los recientemente independientes estados de Ucrania y Bielorrusia, que pertenecían a la extinta Unión Soviética.

Rusia ganará la guerra con la ayuda de Estados Unidos, o de algún militar o diplomático nacido en ese país. A pesar de esta cooperación de Estados Unidos, la alianza entre las dos potencias mundiales no durará más de 13 años, según asegura la Centuria V, Cuarteta 78:

Los dos no permanecerán aliados durante mucho tiempo.
Al cabo de trece años caerán en el poder bárbaro.
Se producirán tales pérdidas en ambos bandos,
que uno bendecirá la Barca y a su líder.

La fecha en que esta alianza caerá en el poder bárbaro está en torno a los primeros años del nuevo milenio, probablemente alrededor del año 2003. La única potencia no cristiana que podría cobrar relevancia es China, con una población total que superaría ampliamente a la de las dos potencias juntas.

La "Barca" suele interpretarse como alusión al papado o al papa. Si hacemos caso a las profecías de San Malaquías y a algunas de Nostradamus, el actual podría ser uno de los últimos papas. La cuarteta podría referirse al rápido auge del cristianismo en las repúblicas del norte, en donde los creyentes fueron sometidos a una enérgica represión durante el período comunista de 72 años de duración, o, si no, podría sugerir la intervención de un presidente católico de Estados Unidos.

En otras cuartetas se habla de la gran expansión del islam en las antiguas repúblicas soviéticas del sur, en contraste con la explosión del cristianismo en Rusia, lo que será motivo de fricciones en años venideros.

Las profecías de Rasputín

Uno de los hombres más influyentes de la Rusia anterior a la Revolución fue el monje Grigori Rasputín, que contaba con un gran ascendiente sobre la familia del zar.

Antes de su violenta muerte a manos del príncipe Yusupov, escribió una carta a la zarina en la que predecía que él seria asesinado antes del primer día de 1917, el año de la Revolución. Añadió que si le mataba un campesino, Rusia continuaría siendo una monarquía próspera durante cientos de años, pero que si su asesino era un aristócrata, el zar y su familia morirían antes de dos años, y 25 años después no quedaría ningún noble en Rusia.

Todas sus predicciones se cumplieron: fue asesinado por un aristócrata el 29 de diciembre de 1916. El año siguiente estalló la Revolución rusa y, un año después, se cumplía la segunda predicción de Rasputín, con el asesinato de la familia real.

SEQUÍA Y HAMBRE EN EL MUNDO

Una de las cuartetas más inequívocas es la Centuria I, Cuarteta 17. En un francés muy claro, un verso asegura que durante 40 años no se verá a Iris. Iris es la palabra griega que usamos en arco iris; así, la cuarteta parece dar a entender que no lloverá durante 40 años, lo que acarrearía una sequía incluso peor que las que se producen en las zonas más áridas del interior de Australia.

En la siguiente línea de la cuarteta se afirma que durante otros 40 años se verá a Iris todos los días, lo que implica que se producirán lluvias torrenciales seguidas de inundaciones, aunque el sol saldrá lo suficiente como para que sea posible ver el arco iris. Como confirmación de esta interpretación, la cuarteta continúa:

La tierra seca se quedará más abrasada,
y se producirán grandes diluvios cuando esto se vea.

Aunque la Biblia habla de un diluvio que duró 40 días y 40 noches, el mundo aún no ha conocido ni una sequía ni un diluvio de estas proporciones, por lo que la cuarteta debe referirse al futuro. El aumento del "efecto invernadero" y la consiguiente alteración del equilibrio climático del globo, consecuencia de lo cual es el aumento de las zonas desérticas o semidesérticas en gran parte de África que anteriormente habían sido fértiles, podrían ser el inicio del cumplimiento de esta profecía. Si intentamos llegar más allá del evidente significado literal de la cuarteta, nos encontramos con una sola clave: Iris, que en la mitología griega era hija de Electra y hermana de las

Arpías. En la Ilíada de Homero, se la menciona como mensajera de los dioses (concretamente, de Hera y de Zeus, el padre de todos los dioses del Olimpo, según la mitología griega), por lo que tal vez la sequía y el diluvio se podrían entender como una seria advertencia de los dioses sobre el peligro que corre la ecología. Iris era también la esposa de Céfiro, el viento seco del oeste que causaba las sequías; como contraste, Iris sostiene un cántaro de agua que representa la lluvia.

La sequía acarrea el hambre, que Nostradamus asocia con Tuscie, o Toscana, en la Centuria III, Cuarteta 42:

El niño nacerá con dos dientes en la garganta,
piedras caerán como lluvia en la Toscana.
Pocos años después no habrá trigo ni cebada,
para satisfacer a aquellos que el hambre debilitará.

La referencia a la persona que nacerá con dos dientes en la garganta vuelve a repetirse en la Centuria II, Cuarteta 7, también relacionada con el hambre:

Entre la mucha gente deportada a las islas
habrá un hombre nacido con dos dientes en la garganta.
Morirán de hambre tras haber despojado los árboles.

La "gente deportada a las islas" hace alusión al trato que solían recibir en Francia los criminales, a los que se enviaba a penales en las colonias, como el de la Isla del Diablo, en la Guayana francesa. La clave de estas dos cuartetas es el niño nacido con dos dientes en la garganta.

La referencia más directa a la gran carestía y al hambre es la que aparece en la Centuria I, Cuarteta 67. Se indica con claridad que el hambre que se circunscribe a determinadas zonas del planeta se generalizará castigando a todo el mundo, posiblemente como consecuencia del efecto invernadero y los cambios climáticos que de él se derivan. El hambre de África sólo será precursora de la que afectará a toda la Tierra.

La fecha en que se producirá este período de carestía se indica expresamente en la Centuria IV, Cuarteta 67:

En el año en que Saturno y Marte son igualmente ardientes,

el aire es muy seco [desde un] *largo pasaje*
desde los fuegos escondidos un gran lugar arde de calor.
Poca lluvia, un viento cálido, guerras y ataques.

Las próximas ocasiones en que Saturno y Marte coincidan en el mismo signo ardiente, Aries, serán desde el 8 de abril hasta 2 de mayo de 1996 y desde el 5 de marzo hasta el 13 de abril de 1998. Es más probable que la predicción de Nostradamus para este siglo sobre el hambre generalizada se verifique en alguno de estos dos períodos clave. Esos dos planetas se encontrarán también en signos de fuego desde el 10 de septiembre hasta el 30 de octubre de 1996 y, otra vez, desde el 29 de septiembre hasta el 9 de noviembre de 1997. Durante estas fechas, es probable que se endurezcan las condiciones climáticas en los países de África, ya que Nostradamus indicó que la sequía aumentaría por la proximidad de estos dos planetas "maléficos", como se les solía llamar. Debido al excesivo calor y a la sequedad del aire, esta podría ser la peor carestía del siglo, y el hambre no se limitaría a Etiopía y Somalia.

La concreta referencia que Nostradamus hace en la Centuria V, Cuarteta 90, del hambre en Grecia, viene a confirmar que la escasez no se circunscribirá solamente a África:

En las Cícladas, en Perinto y en Larisa,
en Esparta y en todo el Peloponeso:
un hambre muy grande, plaga a través del polvo falso.
Durará nueve meses en toda la extensión de la península.

El "polvo falso" podría ser algún producto de uso agrícola, la contaminación radiactiva, o, posiblemente, alguna arma química desviada de las guerras de los Balcanes.

LA HUMANIDAD ENTRE LAS ESTRELLAS

La exploración del espacio sólo se ha materializado a partir de las últimas tres décadas, aunque parece que Nostradamus tenía conocimiento de estos viajes, a pesar de vivir en una época en la que Leonardo da Vinci (1452-1519) había sido el único capaz de concebir la idea de volar como los pájaros, que estaba fuera del alcance de la imaginación del hombre corriente. La referencia más clara al vuelo se encuentra en la Centuria II, Cuarteta 29:

El hombre del este surgirá desde su asiento
pasando los montes Apeninos hasta Francia:
cruzará el cielo, los mares y la nieve,
y a todos golpeará con su vara.

La tercera línea es una clara indicación de la visión de Nostradamus de los viajes por aire sobrevolando los nevados picos italianos de los Apeninos durante el viaje del hombre oriental hacia Francia, lo que podría referirse a un hombre originario de Oriente Medio. Tan sólo es posible especular con la posibilidad de que "viera" la forma de los futuros aviones. Probablemente fuera así: la Centuria I, Cuarteta 64, se refiere a la "batalla librada en los cielos", en la que parece que consiguió "ver" los cascos de los pilotos. Este mismo tema vuelve a presentarse en la Centuria II, Cuarteta 45, en la que "se derrama sangre humana cerca del cielo", imagen muy clara de los combates aéreos. La siguiente cuarteta habla de un misil (o, tal vez, un cometa): "en el cielo se verá un fuego arrastrando una cola de chispas". En la Centuria IV, Cuarteta 43, hay una referencia menos ambigua, que afirma concretamente que "se escucharán las armas luchar en los cielos". De esto a los vuelos espaciales tripulados sólo hay una diferencia de concepto. La cuarteta clave es la Centuria IX, Cuarteta 65, que dice:

Será llevado al ángulo de Luna,
en donde se posará en territorio extranjero.

Si entendemos Luna en su sentido literal, en lugar de interpretarlo como alguna alusión simbólica, la cuarteta es entonces la descripción del alunizaje del astronauta Neil Armstrong en una nave que se posó en la superficie de la Luna por acción de los controladores de la NASA. Una vez allí, tomó posesión del "territorio extranjero" en nombre de EE.UU. y dio el paso de gigante en nombre de la humanidad en 1969, más de 400 años después de que un astrólogo de una pequeña ciudad de Francia alcanzase a ver la luna y profetizara tan maravilloso evento.

El desastre del Challenger

Las tercera y cuarta líneas de la Centuria IX, Cuarteta 65, abordan los sucesos del 28 de enero de 1986 cuando, 71 segundos después del despegue, el transbordador espacial Challenger explotó, causando la muerte de sus siete tripulantes:

El fruto inmaduro será objeto de gran escándalo.
Gran pesar, para los otros gran alabanza.

El "fruto inmaduro" es el mal funcionamiento del transbordador espacial, cuya explosión supuso un retraso de, quizá, diez años, de todo el programa espacial de EE.UU. Gran pesar, ciertamente, e impensable que toda una operación de semejante magnitud técnica y económica pudiera salir tan mal incluso antes de llegar a la atmósfera. La "gran alabanza" de Nostradamus está dirigida a los otros, el equipo de Neil Armstrong. Por esas mismas fechas, el programa espacial soviético había tenido un gran éxito al conseguir establecer la estación orbital MIR, que todavía continúa en servicio.

Nostradamus vuelve a referirse de nuevo al desastre del Challenger en la Centuria I, Cuarteta 81, en la que introduce algunas misteriosas claves:

Nueve serán elegidos de la raza humana,
separados de juicio y de consejo:
su destino se dividirá cuando partan,
Kappa, Theta, Lambda, desterradas y esparcidas.

"Su destino se dividirá cuando "partan" es una imagen de la tripulación hecha pedazos por la explosión que se produjo al partir el Challenger, sin posibilidad de ayuda, sin siquiera el tiempo suficiente para tomar una decisión ("separados de juicio"). Sin embargo, Nostradamus se equivocó en el número de astronautas: afirmó que eran nueve, cuando fueron siete. Las letras griegas desterradas y esparcidas, podrían ser las letras de una fraternidad (clubes de estudiantes que utilizan letras del alfabeto griego en su denominación) estadounidenses, y podrían haber correspondido a alguna fraternidad a la que perteneciera algún miembro de la tripulación; otra posibilidad es que se trate de las iniciales de algunos miembros de la tripulación, o incluso sus nombres cifrados para este lanzamiento concreto. Todo esto son detalles que sólo la NASA podría confirmar.

AGOREROS Y PROFETAS

Muchas de las profecías de Nostradamus se refieren a acontecimientos desgraciados. Hay quien cínicamente afirma que predecir todo tipo de desastres, acontecimientos luctuosos y futuros sombríos es una postura inteligente, por parte del que pretende labrarse una buena reputación como adivino, ya que la catástrofe — como la muerte y los impuestos — no se aparta de nuestro lado. Según ellos, el vidente que habla de un futuro lleno de calamidades inevitablemente será admirado por sus poderes, ya que siempre se producirá algún tipo de calamidad.

Tan negativas eran muchas de las profecías de Nostradamus que, en 1562, no menos de 20 editores ingleses fueron sancionados por vender la obra titulada Prognostications of Nostradamus. Estas sanciones se hacían constar en el Registro de Publicaciones del año en curso, junto con los títulos y los nombres de los autores de determinados almanaques publicados en ese período. El gobierno inglés se tomaba muy en serio las predicciones políticas y causaban tal impacto en los ciudadanos que, según un panfleto de 1561, "la totalidad del reino se encontraba tan turbada y afectada por las enigmáticas y diabólicas profecías de ese astrólogo Nostradamus... que incluso aquellos cuyos corazones podrían haber deseado que la gloria de Dios y su Palabra se implantase con mayor florecimiento, cayeron en tal frialdad religiosa que incluso su fe llegó a dudar de Dios".

Estas publicaciones representaban grandes negocios, y tal

vez al gobierno no le agradaba ver lo que consideraba pronósticos francófilos distribuidos en Inglaterra. Esto nos da una idea de la fama que alcanzaron las publicaciones de Nostradamus incluso en Inglaterra, y del rechazo oficial que provocaban.

Siempre ha existido una ambigua relación entre los profetas y sus gobernantes. A ningún gobernante le agrada que sus decisiones sean tomadas en vano por alguna profecía que establezca su fracaso y, además, atenta contra la moral. Tal vez el profeta que más provocó a las autoridades y que fue más perseguido fue Jeremías: su primer libro de profecías fue despedazado y luego quemado. Con frecuencia fue encarcelado en unas condiciones muy duras, por culpa de sus profecías aparentemente antipatrióticas, y tuvo que aliarse con el gobernador de Babilonia para salvar su vida, antes de huir a Egipto, en donde finalmente fue lapidado por sus lóbregas insinuaciones.

Las sibilas formaban parte de la gran variedad de profetas en la Grecia antigua. Como las sacerdotisas de Branco, cuyas técnicas adivinatorias copió Nostradamus, las sibilas eran también sacerdotisas de Apolo. La más famosa de las sibilas fue la de Cumas, que según el Libro IV de la *Eneida* de Virgilio, había guiado a Eneas al trasmundo. Esta sibila de Cumas, cuyo talento obviamente no se apreció, ofreció nueve libros con sus profecías al rey Tarquino. Cuando éste se negó a pagar el aparentemente exorbitante precio exigido por estas profecías, ella arrojó tres libros a las llamas del brasero y volvió a exigir el mismo precio por los seis libros restantes. El rey volvió a negarse y la sibila repitió la operación quemando otros tres libros. Por fin, el rey cedió y pagó el precio exigido por los nueve libros a cambio de los tres restantes. Estos libros estuvieron guardados en el templo de Júpiter, en el Capitolio de Roma, hasta el incendio en el año 83 a.C.

A parte de los Libros que contenían los pronunciamientos del oráculo, se emplearon otros muchos libros que no se habían compilado a este efecto para fines de interpretación oracular; se trataba de obras literarias o religiosas que se habían convertido en objeto de veneración al considerarse que estaban dotados de virtudes sobrenaturales. Tanto en la Roma antigua como en la Europa del Renacimiento, por ejemplo, era tanto el respeto que la *Odisea* de Homero y la *Eneida* de Virgilio infundían que se emplearon para esos fines.

El procedimiento de consulta al oráculo se solía llamar "echar las suertes". La persona que acudía al oráculo, formulaba cuidadosamente la pregunta y después abría el libro tres veces al azar, en cada ocasión introduciendo un dedo en la página abierta. Las tres líneas sobre las que había caído el dedo del interesado servían para redactar una nota, que más tarde se intentaría interpretar adaptándola a la situación sobre la que se había consultado.

Desde los últimos años del Imperio Romano en adelante, tanto el Nuevo como el Antiguo Testamento con frecuencia se emplearon para esos fines; a este procedimiento se le daba el nombre de sortes sanctórum, "las suertes de los santos". Aunque la utilización de la Biblia con este fin había sido prohibida por muchos concilios eclesiásticos locales, la práctica de echar las sortes sanctórum alcanzó gran difusión.

En la *Historia de los francos,* San Gregorio de Tours (538-594) dejó constancia de que estando el príncipe franco Meroveo temeroso de las iras de la belicosa reina Fredegunda, él fue a echar las sortes sanctórum en la basílica de San Martín de Tours. Los oráculos que logró interpretar a partir de estos libros no fueron muy halagüeños, especialmente uno que decía: "Dios Nuestro Señor te ha traicionado y te ha puesto en manos de tus enemigos". El tiempo demostraría que tal oráculo tenía razón: finalmente, Meroveo murió a manos de los esbirros de la reina Fredegunda.

De ningún modo se puede pensar que éste fuera un acierto aislado del oráculo. Por eso, no debe sorprender a nadie que se considere agoreros a los profetas y que sean objeto de persecución.

Los oráculos de las Sibilas

Los primeros oráculos cristianos establecieron que el emperador Constantino era un rey mesiánico. También es cierto que, según estos oráculos, un emperador romano cristiano fue considerado un auténtico enviado de Dios. Uno de estos oráculos (el de Tiburtina) habló del Emperador de los Últimos Días que lucharía contra el Anticristo, ya que en aquellos tiempos los primeros cristianos estaban plenamente convencidos de que el fin del mundo se iba a producir al poco tiempo de la crucifixión de Cristo. Este Emperador de los Últimos Días era alguien a quien los primeros cristianos esperaban con anhelo, puesto que conseguiría convertir a los paganos, destruiría los templos de los falsos dioses y bautizaría a los conversos, muy especialmente a los judíos. La profecía terminaba asegurando que, una vez cumplida su obra, depondría la espada y se retiraría al Gólgota (la colina en la que Cristo fue crucificado).

LILLY Y EL GRAN INCENDIO DE LONDRES

El incendio de Londres y la misteriosa precisión con que indicó el año de 1666 con sus "tres veces veinte y seis" de la Centuria II, Cuarteta 51, son temas que se han tratado anteriormente. El famoso cronista Samuel Pepys conocía la profecía de Nostradamus, que se había reeditado en el Booker's Almanack antes del incendio.

Al parecer, muchos otros profetas han llegado a las mismas conclusiones sobre este trascendental acontecimiento. El astrólogo William Lilly (1602-1681), que nació casi un siglo después que Nostradamus, publicó un texto titulado "Monarquía o no Monarquía", 14 años antes del gran incendio de Londres. Esta publicación contenía 19 "heirogliphics" (sic) o enigmáticos dibujos con los que se ilustraba el futuro de la "nación inglesa y la Commonwealth durante muchos cientos de años todavía por venir".

Además de la serie de láminas que ilustran acontecimientos todavía por venir — como, por ejemplo, un extraño animal parecido a una comadreja que está atacando una corona y el Parlamento holgazanea desentendiéndose mientras tiene lugar la invasión de Inglaterra — hay dos ilustraciones particularmente sorprendentes impresas en la misma página.

En la primera aparecen montones de cadáveres apilados sobre el suelo y dos hombres muy atareados cavando las tumbas para dos ataúdes, mientras que sobre una iglesia que aparece al fondo vuelan cuatro pájaros de mal agüero. Esta turbadora visión de la peste que precedió al incendio está situada muy próxima a otra ilustración en la que aparece una ciudad, surcada por un gran río, en llamas (ciudad que, casi seguro, es Londres). En las proximidades, dos hombres arrojan agua a una hoguera, en la que caen dos gemelos. Los gemelos son el símbolo del signo de Géminis, que suele asociarse con Londres.

Aunque la peste y el fuego eran dos azotes frecuentes en aquellos tiempos, la sorprendente idoneidad de estas ilustraciones se vio reforzada por un panfleto que Lilly escribió en 1648, en el que añadía indicaciones astrológicas sobre el futuro. "En el año 1665... cuando la proyección... de Marte aparezca en Virgo que no deberá esperar nada menos que una extraña catástrofe de los asuntos humanos en el... reino de Inglaterra". Continúa diciendo que "será ominoso para Londres y para sus mercaderes marítimos, para su tráfico terrestre, para sus pobres, para todo tipo de personas... por causa de varios fuegos y una virulenta peste". Difícilmente se podría haber descrito esta doble tragedia con mayor claridad, siete años antes de que se produjese.

La precisión de Lilly es impresionante, porque después del incendio de Londres no faltaron teorías sobre su posible origen, y los habitantes de Londres deseaban ardientemente inculpar a cualquier individuo o conspiración. Lilly anotó en su diario que varias personas, entre las que se encontraba el coronel John Rathbone, "fueron entonces condenadas a muerte" por haber planeado el incendio de la ciudad con el fin de dar muerte al rey y derrocar al gobierno. Los conspiradores incluso se habían valido del Lilly's Almanack para elegir el día más favorable (3 de septiembre) para llevar a cabo su infausta gesta. En realidad, el destino se les había adelantado: el incendio se inició un día antes de la fecha planeada. Sin embargo, esto no fue impedimento para que fueran igualmente ahorcados.

Lilly fue convocado oficialmente a la Cámara de Oradores del Parlamento con el fin de examinar su predicción profundamente. Temeroso de lo que pudiera ocurrir, le pidió a su amigo y conocido anticuario Elias Ashmole que le acompañara. El rey acababa de nombrar heraldo de Windsor a Ashmole, por lo que su presencia contribuía a proteger al profeta de resultar elegido como víctima propiciatoria. La comisión encargada del asunto podría haber sospechado que posiblemente Lilly hubiera provocado el incendio para ver cumplida su profecía, pero la presencia de Ashmole le ayudó a eludir las discusiones sobre conjeturas y ceñirse a los hechos probables; Lilly salió en libertad. En agradecimiento por su ayuda, Lilly entregó a Ashmole un paquete con libros extraños. ¡Este es el peligro de hacer profecías que se cumplan antes de la muerte del profeta!

También Nostradamus debió de preocuparse al ser convocado a París en 1556 por la reina Catalina de Médicis. A partir de esta entrevista, la reina creyó en las predicciones de Nostradamus durante el resto de su vida, pero hubiera sido muy fácil que este encuentro hubiera inclinado la suerte en contra del vidente, especialmente si consideramos que una de las tareas de Nostradamus consistía en elaborar los horóscopos de los siete Valois, hijos de la reina, cuyos trágicos destinos ya había revelado en las Centurias. No es extraño que, por su propia seguridad, Nostradamus oscureciese deliberadamente las fechas y los nombres en sus cuartetas.

El incendio profetizado

Francis Bernard, médico y astrólogo, trato de establecer una teoría astrológica general que le permitiera prever todos los incendios futuros que era probable que castigasen a una ciudad, mediante el procedimiento astrológico de la "rectificación". Esta práctica consiste en que el horóscopo de una ciudad, o de una persona, se adapta teniendo en cuenta los hechos conocidos de la vida de esa ciudad o persona.

Otros opinan que el incendio de Londres también había sido anticipado en una de las muchas profecías de Madre Shipton, adivina nacida en 1488 en Knaresborough (Yorkshire) y que, según se decía, había vivido en una cueva. De esto se empezó a discutir por primera vez en 1641, 25 años antes del incendio, pero como cada nueva edición de las profecías de esta vidente parecía incorporar nuevas predicciones adaptadas al momento, no se puede dar mucho crédito a este asunto.

Casi parece como si la gravedad del incendio de Londres hubiera bastado para que muchos profetas hicieran la misma predicción. ¿O es que el incendio era inevitable porque tantos videntes lo habían anunciado?

NUEVOS TIEMPOS DE CAOS

En 1985 el Dr. Ravi Batra publicó un libro titulado *The Great Depression of 1990* (La gran depresión de 1990) en el que predecía con gran exactitud el comienzo, de una terrible recesión o depresión en l989, con un gran aumento del paro, un descenso de la inflación, una rápida caída de los precios de los bienes, un gran aumento de quiebras de empresas y muchos otros acontecimientos económicos que se han hecho realidad en el mundo occidental. Llegó incluso a sugerir que había que vender las propiedades inmuebles antes de finales de 1989, y reducir el volumen de impagados de las empresas: era el momento idóneo, según parece. Sin embargo, nunca admitió ser profeta sino un simple observador atento de los ciclos económicos.

A base de establecer un paralelismo entre los acontecimientos de 1990 con los de 1930, y extrapolando el hecho de que 1996 marcará el verdadero final de la actual recesión, consiguió ofrecernos una predicción y poner de relieve, inconscientemente, dos interesantes ideas clave. En primer lugar, que el período comprendido entre los acontecimientos de los años treinta y los de los años noventa que eligió el Dr. Batra es de 60 años. Este es exactamente el tiempo que los antiguos chinos indicaban que tardaba en cumplirse un "Gran Ano", durante el cual se supone que tendrán lugar todas las combinaciones posibles de sucesos determinados por la interacción de los 10 Tallos Celestiales y las 12 Ramas Terrestres de la metafísica china. Al cabo de 68 años, todos vuelven exactamente a la misma combinación del año chino de rama y tallo del año en el que nacieron. Es posible que el Gran Año chino tenga otras implicaciones relacionadas con la profecía pero muy poco conocidas: quizá la misma elección de las palabras "Rama" y "Tallo", que traen a la mente la idea del "árbol del tiempo" que se examina anteriormente no sea una simple coincidencia.

En segundo lugar, la utilización por parte de Nostradamus

del sistema astrológico de datación de las cuartetas parece sugerir que una predicción concreta se puede "actualizar" en cualquier momento en que se produzca una determinada cuadratura astrológica. Esto significa que como las órbitas de los planetas alrededor del sol tienen distinta duración, hay ciertas configuraciones que se repiten muy de prisa y otras que tardan mucho más tiempo en volverse a producir. Las que se repiten a intervalos largos, por ejemplo, cada dos siglos, se consideran acontecimientos aislados que sólo se producen una vez. Las que se repiten varias veces cada siglo pueden producirse en cualquiera de las ocasiones en que tienen lugar estas cuadraturas, o incluso, de una forma u otra, en varias de estas cuadraturas. Por la misma razón, la traslación de la Tierra alrededor del sol permite a los fabricantes de calendarios "predecir" las estaciones. Quizá estas configuraciones astrológicas marcan puntos cuando los brotes del "árbol del tiempo" se rozan entre sí agitados por alguna suerte de viento cósmico. Podría ser que hubiera puntos en los que los acontecimientos "crecen juntos" de nuevo, y en los que los brotes divergentes se reúnen con la rama principal. El análisis de los aspectos cíclicos debidos a la traslación de los planetas alrededor del sol con sus distintas duraciones podría revelar algunos esquemas del futuro, ya que, después de todo, es la traslación de uno solo de estos planetas, la Tierra, lo que se utiliza para medir el tiempo humano. La comprensión del mecanismo de todo el reloj cósmico podría revelar la estructura oculta de la secuencia de acontecimientos que llamamos historia, ya sea de un país o de una persona. De hecho, son estos mismos aspectos los que se estudian en la carta astral de un individuo y que pueden servir para predecir algunos acontecimientos de su vida.

Tal vez Nostradamus fuera un astrólogo mucho mejor de lo que se ha supuesto, pero en un sentido distinto de lo que se suele entender por esa palabra. Podría haber sido capaz de comprender algunos mecanismos del reloj cósmico que le hubieran permitido conseguir visiones de otras épocas y no sólo de las que están regidas por la órbita de un planeta, la Tierra, alrededor del sol.

Predicciones cíclicas de sesenta años

Ravi Batra establece una serie de paralelismos cada 60 años:

1920 y 1980 Dos años con una elevada tasa de desempleo, gran inflación y altos tipos de interés, lo cual es una combinación muy rara.

1921 y 1981 Una gran reducción de impuestos que favorece a la banda superior de la escala de pago, con un gran aumento del desempleo.

1922 y 1982 En los dos años se produjo un brusco descenso de la inflación y de los tipos de interés.

1923 y 1983 Un extraño paralelismo es que los bancos ofrecieron interés sobre las cuentas corrientes por primera vez en la historia en 1923 y se volvió a introducir, tras una larga interrupción, en 1983. En los dos años se produjo una fuerte reducción del desempleo (la de 1983 fue la mayor en treinta años).

1924 y 1984 La inflación fue menor y el mercado de valores del Reino Unido continuó en ascenso.

1925 y 1985 Un gran aumento de quiebras de bancos: en todo el mundo quebraron 120 sólo en 1985.

1926 y 1986 Las cotizaciones de valores alcanzan un máximo histórico en el Reino Unido en los dos años, mientras que el desempleo baja fuertemente. En los dos años se produjo una considerable bajada de los precios de la energía.

LA TELARAÑA DEL FUTURO

En cualquier tipo de predicción, el problema más difícil que se le presenta al vidente es establecer una fecha exacta, un dato preciso extraído de la telaraña de posibles futuros. El vidente puede "ver" un acontecimiento con toda suerte de detalles, pero la dificultad está en identificar la fecha exacta de una era a la que ha llegado casi por casualidad; con otras formas de adivinación como el I Ching, la geomancia o el Tarot, virtualmente no existe medio posible de establecer una fecha exacta. En consecuencia, es extraordinario que Nostradamus fuera capaz de señalar años concretos.

A pesar de que en una carta a su hijo César, Nostradamus afirmase conocer las fechas de todas sus profecías, solamente especificó fechas precisas en unas pocas cuartetas. Dentro de este grupo, se pueden citar las siguientes:

Centuria II, Cuarteta 51, en la que establece la fecha del incendio de Londres: "tres veces veinte y seis", o 1666.

Centuria III, Cuarteta 77, en la que, con total precisión, profetiza la paz entre los turcos y los persas en 1727.

La Centuria X, Cuarteta 72, contiene la triste predicción de la llegada del Rey del Terror en julio de 1999, profecía todavía no confirmada.

Además de las fechas específicas, Nostradamus incluye numerosas indicaciones astrológicas, que permiten deducir una serie de fechas posibles. En la Centuria I, Cuarteta 52, por ejemplo, se establece que se cumplirá la predicción en el momento en que se produzca la cuadratura de Júpiter y Saturno en el signo de Aries (el primero del Zodiaco):

La cabeza de Aries, Júpiter y Saturno,
¿qué cambia el Dios Eterno?
Entonces, tras un largo siglo volverán los malos tiempos,
grandes conmociones en Francia y en Italia.

Esta cuadratura tuvo lugar en diciembre de 1702, durante la guerra de sucesión al trono de España; los acontecimientos que se produjeron "tras un largo siglo" fueron la campaña napoleónica de Italia en 1803 y la investidura de Napoleón como presidente de la República italiana. No se trata de una predicción futura, como aseguran muchos comentaristas; esta cuadratura no volverá a producirse hasta el próximo siglo.

Otra de las fechas que Nostradamus indica mediante referencias astrológicas está en la Centuria I, Cuarteta 16. Muchos especialistas se han confundido al interpretar los datos astrológicos de esta cuarteta; uno de ellos ha llegado a afirmar que "esta descripción es tan general que podría referirse al siglo XX o a cualquier otro". Falso; la linea clave es "una guadaña junto con un estanque en Sagitario". La guadaña es el símbolo del planeta Saturno que debe encontrarse junto con un único planeta posible, la Luna, y deben hacerlo en Sagitario. Esta cuadratura se produce durante 2 años y medio cada 29 años y medio, porque el movimiento de Saturno es muy lento. Una de las ocasiones que tendrá lugar es en 1999, año muy significativo en las Centurias.

Para establecer las fechas, Nostradamus no podía basarse solamente en los planetas de movimiento rápido, como Mercurio, puesto que éstos le habrían proporcionado unos conjuntos de fechas demasiado extensos y confusos como para poder elegir con acierto la fecha exacta.

En la Centuria II, Cuarteta 48, aparece otra fecha expresada en términos astrológicos:

El gran ejército atravesará las montañas
cuando Saturno esté en Sagitario y Marte esté llegando a Piscis.

Esta situación se ha producido tres veces en este siglo, la última de las cuales fue en el mes de noviembre de 1986. Sin embargo, en ninguno de los tres casos se ha producido un acontecimiento que pudiera encajar con la predicción, por lo que parece que se trata de una profecía para el próximo siglo.

En la Centuria VI, Cuarteta 24, se facilita otra clara fecha astrológica:

Marte y el Cetro estarán en cuadratura,
una calamitosa guerra bajo Cáncer:
poco tiempo después un nuevo rey será ungido,
y traerá la paz a la Tierra por largo tiempo.

Parece claro que será designado un nuevo gobernante después de una guerra que tendrá lugar entre el 22 de junio y el 23 de julio (bajo el signo de Cáncer). El año será determinado por la cuadratura de Marte con Júpiter (el Cetro) en Cáncer. Esta cuadratura ha tenido lugar en seis ocasiones desde 1812, y la próxima vez que se producirá será el 21 de junio del 2002. Este es uno de los momentos posibles en que podría tener lugar esa guerra.

En la Centuria V, Cuarteta 91, hay una fecha específica en la que Grecia podría ser atacada por Albania:

En el gran mercado llamado de los mentirosos
todos los de Torrente y el campo de Atenas:

serán sorprendidos por los caballos luminosos armados,
por el Albanés [cuando] *Marte* [esté en] *Leo, y Saturno*
[esté] *en Acuario.*

La última vez que se dio esta cuadratura en este siglo, fue desde el 28 de abril hasta el 3 de junio de 1993, por lo que se deduce que esta profecía no se cumplirá hasta el próximo milenio.

Aparte de estas cuartetas, hay otras en las que sólo es posible reconocer la fecha retrospectivamente. Es una pena que Nostradamus, si realmente sabía las fechas exactas tal como le aseguró a su hijo, decidiera oscurecerlas en la mayoría de las cuartetas. Sin embargo, lo más probable es que le fuera imposible determinar la fecha exacta de muchas predicciones.

NOSTRADAMUS Y EL RÍO DEL TIEMPO

La sorprendente precisión de muchas de las predicciones cumplidas de Nostradamus, como aquellas en las que indicó las fechas exactas en las que sucederían los acontecimientos profetizados, hacen que sus errores — por ejemplo, la "falta de predicción" — resulten aún más admirables. ¿Es posible reconciliar ambas cosas?

La sorprendente precisión de muchas predicciones de Nostradamus suscitan algunas importantes cuestiones. En primer lugar, ¿era Nostradamus un vidente natural, es decir, tenía la innata capacidad de tener visiones de acontecimientos que habrían de tener lugar muy lejos de él en el tiempo y en el espacio? ¿Se valía de algún otro método además de la astrología al hacer sus profecías? Si fuera así, ¿cuál habría sido la naturaleza de esos métodos? ¿Guardarían alguna relación con la magia ritual o con otras técnicas relacionadas con los "saberes prohibidos"? Y si Nostradamus verdaderamente vio acontecimientos que no tendrían lugar hasta mucho tiempo después de su muerte, ¿significa esto que el concepto de libre albedrío es una ilusión, que todos somos, en cierto sentido, una especie de robots o máquinas biológicas cuyas vidas están predestinadas?

En las siguientes páginas, se ha pretendido ofrecer respuestas posibles a todas estas cuestiones relacionadas con las profecías de Nostradamus, tanto con las que se han cumplido como con las que aún no han tenido lugar, y también con esas pocas que han demostrado ser indudablemente erróneas, o con ese minúsculo grupo de profecías que parecen haber estado ya cumplidas cuando se realizaron.

A este respecto, es necesario que el lector reflexione sobre el significado de la palabra "tiempo", puesto que muchas teorías sobre la profecía en general y sobre las de Nostradamus en particular contemplan el concepto de tiempo de una manera muy distinta a la idea que casi todos tenemos al respecto. Nuestra idea del tiempo suele ser la de un río, que corre desde su nacimiento hasta su desembocadura. Se considera el "big bang", o el acto divino de la Creación, como el manantial que da origen al río del tiempo, y la extinción del Universo, o el Juicio Final como su desembocadura. Nuestras vidas son, metafóricamente hablando, cortos viajes por ese río, siempre en el sentido de la corriente.

Sin embargo, existen muchas hipótesis sobre la naturaleza intrínseca del tiempo. Una de ellas, que muchos físicos destacados consideran posible, propone una estructura del tiempo bien distinta a la de la imagen de un río; según esta hipótesis, sería más bien como la parte visible de un árbol enorme, "nuestro tiempo", que abarca todo el universo de materia y energía que nosotros conocemos, pero que no es más que un pequeño vástago brotado de una de las ramas del árbol. En este capítulo, se estudia esta idea aplicada al caso concreto de las Centurias.

¿ESTÁ DETERMINADO EL FUTURO?

La aceptación de lo que parece ser la abrumadora evidencia de que Nostradamus conocía los acontecimientos que tendrían lugar cientos de años después de su muerte en 1566 nos acarrea una serie de desagradables consideraciones, puesto que implica que el futuro está determinado por fuerzas que escapan totalmente a nuestro control, y que cuando creemos estar haciendo una elección, por muy intrascendente que esta sea, en realidad no estamos eligiendo, sino siguiendo los dictados del destino, del que no somos más que marionetas.

Otra forma de considerar el futuro consiste en proponer la hipótesis de las "realidades alternativas", según la cual la metáfora más adecuada del tiempo sería un árbol en lugar de un río. Desde la base de este "árbol del tiempo", crece el tronco del que surgen infinidad de ramas, cada una de las cuales es una realidad alternativa, un "universo paralelo", y nosotros vivimos solamente en uno de ellos.

El comienzo de los tiempos sería la base del tronco del árbol, mientras que las primeras realidades alternativas (formadas después de que comenzase el tiempo) son las ramas más grandes que salen del tronco. Las realidades alternativas posteriores son las ramas menores que nacen de las ramas más grandes del árbol del tiempo; y de esas ramas menores, surgen infinidad de brotes.

Nuestra realidad — que prácticamente todos consideramos como la única realidad que existe — solamente sería uno de esos brotes que surgen de una de las ramas menores del árbol del tiempo. Nuestra historia sólo es exclusiva a partir del punto en que el brote — o mundo alternativo en que vivimos — brotó de su rama. Antes de eso, compartimos nuestra historia con la de los demás brotes que surgieron al mismo tiempo que el nuestro.

¿Qué es lo que hizo que nuestro brote concreto y los demás brotes, cada uno de los cuales es una realidad por si mismo y todos sus inteligentes habitantes están convencidos de que viven en una realidad única, surgiesen de la rama menor en la que crecen? Y, ¿qué es lo que hizo brotar las ramas menores en las ramas principales que crecen en el tronco desde hace millones o cientos de millones de años?

Según algunos teóricos, entre los que no sólo hay imaginativos escritores de ciencia ficción, sino también físicos matemáticos, en el árbol del tiempo surge un nuevo brotecito cada vez que un ser consciente realiza una elección entre dos o más acciones posibles. En palabras del famoso escritor de ciencia ficción Harry Harrison, esto significa que "debe haber un número infinito de futuros... Si, por la mañana, al ir al trabajo, decidimos coger el autobús y tenemos un accidente y morimos... si el tiempo se ramifica constantemente, entonces hay dos futuros: uno, en el que morimos, y otro en el que vivimos, si tomamos el metro".

Algunos físicos matemáticos, que investigan esa parte de la física que se mezcla con conceptos filosóficos y místicos, consideran muy en serio la posibilidad de que existan realidades alternativas. Veamos, por ejemplo, el siguiente pasaje que está extraído de un documento publicado por el físico matemático

Dr. Martin Clutton-Brock en la revista Astrophysics and Space Science, vol. 47 (1977): "Imaginemos que el Universo se ramifica en mundos distintos y que nosotros sólo experimentamos uno de ellos. Hay mundos cerrados y mundos abiertos; mundos de alta entropía y mundos de baja entropía. En la mayoría de los mundos la vida no evoluciona sino que es escasa; y sólo es abundante en relativamente pocos mundos".

De la comparación de estas dos citas se ponen de manifiesto las analogías que hay entre las fantasías de los escritores de ciencia ficción empeñados en la idea de las realidades alternativas y las hipótesis de algunos astrofísicos y matemáticos.

Si aceptamos como válida alguna variante de la hipótesis de las realidades alternativas como las que defienden Harry Harrison y el Dr. Martin Clutton-Brock no existe dificultad alguna para reconciliar las predicciones cumplidas de Nostradamus con el concepto del libre albedrío, ni tampoco para explicar que dentro del conjunto de profecías hechas por una misma persona pueda haber predicciones totalmente precisas, otras que lo son parcialmente, y otras manifiestamente erróneas. Porque, si Nostradamus y otros profetas no veían realmente el futuro de nuestro mundo en las diferentes realidades de cada uno sino en universos paralelos en los que las líneas del tiempo difieren de las nuestras, no habría razón alguna por la que nuestra realidad alternativa no pudiera estar una década, un siglo o un milenio por delante, o por detrás, de cualquier universo paralelo determinado. En otras palabras, es posible que a veces el "futuro" que Nostradamus predijo fuera, de hecho, el presente de otra realidad en la que el curso de la historia siguió unos derroteros distintos de los que seguiría nuestro mundo.

Realidad y fantasía

En Sir Fred Hoyle, que ocupó la cátedra de Astronomía y Filosofía experimental en la Universidad de Cambridge, se combina el astrofísico con el escritor de ciencia ficción. Ha publicado su teoría del tiempo en un libro titulado *October the First Is Too Late.* En el prefacio, Sir Fred deja bien claro que aunque escribió el libro como ficción imaginaria, los razonamientos sobre el significado del tiempo y el alcance de la percepción se han tratado con total seriedad. En *October the First Is Too Late,* se anticipa una variante de la hipótesis de las realidades alternativas según la cual toda la historia de nuestro planeta, el pasado y el futuro, constan de una espiral tetradimensional que se mueve alrededor del sol. Todo lo que ha ocurrido en el pasado y todo lo que ocurrirá en el futuro, en realidad, está ocurriendo en el presente. Expresado en otras palabras, pasado, presente y futuro son uno, y sólo debido a las limitaciones de la percepción humana diferenciamos el pasado del futuro.

TALENTO INNATO

Cuál es la explicación al hecho de que las predicciones de muchos profetas de nacimiento como Nostradamus a veces sean tan acertadas y otras veces sean tan erróneas? El escéptico no dudaría en responder que estos supuestos profetas de hecho no han pasado de ser simples adivinos con suerte. Sin embargo, quienes están convencidos de que existen "talentos innatos" psíquicos, aptitudes humanas con las que se nace y que muy pocos desarrollan, defenderán las dotes proféticas de un vidente y su capacidad para desembarazar los mensajes de las envolturas y sombras del futuro como si de una emisión de radio mal sintonizada se tratase.

La opinión de que en nuestros días hay auténticos profetas entre nosotros se ve respaldada en buena medida por la evidencia de que han existido hombres y mujeres con ese don incluso en épocas muy recientes. Hacia finales de 1891, un hombre de 25 años, clarividente y quiromántico, que se hacía llamar "Cheiro" o "conde Louis Hamon", aventuró una improbable predicción sobre el futuro del segundo hijo del que sería el rey Eduardo VII, a la sazón Príncipe de Gales. Aseguró que, con el paso del tiempo, el segundo de los hijos, el príncipe Jorge, heredaría el trono del Reino Unido. En aquel momento, la mayoría de la gente debió de pensar que no había ninguna probabilidad de que esto sucediera porque el príncipe Jorge era el segundo en la línea sucesoria y era del dominio público que su hermano mayor "Eddie", duque de Clarence, gozaba de una excelente salud, se había comprometido con la princesa May de Teck, y era prácticamente seguro que, en el plazo de unos años, tendría una descendencia que anularía las posibilidades de su hermano Jorge.

En realidad la salud del duque de Clarence no era tan buena como se suponía, ya que existen datos que indican que en el momento de su compromiso, hacía mucho tiempo que el duque padecía una sífilis incurable. En enero de 1892 falleció de neumonía, o al menos, esa fue la causa oficial que citó el Palacio de Buckingham. Al cabo de un prudente intervalo de tiempo, el príncipe Jorge primero se comprometió y luego se casó con la princesa May de Teck, y finalmente ascendió al trono con el nombre de Jorge V.

Parece que la predicción concreta de un acontecimiento tan improbable, la prematura muerte del duque de Clarence y la posterior sucesión en el trono de su hermano menor, se ha visto confirmada por el curso de la historia. Esto podría haber supuesto la demostración de que Cheiro poseía un "talento innato" que le permitía discernir los acontecimientos futuros. Desgraciadamente, no existe ningún documento escrito que atestigüe su predicción, por lo que los escépticos no dudan en rechazarla. Sin embargo, se puede demostrar más allá de cualquier duda que hacia el fin de su vida, Cheiro hizo predicciones aún más sorprendentes y absolutamente precisas sobre el hijo mayor del rey Jorge V y sobre el hermano del primero, el entonces duque de York.

En una previsión sobre el futuro que se imprimió antes de 1930, Cheiro escribió: "Los presagios no son muy favorables para la prosperidad de Inglaterra ni de la familia real, con excepción del duque de York. En su caso, cabe mencionar que el signo real de Júpiter va aumentando su influencia con el paso de los años, al igual que... sucedió en el caso de su real padre antes de que hubiera la menor probabilidad de que llegase al trono". Cheiro hizo además otra predicción sobre la familia real. Escribiendo con relación al hermano mayor del duque, el entonces príncipe de Gales, se refirió en primer lugar a los "cambios que probablemente tendrán lugar y que afectarán directamente al trono de Inglaterra", para anticipar luego una crisis real: "Debido a la peculiar influencia planetaria a las que él [el príncipe de Gales] está sometido, será víctima de un apasionado romance. Si así fuera, predigo que el príncipe lo dejará todo, incluso la posibilidad de ser coronado, para no perder el objeto de su amor".

Y esto es exactamente lo que ocurrió. Al morir su padre en 1936, el príncipe de Gales subió al trono como Eduardo VIII, pero no llegó a ser coronado; la coronación se canceló cuando abdicó para no verse obligado a separarse de Wallis Simpson, dos veces divorciada. Cuando Cheiro publicó esta predicción, el príncipe de Gales aún no mantenía relaciones con Wallis Simpson; de hecho, es probable que ni siquiera se hubieran conocido.

Cheiro profetizó también la creación del Estado de Israel y, en un escrito de 1930, una guerra mundial en el transcurso de los diez años siguientes más o menos: "Italia y Alemania [alianza difícilmente probable en el momento que Cheiro lo escribió] entrarán en guerra con Francia... Estados Unidos entrará en guerra contra Japón y no participará en la carnicería europea hasta el final". Estas predicciones fueron correctas, aunque la profecía de Cheiro de que durante la guerra mundial volvería a estallar una guerra civil en Irlanda, no se cumplió.

Además de quiromántico y astrólogo, al parecer, Cheiro fue también un "profeta natural". Una de las cosas más sorprendentes sobre estos profetas naturales como Cheiro y Nostradamus es que incluso los que han hecho predicciones asombrosamente precisas, también han hecho predicciones parcial o totalmente equivocadas. Podría ser que no viesen el futuro de nuestro mundo, sino el de los universos paralelos cuyas líneas de tiempo difieren ligeramente de las nuestras; también es posible que el "futuro" que ellos predicen sea el presente de otra realidad en la que el curso de la historia siga unos derroteros distintos de los que sigue en nuestro mundo. Esto podría explicar por qué su "talento innato" les permite percibir lo que no ha ocurrido con la misma claridad que los acontecimientos que ya han tenido lugar.

LAS DROGAS, LA MAGIA Y EL VIDENTE

Algunos comentaristas de las Centurias han calificado a Nostradamus como el astrólogo más grande de todos los tiempos. Es casi seguro que se equivocan al suponer que todas las predicciones acertadas de las Centurias y de las demás obras del vidente tuvieron su origen en sus observaciones de las constantemente cambiantes posiciones del Sol, la Luna y los planetas relacionados entre sí y con los signos del Zodiaco. Ciertamente, Nostradamus utilizaba la astrología como método taquigráfico para fechar las predicciones, pero no para deducir los pronósticos en sí.

No es posible que Nostradamus se apoyara exclusivamente en la astrología para establecer sus predicciones. Esto queda demostrado más allá de toda duda por un simple hecho que señaló el especialista del siglo XIX en la obra de Nostradamus, Charles Ward, y es que el vidente "menciona el nacimiento de personas que nacieron después de su muerte... la astrología no sirve de nada en estos casos, puesto que para empezar a hacer un horóscopo es necesario que se haya producido el nacimiento".

En otras palabras, si bien es indudable que Nostradamus era astrólogo — en definitiva, compiló numerosos almanaques — y aunque algunas de sus predicciones acertadas pudieran haberse elaborado parcialmente sobre una base astrológica, necesariamente tuvo que ser un clarividente de gran talento. Se ha llegado a sugerir la posibilidad de que utilizase drogas psicodélicas que le indujesen trances visionarios en los que su innata clarividencia pudiera funcionar con mayor libertad (véase más abajo).

Sin embargo, la cuestión más controvertida en lo que respecta a las facultades de clarividencia de Nostradamus no está en saber si estas facultades se incrementaban mediante drogas, sino en saber si se complementaban con el uso de métodos propios de la magia ceremonial, la adivinación ritual y otras artes secretas y prohibidas.

La posibilidad de que Nostradamus participase en ritos mágicos, quizá de naturaleza pagana, ha sido rechazada con gran indignación por algunos que han dedicado años de intenso estudio a la vida y obra del vidente de Salón. Este ha sido el caso concreto de los autores que se han inclinado por el catolicismo a ultranza con el que se ha relacionado a los realistas franceses desde 1870. También ha habido quien ha considerado posible que Nostradamus hubiera sido en realidad un mago practicante, un hombre que, como el escritor Eliphas Levi (1810-1875), se hubiera dedicado a una suerte de ejercicios mentales que le permitían combinar una gran lealtad a la Iglesia con la práctica de ciertas técnicas derivadas de las antiguas tradiciones secretas.

Parece que incluso en la época del vidente hubo quien lo sospechara, porque en el prefacio que Nostradamus escribió para la primera edición de las Centurias, parece haber tratado de despejar cualquier sombra de sospecha relacionada con su posible práctica de dudosas artes ocultas. En este pasaje, el vidente advierte solemnemente a su hijo contra los peligros de la "magia execrable" y se las arregla para explicar cómo él mismo ha destruido algunos tratados impresos o manuscritos sobre magia ritual y, por analogía, sobre alquimia. Sin embargo, como quedará demostrado en las siguientes páginas, existen buenas razones para sospechar que la denuncia de Nostradamus de la "magia execrable", fue bastante poco sincera.

Drogas, sufís y energía bioeléctrica

Muchos estudiosos contemporáneos de los escritos de Nostradamus aseguran que el vidente debía sus extraordinarias facultades de clarividencia a la utilización de drogas alucinógenas. Sin embargo, no parece que existan pruebas, ni siquiera indicios, sobre la verdad de esta afirmación. A este respecto, es significativo que los escritores que han difundido esta idea, también han hecho otras afirmaciones sobre la vida del vidente que resultan desde todo punto improbables.

Por ejemplo, el autor de un libro recientemente aparecido no sólo ha afirmado que Nostradamus recurría a las drogas para acrecentar sus facultades clarividentes, sino que durante una estancia en Sicilia, estableció contacto con unos místicos sufís, y que cuando trabajaba en sus profecías solía sentarse en un trípode de latón con las patas "formando un ángulo de los mismos grados que las pirámides de Egipto a fin de crear una fuerza bioeléctrica similar que, según se creía, agudizaba los poderes psíquicos".

Como los historiadores coinciden en el hecho de que todos

los musulmanes, sufís y otros, habían sido expulsados de Sicilia mucho tiempo antes de que Nostradamus naciera, y de que los ángulos de las pirámides no se midieron adecuadamente hasta más de 300 años después del entierro del vidente, es muy lamentable que las fuentes de esta fascinante y novedosa información no se hayan hecho públicas.

LOS RITOS DE BRANCO

Parece probable que algunas de las extrañas cuartetas ocultas de las Centurias contengan detalles codificados sobre las ancestrales, secretas y prohibidas técnicas predictivas que Nostradamus empleaba para adentrar su mirada en el futuro. Las cuartetas representativas de este grupo y que resultan más fáciles de comprender son los primeros versos de las Centurias (Centuria I, Cuartetas 1 y 2). En ellas, Nostradamus hace una descripción de sí mismo, en un lenguaje que todo aquél familiarizado con la mitología clásica no habría tenido dificultad para entender, en la que afirma llevar a cabo "obras" relacionadas con la magia blanca. Con gran inteligencia, encubrió sus descripciones bajo unos términos absolutamente incomprensibles para el lector medio. El texto de estas cuartetas es el siguiente:

Sentado de noche, solo, en secreto estudio,
descansando sobre un trípode de bronce,
una exigua llama surge de la soledad,
haciendo próspero aquello que vale la pena creer.

La varita en la mano colocada en medio de las BRANCHES,
él moja con agua su pie y el borde de su túnica,
el miedo y una voz le hacen estremecerse en sus mangas,
divino esplendor, el divino se sienta cerca.

En estas dos cuartetas, Nostradamus describe una variante de un ancestral rito mágico de adivinación, y la tercera línea de las dos cuartetas reviste una especial importancia. Al redactar estas líneas como lo hizo el vidente consiguió dos cosas: en primer lugar, informar a los estudiosos de la filosofía oculta de que él conocía los oráculos de Caldea, un compendio de la antigua tradición hermética, al hacer alusión a un pasaje en el que se hablaba del "fuego sin forma" del que surge la "divina voz del fuego", que quien reside temporalmente con los dioses debe escuchar. En segundo lugar, insinuar que la "exigua llama" que mencionaba tenía un origen celestial, que emanaba de la soledad, que en este contexto podría referirse a la "unicidad".

En las dos cuartetas hay además varias claves sobre las características de los rituales adivinatorios que celebraba Nostradamus. Una de ellas es la utilización de la palabra "branches". En la edición original de las Centurias se imprimió en mayúsculas; una evidente pista, del tipo de las que solía facilitar con frecuencia Nostradamus, de que debía entenderse en más de un sentido, o de que había que prestar atención porque se trataba de algún tipo de juego de palabras.

En este caso concreto, es casi seguro que Nostradamus empleó la palabra en tres sentidos distintos, todos ellos relacionados con la inspiración profética. El más importante de los tres era el sentido que tenía como palabra muy similar al nombre del semidiós griego Branco, hijo del dios sol Apolo. Según la leyenda griega, cuando era joven, Branco recibió el don de la profecía y la capacidad de dotar a otros de este don. A esta razón se debió el culto que floreció a su alrededor hasta el triunfo del cristianismo. El culto estaba centrado en revelaciones del futuro que recibían unas inspiradas sacerdotisas que actuaban como médiums; Jámblico de Calcis, muerto alrededor de 335, describió las técnicas que se empleaban: "La profetisa de Branco se sienta sobre una columna, o sostiene en la mano una vara sagrada de alguna deidad, o moja sus pies o el borde de su túnica con agua... y al hacer esto... profetiza. Por medio de estas prácticas, ella se adapta al dios al que ella recibe".

No cabe duda de que este pasaje en el que de una forma muy clara se describe un rito adivinatorio en el que se humedecían los pies y el borde de una túnica, es al que Nostradamus aludía en la segunda línea de la 2ª Cuarteta de la Centuria I. Otro de los pasajes de este antiguo texto habla de la utilización de un taburete de bronce de tres patas en ciertos ritos proféticos.

La obra de la que se han extraído las citas anteriores originalmente estaba escrita en griego; en el siglo XV se tradujo al latín con el título de *De Mysteriis Aegiptorum* (De los misterios de los egipcios). Es muy probable que Nostradamus conociera este libro desde muy joven, porque hay motivos para creer que entre los estudiantes franceses de la mística neoplatónica de principios del siglo XVI, ya circulaban ejemplares impresos en Italia de la traducción latina. En cualquier caso, lo cierto es que *De Mysteriis Aegiptorum* se publicó en Francia alrededor del año 1540, por lo que no deja de ser significativo que Nostradamus empezara a editar sus almanaques poco después de ese acontecimiento. Ciertamente, se puede deducir de estas dos cuartetas que el vidente se valía de métodos similares a los descritos en el texto de Jámblico como uno de los procedimientos para adquirir conocimientos del futuro.

La pitonisa

En la antigua Grecia, las mujeres que actuaban como oráculos recibían el nombre de pitonisa, por la pitón a la que había dado muerte Apolo, y que para todos los oráculos era sagrada. Las pitonisas tenían que haber nacido en la ciudad de Delfos, y una vez que entraban al servicio del dios no podían dejarlo, ni podían casarse. Al principio, eran seleccionadas entre las jóvenes de la ciudad, hasta que Éucrates el Tesalonicense sedujo a una de ellas, con lo que el pueblo de Delfos modificó la ley estableciendo que ninguna mujer de menos de 50 años pudiera ser elegida para ejercer de profetisa. Sin embargo, el vestido de las pitonisas continuó siendo el traje de doncella en lugar del de matrona.

En los mejores momentos del oráculo, siempre había tres pitonisas dispuestas a sentarse en el trípode. Los efectos del humo que ascendía desde debajo del trípode eran tan fuertes que a veces alguna profetisa se caía del trípode en su delirio profético, sufría convulsiones o hasta llegaba a morir.

MAGIA Y ADIVINACIÓN RITUAL

La curiosa Cuarteta 42 de la Centuria I parece demostrar que, en efecto, Nostradamus tenía conocimientos tanto de los aspectos oscuros de las artes ocultas como de las formas de adivinación basadas en la utilización de un cuenco o jofaina. El texto de esta cuarteta es el siguiente:

El décimo día de las calendas góticas de abril
es resucitado por una depravada raza,
el fuego es extinguido y la Diabólica Asamblea
busca los huesos del Demonio de [¿y?] *Psellos.*

Al leer esta cuarteta junto con la referencia que Nostradamus hace de un rito adivinatorio en el que se emplea agua, se comprende que este verso habla de la naturaleza de una de las técnicas de magia blanca de las que se valía el vidente de Salon para complementar su clarividencia innata y sus amplios conocimientos astrológicos.

El filósofo neoplatónico Psellos describió esta técnica en los siguientes términos: "Existe una forma de poder profético en la utilización del cuenco, que los asirios ya conocían y practicaban... Los que se disponen a profetizar toman un cuenco lleno de agua, que atrae a los espíritus de las profundidades. Entonces parece que el cuenco empieza a susurrar sonidos... El agua del cuenco... rebosa... debido al poder que le han conferido los conjuros que le han dotado de la capacidad de ser imbuida de las energías de los espíritus proféticos... una débil voz comienza a emitir predicciones. Los espíritus de este tipo deambulan según su voluntad, y siempre hablan en voz muy baja".

Parece que no cabe la menor duda de que Nostradamus se refiriera a este pasaje de Psellos al aludir al rito adivinatorio en el que se utilizaba el agua.

Una vez aclarado este punto, es posible entender la Centuria I, Cuarteta 42. Si la examinamos conjuntamente con la Centuria I, Cuartetas 1 y 2, resulta ser el más importante de todos los versos de Nostradamus en relación tanto con su vida, como con su implicación en la adivinación ritual y otras técnicas de magia blanca.

En un Viernes Santo, en palabras de Psellos, "el tiempo en que conmemoramos la Pasión redentora de Nuestro Señor" y, según él, la fiesta litúrgica anual en la que los brujos mesalianos (véase más abajo) solían celebrar una orgía incestuosa que luego continuaba con sacrificios humanos y canibalismo,

Nostradamus empezó a utilizar en serio una forma de adivinación ritual en la que se empleaba un cuenco con agua. Es probable que su técnica particular fuera muy similar a la anteriormente descrita por Psellos en lo que parece haber sido una forma un poco confusa, aunque no sea necesario creer que literalmente el agua le hablase con una "débil voz". Sin embargo, en palabras de un autor mucho más reciente, James Laver, en un texto que escribió sobre Psellos en 1942, si bien hay "algo un poco cómico en la idea de que un cuenco de agua componga versos... posiblemente nos encontramos tras la pista de una forma de adivinación muy próxima a los métodos de Nostradamus [de predicción del futuro], que era bien conocida en la antigüedad y... que todavía practican algunos pueblos primitivos. Se dice que los faquires de la India consiguen hacer hervir y burbujear el agua con la simple fuerza de su mirada. ¿Es esto algo más que una técnica para inducirse el trance?"

Según la opinión del autor, la utilización de un cuenco de agua puede ser (aunque de ninguna forma sea siempre) "algo más que una técnica para inducirse el trance". Sin embargo, parece probable que Nostradamus utilizase el cuenco de agua como foco para ayudarse a conseguir esa suerte de disociación de la consciencia que constituye uno de los preliminares esenciales de la auténtica visión. En otras palabras, Nostradamus invocaba al "espíritu de Psellos" de la profecía.

Una de las primeras cosas que percibió en su visión de aquel Viernes Santo fue una "Diabólica Asamblea" celebrando un rito de magia negra, que podría haberse producido en cualquier lugar y, prácticamente, en cualquier momento. A Nostradamus esta ceremonia blasfema le pareció la restauración de las que celebraba la "depravada raza" de supuestos mesalianos.

Orgías asesinas

La relación que Nostradamus pudo discernir entre su visión de un rito de magia negra celebrado por una "Diabólica Asamblea" y la magia negra de la que hablaba Psellos en su texto estaba basada en el relato que este último hizo sobre un rito herético que celebraba un pueblo al que él llamó "mesaliano":

"Por la tarde... en la época en que nosotros conmemoramos la Pasión redentora de Nuestro Señor, ellos reúnen... a las jóvenes a las que han iniciado en sus ritos. Entonces apagan las velas... y se lanzan lascivamente sobre las jóvenes... cada uno a la que cae en sus manos. Creen que esto es algo que agrada sobremanera a los demonios al transgredirse las leyes de Dios que prohiben el incesto. A los nueve meses, llegado el momento del nacimiento del fruto contranatura de las uniones contranatura, se vuelven a reunir. El tercer día después del nacimiento, cortan la carne tierna [de los recién nacidos] con afilados cuchillos y recogen la sangre en cuencos. Arrojan los cuerpos de los inocentes al fuego hasta que quedan reducidos a cenizas. Después, mezclan estas cenizas con la sangre de los cuencos componiendo así un bebedizo abominable... que todos ellos ingieren". No hay constancia de que este rito se celebrase en el tiempo en que Psellos escribió su descripción. Sin embargo, lo cierto es que, si en algún lugar del Imperio bizantino se celebró durante el tiempo en que vivió Miguel Psellos, no fueron los mesalianos quienes lo hicieron, puesto que esta secta había desaparecido hacia ya mucho tiempo.

Esto no significa que no se celebrasen otras orgías asesinas parecidas; hay algunas similitudes entre el rito descrito por Psellos y el relato fidedigno de muchas ceremonias dirigidas por los iniciados de ciertos cultos tántricos no ortodoxos centrados en la muerte.

EL FUTURO QUE NO OCURRIÓ

Aunque la mayoría de las predicciones en las que Nostradamus indicó una fecha precisa se han verificado en el curso de la historia, no puede decirse lo mismo de todas ellas. El vidente de Salon cometió algunos importantes errores proféticos, a pesar de sus grandes aciertos. Por ejemplo, en la Centuria I, Cuarteta 49, hizo una predicción concreta para el año 1700:

Mucho tiempo antes de estos acontecimientos,
las gentes de Oriente, por la influencia lunar,
en el año 1700 muchos serán desplazados,
y casi llegarán a sojuzgar la cornisa del norte [area].

Es obvio que los acontecimientos mencionados en la primera línea son los que se describen en el verso anterior, Centuria I, Cuarteta 48, que parecen referirse a un período de tiempo que se iniciará alrededor del año 3000. Pero, ¿qué significan las otras tres líneas de la cuarteta, en la que se indica una fecha exacta en la que "muchos serán desplazados"?

Desgraciadamente, no hay indicio alguno de ningún acontecimiento que tuviera lugar en torno al año 1700 y que pudiera adaptarse a esta predicción, por más que algunos admiradores de Nostradamus, deseosos de encontrar un suceso que se adecuase a la profecía hayan tratado de aplicarla a la ocupación de Islandia por las fuerzas de Carlos XII de Suecia y a una campaña en el norte de la India que llevó a cabo uno de los comandantes de los ejércitos del "Gran Mongol", emperador Aurungzeb. Sin embargo, los más profundos conocedores de la obra de Nostradamus, es decir aquellos cuyo entusiasmo y credulidad no son ilimitados, admiten que en este caso concreto, el vidente se equivocó.

Está perfectamente demostrado que las facultades mentales de cualquier individuo, ya sean las innatas o las que se han desarrollado mediante arcanas disciplinas y práctica, están sujetas a procesos periódicos de intensificación y debilitamiento. Es como si los que podríamos llamar "atletas psíquicos" pudieran, al igual que sus colegas en el terreno de lo físico, perder completamente su estado de forma sin razón aparente. Así, por ejemplo, hay médiums que han propiciado fenómenos sorprendentes y que en un momento dado sufren un debilitamiento psíquico con el que pierden sus auténticas facultades y se ven obligados a recurrir a unos trucos tan infantiles que no engañarían a nadie dotado de una mínima capacidad de observación.

No hay motivo para pensar que Nostradamus fuera inmune a estos bajones mentales y tuviera días malos, es decir, momentos en los que la energía psíquica es muy baja y la visión pierde su clarividencia o se distorsiona, o, lo que es mucho más grave, no se produce visión alguna y se recurre al autoengaño.

Por consiguiente, es perfectamente posible que, cuando Nostradamus hizo esta profecía aparentemente errónea de que el año 1700 estaría marcado por un notable acontecimiento, sus facultades psíquicas estuvieran pasando uno de esos bajones, dentro de su ciclo de intensificación y debilitamiento. Si hubiera sido así, sin embargo, resulta sorprendente que la predicción fuera tan concreta en cuanto a la fecha y que un vidente de la experiencia de Nostradamus no advirtiera que se encontraba tan bajo de facultades que debía omitir la profecía por ser extremadamente dudosa. Quizá una posibilidad más plausible sea que en la ocasión de esta predicción, y tal vez en otras muchas, Nostradamus no estuviera mirando en el futuro de nuestra realidad sino que estaba viendo lo que entonces era el presente de una realidad alternativa en la que algún acontecimiento de trascendencia mundial tuviera lugar en el año 1700.

Kennedy y el Sha

Nostradamus es sólo uno entre los numerosos videntes que han tenido grandes éxitos de predicción y que también han emitido muchos pronósticos cuya inexactitud, total o parcial, el tiempo se ha encargado de demostrar. Consideremos, por ejemplo, las profecías hechas por Jeane Dixon, la más conocida vidente entre todos los que han ejercido su arte en EE.UU. en el siglo XX.

Algunas de ellas fueron verdaderamente sorprendentes. En 1956, predijo el asesinato del presidente Kennedy (que tendría lugar en 1963), en el transcurso de una entrevista publicada en la revista Parade en la que ella relató una visión que había experimentado unos cuatro años antes: "Sentí una voz que no sé de dónde provenía, que me dijo quedamente que este hombre joven, un demócrata que sería elegido presidente en 1960, habría de morir asesinado durante su mandato".

A principios de los años setenta, predijo con exactitud que el sha de Persia sería derrocado por un levantamiento popular. Pero indicó que esto sucedería en 1977, dos años antes de la fecha en que esto tuvo lugar. Además, afirmó que tras el aislamiento de su exilio, el sha volvería a "estar en el candelero mundial". En realidad, murió de cáncer durante su exilio.

Las predicciones sobre Irán de Jeane Dixon fueron parcialmente correctas pero, las que hizo en los años setenta en relación con el Reino Unido resultaron ser totalmente erróneas. Predijo, por ejemplo, que el diputado del Partido Laborista Eric Varley, "saltaría al candelero", aunque hace muchísimos años que nadie le recuerda. Dixon señaló que sir Geoffrey Howe sería el próximo primer ministro conservador. Jamás llegó a ese cargo y, lo que mejor se recuerda de él es el discurso que hizo al dimitir como ministro de Asuntos Exteriores.

LOS LÍMITES DE LA FICCIÓN

Otra de las explicaciones, y quizá la más interesante, de la forma en que Nostradamus conseguía fijar su mirada durante un instante en el futuro, está relacionada con la existencia de realidades alternativas, de las que se hablaba anteriormente. Desde hace mucho tiempo, numerosos escritores de ciencia ficción han expresado de forma fácilmente comprensible la idea de que vivimos y somos conscientes de una sola realidad de entre las muchas que existen. La antigüedad de las obras de muchos de estos escritores no es motivo para que esta idea pierda credibilidad, pues vale la pena recordar que los primeros escritores de ciencia ficción escribieron relatos sobre la utilización de la energía nuclear en una época en la que la mayoría de físicos estaban convencidos de que eso sería imposible.

El concepto de realidades alternativas, según el cual cada una de ellas se ramifica desde otra línea de tiempo como consecuencia de alguna decisión aparentemente insignificante, y que en ocasiones destruye la realidad original al "brotar", ha sido uno de los temas favoritos de los escritores y relatos fantásticos desde los años treinta. En *Bring the Jubilee* (1976) tiene lugar uno de esos procesos de destrucción. Su autor, Ward Moore, relata las aventuras de un historiador que viaja a través del tiempo, en un futuro en el que la Confederación venció en la guerra de secesión de Estados Unidos; el protagonista viaja al pasado en el que presencia una de las victorias más decisivas de la Confederación. Un soldado destacado sudista interpreta erróneamente las actividades del historiador en el escenario bélico como un indicio de la presencia de tropas de la Unión. Las tropas confederadas se retiran presas del pánico. Este hecho hace que el triunfo sudista que el historiador ha ido a ver se transforme en una derrota. La Confederación pierde la guerra y el futuro del que el protagonista había partido se desvanece en un instante. Entonces, se encuentra atrapado en un mundo alternativo que le resulta totalmente extraño en que los nordistas ganaron la guerra de secesión.

Con ideas parecidas a éstas, más recientemente, *El hombre en el castillo* (1962), Philip K. Dick creó una realidad alternativa en la que la causa que hacía brotar la realidad alternativa de su historia en el árbol del tiempo era una decisión colectiva (y no una individual). Se trataba concretamente de la decisión de los votantes en las elecciones de noviembre de 1931 por la que consideraban más adecuado elegir a un presidente que no era Franklin Delano Roosevelt. Esto provocaba la creación de una línea de tiempo en la que Alemania y Japón ganaban la segunda guerra mundial y Estados Unidos se encontraba dividido, a principios de los años sesenta en tres entidades políticas distintas: los Estados orientales de la Unión, bajo el brutal dominio nazi, la zona occidental, convertida en una auténtica colonia japonesa que trataba a los habitantes de una forma mucho más benévola que los dominadores nazis de la primera zona, y las zonas restantes de lo que antes había sido el gran país que se llamó Estados Unidos: los estados montañosos del interior, económicamente menos boyantes.

El argumento de *El hombre en el castillo* presenta una gran complejidad. El protagonista, por ejemplo, el hombre del "gran castillo" — que era un bastión fortificado en el que se había refugiado de las bandas nazis de asesinos —, en cierta forma es un contacto subliminal con una realidad alternativa, o línea de tiempo, en la que Japón y Alemania perdieran la guerra. Sin embargo, no es nuestro mundo el que él conoce; la otra realidad que él percibe es otro brote del árbol del tiempo, uno en el que ningún barco de la flota de EE.UU. sufrió el menor daño en el ataque aéreo japonés a Pearl Harbour, porque se habían hecho a la mar por orden de un presidente de Estados Unidos cauto y juicioso.

Otras novelas sobre realidades alternativas muy interesantes a este respecto son *Pavana* (1968), de Keith Roberts y *La alteración* (1976), de Kingsley Amis. Ambas están ambientadas en un mundo alternativo en el que la Reforma protestante del siglo XVI fue aplastada, y la triunfante Iglesia católica tiene el dominio absoluto de cualquier aspecto de la vida y la cultura en Europa. El libro de Amis, en el que aparecen dos desagradables personajes que se dedican a la caza de herejes y responden a los nombres de Foot y Redgrave, resulta una lectura muy amena y entretenida; *Pavana,* ambientado en un condado de Dorset alternativo, en una Inglaterra en la que la reina Isabel I fue asesinada en 1588, es el más original de los dos.

ANTIGUA SABIDURÍA, CIENCIA MODERNA

El mago siempre ha tenido capacidad para ver en los reinos que se extienden más allá de lo físico. Su visión del mundo presupone que por medio de los conocimientos de otros mundos, planos o realidades es capaz de conseguir sorprendentes cambios en el plano físico; "sorprendentes" porque, sin un conocimiento de las complicadas y sinuosas relaciones entre las distintas realidades, los efectos que consigue el mago son sorprendentes, tanto como el funcionamiento de la radio se lo habría parecido a un cazador de la Edad de Piedra. La teoría sobre el funcionamiento de la radio es algo que se comprende hoy en día, pero aun así, nadie puede señalar las ondas de radio según van por el aire transportando el sonido. Lo mismo ocurre con la magia; a no ser que la teoría de las otras realidades, como el plano astral, se llegue a comprender, no se comprenderán los efectos de la magia. Los magos siempre han sido muy dados a explicar el Universo en términos de complejas cosmologías, para lo cual han empleado con mucha frecuencia la metáfora del árbol. Uno de los ejemplos más típicos a este respecto es el Árbol de la Vida, que los cabalistas judíos llevan utilizando desde hace más de 1 000 años. La imagen del Árbol de la Vida es paralela al concepto del tiempo como árbol ramificado. Cada rama y cada brote contiene una realidad que es diferente, sólo ligeramente diferente del brote que tiene al lado.

Esta idea de las realidades alternativas puede servir de explicación al hecho de que no se haya cumplido la predicción de Cheiro sobre una guerra en Palestina en la que participarían tropas rusas; muy bien puede haber tenido lugar en una realidad alternativa, aunque no se haya producido en la nuestra. ¿Demasiado fantástico? Tal vez; pero la hipótesis de las realidades alternativas también explicaría algunos tipos de fenómenos psicológicos que desconciertan a los científicos desde hace más de un siglo.

Los fenómenos psicológicos en cuestión son aquellos relacionados con premoniciones, sueños reveladores, e incluso visiones del futuro, casi acertados aunque no del todo, que, según se ha constatado, han experimentado muchas personas normales y corrientes, a las que jamás se les ha ocurrido afirmar estar en posesión de facultades paranormales ni de videncia.

Parece que la ciencia moderna, por su parte, va abandonando los sólidos ladrillos que constituyen la materia, los elementos, y se va centrando en la idea de un Universo en el que la fuerza (energía) y la forma (material) son transmutables entre sí. En su famoso libro *Historia del Tiempo,* Stephen Hawking acompaña al lector a través de los distintos niveles del pensamiento científico moderno, desde el filósofo griego Aristóteles, pasando por Newton y Einstein, hasta llegar a las últimas teorías sobre el espacio y el tiempo. En cada punto de la evolución del pensamiento científico, se va rechazando la más evidente "certidumbre". Tolomeo, por ejemplo, estaba convencido de que la Tierra era el centro del Universo, y que tanto el sol como los demás planetas giraban en torno a ella. En 1514, Copérnico observó la forma cambiante de la luna, y propuso la teoría de que los planetas realmente giraban alrededor del Sol, aunque esto no fue universalmente admitido hasta que Galileo, valiéndose de su telescopio, lo confirmó en 1609, casi un siglo después. La Tierra se había desplazado desde el centro del Universo, convirtiéndose en un planeta más.

En 1687, Newton publicó sus descubrimientos sobre la gravedad, una fuerza invisible, imposible de medir directamente, por la que, al parecer, todos los cuerpos del Universo se atraían entre sí... ¡como por arte de magia! El hombre fue cediendo en importancia, y hasta la Tierra resultó no ser independiente (depende de cualquier otro cuerpo del Universo). Tuvieron que transcurrir casi 130 años para que a alguien se le ocurriera empezar a pensar en las relaciones entre la gravedad y la luz. Incluso la luz, sufriría una "curvatura" por acción de la gravedad.

En este siglo, Einstein enriqueció la ciencia con el concepto de que materia y energía pueden ser intercambiables, con lo que finalmente se llegaba a la idea del mago según la cual el Universo es generado a partir de la interacción de fuerza y forma. Todavía seguía pareciendo que el tiempo era "eterno"; Hawking, entonces, reveló que "la teoría de la relatividad puso fin a la idea del tiempo absoluto... Cada observador debe tener su propia medida del tiempo, igual que la que registra su reloj; y relojes idénticos en las muñecas de observadores distintos no tienen necesariamente que ir a la misma hora". Si distintos observadores tienen tiempos distintos debido a sus diferentes puntos de observación, desde un punto de observación muy diferente, se podría observar un tiempo que tuviera décadas o incluso siglos de diferencia con respecto al nuestro. Nostradamus descubrió el secreto de este punto de observación. Progresivamente, Hawking va rebatiendo cada una de las sucesivas teorías científicas diseñadas para explicar las deficiencias de la anterior, hasta que la explicación científica del Universo llega a parecer mucho más enigmática que la más compleja de las cosmologías del mago, y el tiempo se convierte en algo tan mutable como cualquier otra cosa del Universo. Evidentemente, no estamos viajando por el simple río del tiempo, sino que estamos viviendo en algo infinitamente más complejo.

El Árbol de la Vida

El Árbol de la Vida es una misteriosa representación del Universo de gran antigüedad, mucho más antiguo que el diagrama de las trayectorias de los planetas alrededor del sol. También es el mapa de la esencia oculta del hombre, ya que las anatomías ocultas del hombre y del Universo se consideraban similares.

El Árbol de la Vida consta de 10 círculos o esferas (sefirot) interconectadas por 22 sendas (nombradas con las 22 letras del alfabeto hebreo). Cada una de las esferas está asociada simbólica pero no físicamente con alguno de los planetas, con el Sol o con la Luna. Se cree que el total de 32 esferas y sendas se duplica cada cuatro "Mundos" de distintos grados de solidez, hasta completar un total de 128 sendas y esferas.

De todas estas esferas distintas, solamente una es la que corresponde al mundo físico que nos rodea y que nosotros conocemos. El resto del diagrama permite al cabalista o al mago describir las partes secretas y ocultas del Universo; el origen de los sueños, el lugar donde habitan las imágenes arquetípicas del subconsciente, la residencia de los ángeles y de los demonios, y muchísimas cosas más que nuestra consciencia de personas de finales del siglo XX nos ha privado de conocer, pero que no por eso dejan de ser reales.

Esta profundidad descriptiva alcanza muchos otros conceptos además de los de luz, gravedad y relatividad, aunque, sin duda, los mundos del cosmólogo y del mago no son sino metáforas de la aterradora realidad del Universo mismo, realidad que comprendemos tan bien como el recién nacido puede comprender el contenido de un montón de enciclopedias.

NUESTRO DESTINO TIENE FORMA DE ABANICO

El problema al que nos enfrentamos al estudiar las Centurias de Nostradamus es simplemente que carecemos de una perspectiva suficientemente amplia sobre sus predicciones. Sólo somos capaces de ver una ventana de historia desde antes de su tiempo hasta el presente, mientras que él podía ver hacia adelante y hacia atrás por las distintas ramas en las que se producían los acontecimientos. En la Centuria I, Cuarteta 2, Nostradamus escribe "au milieu des BRANCHES" [literalmente, "en medio de las RAMAS"], con referencia a la profetisa de Branco, así como a las sendas ramificadas del destino sobre las que escribió Jorge Luis Borges.

En esta cuarteta se afirma implícitamente que los acontecimientos de la historia no forman una línea larga y continua, concepto al que suele adherirse el historiador moderno, sino un sutil entretejido de acontecimientos y personas que podría permitir al viajero a través del tiempo presentarse en lugares y momentos muy dispares, y presenciar acontecimientos que separan entre sí muchas décadas o siglos, pero que se encontrarían uno junto al otro.

Este enfoque de la obra de Nostradamus de alguna forma permite explicar por qué parece que sus cuartetas saltan adelante y atrás en el tiempo, sin orden aparente. Quizá simplemente el vidente fuera escribiendo lo que veía en el orden en que lo iba viendo; así, este orden realmente sería el reflejo de la forma en que pasado y presente se entrelazan, y no algún ingenioso sistema deliberadamente empleado para dificultar la tarea de descifrado. También podría haberse dado el caso de que a Nostradamus le hubiera resultado imposible desenredar la maraña del tiempo sin haber podido tener la ayuda de una visión retrospectiva, de la que nosotros gozamos en parte. Posiblemente no estemos ante un deliberado oscurantismo, sino, ante una clave real de la estructura de las "ramas del Tiempo".

Finalmente, en muchas teorías del tiempo, o incluso al pensar en los sucesos de la vida cotidiana, se admite que si la acción hubiera sido otra, también el efecto habría sido distinto. De hecho, una vez que se ha elegido una ramificación determinada en el jardín de las sendas ramificadas, es imposible que el curso de los acontecimientos pueda llevarle a uno al punto de partida. El tiempo, los acontecimientos y las personas han brotado en una dirección diferente.

En cualquier punto de la vida de cada uno en que se toma una decisión importante (o incluso intrascendente), existe una gama de posibilidades; cada decisión nos lleva por una rama del abanico de posibilidades. Nuestro destino es como una sucesión de decisiones en forma de abanico, o como un jardín con senderos ramificados. Tal vez la auténtica naturaleza de nuestro destino colectivo o historia, tenga también la forma de un abanico, en cuyo caso, no resulta sorprendente que hayan sido pocos los videntes que, como Nostradamus, hayan encontrado el camino adecuado en ese jardín de sendas ramificadas siglos antes de que fueran tomadas las decisiones que determinaban esas ramificaciones. Quizá esto explique la razón por la que algunas cuartetas no encajan: serían visiones de una realidad alternativa desde el final de una senda que nunca se llegó a emprender.

Todas estas consideraciones nos aportan una serie de sólidas conclusiones. En primer lugar, el tiempo no es lineal sino infinitamente ramificado, y en él constantemente se producen nuevos brotes, como en un árbol vivo en crecimiento. En segundo lugar, algunos profetas, por medio de un "talento innato" o del conocimiento de ciertas técnicas antiguas, pueden adoptar unos puntos de vista (o de observación) que les permiten ver las realidades alternativas. En tercer lugar, estas realidades alternativas pueden encontrarse "por delante" de nuestra realidad, de forma que el profeta ve lo que para nosotros es un acontecimiento futuro, aunque en esa realidad sea el presente. En cuarto lugar, disponemos de libertad para tomar unas decisiones que pueden alterar el curso del tiempo, y algunas realidades alternativas vistas por algún otro buen profeta jamás lleguen a producirse en nuestra realidad.

El Aleph

El escritor, poeta y erudito argentino Jorge Luis Borges (1899-1986) escribió numerosos relatos, aparentemente de ficción, sobre la relación entre tiempo y espacio, y sobre cómo los acontecimientos están interrelacionados. En este libro, *El Aleph,* describe la visión que le sobrevino al concentrarse en un único punto luminoso al que él llama el Aleph, que actúa de forma similar a una bola de cristal. Era una "pequeña esfera iridiscente, de una brillantez casi insoportable. Al principio creí que giraba; luego comprendí que este movimiento era una ilusión producida por las vertiginosas vistas que encerraba". Al mirar detenidamente en su interior a otros tiempos, otros espacios e infinidad de objetos: una mar picada, un mosaico que había visto 30 años antes en la entrada de una casa, caballos en una playa del mar Caspio y convexos desiertos ecuatoriales con todos sus granos de arena.

No hay ninguna razón por la que Nostradamus, Cheiro y otros muchos videntes tuvieran que haber sido los únicos capaces de moverse por el árbol del tiempo; las técnicas empleadas para mirar en el futuro, ya fuera individual o colectivo, no son potestad de unos pocos elegidos.

Los oráculos solían ser personas que participaban en la vida religiosa de la antigua Grecia; dentro del culto de Apolo estaban incluidos la creación y el mantenimiento de lugares de profecía en los que los dioses se comunicaban con el hombre. La práctica que tenía lugar en Delfos consistía en que la profetisa se sentaba en un trípode de bronce situado sobre un orificio practicado en el suelo de una caverna del que salían vapores narcóticos. Esto guarda un gran parecido con la descripción del método empleado por Nostradamus que conocemos por medio de la Centuria I, Cuarteta 1.

Esos métodos no son fáciles de imitar, pero si avanzamos algo menos de un siglo después del tiempo en que Nostradamus vivió, encontramos un método de adivinación que podemos emplear. En la época isabelina, el Dr. John Dee, matemático y consejero de la corte de la reina Isabel I, se empeñó en conocer el futuro sin consultar a los oráculos profesionales. Su método consistía en tener visiones en un vidrio o "cristal". Dee llegó aún más lejos en sus intentos de profundizar en la adivinación: trató de conversar con los ángeles a través del cristal. Sus técnicas, ya que no sus ángeles, continúan estando a nuestro alcance.

Para practicar esta técnica de la "cristalomancia" hace falta una habitación oscura y silenciosa, y una superficie que no refleje la luz sobre la que se coloca el cristal, a veces sobre un trozo de madera oscura; el berilo es una piedra muy adecuada para esta práctica. Después de preparar la mente vaciándola de cualquier pensamiento que pueda ser causa de distracción, el vidente mira el interior de la piedra, que normalmente suele ser un trozo esférico de cristal natural pulido, generalmente, alguna variedad de cuarzo. En la superficie del cristal no se debe producir ningún reflejo que pueda distraer la atención.

La finalidad de mirar atentamente la piedra es anular la parte de la mente ocupada por la consciencia de la realidad cotidiana de forma que ésta quede desconectada, con lo que se libera la visión que empieza a explorar otros tiempos y lugares o, a veces, otros planos. El vidente puede tener suerte en cuestión de minutos o verse obligado a esperar durante horas dependiendo de las aptitudes innatas y otras condiciones. Al ensayar esta técnica, hay que tratar de no mirar la superficie de la piedra, sino un punto medio en su interior. Una vez desencadenado el proceso de percepción extrasensorial, el cristalomante "ve" con la mente, de una manera análoga a la visión física, cosas que se encuentran muy alejadas en el tiempo y/o en el espacio. En el caso de algunas formas avanzadas de cristalomancia en las que se producen lo que se suele conocer por experiencias extracorpóreas, el cristalomante tiene la auténtica sensación de estar presente físicamente en el escenario de su visión. Con frecuencia, la cristalomancia resulta ser una técnica disociativa muy eficaz para aquellos que tratan de vislumbrar el futuro y poner en juego sus facultades psicológicas. Son minoría los cristalomantes que emplean verdaderas bolas de cristal debido a su elevado precio; abundan más las imitaciones hechas de cristal soplado, que resultan más asequibles y que, por lo general, proporcionan unos resultados tan satisfactorios o insatisfactorios como las auténticas. De hecho, hay infinidad de cosas que pueden servir de foco: un vaso de agua (hidromancia), un tintero o una piedra translúcida.

El hecho de que en el pasado se experimentaran muchas visiones cristalománticas es algo que no puede dudar nadie que considere las evidencias objetivamente. Algunos cristalomantes poseen un "talento innato", que en ocasiones ha sido deliberadamente cultivado mediante la práctica del tipo de ejercicios psicológicos.

La caída de una reina

Un cristalomante de la época de Isabel I predijo acertadamente la ejecución de María Estuardo y el viaje de la Armada Invencible española, basándose en las visiones que había tenido en un trozo de "carbón bituminoso" cristalizado, que en nuestros días seguramente no sería otra cosa que antracita o azabache.

El cristalomante en cuestión, Edward Kelley (1555-1595), era una de esas personas con tanto talento como ausencia de moralidad. Era una especie de combinación de auténtico vidente y pequeño criminal. Kelley trabajó para el Dr. John Dee ayudándole en sus experimentos cristalománticos sobre las "revelaciones angelicales". La visión que se interpretó como la predicción de la ejecución de María Estuardo y el intento de invadir Inglaterra, fue registrada en los diarios de Dee el 5 de mayo de 1583. Con Kelley actuando como médium, Dee preguntó al "ángel Uriel": "En relación con la visión q [sic] ayer se presentó ante la vista de E[dward] K[elley] cuando se había sentado a cenar conmigo en mi cámara, es decir, la aparición de un gran mar en el que había muchos barcos, y la decapitación de una mujer llevada a cabo por un hombre alto y negro, ¿qué es lo que debemos entender con ello?" A lo que Uriel respondió: "Planes de poderes extranjeros contra el bienestar de esta tierra, que pronto se pondrán en práctica. Lo otro, la muerte de la reina de Escocia, para la que no falta mucho".

Y así ocurrió. En 1587, María Estuardo, reina de Escocia, fue ejecutada por traición, y el año siguiente la Armada Invencible puso proa hacia Inglaterra. Dee ya había puesto en conocimiento de Isabel I su profecía, con lo que Drake tuvo tiempo de sobra para prepararse; puede que la profecía de Kelley cambiase el rumbo de la historia.

EXPLORACIÓN DEL ÁRBOL DEL TIEMPO

Las instrucciones precisas para la utilización de los métodos de profecía oracular como los que empleaba Nostradamus no están recogidas en ningún lugar con el suficiente grado de detalle, por lo que la predicción exige así cierta dosis de aptitud natural. Sin embargo, existen otros numerosos métodos de adivinación que, con un poco de práctica, permiten explorar el árbol del tiempo y vislumbrar el futuro.

En cualquier caso, uno de los métodos más eficaces a la hora de obtener respuesta a preguntas concretas es el I Ching o "Libro de las mutaciones", que es el libro de oráculos más antiguo y conocido del mundo. La autoría de este texto chino clásico se atribuye al rey Wen y a su hijo, el duque de Chou, que en el siglo XII a.C., compilaron el libro "con el fin de liberar al sabio administrador de la dependencia de las inestables formas sacerdotales de interpretar el oráculo", clara indicación de que este oráculo es para el uso diario.

Esta técnica consiste en generar uno o dos de los 64 hexagramas distintos, cada uno de los cuales está formado por una combinación única de seis líneas enteras o partidas, llamadas Yang (enteras y masculinas) o Yin (partidas y femeninas). A continuación, es necesario consultar el texto. Además de esto, hay que tener en cuenta los numerosos comentarios que el I Ching añade a cada hexagrama. El hexagrama se obtiene o bien manipulando 50 varillas de milenrama especiales, o, más recientemente, lanzando monedas que, dependiendo de la forma en que caen, permiten predecir con gran exactitud las condiciones del momento y, de ahí, el resultado de la pregunta formulada.

Para practicar la adivinación, es necesario relajar previamente la mente y quizá quemar un poco de incienso que favorezca la concentración. Después, se formula la pregunta con tanta precisión y cuidado como sea posible, y se escribe. Se toman tres monedas (lo ideal, aunque no imprescindible, es que sean monedas chinas) que tengan un orificio en el centro. Sus caras representan el Yang (normalmente, cara) y el Yin (normalmente, cruz). Hay que lanzar al aire las monedas seis veces, y cada lanzamiento proporciona un tipo de línea. Si las monedas caen con dos Yang (cara) y un Yin (cruz), la línea es Yang. De la misma forma, si hay dos caras Yin y una Yang, la línea es Yin. Si las tres caras son Yang, entonces se considera una línea Yang "móvil", es decir, que es Yang pero con tendencia a convertirse en Yin en el futuro. Tres caras Yin constituyen una línea Yin "móvil".

Veamos un ejemplo con una pregunta cualquiera para ilustrar esta técnica. Supongamos que la pregunta es: "¿Qué consecuencias tendrá este juicio para mí?" Se lanzan las tres monedas seis veces, y se obtienen las seis líneas siguientes:

1	2	caras Yang	+	1 Yin =	YANG
2	1	cara Yang	+	2 Yin =	YIN
3	3	caras Yang		=	YANG móvil
4	1	cara Yang	+	2 Yin =	YIN
5	1	cara Yang	+	2 Yin =	YIN
6	2	caras Yang	+	1 Yin =	YANG

Una vez trazado el hexagrama de las seis líneas como arriba, es necesario consultar su significado en el I Ching, que dará el resultado de la pregunta. En este caso, el hexagrama es el número 21, llamado Shi Ho, cuyo texto dice: "Éxito en los procedimientos legales. No te abrumes por las actuales dificultades. Independencia".

La respuesta a la pregunta es muy concreta, pero se puede profundizar más en su interpretación considerando la llamada línea "móvil", y cambiarla por su opuesta, en este caso, de Yang a Yin. El hexagrama resultante es el número 27, cuyo texto es: "La persistencia correcta trae buena fortuna". Lo cual confirma la interpretación anterior. Con la práctica y utilización periódica del I Ching se realiza el proceso cada vez mejor y con mayor facilidad. Aunque uno de los puntos más débiles del I Ching es la datación de las predicciones, en ocasiones se ofrecen consejos en los casos adecuados. Si se lee directamente, resulta tan abstruso como las cuartetas de Nostradamus, pero cuando se emplea adecuadamente, el texto concreto elegido por el oráculo suele tener una claridad meridiana y resultar perfectamente adecuado a la pregunta formulada.

LOS SUEÑOS Y LAS REALIDADES ALTERNATIVAS

Carl Gustav Jung, uno de los psiquiatras más importantes del siglo XX y alumno de Freud, se mostró muy interesado por la forma en que la mente humana se relaciona con el mundo, la "realidad" y el tiempo. A partir de 1920, Jung consultaba con frecuencia el oráculo I Ching, fascinado por la exactitud de sus predicciones. Desconcertado por la incompatibilidad de su precisión con su aparente aleatoriedad y carencia de método científico, desarrolló una teoría del "sincronismo" para tratar de explicar cómo los acontecimientos o pensamientos interiores en ocasiones están relacionados con acciones aparentemente no relacionadas con el mundo que nos rodea, o incluso llegan a ser su causa. Jung trató también de encontrar paralelismos entre los sueños y los acontecimientos reales, en los que podría basar una suerte de profecía onírica.

Dado que existe una relación entre la mente subjetiva y el mundo exterior, no hay que dar más que un paso para llegar a la conclusión de que si los acontecimientos interiores pueden precipitar acontecimientos exteriores, entonces quizá sea posible que algunos individuos dotados de un talento natural puedan, por medio de la concentración y la utilización de una técnica adecuada, predecir realmente acontecimientos exteriores que todavía no se han producido. En su libro *Sueños*, Jung escribió: "En las supersticiones de todos los tiempos y razas, el sueño se ha considerado un oráculo acertado... No se puede negar la existencia de sueños premonitorios". Al parecer, el sincronismo se produce aleatoriamente; poder desencadenarlo a voluntad sería algo casi mágico.

John William Dunne, ingeniero aeronáutico y autor de *An Experiment with Time* (1927) advirtió que algunas imágenes marginales que se habían introducido en su mente en momentos receptivos o durante algún sueño, posteriormente pasaban a formar parte de experiencias que él no podía haber previsto. En un intento por determinar si este tipo de precognición era frecuente, hizo que 22 personas escribieran sus sueños inmediatamente después de despertarse y que luego comprobasen si alguna de las imágenes de sus sueños se presentaba en la realidad, al cabo de un reducido período de tiempo. Quedó muy sorprendido al descubrir "cuántas son las personas que, aun estando dispuestas a admitir que observamos acontecimientos antes de que se produzcan, suponen que este conocimiento previo se puede tratar como una dificultad lógica menor".

En 1916, Dunne soñó que se producía una gran explosión en una fábrica de bombas de Londres. Esta explosión se produjo en enero de 1917, y en ella perdieron la vida 73 trabajadores y más de 1 000 resultaron heridos. Dunne sacó la conclusión de que este caso y otros similares eran la prueba de que hay segmentos de la experiencia que pueden desplazarse desde su lugar en el tiempo.

Veamos el caso del honorable John Godley, que posteriormente seria lord Kilbracken. La noche del 12 de marzo de 1946 tuvo el primero de una serie de sueños premonitorios. En este sueño, él se encontraba leyendo el periódico del sábado siguiente y, al despertarse, aún se acordaba de los resultados de las carreras de caballos y de los nombres de los dos ganadores, Bindal y Juladin, ambos con apuestas iniciales de 7 a 1. Este sueño le impresionó tanto que no sólo se lo comentó a algunos amigos, sino que consultó el periódico el sábado por la mañana. Los dos caballos, Bindal y Juladin, corrían esa tarde. Apostó a favor de Bindal y el caballo ganó, Godley apostó entonces todas sus ganancias en la carrera siguiente a favor de Juladin, que también ganó. El sueño premonitorio de Godley había resultado exactamente como la realidad, excepto en las apuestas iniciales de los dos caballos, que habían sido de 5 a 4 y de 5 a 2.

Aproximadamente un mes después, Godley volvió a tener otro sueño en el que se veía, de nuevo, leyendo los resultados de las carreras. El único nombre de caballo ganador que consiguió recordar después del sueño era Tubermore. No había ningún caballo inscrito con ese nombre en ninguna carrera, pero había un caballo llamado Tuberose que corría en Aintree el sábado siguiente. Apostó por él y Tuberose llegó en primer lugar a la meta.

En la siguiente ocasión, en su sueño se encontraba hablando por teléfono con un corredor de apuestas. "Monumentor está a cinco a cuatro", dijo el corredor de apuestas del sueño. No había ningún caballo inscrito con ese nombre en ninguna de las carreras de las próximas semanas, pero acordándose del afortunado caso de Tubermore/Tuberose, Godley apostó por Mentores, que, como era de esperar, ganó con unas apuestas iniciales de 6 a 4.

Se observa aquí una lenta divergencia desde la precisión de las primeras predicciones, como si la realidad alternativa en la que se había introducido se estuviera "alejando" de su realidad: al poco tiempo, ninguno de los caballos con los que soñaba conseguía ganar las carreras. Nueve años después, Godley tuvo otro sueño premonitorio, esta vez un caballo llamado What Man? que ganaba el Grand National de 1958 en Aintree. Como no existía tal caballo, apostó por Mr What, que ganó esta carrera tan dura e incierta.

Esto representa un interesante ejemplo de la forma en que las predicciones de Nostradamus a menudo citaban nombres que no eran del todo correctos sino que más bien podían tener un significado similar o ser anagramas.

Jung y el sincronismo

Jung define el sincronismo como una coincidencia significativa, en la que también influye algún tipo de relación oculta entre el acontecimiento interior y el exterior. Uno de los ejemplos que cita Jung, se refiere a una mujer joven a la que estaba analizando, con la que estaba teniendo unas considerables dificultades porque ella siempre "sabía más de todo". Un día, le estaba contando a Jung un sueño especialmente vívido sobre un escarabajo de una variedad muy abundante en Egipto, pero muy escasa en Europa. Mientras hablaba se escuchaban unos golpecitos en la ventana que iban haciéndose cada vez más fuertes. Jung, por fin, abrió la ventana; al hacerlo, entró volando un escarabajo verde y dorado de la variedad abejorro rosa. Jung lo capturó y se lo tendió a su paciente, diciendo: "Aquí está su escarabajo". De esta forma se quebrantó el racionalismo y la resistencia de la paciente, y su análisis avanzó rápida y fructíferamente hasta completarse.

NOSTRADAMUS Y EL TAROT

El Tarot es una antigua baraja utilizada para los juegos de azar, la adivinación y otras aplicaciones esotéricas. Consta de 78 cartas, de las que 22 son cartas con figuras que se llaman arcanos mayores. Éstos han jugado un importante papel en el pensamiento esotérico occidental de los últimos años. Desde principios de la década de 1960, cuando resultaba difícil conseguir una baraja de Tarot, ha aumentado el número de barajas hasta el punto de que el catalogo de las barajas disponibles es un grueso volumen.

Además de los arcanos mayores, hay otras 56 cartas divididas en cuatro palos: copas, oros, bastos y espadas. Son muy similares a las cartas de la baraja normal: están numeradas del uno al diez, con cuatro figuras por cada palo, el paje o sota, la princesa, la reina y el rey. Las cartas numeradas varían desde las que simplemente llevan el punto numérico del palo al que corresponden hasta las complicadas ilustraciones de otras, dependiendo del gusto del artista. Las más interesantes son las cartas ilustradas de los arcanos mayores. Estos símbolos arquetípicos proceden de las imágenes habituales en la Europa de los siglos anteriores a Nostradamus.

Aunque la creación del Tarot se ha atribuido durante mucho tiempo a los antiguos egipcios, las imágenes tienen la típica impronta europea, aunque los gitanos (a los que solía confundirse con egipcios hace algunos siglos) contribuyeron a difundirlo por toda Europa. La primera referencia cierta que se conoce en Europa del Tarot, fue en Berna, en 1367, con lo que se establece su probable origen medieval y europeo.

El Tarot pronto empezó a circular tanto por las tabernas, en pésimas impresiones, como por los ambientes más aristocráticos en los que se empleaban barajas primorosamente decoradas. Incluso el rey Carlos VI de Francia tenía tres barajas de uso personal, que el artista Gringonneur pintó para él en 1392; estaban realizadas en pergamino y profusamente decoradas con lapislázuli y pan de oro. Eran muy diversas las opiniones que suscitaba el Tarot: libro de ilustraciones diabólicas, reliquias paganas, elemento de diversión, y, en otros casos, se consideraba la llave del futuro. Seguramente, Nostradamus tuvo alguna baraja de Tarot en la mano en algún momento de su vida.

Para utilizar el Tarot para la adivinación, primero es necesario conocer bien todas las cartas principales, lo que requiere no menos de media hora de meditar sobre su significado antes de leer la interpretación de cada carta en alguno de los numerosos libros que se venden sobre el particular. De esta manera, uno consigue formar su propia relación instintiva con la carta antes de que se le asocie a cada una de ellas una opinión ajena.

Una vez que se ha trabajado con cada uno de los arcanos mayores, y se ha leído un poco sobre el significado básico de los arcanos menores, entonces uno ya está en disposición de emprender el viaje al descubrimiento de lo que las cartas quieran decir. Para empezar, se puede plantear alguna pregunta sencilla que posteriormente sea fácil de verificar, y que no tenga un contenido emocional muy fuerte: es demasiado pronto para formular las "grandes" preguntas. Posiblemente, al principio resultará más fácil echar las cartas para otra persona que hacerlo para uno mismo.

Para llevar a cabo el proceso de adivinación más sencillo, es necesario formular previamente la pregunta y escribirla. Con la mente tan apartada de cualquier tipo de pensamiento como sea posible, se barajan cuidadosamente las cartas varias veces, y, luego, se colocan tapadas sobre la mesa las tres cartas de arriba del mazo. Se vuelven una por una y se expresa en palabras lo que se le viene a la cabeza. (A veces, la respuesta corresponderá más a la pregunta real que estaba en la mente de la persona que hace la consulta, que a la pregunta que efectivamente se ha formulado.) La primera carta es una muestra del pasado, la segunda del presente y la tercera representa al futuro en los aspectos relacionados con la pregunta en cuestión.

Si las cartas son arcanos mayores, se formará espontáneamente una historia en la mente. Si se utiliza una baraja completa, es admisible consultar el significado de las cartas numeradas o figuras, o también el de los arcanos mayores, si no viene a la mente ninguna posible interpretación. No hay que olvidar que el significado de las cartas es distinto si aparece hacia arriba o hacia abajo.

Existe un método de adivinación mucho más complejo que se conoce como "Cruz Celta", en el que se emplean 10 cartas extraidas del mazo en un orden determinado, y que permite obtener una información mucho más amplia sobre las preguntas formuladas. Cualquier libro sobre el Tarot explica con detalle todos estos asuntos.

Los arcanos mayores

Las 22 imágenes que tradicionalmente forman parte de los arcanos mayores, se pueden agrupar en varias categorías distintas:

1. *Personajes:* el Loco, el Mago, la Alta Sacerdotisa, la Emperatriz, el Emperador, el Papa, los Amantes, el Ermitaño, el Carro (o el Príncipe), el Ahorcado.
2. *Virtudes:* Fortaleza, Justicia, Templanza.
3. *Astrológicas:* el Sol, la Luna, la Estrella.
4. *Alegóricas:* la Rueda de la Fortuna, la Muerte, el Demonio, la Torre (de Babel), el Juicio, el Mundo.

Estas cartas parecen formar una serie incompleta: faltan algunas virtudes como la Fe, la Esperanza y la Caridad, por ejemplo, al igual que cinco planetas que aparecían en las barajas tradicionales del Tarot. Algunas antiguas barajas llamadas "naibi" y "minchiate" incorporaban estas cartas mencionadas, además de un juego completo de los 12 signos del Zodiaco. Sin embargo, el anterior grupo de 22 cartas es la forma a la que el Tarot ha llegado en su evolución, sin haber dejado de ser una herramienta de adivinación que ninguna otra ha superado desde hace más de 600 años.

MÉTODOS PREDICTIVOS RITUALES

Otro de los métodos de adivinación del que Nostradamus pudo haber tenido conocimiento es la geomancia. Se trata de una técnica especialmente útil para dar respuesta a preguntas concretas sobre el futuro de los asuntos materiales, es decir, negocios, finanzas, agricultura y bienes de propiedad. Hay muchos casos que atestiguan la gran precisión predictiva de la geomancia en estos campos.

En efecto, existen numerosos datos que confirman no sólo los éxitos, sino también los fracasos de la geomancia. Uno de los más interesantes es el de un médico de la época isabelina, Simon Forman (1552-1611), que empleaba este método para todo, desde la predicción de diagnósticos médicos hasta los pronósticos sobre política. No hay razón por la que las mismas técnicas geománticas de predicción que emplearon Forman y muchos otros dejen de ser eficaces en nuestros días. La geomancia, sin embargo, tiene un campo de aplicación limitado a las cosas materiales y no se emplea en ningún caso en que entren en juego consideraciones más sutiles, como los sentimientos y emociones humanas, por ejemplo.

La técnica de la geomancia consiste en interpretar una serie de puntos practicados en tierra o arena, o dibujados con lápiz en un papel. Independientemente del medio empleado, es necesario enunciar con gran cuidado y precisión la pregunta, para evitar la ambigüedad en la respuesta. Supongamos que la pregunta es: "¿Me reportará beneficios financieros esta nueva sociedad?" El adivino debe entonces trazar 16 líneas de guiones o puntos con cualquier instrumento que haya elegido, a la par que invoca la ayuda de los espíritus de la Tierra.

Luego, se cuentan los puntos de cada línea. Dependiendo de que el número de puntos de la primera fila sea par o impar, se dibujan dos puntos o uno, respectivamente, en la primera línea de un nuevo pedazo de papel. Se repite la misma operación con las 15 líneas restantes. La página resultante consta de 16 líneas, en cada una de las cuales habrá uno o dos puntos. A continuación, se separan en grupos de cuatro líneas. El primero de estos grupos de cuatro líneas podría ser similar a éste:

número impar de puntos
número par de puntos
número impar de puntos
número par de puntos

Esa imagen es una figura geomántica, la primera de las llamadas figuras "Madre". Las siguientes figuras Madre se obtienen de la misma forma a partir de las lineas restantes y se ponen los resultados a continuación de la primera figura. Por ejemplo:

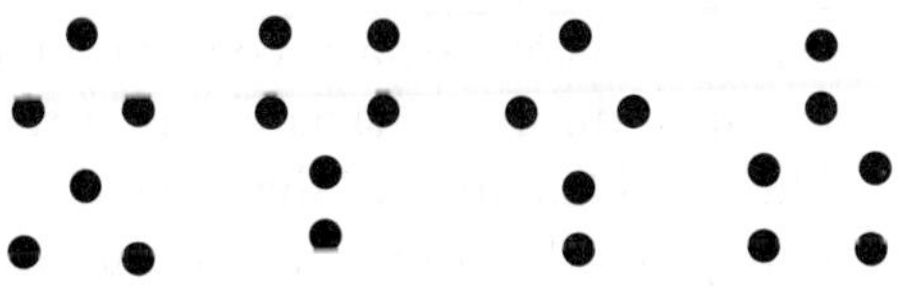

Como se puede apreciar, lo que se va formando es un conjunto de cuatro figuras binarias de cuatro líneas que admite 16

combinaciones distintas. Estas 16 figuras suelen conocerse por sus nombres latinos. Las cuatro anteriores se llaman Amissio (que significa pérdida), Fortuna Major (gran fortuna), Puella (muchacha) y Fortuna Minor (fortuna menor). Ya disponemos de una respuesta inmediata, aunque un tanto burda, a nuestra pregunta: se producirá una importante pérdida de fortuna, pero la suerte llegará por medio de una muchacha o mujer relacionada con la sociedad propuesta. El siguiente paso consiste en utilizar un sistema de aritmética binaria para combinar las cuatro figuras Madre y obtener cuatro figuras Hija, de las que se obtendrán cuatro figuras Sobrina, de las que, a su vez se obtendrán dos figuras Testigo. La combinación de estas dos últimas figuras geománticas da como resultado la figura Juez, por medio de la cual se juzga la respuesta a la pregunta. Para no seguir todos estos pasos, que se pueden estudiar en profundidad en cualquier libro de geomancia, el resultado de esas manipulaciones sería:

● ●
● ●
●
● ●

Esta figura es Albus, que habitualmente es un buen signo, pero que en este caso es simplemente la confirmación de que la sociedad será mercurial e inestable, por lo que es mejor renunciar a ella. Aunque no se debe formular una misma pregunta más de una vez, esta práctica de adivinación se repitió una segunda vez. Aparecieron casi las mismas figuras Madre pero el Juez fue Caput Draconis, enfática advertencia que no presagia nada bueno para la nueva sociedad que, en caso de realizarse, con seguridad supondría una pérdida económica.

Parece que en el siglo IX, en el mundo árabe, probablemente en el norte de África, la geomancia se conocía con el nombre de "raml". Desde allí se difundió hacia el sur, atravesando el Sahara, y llegó a Nigeria, Dahomey y Ghana, en donde se practicaba con el nombre de adivinación Ifa; posteriormente, se exportó al Nuevo Mundo como parte integrante de las técnicas de vudú. Sin embargo, antes de esto fue introducida en España por los musulmanes, desde donde llegó al sur de Francia: aquí debió llegar al conocimiento de Nostradamus bajo el nombre de Geomantiae. Parece seguro que el vidente leyó las obras de escritores que, como Ramón Llull (1235-1315), eran grandes expertos en esta forma de adivinación.

Las figuras geománticas

Figura geomántica	Significado	Regente
Puer	Muchacho, amarillo, imberbe, irreflexivo y desconsiderado, es más bueno que malo.	Barzabel
Amisio	Pérdida, carencia general, algo que desaparece, una mala figura.	Kedemel
Albus	Blanco, justo, sabiduría, sagacidad, pensamiento limpio, una buena figura.	Taphthartha-rath
Populus	Gente, congregación, una figura indiferente.	Chashmodai
Fortuna	Gran fortuna, gran ayuda, seguridad en los proyectos, éxito, ayuda interior y protección, un signo muy bueno.	Sorath
Conjunctio	Conjunción, reunión, unión, agrupamiento, es más bueno que malo.	Taphthatha-rath
Puella	Muchacha, hermosa, cara bonita, agradable, pero no muy afortunada	Kedemel
Rubeus	Rojo, rojizo, pelirrojo, pasión,	Bartzabel

	vicio, vehemente temperamento, una mala figura.	
Acquisitio	Obtención, posesión general, éxito, absorción, recepción, una buena figura.	Hismael
Carcer	Prisión, ataduras, es buena o mala dependiendo de la naturaleza de la pregunta.	Zazel
Tristitia	Tristeza, maldición, cruz, dolor, pesar, perversión, condenación, es una mala figura.	Zazel
Laetitia	Gozo, risa, salud, barbada, es una buena figura.	Hismael
Cauda Draconis	Umbral inferior, partida cola del dragón, salida, reino inferior, es una mala figura.	Zazel y Bartzabel
Caput Draconis	Cabeza, umbral de entrada, umbral superior, cabeza del dragón, entrada, reino superior, es una buena figura.	Hismael y Kedemel
Fortuna Menor	Fortuna menor, ayuda menor, salvaguardia, partida, ayuda y protección externas, no es una figura muy buena.	Sorath
Vía	Camino, calle, viaje, ni buena ni mala.	Chashmodai

A TRAVÉS DE LA CORTINA DEL TIEMPO

Las técnicas para obtener la respuesta a preguntas concretas son muy variadas: cristalomancia, Tarot, echar las suertes, I

Ching, o geomancia; cada una de ellas proporciona la respuesta por un método distinto.

Pero, ¿cómo se puede lograr ver el futuro, percibir el futuro, o el pasado, y dejar constancia escrita de las impresiones vividas como en el caso de Nostradamus? Existe una forma de atravesar la cortina del tiempo. La idea de que todo ser humano tiene un "cuerpo astral" que puede separarse del cuerpo físico y emprender "viajes astrales" es muy antigua. Los filósofos neoplatónicos de los primeros tiempos de la era cristiana se referían a las doctrinas de Platón, al hablar de este "cuerpo onírico" relacionado con la palabra latina astrum (estrella). Algunos siglos después, Cornelio Agripa confirmó la posibilidad de abandonar el cuerpo conscientemente en un sueño como si se tratase de un "descanso del cuerpo, cuando el espíritu es capaz de trascender sus límites".

El sueño creador o proyección astral, después de la cristalomancia, probablemente sea la forma más directa de percibir otros lugares y tiempos, pero exige una gran perseverancia para obtener resultados. Aunque la proyección astral no confiere la posibilidad de hacer profecías ni proporciona poderes de predicción, una vez que se experimenta, la profundidad de percepción de otros tiempos u otras realidades es considerable.

La finalidad de la técnica de la proyección astral está íntimamente relacionada con la mente consciente que es transportada al exterior por el inconsciente durante el sueño. En esto no hay absolutamente nada que no sea natural, salvo el hecho de que se tiene una clara consciencia del "sueño" que se está teniendo, y la posibilidad de dirigirlo, como era el caso de Nostradamus.

El cuerpo realiza muchas funciones inconscientes, como la respiración, por ejemplo. Por lo general, estas funciones se realizan sin la menor participación de la mente consciente, aunque es posible controlarlas voluntariamente, como por ejemplo, la respiración. Sería muy pesado que fuera necesario estar todo el tiempo controlándolas voluntariamente, pero estas funciones como la respiración se pueden controlar indistintamente desde la zona consciente y la inconsciente de la mente. El sueño es otra de estas funciones. Está demostrado que controlar y hacer más profundas las respiraciones con regularidad es muy beneficioso para el organismo. De la misma forma, hay una serie de beneficios concretos que se consiguen al controlar y dirigir conscientemente los "sueños". Existen numerosas técnicas para proyectar el cuerpo astral. Todas ellas tienen unos requisitos previos comunes entre sí; el más importante de ellos es tener confianza en lo que uno está haciendo, sin albergar miedo alguno. En el momento en que se empieza a conseguir la proyección, hasta el más mínimo atisbo de temor devuelve a la persona a su cuerpo al instante. El miedo es una respuesta natural ante las situaciones desconocidas que en este caso concreto es necesario dominar, al igual que la respuesta respiratoria debe refrenarse al bucear, por ejemplo.

El segundo de estos requisitos es la concentración. Si la voluntad o la visualización disminuye, la mente se quedará errática, en el sentido más común de la palabra, o se volverá al sueño; esto no tiene nada de malo, pero es un impedimento para conseguir el éxito en esta práctica.

Los pasos que deben seguirse para tratar de conseguir la proyección del cuerpo astral son los siguientes:

1. Es necesario asegurarse de que no vaya a sonar el teléfono (se puede descolgar) ni vaya a haber ninguna otra molestia similar. Hay que quitarse todos los objetos metálicos que están en contacto con la piel. Siéntese en un asiento cómodo del que no se pueda caer al relajarse, o túmbese en una cama orientada norte-sur, con la cabeza hacia el norte (esto último tiene el problema de que suele inducir al sueño). Concéntrese en todas las partes de su cuerpo, una por una, empezando por los pies. Ponga en tensión los músculos y luego relájelos, subiendo hasta llegar a la parte superior de la cabeza. Después, vuelva a repasar mentalmente todas las partes de su cuerpo para comprobar que está totalmente relajado. Cierre los ojos y, durante unos minutos, déjese embargar por la deliciosa sensación de estar al borde del sueño, pero sin dejar de ser consciente de ello en todo momento.

2. Haga algunas respiraciones profundas. Trate de imaginarse que se encuentra tumbado o sentado 15 cm a la izquierda de donde realmente se encuentra. Una vez que haya conseguido convencerse de esto, trate de visualizar una

nueva posición 15 cm a la derecha de su posición real. Cuando lo haya conseguido, vuelva a intentarlo pero, esta vez, imaginando que se encuentra 15 cm por encima de su posición. Cuando se haya logrado convencer de encontrarse en esta posición un poco más difícil que las anteriores, trate de introducirse en la cama, a través del colchón, hasta llegar a descansar, en su imaginación, unos 15 cm por debajo del colchón. En este momento es muy importante vencer la tentación de abandonarse al sueño. Repita los ejercicios todas las noches durante una semana.

3. Cuando consiga alcanzar estos estados, pero no antes, visualícese en su posición original pero viendo cómo se va incorporando lentamente hasta sentarse. Luego, sin abrir los ojos para nada, trate de ver lo que tiene delante. Repita estos ejercicios todas las noches durante una semana.

4. Dedique la semana siguiente a repetir los ejercicios anteriores, pero añada una nueva práctica. Trate de imaginar que lentamente va cambiando de una posición a otra, como un péndulo. Consiga sentirse totalmente cómodo en esta situación y después, trate de moverse hacia atrás como si alguien lo estuviera sacando a través de su cabeza y sus hombros. Prolongue esta nueva posición visualizada cada vez más atrás de su cuerpo en cada ocasión que la practique. Con un poco de suerte, llegará un momento en el que de repente se sentirá capaz de levantarse y alejarse de su cuerpo.

5. Si de esta forma no lo consigue, añada un nuevo ejercicio. Siéntese frente a un espejo, cierre los ojos, y trate de invertir la situación: en lugar de estar mirando su reflejo puede conseguir durante unos segundos sentir que se está mirando a sí mismo desde el espejo. Incorpore esta práctica a los anteriores ejercicios y realícela durante una semana, practicando todo el ciclo de ejercicios.

Por fin llegará un momento en el que sentirá una sacudida, como si se hubiera detenido en una caída: trate de conseguir esto pero sin forzarse demasiado. Persevere hasta que de repente se encuentre de pie en la habitación, un poco desorientado; entonces habrá conseguido transferir su consciencia al exterior de su cuerpo. Entonces se inician los interesantes experimentos que escapan al alcance de este libro. Baste aquí decir que hay mucho que explorar antes de necesitar trasladarse a otros tiempos.

Ver el cuerpo astral

El concepto de cuerpo astral se encuentra en muchas civilizaciones, e incluso se menciona indirectamente en la Biblia. La teosofía, movimiento mundial fundado por H.P. Blavatski, ha profundizado mucho en sus intentos de "ver" el cuerpo astral con claridad; muchos son los libros que se han impreso con ilustraciones en color de las distintas auras, que se consideran la extensión del cuerpo astral.

A principios de la década de los sesenta se consiguió una visión, conocida como "visión de Kilner", que permitía a personas que no tenían poderes mentales especiales, ver fluir el aura alrededor de los seres humanos vivos. Durante los años setenta, se afirmó que mediante un tipo especial de fotografía, llamada fotografía de kirlian, era posible fotografiar el aura. Hace menos tiempo, se ha intentado obtener la fotografía directa de todo el cuerpo astral.

NOSTRADAMUS Y LA DÉCADA DE 1990

¿Qué profecías hizo Nostradamus para la década de 1990 al 2000? En la Centuria VI, Cuarteta 21, predijo que habría una alianza EE.UU./URSS en 1990. En efecto, el acercamiento iniciado por los presidentes Reagan y Gorbachov a finales de los años ochenta ha llegado al punto (impensable hace tan sólo 10 años) de que el presidente Clinton haya ofrecido ayuda a Rusia. En la Centuria II, Cuarteta 89, vuelve a aparecer la misma predicción:

Un día los dos grandes dirigentes serán amigos,
se verá crecer su gran poder:
la Nueva Tierra se encontrará en el punto culminante de su poder,
al hombre de sangre le llega la mala hora.

El hombre con la mancha de sangre en la cabeza es obviamente Gorbachov, que posteriormente, pierde el poder. Incluso durante el tiempo de su amistad con Reagan, su momento era positivo. La Nueva Tierra es el Nuevo Mundo, concretamente, EE.UU., que posiblemente se encuentra en el cenit de su poder antes de sucumbir a la actual recesión.

Nostradamus predijo una guerra en Oriente Medio para el año 1991, en la Centuria VIII, Cuarteta 70, con todo lujo de detalles:

Él entrará, mezquino, odioso, infame,
tiranizando Mesopotamia.
Todos los amigos hechos por la mujer adúltera.
La tierra aterrorizada y de aspecto negro.

Efectivamente, Sadam Husein entró en Kuwait de una forma mezquina, infame y traicionera. Todavía tiene bajo su tiranía a Mesopotamia, nombre griego de la zona de Irak. La "mujer adúltera" podría ser algún aliado de Husein, aunque es más probable que se trate de una referencia a la prostituta de Babilonia de la Biblia. Babilonia, que fue la capital de la región, ha sido sustituida en la actualidad por Bagdad, capital de Sadam Husein. La última línea contiene una perfecta descripción de las inmensas humaredas que ennegrecieron el cielo de Kuwait cuando Sadam Husein mandó incendiar los pozos de petróleo. En la Centuria VI, Cuarteta 59, Nostradamus habla de otro drama que saltó a los titulares durante 1991:

La señora, furiosa y presa de una adúltera ira,
conspirará contra su príncipe, pero no le hablará.
Pero pronto se conocerá al culpable,
y diecisiete serán martirizadas.

La duquesa de York se vio abrumada por los artículos de los

periódicos en los que se la acusaba de adulterio con un tejano (el culpable que pronto sería descubierto). Se marchó de viaje a Indonesia sin el príncipe Andrés. Falta aún por ver cuáles serían las diecisiete personas que sufrirían. También en 1991, Margaret Thatcher perdió el poder y, más tarde, la princesa Diana fue rechazada por el príncipe Carlos. Posiblemente la Centuria VI, Cuarteta 74, refleje alguno de estos acontecimientos:

La que fuera expulsa volverá a reinar,
sus enemigos se encuentran entre los conspiradores.
Más que nunca, su reinado será triunfante.
A los tres y setenta la muerte es segura.

Sea quien sea el principal protagonista, parece la predicción de un retorno deseado, que terminará con la muerte, exactamente a los 73 años.

En 1991, estalló la guerra civil en la antigua Yugoslavia, y desde entonces dura el terrible conflicto. Se trata de un sorprendente resurgimiento de la vieja confrontación entre musulmanes y cristianos que ha estado alimentando luchas en la Europa del Este a partir de la ocupación turca que duró desde mediados del siglo XV hasta finales del XVI. Es obvio que en la Centuria IV, Cuarteta 82, Nostradamus se refiere al malestar en esta zona y en Rumania:

Una masa [de hombres] *de Eslavonia se acercará,*
el Destructor arruinará la antigua ciudad:
él verá su Rumania desierta.
Entonces, no sabrá cómo extinguir la gran llama.

Ciertamente, la ciudad de Dubrovnik ha sido casi totalmente destruida, y no parece que las Naciones Unidas sepan cómo extinguir las llamas del odio religioso y civil. Rumania, por su parte, no es ni una sombra de lo que fue por culpa del último dictador comunista que la gobernó.

Nostradamus señaló el año 1994 como la fecha en la que se iniciaría la sequía de 40 años a la que seguiría un período de lluvias torrenciales de similar duración. A pesar de la utilización de la palabra francesa "ans", tal vez hubiera que interpretarlo en el sentido de meses, puesto que una sequía de 40 años no parece posible con la climatología actual.

Según las predicciones, en 1995 será elegido un papa, que no será querido, y su nacionalidad será francesa o española; este será el penúltimo papa, según San Malaquías. Este año verá también un conflicto en Albania en el transcurso del cual probablemente se producirá un ataque de este país contra Grecia.

La Centuria IV, Cuarteta 67, predice una serie de desastres ecológicos, no del todo ajenos al agujero en la capa de ozono, para 1996.

Según la Centuria VI, Cuarteta 80, hacia finales de la década, se producirán dos invasiones islámicas expansionistas, una de las cuales tendrá su origen en Argelia y la otra en Irán (Persia), que provocarán el incendio de una ciudad y muchos muertos "por la espada". Podría tratarse de la guerra santa, o yihad, en la que los ejércitos musulmanes del norte de África e Irán se agrupasen para atacar la Europa cristiana, como sucedió en la invasión musulmana de España, hace 700 años:

Desde Fez el reino [islámico] *se extenderá por Europa,*
la ciudad arde, y la espada no cesa:
el gran hombre de Asia con una gran tropa por tierra y mar,
de forma tal que azules, persas, cruz, dirigidos a la muerte.

En las próximas páginas se analizan los acontecimientos profetizados para los últimos meses del milenio.

LA PENDIENTE HACIA LA DESESPERACIÓN

La abrumadora cantidad de profecías catastróficas de las cuartetas nos presenta un futuro francamente negro. En esto, Nostradamus no es el único: en el Libro del Apocalipsis de San Juan, que el vidente debió de conocer bien, se predice la llegada de los cuatro jinetes del Apocalipsis (hambre, guerra, enfermedad y muerte), que anunciarán la llegada del Anticristo, el milenio, y el fin del mundo. La Centuria X, Cuarteta 72, advierte sobre el descenso de los cielos del Rey del Terror, cinco meses antes del año 2000. Independientemente de lo que pueda ser, ya que se ha interpretado de muy distintas formas: una gigantesca bomba atómica o incluso una invasión extraterrestre, a gran escala, lo que está claro es que será algo extremadamente malo. Como para confirmar esta profecía, el profesor Hideo Itakawa, pionero de la tecnología espacial japonesa, ha profetizado el fin del mundo para un mes más tarde, es decir, para agosto de 1999. Argumenta que en ese mes se producirá una extrañísima disposición astrológica en la que los planetas formarán una Gran Cruz.

Esta Gran Cruz se formará por la oposición de Venus (en Escorpio) con Saturno y Júpiter (en Tauro), en cuadratura (en ángulo recto) con Neptuno y Urano (en Acuario) en oposición al Sol, la Luna y Mercurio (en Leo). Los cuatro signos del Zodiaco — Tauro el toro, Leo el león, Escorpio el águila y Acuario el hombre — son los signos de las cuatro bestias del Apocalipsis, que aparecen, además, en la última carta de la baraja del Tarot, el Mundo.

Los científicos están empezando a relacionar la incidencia de las manchas solares, los terremotos y la actividad volcánica más con determinadas posiciones de los planetas que con causas de naturaleza exclusivamente geológica. En consecuencia, como resultado de esta configuración, en ese tiempo podría producirse una cantidad mucho mayor de desastres naturales que la que sería previsible. Por medio de la confirmación, el vidente estadounidense Edgar Cayce ha profetizado que un desplazamiento del eje polar de la Tierra será causa de muchas catástrofes naturales, terremotos y maremotos, que provocarán la desaparición de una buena parte de la humanidad.

Esta es también la época del Armagedón, que los profetas bíblicos predijeron como la "batalla del gran día de Dios", cuando tenga lugar la lucha final entre las fuerzas del bien y las del mal. Indudablemente, su nombre se debió tomar del famoso campo de batalla que el versículo 16 del Apocalipsis sitúa en la llanura de Drelón, en donde los israelitas libraron las batallas más importantes. Desgraciadamente, al parecer no se limitará a un lugar determinado, como sucedió en el caso de esas batallas. Otros que comparten plenamente la idea de que el fin del mundo llegará a finales de 1999 son los Testigos de Jehová y los Adventistas del Séptimo Día. No cabe duda de que este grupo de personas aguantará la respiración durante los últimos cinco meses de 1999, al igual que hicieron por el mismo motivo en 999.

En el prefacio a su hijo César, Nostradamus habla con un lenguaje más asequible sobre los acontecimientos que tendrán lugar antes de la conflagración final: "conflagración de alcance mundial que acarreará tal número de catástrofes y revoluciones que serán pocas las tierras que no queden cubiertas por las aguas, y esto durará hasta que todo haya perecido, salvo la historia y la geografía". Antes de que esto ocurra, Nostradamus advierte que "Por ello, antes y después de estas revoluciones en diversos países, las lluvias serán tan escasas y tal la abundancia de fuego y de misiles destructores que caerán de los cielos que nada escapará al holocausto... Porque antes de la guerra, terminará el siglo y sus últimos momentos estarán dominados por ella".

Un futuro muy poco prometedor, ciertamente, y que, además, podría llegar dentro de unos años. En la Centuria V, Cuarteta 25, Nostradamus predice que, al llegar el año 2000, un nuevo Imperio árabe, probablemente integrado por los países árabes más extremistas de Oriente Medio, atacará Irán (Persia), Egipto y Turquía (Bizancio). Este imperio contará con el apoyo de los más implacables anticristianos y acérrimos fanáticos antioccidentales de Argelia, Túnez y, posiblemente, de la "Gran Siria", de la que formarían parte algunas zonas de Líbano:

El príncipe árabe, Marte, el Sol, Venus [en] *Leo,*
el dominio de la Iglesia sucumbirá en el mar:
Hacia Persia casi un millón [de hombres]
la verdadera serpiente invadirá Egipto y Bizancio.

Las conjunciones astrológicas que se indican en la cuarteta anterior se producirán del 2l al 23 de agosto de 1998 y del 2 al 6 de agosto del 2000. Como Nostradamus alude a la Iglesia como si se tratase de un barco, el hecho de que sucumba en el mar puede indicar el final de la Iglesia o, como poco, del papado. El estandarte de las fuerzas atacantes será el signo de la serpiente, u otro relacionado de alguna forma.

La Centuria VI, Cuarteta 24, predice que dos años más tarde, en junio del 2002, estallará una terrible guerra a la que seguirá el ungimiento y el reinado de un nuevo rey, que traerá la paz a la Tierra durante mucho tiempo. Nostradamus se muestra completamente seguro sobre todo esto.

Si conseguimos sobrevivir a todos estos terribles acontecimientos, según Nostradamus, podemos aspirar a unos 1 000 años mucho más pacíficos.

Profetas modernos

Un vidente actual predice que el 1 de enero del 2000 el centro de Londres quedará destruido casi en su totalidad por una catástrofe cósmica: el impacto directo de un meteorito que contenga gran cantidad de uranio, torio y otros elementos radiactivos, cuyo tamaño será incluso mayor que el del meteorito que, ahora sabemos, devastó una vasta zona deshabitada de bosques en Siberia en 1908. Según el Dr. David Hughes de la Universidad de Sheffield, tal vez haya unos 100 000 asteroides "pequeños" en el sistema solar que actualmente es imposible detectar. Al decir pequeños, Hughes se refiere a menos de 6 km de diámetro: "munición" suficiente como para destruir Londres.

Muchas de las profecías relativas al año 2000 mencionan unas considerables alteraciones climáticas, por las que grandes extensiones de la Tierra se convertirán en zonas prácticamente inhabitables. También se han profetizado terremotos que devastarán zonas muy pobladas, tan lejanas entre sí como California y Portugal, y una contaminación atmosférica de tal intensidad en Nueva York, Los Ángeles, Tokio y una importante ciudad de Australia que todo aquel que tenga la posibilidad de hacerlo se trasladará a vivir a las afueras o al campo.

LA NUEVA ESPERANZA DE LA HUMANIDAD

Nostradamus parece tratar de proponernos dos escenarios, posibles pero incompatibles, para el mundo a partir de 1999.

El primer escenario de horror y guerra es el que se expuso anteriormente. Ahora, echamos un vistazo a la otra cara de la moneda, en la que una edad de oro de iluminación nos introduce en el tercer milenio, o en el séptimo milenio según la fecha en que Nostradamus estableció el principio del mundo. Tal vez los dos futuros ya existan en el árbol del tiempo y sean nuestras reacciones ante los cruciales acontecimientos del final de este milenio las que determinen en cuál de esos dos mundos, o realidades, vamos a entrar.

Para los eruditos judíos el año 2000 es el final de la Shemitah y el comienzo de un período en el que reinará la paz utópica. La teoría cíclica del tiempo que propone la Shemitah se basa en una reverencia casi universal por el número siete; con respecto al tiempo, aparece en el número de días de la semana, en la importancia que el número 50 (siete veces siete más uno) tiene para quienes elaboran los calendarios hebreos, y en los usos académicos y agrícolas relacionados con el año sabático de descanso. El año del Jubileo es el quincuagésimo año después de cada ciclo de siete veces siete años, y el ciclo del Jubileo mayor es de 7000 años. Una vez que en el año 2000 finalice la actual Shemitah, la Tora dejará de contener prohibiciones, el mal será dominado, y la utopía se hará realidad: se está preparando el regreso a Israel del moderno judaísmo para esta transición a la nueva Shemitah. Nostradamus nació en el judaísmo, aunque posteriormente su familia se convirtió, por lo que estos ciclos de tiempo podrían haber jugado un papel importante en su educación. Muchos pensadores y profetas hacen coincidir el final de este milenio con el final de la era de Piscis y el principio de la era de Acuario. En opinión de este autor, con el fin de la amenaza de la guerra fría y con la creciente concienciación mundial por tratar a nuestro planeta de forma más respetuosa y coherente, la rama ha brotado ya y nos encontramos en el camino de la segunda de las dos realidades alternativas posibles, la de una era nueva y más civilizada. No será, sin embargo, un camino de rosas, puesto que estará salpicado de estallidos de rivalidad étnica y religiosa y de otras disputas. Finalmente, este viaje llegará a la fecha final de 3737, indicada por Nostradamus. ¿Quién sabe lo que ocurrirá entonces?

Fechas clave del milenio

El año 2000 marca aproximadamente el comienzo de la era de Acuario, época de cambio trascendental para toda la humanidad. Está delimitada por la precesión de los equinoccios y según se va terminando el milenio, vamos saliendo de la era de Piscis (que a menudo se ha asociado al cristianismo por ser el pez su símbolo) y entrando en la era de Acuario, después de unos 2 160 años. La transición completa por los doce símbolos dura 25 290 años.

Dado que cada signo del Zodiaco no abarca exactamente 30 grados, hay cierta controversia sobre la fecha exacta en que sucede la transición. A continuación, se indican algunas de las fechas más interesantes de entre las numerosas fechas posibles:

1904 El Eón de Horus era para el mago del siglo XX Aleister Crowley el punto de entrada en la era de Acuario, era del Coronado y Conquistador Hijo de Horus. La segunda mitad de este siglo ha sido ciertamente una era del hijo o del niño, especialmente el año 1964, al surgir el Flower Power [Poder de las Flores].

1962 La clarividente estadounidense Jeane Dixon tuvo una visión del nacimiento del Anticristo en Jerusalén, acontecimiento cuya importancia no escapó a la perspicacia de los guionistas de la serie de películas de La Profecía. El día anterior había habido un eclipse solar, y los siete planetas tradicionales estaban en el signo de Acuario.

2000 Muchos profetas coinciden en que este número mágico marcará el inicio de la era de Acuario. Entre ellos se encuentran Nostradamus, Edgar Cayce (el profeta "durmiente" estadounidense), San Malaquías (que predijo todos los papas hasta el final de la Iglesia católica que se produciría en este año), Garabandal y la astróloga Margaret Hone.

2001 Algunos escritores, como por ejemplo, Barbarin, y los Adventistas del Séptimo Día consideran que el primer año del nuevo milenio es una fecha clave. Desde luego, existen argumentos para decir que el "año cero" (como el "año cero" de un bebé que aún no ha cumplido un año), es el primer año del Eón. Si estas predicciones se cumplen, la respuesta a este rompecabezas aritmético cobrará una gran importancia.

2010 Peter Lemesurier, autor de *The Gospel of the Stars* [El evangelio de las estrellas], sugiere que este es el año correcto, citando al Institut Geographique National de Francia.

2012 Basando sus conclusiones sobre los ciclos del antiguo calendario maya, José Argüelles, autor de *El factor maya,* señala este día como el momento en el que se producirá el hundimiento de la civilización mundial y la regeneración de la tierra.

2020 Basando su teoría en la primera conjunción de Júpiter y Saturno en Acuario que tiene lugar desde 1404, Adrian Duncan, autor de *Doing Time on Planet Earth*, propone el 21 de diciembre del 2020 como probable fecha de la transición astrológica.

2160 En este año se cumplirían exactamente 2 160 años del nacimiento de Cristo, por lo que representa otro punto de entrada religioso (aunque no astrológico) de la nueva era.

NOSTRADAMUS Y LA ETERNIDAD

En las obras de Nostradamus se mencionan numerosas fechas clave que ayudan a la comprensión de sus cuartetas. Publicó las primeras predicciones en el año 1547, fecha muy significativa en Francia por ser este el año en que el francés sustituyó al latín como idioma oficial. Por esta razón, no resulta extraño encontrar en 1710 en el Curé de Louvicamp la afirmación de que "cuando el oráculo de Francia [Nostradamus] hizo las profecías galas, en muy pocas ocasiones se apartó del latín, escribiendo a menudo en latín pretendiendo estarlo haciendo en francés... Con frecuencia empleó incluso un francés latinizado, salpicado de frases en las que el orden de las palabras es propio del latín, al igual que la sintaxis". Desde luego, el latín seguía siendo el idioma para la comunicación culta en Europa, y Nostradamus debía pensar en latín, a pesar de que escribiera en francés. Es exactamente esta la razón de que algunas de sus cuartetas oculten celosamente el secreto de su significado, a no ser que se lean considerando mentalmente los dos idiomas, el francés y el latín.

En la epístola a su hijo César, Nostradamus confirma que las Centurias contienen "profecías desde el día de hoy [1 de marzo de 1555] hasta el año 3797". Este último año sería o bien el límite al que llegó la exploración que Nostradamus hizo del árbol del tiempo, o la fecha concreta del fin del mundo tal como solemos entenderlo, es decir "cuando todo haya perecido salvo la historia y la geografía", por lo menos en una de las realidades alternativas que conforman el árbol del tiempo. Nostradamus pensaba que esta lejana fecha "puede perturbar a algunos, al tratarse de tanto tiempo". Al ir produciéndose los acontecimientos, se van comprendiendo nuevas predicciones de Nostradamus, pero quizá sea necesario esperar a que llegue esa lejana fecha para que todas ellas se entiendan con claridad.

Si se considera con una perspectiva más amplia, ¿por qué el fin del mundo tendría que producirse exactamente a los 2 000 años del nacimiento de Cristo, acontecimiento cuya fecha podría tener un error de casi diez años?

En la época en que Nostradamus escribió sus obras, el calendario que se empleaba era el juliano, cuyo nombre respondía al hecho de que fue Julio César quien lo implantó en el año 46 a.C. El ciclo juliano constaba de 7 980 años y se había iniciado el 1 de enero del 4713 a.C. El arzobispo James Ussher (1581-1665), que vivió poco después de Nostradamus, calculó a partir de los datos cronológicos de la Biblia que el mundo empezó en el año 4004 a.C., fecha que desde entonces se ha conocido como Anno Mundi. Para comprender la cronología empleada por Nostradamus, se podría utilizar el Anno Mundi como punto de partida pero, como la familia de Nostradamus era de origen judío sefardí, parece lógico tener en cuenta también la cronología tradicional judía para tratar de descubrir la posible importancia del año 3797.

El calendario judío comienza con la Creación, que sitúa en el año 3760 a.C. El año del nacimiento de Cristo sería por lo tanto, y según el calendario judío, el año 3760. Puesto que los historiadores aceptan en la actualidad que el año real del nacimiento de Cristo habría sido el 4 a.C., hay que añadir cuatro años a esa fecha, con lo que tenemos el 3764 desde el Anno Mundi. Como se cree que Cristo vivió 33 años, el año de su crucifixión habría sido el 3797 desde el Anno Mundi.

De repente, parece que todo encaja: Nostradamus ha situado en la crucifixión el punto central de la historia del mundo, y la Creación y el fin del mundo a intervalos de tiempo iguales "antes y después, respectivamente" de esta fecha. Por consiguiente, parece que a la hora de comprender la cronología empleada por Nostradamus, el calendario judío es una referencia más adecuada que el calendario juliano (vigente en su época), la teoría del arzobispo Ussher o el calendario gregoriano (vigente en la actualidad).

La validez de los cálculos anteriores es cuestionable, pero probablemente éste (o algún otro razonamiento muy similar) debió ser el proceso que Nostradamus empleó para llegar a la fecha de 3797 d.C., teniendo en cuenta que para Nostradamus, el tiempo (que se extendía entre la Creación y el fin del mundo) giraba en torno a la muerte de Cristo. Más allá de este intervalo de tiempo estaba la eternidad. Según este razonamiento, el intervalo total de tiempo que transcurriría entre la Creación y el fin del mundo sería algo más de siete milenios y medio.

Nostradamus no creía, a diferencia de muchos profetas actuales, que el fin del mundo fuera a producirse en el año 2000. Por el contrario, estaba convencido de que el año 2002 iba a ser el comienzo de una nueva y pacífica edad de oro. Por lo menos, es motivo de alegría que el año 2000 sólo sea un paso más del camino. No debemos ver este año como un final, como aquellos campesinos que en el 999 dejaron sus cosechas sin recoger porque la Iglesia les había convencido de que, al terminar el primer milenio, nadie viviría para ver el fruto de su trabajo. Nostradamus nos asegura que después del año 2000, por lo menos habrá otros 1797 años de historia del hombre.

Precisamente por la razón de que Nostradamus, igual que otros profetas, ve otra realidad que no siempre tiene lugar, nosotros tenemos la posibilidad de utilizar nuestro libre albedrío colectivo para encaminar los acontecimientos de forma que el año 2000 traiga consigo el brote, en el árbol del tiempo, correspondiente a una nueva era de relativa paz, en lugar de que se cumplan las profecías del milenio de terror, guerra y desgracias. Tenemos esa posibilidad, aunque parece dudoso que sepamos cómo lograrlo. ¡El futuro se puede predecir, pero no está determinado!

Las profecías de Cristo

A pesar de que Nostradamus predijo infinidad de guerras y períodos de hambre, no hay nada nuevo en estos ciclos de la naturaleza y de la historia. Incluso Cristo hizo predicciones parecidas (Mateo 24, 6-8): "Y oiréis hablar de guerras y de rumores de guerras; que eso no os atribule: porque todo eso pasará, pero todavía no llegará el fin. Porque las naciones se alzarán contra las naciones, y los reinos contra los reinos; y habrá hambres, y pestes, y terremotos, en diversos lugares".

Por otro lado, y con respecto a la teoría de las realidades alternativas, hasta las profecías de Cristo parecen haber fallado en algún caso. Predijo acertadamente la destrucción del templo de Jerusalén en el año 70, cuando los romanos lo saquearon. Sin embargo, predijo equivocadamente que el fin del mundo llegaría poco después de la destrucción del templo.

LAS PROFECÍAS DEL MILENIO

¿Qué nos depara a todos el futuro inmediato? El milenio finalizará en menos de cuatro años. Quién puede hacer caso omiso de los importantes acontecimientos vaticinados para estos tiempos?

El fin del mundo siempre ha suscitado una fascinación algo lúgubre entre los profetas, y más aun entre quienes leen sus obras o escuchan sus predicciones. Visualizamos el fin del mundo como un desastre natural que nos asolará (como por ejemplo un terremoto, una hambruna, una plaga, una inundación, un incendio, un congelamiento, una colisión cósmica, una catástrofe ecológica, etc.), o anticipamos la venida de un ser divino que nos castigará por el mal que hayamos hecho.

Cualquiera que sea el desastre que nos afecte, es inconcebible que el mundo mismo deje de existir. Es posible que nosotros, la humanidad, sí desaparezcamos, pero la Tierra seguirá desplazándose alrededor del sol como siempre lo ha hecho. ¿O no?

Las escrituras sagradas de todas las razas mencionan enormes colisiones cósmicas entre la Tierra y diversas fuerzas del espacio exterior. Algunos profetas modernos como Immanuel Velikovsky se han basado en estas pruebas antiguas para sugerir que posiblemente sea hora de que se produzca otra colisión planetaria de esa naturaleza. Un solo meteorito de tamaño mediano cambiaría completamente el clima de este planeta, y es posible que los habitantes de la Tierra seamos exterminados como lo fueron supuestamente los habitantes de Atlántida.

El profeta, ya sea un alto sacerdote barbudo o un "hippy" barbudo, no puede resistir la tentación de calcular la fecha precisa del apocalipsis. Para hacerlo, estudia la dinámica del reloj cósmico para comprender la naturaleza del tiempo. Mide las edades, se remonta en el tiempo para establecer la fecha de la creación, hace gimnasia mental con cada uno de los números mencionados en la Biblia o en otros libros sagrados, estudia el firmamento o intenta prever una conjunción planetaria de magnitud suficiente como para provocar el acontecimiento fatal.

Es posible, no obstante, que todas las preocupaciones suscitadas por la posible aniquilación y condenación eterna sean injustificadas. Quizá no se cierren las fauces del Apocalipsis, devorándonos a todos. Muchos podrían sobrevivir, o es posible que el mismo no tenga lugar, por ser innecesario. Precisamente ahora, los vástagos de la década del sesenta, época de esperanza e idealismo, están asumiendo el poder. Guiados por su visión de un mundo mejor, es posible que no se cumplan las predicciones más aciagas. Los filósofos de la Nueva Era y sus precursores, como Aleister Crowley y Madame Blavatsky, abrieron las puertas de la percepción a una conciencia más amplia basada en valores no materialistas. Es posible que su influencia impida a la humanidad autodestruirse y le permita crear un paraíso en la tierra en forma de un reino teocrático que subsista durante mil años en paz.

A pesar del hecho de que todavía estemos aquí, y en vista de que numerosas fechas fatales solemnemente proclamadas ya han pasado a la historia, no debemos descartar los efectos positivos de estas predicciones, que parecerían ser negativas. Una fecha límite es precisamente lo que impulsa a la humanidad a actuar, a ser más piadosa, o incluso a cometer mayores locuras. Los profetas representan nuestra conciencia colectiva y nos mantienen en estado de alerta. Tal vez no creamos siempre que el fin es inminente, pero quizá a veces nos convendría comportarnos como si lo fuera.

Aun cuando el mundo sobreviva a la cifra mágica de los 2000 años después del nacimiento de Cristo, o a los 2160 años desde el principio de la Edad de Piscis, o a la próxima conjunción importante, o evite la destrucción de la atmósfera protectora del planeta o cualquiera de las otras fechas límite de carácter cíclico que se están aproximando, lo cierto es que todos los que están leyendo este libro habrán llegado a su propio fin en menos de cien años.

Si esta mitad del libro sólo logra que sus lectores se preparen para esa fecha, haciendo ahora lo que de otra forma podrían haber pospuesto, el autor estará satisfecho con su obra.

EL MUNDO ANTIGUO

Los antiguos sabían mucho acerca de la medición de largos períodos de tiempo. Con la ayuda de Apolo, las profetisas griegas podían escudriñar el futuro lejano.
Se han medido períodos de tiempo inimaginablemente largos entre los comienzos del Universo y su destrucción. ¿Nos estamos aproximando al fin de este período?

EL TIEMPO Y LA CRONOLOGÍA

Necesitamos estudiar el concepto y el significado del tiempo a fin de determinar la fecha en que esperamos el Apocalipsis.

El tiempo es lo que distingue al momento actual del dominio de la profecía y del de la historia. Sólo podemos experimentar verdaderamente ese momento infinitesimal llamado el presente. En cuanto al pasado, sólo podemos experimentarlo de forma indirecta a través de la memoria o la historia. Unas pocas personas, que son los verdaderos profetas, sí parecen ser capaces de vislumbrar el futuro. Para trazar lo que ellos descubren, debemos comprender la cronología.

La cronología, que es la ciencia del cálculo de la duración de los períodos tanto diarios como históricos, difiere de la historia por no tomar en cuenta ni la significación de los acontecimientos ni su vínculo entre sí. Muchas civilizaciones tempranas usaron como reloj los cambios en la forma de la luna durante el mes lunar, pero tardaron poco en concluir que este método no era satisfactorio, ya que no podía usarse para medir las estaciones, sobre todo las estaciones de cultivo, de las que dependían no solamente los medios de vida sino la vida misma. Las estaciones cambian en función de la rotación de la Tierra alrededor del Sol un fenómeno que no es fácil de medir a simple vista.

Las civilizaciones más avanzadas usaron el año solar y dataron los acontecimientos a partir de una fecha arbitraria de importancia nacional, como por ejemplo el comienzo del reinado de un monarca. Los griegos emplearon este método "de época" para calcular fechas. Usaron los Juegos Olímpicos para dividir su cronología en períodos de cuatro años a partir de la victoria de Corebo en los primeros Juegos Olímpicos, celebrados en el año 776 a.C. Este sistema fue sugerido por primera vez por Timeo aproximadamente en el año 260 a.C. Si el sistema de Juegos Olímpicos de los griegos todavía se estuviera usando actualmente, el año 1994 d.C. sería el año 2771 de las Olimpíadas griegas, y el año 2000 d.C. sería el año 2777 de las Olimpíadas griegas.

Los babilonios eligieron la fecha de fundación de su reino por Nabonasser, el 26 de febrero de 747 a.C., como base del cálculo de fechas. Este método fue usado más tarde por Tolomeo, el célebre astrónomo alejandrino y "padre de la astrología", que vivió en Egipto en el siglo II d.C.

Un concepto similar constituyó la base del sistema usado para calcular fechas por los romanos, que comienza en el momento de la fundación de la ciudad de Roma entre 747 y 753 a.C. Para los romanos, el año 2000 d.C. sería el año 2754 AUC ("anno urbis conditae"), es decir, contado desde la fundación de la ciudad.

La época islámica data de la retirada del profeta Mahoma de la Meca y su traslado a Medina el 16 de julio de 622 d.C. El año 1378 del calendario islámico equivale al año 2000 d.C. del calendario gregoriano.

Evidentemente, la fecha clave en los países cristianos es la del nacimiento de Cristo. Incluso este concepto de a.C. (antes de Cristo) y d.C. (después de Cristo) no fue usado hasta que el monje Dionisio Exiguo lo sugirió en el año 533 d.C. Antes de adoptarse su idea, los países cristianos usaban un sistema de cálculo de fechas basado en el supuesto principio del mundo, o "anno mundi". El Arzobispo Ussher (1581-1656), fue responsable de la suposición de que el mundo comenzó y el hombre fue creado en el año 4004, es decir, aproximadamente 5 502 ó 5 508 o incluso 6 000 años (según el Septuagint, la versión griega de la Biblia) antes del nacimiento de Cristo.

Las técnicas geológicas modernas han demostrado que estas fechas son risibles por lo imprecisas. No obstante, a pesar de esta deficiencia, por lo menos representan una escala de tiempo en la historia humana que somos capaces de comprender. ¡Es difícil imaginar un sistema de fechas que abarque 4 600 000 000 años hasta el presente!

Estas fechas teóricas del principio del mundo o del nacimiento de Cristo o de la fundación de Roma son síntomas de la necesidad que siente el hombre de amoldar la realidad a su propia forma de pensar. Los días, los meses lunares y los años no constituyen un ordenado conjunto de múltiplos exactos, pero debido a que preferimos una cronología "prolija", hemos inventado una cronología que parece ser coherente.

Las épocas e incluso los números suelen fascinarnos. Por ello, 1 000 años o 2 000 años después del nacimiento de Cristo revisten de repente una gran importancia en la historia de la humanidad. Por este motivo, la cronología es la llave de la profecía: para saber qué nos depara el futuro, es preciso en primer lugar saber en qué punto estamos ubicados de la sucesión de acontecimientos en que consiste la historia humana. Es cierto que los próximos siete años contienen numerosas fechas clave.

Si uno se guía por el método para calcular fechas propuesto por el Arzobispo Ussher, la fecha clave será 1995, precisamente 6 000 años desde el "principio" del mundo. Pero tal vez 1999 sea la fecha clave, porque si se cuenta desde 5502 (otra fecha de "nacimiento" del mundo), se celebra este año el 7 500 cumpleaños del mundo o, de hecho, del universo mismo.

El especulador astrológico contemporáneo Richard W. Noone estima que la fecha clave es el 5 de mayo del 2000. Para los cristianos, no obstante, la fecha clave sigue siendo la Navidad del 2000. Observarán los lectores que no dije el 25 de diciembre del 2000, ya que existen dudas respecto a si ésta fue realmente la fecha en que nació Cristo.

El reloj del sistema solar

El tiempo es registrado astronómicamente por el gran reloj que representa el sistema solar y su ubicación en el universo. El evento cósmico fundamental para el hombre es la rotación de la Tierra sobre su propio eje, que define la extensión de un día de 24 horas.

El desplazamiento de la Tierra alrededor del sol define un año, y la rotación de la luna alrededor de la Tierra un mes lunar o, imperfectamente, un mes del calendario. Lamentablemente, el creador no hizo que estos tres ciclos básicos naturales fueran divisibles entre sí. No existe, por ejemplo, un número constante de días en el año ni en el mes lunar, por lo cual el hombre ha creado diversos sistemas de medición usando su imaginación. Tal vez el más prolijo de ellos haya sido el año egipcio de 360 días consistente en 12 meses de 30 días cada uno, más cinco (o a veces seis) días sagrados dedicados a los dioses.

Cuando Julio César reformó el calendario romano en el año 46 a.C., se estableció que el 1 de enero sería el primer día del año. En Inglaterra, esta fecha fue modificada en 1155 d.C., adoptándose el 25 de marzo como primer día del año, a fin de que coincidiera aproximadamente con el equinoccio de primavera según la costumbre europea. En 1582, el Papa Gregorio XIII reformó el calendario juliano y fue adoptado nuevamente el 1 de enero como primer día del año, pero fue suprimida la práctica de computar cada año centenario como año bisiesto. Inglaterra no volvió a estar en línea con el resto de Europa hasta 1752, y para entonces el calendario juliano tenía un desfase de once días respecto a las estaciones.

EL SIGNIFICADO DEL MILENIO

"Milenio" es una palabra latina que se limita a significar un período de mil años, pero este período, equivalente a aproximadamente cuarenta generaciones, ha asumido una significación muy especial en el Judaísmo y el Cristianismo.

Mil años era el período durante el cual Lucifer supuestamente estaría encadenado, y también la duración de la ausencia de Cristo de la Tierra. Los primeros cristianos creían que el segundo advenimiento de Cristo tendría lugar durante sus vidas. Cuando esto no ocurrió, fue revisado el calendario y comenzó a creerse que regresaría después de 1 000 años.

En el año 999, Europa se preparó extensamente para el regreso de Cristo. Cuando no apareció, las esperanzas se centraron en diversas fechas, hasta elegirse por último el año 2000. Aún en estos tiempos relativamente impíos, millones de personas esperan el segundo milenio posterior al nacimiento de Cristo en un estado de suspenso.

Los cristianos fundamentalistas norteamericanos se encuentran a la vanguardia de los que esperan. Creen que la llegada de Cristo será señalada por determinados "indicios" concretos, sobre todo por diversas guerras devastadoras y desastres naturales, seguidos por un período en que gobernará el Anticristo. Después de que la humanidad haya soportado estas pruebas, Cristo volverá para juzgar a los vivos y a los muertos, establecer su reino y gobernar durante otros 1 000 años. A veces este reinado de Cristo, una época de perfecta felicidad para aquéllos que hayan superado el juicio, recibe el nombre de milenio.

El término Apocalipsis se deriva del griego y significa literalmente "descubrir". También puede significar una revelación, algo revelado por Dios a un profeta elegido, como por ejemplo el Apocalipsis de San Juan, el último libro de la Biblia. Pero existen otros Apocalipsis diversos, que supuestamente son revelaciones acerca de los últimos tiempos o el estado futuro del mundo, escritas por judíos helenizados y tempranos cristianos a partir de visiones. La rama de la teología dedicada a las creencias relativas al fin de los tiempos se llama escatología. Los cuatro acontecimientos más importantes de esta categoría, según el criterio de los cristianos, son el segundo advenimiento de Cristo, la resurrección de los muertos, el juicio final y la recompensa final.

La creencia en la importancia del año del milenio, 2000 d.C., está basada en textos sagrados judíos y cristianos. El pensamiento visionario respecto a la conclusión de este milenio proviene de diversos libros escritos y visiones experimentadas entre la mitad del siglo II a.C. y el fin del siglo I d.C. Es posible que éstos se hayan inspirado en otras culturas: por ejemplo el misticismo persa temprano, que contiene fuertes elementos apocalípticos; también los contienen, en el sentido más amplio de las creencias escatológicas o relativas al fin de los tiempos, diversas obras ugaríticas, acadias, babilonias, egipcias, griegas, latinas y canónicas.

Hesíodo, un poeta griego que vivió en el siglo VIII a.C. concibió a la historia como una sucesión divinamente dispuesta de períodos que descendían desde la edad de oro, pasando por la de plata a la de bronce y la de hierro, mucho antes de que los historiadores usaran estos términos para datar diversos períodos con base en los tipos de herramientas de metal que se usaban. Para Hesíodo, el fin de los tiempos llegaría en forma de guerras y disturbios sociales, por los cuales Zeus destruiría a la humanidad por su perversidad.

En muchas tradiciones, la palabra para designar el fin del mundo significa al mismo tiempo castigo y ley. Implica que en último término, todo el mundo recibe lo que merece. No parece habérseles ocurrido a los formuladores de los sistemas de creencias religiosas que posiblemente el universo no sea justo, y que de hecho tenga poco interés en los conceptos de "ley" del hombre.

La determinación de la fecha de milenio no se limita a la suma sencilla de 2 000 años al año del nacimiento de Cristo. En primer lugar, nadie sabe cuándo nació Cristo, y el cálculo más acertado es el año 4 a.C. Sobre esa base, el milenio tendría lugar en 1996.

Existe otra complicación: el hecho de que usemos un número para remitirnos a un año entero. Por ejemplo, "1996" no se refiere a una fecha, sino a un período de doce meses. ¿Debemos, entonces, referirnos al comienzo, la mitad o el fin del año?

¿Cuándo llegará el milenio?

No es tan fácil, como podría parecer, calcular el comienzo del siglo XXI. El comienzo más obvio del milenio es la medianoche del 31 de diciembre de 1999. No obstante, antes de que se considere comenzado el siglo XXI, deberán haber transcurrido 20 siglos completos desde el nacimiento de Cristo. A modo de ejemplo, puede citarse el año 20 d.C. A comienzos de ese año, sólo habían transcurrido 19 años desde el evento.

De la misma forma, a principios del año 2000, sólo habrán transcurrido 1999 años. El verdadero milenio aritmético se producirá, por lo tanto, a medianoche del 31 de diciembre del 2000, un año después de la fecha en que tanta gente ha puesto sus esperanzas. Por consiguiente, ¿debe seguirse estrictamente la aritmética, o elegirse el primer momento de ese número mágico, el año 2000? Además, si usted está midiendo desde el nacimiento de Cristo, ¿toma como base el año 4 a.C. o el primer momento del año 1 d.C.? ¿Usa el 25 de diciembre u otra de las propuestas fechas de nacimiento? De todos modos, ¡es posible que el milenio llegue tarde! En este libro hemos adoptado un enfoque simplista y hemos supuesto que el milenio comenzará el 1 de enero del 2000 d.C., pero el lector puede hacer los ajustes que mejor dicte su criterio.

HORNOS Y DEVOTOS DEL FUEGO

El Libro de Daniel es uno de los más controvertidos del Antiguo Testamento, y probablemente sea el libro más importante de profecías del Antiguo Testamento, por estar repleto de números claves.

Se estima que el Libro de Daniel es el libro canónico más antiguo de profecías, compilado aproximadamente en 580 a.C. Algunos estudiosos sostienen que data del siglo II a.C., en parte para explicar la precisión de sus profecías. Los acontecimientos históricos que narra tuvieron lugar entre los años 534 y 607 a.C., y durante ese período la visión de Daniel también reveló diversos detalles del fin de los tiempos.

Es evidente que el Libro de Daniel ha sido compilado a partir de diversas fuentes. Se han eliminado de la obra de Daniel varios libros enteros, por considerarse que no eran canónicos, es decir, que no formaban parte de las escrituras aceptadas;

entre estos "reos" se incluyen la Historia de Susana, que trata de un intento de seducción, y Bel y el Dragón.

El Libro de Daniel se inicia "en el tercer año del reinado de Jehoiakim, rey de Judea", después de que Nabucodonosor, rey de Babilonia, hubiera conquistado Jerusalén y esclavizado al pueblo judío. Los niños judíos más sobresalientes fueron llevados a Babilonia para que aprendieran las costumbres caldeas. Fueron seleccionados cuatro niños, que recibieron nombres caldeos en sustitución de sus nombres hebreos. Daniel gozó de este favor especial, siendo su nuevo nombre Belteshasar. Por motivos religiosos, Daniel y sus tres compañeros solicitaron que se les proporcionara una dieta de agua y legumbres, rechazando las tradicionales raciones de carne y vino.

Transcurridos tres años, Daniel "había adquirido comprensión por todas sus visiones y sueños". Nabucodonosor mandó que le trajeran a los niños y encontró que no solamente tenían "rostros más hermosos" debido a su dieta vegetariana, sino que poseían mayores aptitudes, conocimientos y comprensión de la magia que sus propios astrólogos caldeos. Daniel no tardó en demostrar que era tan capaz como los magos y brujos de Nabucodonosor, de la misma forma en que Aarón había vencido a los magos del Faraón. Parece ser que en todos los tiempos, los mejores profetas fueron también los mejores magos, y que fueron judíos.

En 8:14, se le revela a Daniel que el santuario y la sagrada forma serán pisoteados "en 2 300 días" y que "se verá una visión al final de los tiempos".

En 9:2, Daniel anuncia que "el Señor... tardaría setenta años en asolar a Jerusalén". Se sabe que setenta años es equivalente a 25 550 días, el período aproximado (en años) de la precedencia del Zodíaco.

En 9:26, se le ordena a Daniel que "sepa, por lo tanto, y comprenda que el tiempo transcurrido entre el mandamiento de restaurar y (re)construir Jerusalén y la llegada del Príncipe Mesías será de siete semanas, y sesenta y dos semanas". Este mandamiento fue dictado por Artajerjes en 457 a.C. Puede observarse que 7 + 62 semanas equivale a 483 "días", o sea los 483 años entre 457 a.C. y la crucifixión de Cristo en el año 30 d.C., tomando en cuenta la corrección de cuatro años del calendario realizada en 46 a.C. Así, Daniel predijo con precisión el advenimiento de Cristo como "el Príncipe Mesías".

La profecía continúa: "después de sesenta y dos semanas, el Mesías será eliminado [crucificado], pero no para sí, y [ellos ya no serán el pueblo del Mesías]", lo cual implica que los judíos rechazarán la pretensión de Jesús de ser el Mesías.

Seguidamente, se vaticina la destrucción del Templo de Jerusalén: "y el pueblo del príncipe que vendrá destruirá la ciudad y el santuario" (9:26). Este hecho tuvo lugar en el año 70 d.C., cosa que sugiere la referencia a una semana de siete días, en que "confirmará el pacto con muchos por una semana; y al promediar la semana hará que cesen el sacrificio y la oblación".

En el último capítulo, Daniel pregunta: "¿Cuánto tiempo durarán estas maravillas?" (12:6). La respuesta inescrutable que recibe es "durante un tiempo, tiempos y medio". Daniel, como nosotros, se queja: "Oí, pero no comprendí". Se suministran dos últimos números como fechas límite de los acontecimientos apocalípticos finales: "Habrá 1 290 días. Bendito sea el que espera y llega a los 1 335 días. Pero debes recorrer tu camino hasta el final".

¿Cómo podemos establecer una correspondencia entre estas fechas contradictorias? Podría ser que después de la destrucción del Templo en el año 70 d.C., transcurrirían 1 290 "días" multiplicados por una vez y media ("tiempo, y medio"). El resultado sería 1 935 + 70, o sea que los acontecimientos del Apocalipsis comenzarían en el año 2005 d.C.

"El fin será una inundación, y hasta el final de la guerra habrá desolaciones". En este momento se presentará el Arcángel Miguel, que protege a Israel en tiempos de peligro. Los muertos ("los que duermen en el polvo de la tierra") despertarán; algunos, aunque no todos, resucitarán y gozarán de la inmortalidad, brillando como estrellas en el firmamento. Los menos afortunados serán condenados a la vergüenza y el rechazo perpetuos.

Usando la misma lógica con la cifra 1 335, la resurrección final de los muertos tendría lugar al promediar el año 2072 d.C., cuando los benditos que hayan esperado ascenderán a las estrellas.

Números clave en el libro de Daniel

El libro de Daniel es una verdadera mina de números con los cuales se pueden calcular diversas fechas del Apocalipsis. Los principios generales del cálculo incluyen la interpretación de que un "día" significa un "año", y así lo entendió Ezequiel (4:6). Los números clave son: Tiempo, tiempos y medio tiempo, o sea un factor de 1,5 o a veces 3,5 años. Esto también se expresa como una estación, estaciones y media estación. Dos mil trescientas noches y mañanas, que posiblemente representan 2 300 años. Esta es una frase clave usada por los Adventistas del Séptimo Día. Setenta semanas, también 7 semanas, 62 semanas y 1 semana, siendo los resultados 490, 49, 434 y 7 años. Mil doscientos noventa días y 1 335 días por 1,5 para determinar la fecha del Apocalipsis. El lamento de Daniel duró tres semanas enteras (10:2), lo cual podría significar un período de tribulaciones de 21 años de duración.

CARROZAS DE FUEGO

Ezequiel, ¿vio la llegada de Dios en una carroza acompañado por querubines, o experimentó alucinaciones?

Suele sostenerse que el Libro del Profeta Ezequiel data de 595-7 a.C. El breve Apocalipsis incorporado al Libro data de la misma época de crisis en la historia judía que el descrito en el Libro de Daniel. La crisis fue precipitada por los ataques del rey de Babilonia, Nabucodonosor. Durante la guerra que libró con los egipcios, capturó Jerusalén y se llevó como rehenes al Rey Jehoiakim y su corte. Ezequiel fue un sacerdote y profeta judío que vivió en esa época histórica.

El primer capítulo de Ezequiel, y concretamente los versos 4 a 28, contienen una de las descripciones más singulares de una visión jamás escritas. Lo que vio Ezequiel ha sido tema de millones de palabras e ilustraciones, pero en breves palabras, lo que presenció fue lo siguiente:

Un gran torbellino que contenía un fuego de color ámbar provino del norte hasta el río Chebar, donde Ezequiel estaba sentado. En medio de esta aparición brillante se vieron cuatro seres llamados querubines, que tenían algunas de las características físicas de los hombres (por ejemplo sus manos eran parecidas a las manos humanas), pero uno solo de ellos tenía rostro humano, y los demás rostros de león, buey y águila, como las bestias del Apocalipsis de San Juan, descritas siglos más tarde. Cada querubín también tenía cuatro alas largas, de las cuales dos se unían sobre su cabeza y las otras dos envolvían su cuerpo, y se veía encima de su cabeza un halo de cristal parecido al cielo nocturno. Sus pies eran pies de terneros, y brillaban como objetos dorados. Estos seres se parecían más a los toros alados de la antigua Babilonia que a la imagen victoriana de los ángeles. Casi 700 años más tarde y después de ingerir la misma sustancia, San Juan vio el mismo querubín. ¿Podemos prever una visita similar próximamente?

Los querubines se trasladaban rápidamente hacia atrás y hacia adelante, sin mover sus alas, produciendo un sonido parecido al de una corriente de agua o una gran muchedumbre. Estaban acompañados por algo que se parecía a rayos en forma de bolas de fuego y ruedas de color berilo dentro de otras ruedas parecidas a giróscopos, con numerosos ojos brillantes y que no giraban al moverse. Los querubines destellaban como rayos cuando se movían y doblaban sus alas hacia abajo cuando no se movían. Por encima de las cabezas de los querubines había un trono de zafiro en que estaba sentado un dios de fuego, que tenía el aspecto de un anciano y estaba rodeado por un espléndido arco iris.

Sin duda, el objeto de esta descripción tan minuciosa es hacernos creer que Ezequiel verdaderamente fue testigo de esta increíble escena. No se ha intentado describir el evento con términos oscuros o simbólicos. Es evidente que Ezequiel vio algo verdaderamente extraordinario. Pero este fenómeno, ¿fue una de las "carrozas de los dioses" (en palabras del autor Erich von Daniken), o sea uno de los primeros objetos no identificados del que se tiene noticia, o fue la llegada de algún dios, y quizá la del mismo Jehová?

Jehová ordena a Ezequiel que se levante del suelo donde

está postrado, y le da instrucciones respecto a los judíos exilados. Con un verdadero estilo profético, Jehová detalla diversos castigos que deberán sufrir los compatriotas de Ezequiel por su insensibilidad y su interés en los ídolos. Pero Ezequiel es reacio a transmitir malas noticias, resultándole más cómodo el papel de visionario, por lo cual Jehová debe justificar sus órdenes de forma convincente para que Ezequiel regrese y profiera amenazas al pueblo de Israel por su comportamiento inaceptable (3:17-22).

Al terminar su conversación, el visitante regresa al firmamento, o como lo describe Ezequiel: "Oí también el ruido que hacían las alas de estas criaturas vivientes que se tocaban, y el ruido de las ruedas contra las alas, y un fuerte ruido de torbellino. El espíritu me levantó y me llevó..." (3:13-14). Es casi imposible resistir la tentación de imputar estos sonidos a una avanzada máquina voladora, y los hechos parecen ser demasiado nítidos como para limitarse a una visión interna.

Si Cristo regresa a la Tierra el producirse el milenio por segunda vez, su llegada, ¿será tan espectacular como la que describió Ezequiel? Probablemente no lo sea. Jehová siempre fue más adicto a los espectáculos que Cristo. Pero en vista de que se espera que Cristo llegue para dirigir el Juicio Final, es posible que venga con algo del fuego y la furia de su padre Jehová.

Visiones psicodélicas

La descripción que da Ezequiel de la llegada de Jehová tiene la nitidez de una visión psicodélica, y aún ahora 2 500 años después del evento, llama poderosamente la atención. La idea de que la visión del profeta haya sido inducida por drogas no es tan rebuscada como podría pensarse. Consideren estas palabras de Ezequiel: "me fue enviada una mano, y la mano contenía un rollo de un libro... y me dijo... come este rollo" (2:9-3:1). Ezequiel hizo lo que se le ordenó: "abrí la boca y... lo comí". La sustancia fue provista por su visión y contribuyó a fomentarla a la vez. Fue una especie de sacramento, y también un libro que contenía escritura.

Según lo registró San Juan en su Apocalipsis, redactado casi 700 años más tarde, también a él se le ordenó comer un librito: "Dame el librito. Y me dijo: Tómalo y cómelo; te resultará amarga en el estómago, pero en la boca te resultará tan dulce como la miel" (10:9).

Las palabras de Ezequiel contradicen la suposición de que en cada uno de estos casos el acto de "comer" fue simbólico: "Haz que tu estómago coma, y tus entrañas se llenarán de este rollo que te estoy dando" (3:2-3). Anatómicamente hablando, ¡no podría ser más claro!

Ezequiel y San Juan ingirieron algo durante sus visiones que les permitió ver otras dimensiones, otros tiempos, y quizá el fin del mundo.

PERSECUCIÓN Y PROFECÍAS

Con frecuencia los profetas no eran bienvenidos en su propia tierra, y tal vez el profeta hebreo más rechazado y perseguido a nivel universal haya sido Jeremías.

El primer libro de profecías de Jeremías fue destruido y quemado por sus compatriotas. Fue encarcelado en condiciones muy desagradables debido a sus profecías al parecer poco patrióticas, y temiendo por su seguridad acabó por recurrir al gobernador babilonio para que lo protegiera, y huyó luego a Egipto, en donde finalmente le dieron muerte a pedradas por sus premoniciones lúgubres.

Parece ser que muchos profetas fueron forzados a desempeñar su papel, en lugar de buscar desempeñarlo ellos mismos. Aparte de los profetas bien conocidos como Jeremías, parece ser que había grupos de profetas ambulantes como parte de la vida cotidiana en el Israel antiguo, y no necesariamente eran todos judíos. De hecho, algunos podrían haber sido filisteos. Por ejemplo, en Samuel 10:5, se le dice a Saúl:

"Después llegarás a la colina de Dios, que es la guarnición de los filisteos. Y cuando llegues a la ciudad, hallarás un grupo de profetas que descienden de lo alto portando un salterio, un tambor, una flauta y un arpa, y dirán profecías; y el espíritu del Señor se apoderará de ti, y tu también dirás profecías con ellos, y te convertirás en otro hombre".

Parece ser que Saúl fue iniciado en los misterios de la profecía por estos profetas filisteos ambulantes. La crónica narra que los parientes de Saúl quedaron muy impresionados por sus nuevos talentos en materia de profecía.

Una de las promesas constantes hechas por los profetas ha sido la llegada de un Mesías que liberará a la nación judía de quienes la estén oprimiendo en el momento. Los judíos esperaban y siguen esperando el advenimiento de un salvador de la casa real de David. Cristo no los liberó de los romanos, por lo cual fue descartado por la mayoría de los judíos, que lo consideran un seudo-Mesías.

Por motivos que al parecer yacen en las profundidades de la psiquis judía, estos períodos de esclavitud siempre han suscitado la idea de que representaban un castigo merecido por olvidar a su dios. Esta reacción es una versión extrema de una idea religiosa universal: la de que el mundo está regido por uno o más dioses que administran justicia.

Pero cabe señalar que la reacción judía, en medida mayor que la de todas las demás religiones, fue producir una serie de profetas que se caracterizaban por sus advertencias de que la mala conducta pasada había provocado el infortunio presente, y por su promesa de felicidad futura, siempre que las reglas fueran debidamente observadas. La reiterada degradación y esclavización por diversas naciones paganas sufridas por el pueblo judío y el deseo intenso resultante de que se cumplieran las antiguas profecías de gloria eventual dieron origen a numerosos textos judíos sobre el Apocalipsis, además de sólidas expectativas respecto a la llegada o el regreso del Mesías.

El concepto del advenimiento de un Mesías fue un legado que le hizo el Judaísmo al Cristianismo. Este sostuvo, evidentemente, que el Mesías ya había llegado y que se había dado a conocer en varias ocasiones a sus discípulos con posterioridad a su crucifixión. Se creía que regresaría nuevamente, esperanza de la cual surgió el concepto del Segundo Advenimiento.

Muchos creían que regresaría con un ejército, e incluso con

un ejército de ángeles, y que triunfaría como salvador militar contra sus opresores, los romanos. Antes de que fuera convertido en mito por Origenes y San Agustín, el objeto de la creencia temprana era un reino de Dios sobre la Tierra y no un paraíso existente en el futuro lejano. Pero a medida que fueron transcurriendo los siglos, las expectativas se centraron en fechas posteriores, como por ejemplo los años 1000 ó 2000 d.C.

Desde un punto de vista exclusivamente militar, Egipto, y más tarde Babilonia (los Persas) y por último los romanos fueron los enemigos principales de Israel y de su pequeño reino hermano de Judá. Los comentaristas cristianos han dejado de adoptar un enfoque histórico y suelen usar los nombres de estos países como símbolos del mal. Incluso el enfoque protestante del Catolicismo, con su sede en Roma, compartía lo que sentían los judíos del antiguo Israel por los ejércitos romanos conquistadores, que destruyeron su Templo en el año 70 d.C.

Como consecuencia de ello, diversas escrituras apocalípticas tanto judías como cristianas suelen hablar de la destrucción de Babilonia (o de forma más indirecta, de la de Roma) y la llegada de un Mesías salvador, que después de un período de tribulaciones, luchará físicamente contra los enemigos de los piadosos, con frecuencia en Armagedón, antes de establecer un reino de mil años sobre la Tierra. Esto, en resumen, es lo que se espera cuando se produzca por fin el Apocalipsis.

Siglos místicos judíos

El Gran Jubileo de 7 000 años es un tema que figura con frecuencia en las escrituras apocalípticas de los judíos. (Se estima que un período completo de desarrollo cósmico es de siete veces siete mil años). En el año cincuenta mil, se espera que el universo regrese a su origen. El primer libro en explayarse sobre este tema fue el Temunah, escrito aproximadamente en 1250 d.C. y basado en una nueva interpretación del "Shemittah" o Eón.

El período actual de 7 000 años es un período de juicio, caracterizado por diversos mandamientos y prohibiciones y por la oposición entre puro e impuro, sagrado y pecaminoso.

En el Eón que comenzará cuando termine este siglo, el próximo Shemittah, la ley o la Tora siguientes ya no contendrán prohibiciones, sino que será controlado el poder del mal y se alcanzará la Utopía, como el reinado de mil años del Mesías. Esta idea es muy similar a aquéllas del visionario cristiano del siglo XII Joaquín de Fiore, proveniente de Calabria, que consistían en tres períodos cósmicos: del Padre, del Hijo y del Espíritu Santo.

LAS PROFETISAS GRIEGAS

La profecía no fue una exclusividad de los profetas del Antiguo Testamento. Las palabras griegas que significan don profético son "manteia" y "propheteia".

La palabra "prophetes" significa "una persona que habla por otra", o sea, precisamente lo que hace un profeta al hablar por un dios.

Los griegos antiguos consultaban la voluntad de los dioses en toda ocasión importante de la vida pública y privada, como por ejemplo una venta de esclavos, el cultivo de un campo, un casamiento, un viaje, un préstamo, etc. El oráculo no se limitaba a ser una revelación que satisfacía la curiosidad del hombre, sino un permiso o autorización dado por el dios para lo que se pretendía hacer.

Casandra, la hija del Rey Príamo, recibió el don de la profecía del dios del sol, Apolo. En vano predijo la caída de Troya, durante la cual fue capturada y violada por Ajax, pero nadie le creyó hasta que fue demasiado tarde y la profecía se había hecho realidad.

Además de las personas que han recibido el don de la profecía de los mismos dioses, también existían sacerdotisas de Apolo que recibían una formación adecuada, y se llamaban pitias o sibilas. La más célebre de la sibilas fue la de Cumas, que supuestamente guió a Eneas en su viaje por el infierno. La entrada a este infierno estaba ubicada cerca de Baia en la Bahía de Nápoles, en Italia (y sigue existiendo). Un libro de oráculos que supuestamente contenía las palabras de estas sibilas, llamado Los Oráculos Sibilinos, cobró gran popularidad durante la Edad Media.

El más célebre de todos los oráculos fue el de Apolo en Delfos, que se llamaba Pytho, palabra que significa consultar, además de "pudrirse", y hacía referencia a los vapores que surgían de una fisura en la tierra en Delfos. A veces se decía que era el hedor del cuerpo de la serpiente muerta que una vez había vivido en el abismo. Estos vapores intoxicaban a la sacerdotisa, que transmitía las advertencias del dios mientras se encontraba en estado de trance. Es posible que los vapores fueran alucinógenos. En el santuario interior, la sacerdotisa se sentaba en un gran trípode dorado (una silla con tres patas) encima de la fisura de la cual emanaban vapores estupefacientes, y delante de una estatua dorada de Apolo, el dios del sol. Un fuego eterno alimentado con madera resinosa ardía delante de la estatua. El techo interior de templo estaba cubierto de guirnaldas de laurel y se quemaba laurel en el altar como incienso. Como puede imaginarse, ¡era una mezcla verdaderamente intoxicante!

Al formulársele una pregunta, la sacerdotisa entraba rápidamente en un estado de intoxicación delirante y emitía un torrente de palabras, gemidos y sonidos, que uno de los cinco sacerdotes o "profetas" escribía e interpretaba más tarde. Estas interpretaciones se presentaban con frecuencia en versos redactados en hexámetros. A veces el efecto del humo en la sacerdotisa era tan poderoso que saltaba o se caía del trípode, sufría convulsiones y a veces moría. Por este motivo, existían tres sacerdotisas suplentes en tiempos posteriores.

Los que consultaban el oráculo estaban obligados a llevar guirnaldas de laurel atadas con lana virgen, pagar una tarifa y sacrificar una cabra, un buey o una oveja, que debían ser animales perfectos y sanos.

La agencia divina en Pytho fue descubierta por ovejeros cuyas ovejas sufrían convulsiones cuando se aproximaban al abismo por encima del cual fue construido más tarde el templo. Iba gente de todo el mundo antiguo, y no solamente de Grecia, para consultar este oráculo. No perdió su poder hasta que el santuario fue eliminado por el emperador cristiano Teodosio en el siglo IV d.C.

Existían por lo menos otros 20 oráculos bien conocidos en el mundo griego, entre los cuales el de Apolo en Didima, llamado habitualmente el oráculo de los Bránquidas, ubicado en el territorio de Mileto, es el que más nos interesa. Este era el oráculo que solían consultar los jónicos y los eolios. Se decía que el altar había sido construido por Heracles y el templo por Branco, un hijo de Apolo que era un sacerdote proveniente del oráculo de Delfos.

El culto dependía de los poderes mediúmnicos de diversas sacerdotisas inspiradas, y las técnicas usadas para conseguir la divina intoxicación fueron descritas por el cronista griego Iamblico de Chalcis, que falleció aproximadamente en el año 335 d.C.:

"La profetisa de Branco se sienta en un pilar o tiene en la mano una vara otorgada por alguna deidad, o se moja los pies o el ruedo de su vestido con agua... y de esta forma... profetiza".

Otro pasaje del mismo texto antiguo menciona el uso de un trípode de bronce en un rito de profecía. Este oráculo nos interesa especialmente porque usó las técnicas de profecía que aprovechó más tarde Nostradamus, quien en 1555 las usó para descubrir los secretos más recónditos del milenio y los eventos anteriores al año 2000 (ver los capítulos anteriores).

RELOJES DE PIEDRA

El motivo de la construcción de la Gran Pirámide de Giza se ha perdido en las nieblas de la historia. Para los victorianos, se convirtió en el centro de una enorme actividad profética, convencidos como estaban de que el mundo estaba a punto de trasponer el último portal hacia la Cámara del Rey, anunciando el fin del tiempo.

EL HORÓSCOPO PARA EL AÑO 2000

La astrología puede servirnos para tomarle el pulso al futuro. Entre las fechas cruciales que despuntan en nuestro horizonte, la del 18 de agosto de 1999 es una de las más conocidas.

Esta fecha fue destacada por el profesor Hideo Itokawa, pionero de la tecnología japonesa de cohetes, en su libro y en un documental para la televisión en 1980.

Si examinamos la configuración astrológica correspondiente al primer minuto de esta fecha, vemos el sol, Mercurio y Venus en el signo zodiacal del León con la Luna y Marte en Escorpión, el Águila con Plutón al lado de Sagitario, Júpiter y Saturno en Tauro, el Toro, con Urano y Neptuno en Acuario, el portador del agua. Los cuatros signos en los que están circunscritos los planetas son las cuatro bestias del Apocalipsis de San Juan, las cuatro cabezas del querubín de Ezequiel y los cuatro símbolos de la última carta del Tarot, el mundo. Son los símbolos de las llamadas "últimas cuatro cosas".

El profesor Itokawa y su equipo de futurólogos pesimistas

afines se quedaron tan fascinados con esta llamada Gran Cruz constituida por los planetas que predijeron una extensa devastación ambiental provocada por conflictos en torno a los recursos de energía y alimentos. Pero lo que el profesor puede no haber notado es que, muy cerca de esta Gran Cruz — una semana antes, para ser precisos, el 11 de agosto de 1999 — habrá un eclipse, el último eclipse del siglo XX. Es tentador deducir que este eclipse servirá de catalizador para liberar las energías destructivas de la Gran Cruz.

En marzo de 1993, vimos un adelanto de lo que esta Gran Cruz nos depara, con la conjunción de Neptuno y Urano, un fenómeno sumamente raro que ocurre apenas una vez cada 171 años. En los Estados Unidos, la conjunción estuvo acompañada por "la mayor nevada de este siglo", que barrió desde la Florida hasta Maine, dejando a su paso más nieve, granizo, lluvia y hielo que ningún otro fenómeno similar desde 1883. A ésta siguió una catastrófica inundación en la región del Misisipi. El extraordinario clima que azotó grandes partes de los EE.UU. en 1993 fue atribuido al movimiento imperfecto de estos planetas.

No es coincidencia que Neptuno o Poseidón fuera el dios de las aguas, particularmente los ríos y los mares. Su esposa, Anfitrita, regía el mar además de los vientos y los terremotos, y bien puede ser que tengamos noticias suyas antes de terminar el siglo.

Otra configuración extremadamente rara que afecta a todos los planetas, y que ha sido erróneamente representada como una Gran Cruz por algunos comentaristas, va a ser la formada el 4 de mayo del 2000 exactamente a las 3.12 a.m., hora de Greenwich. Ese día, la Tierra se hallará en oposición con los planetas, a 13 grados 58 minutos de Escorpión, y sólo el distante Plutón, a 11 grados 21 minutos de Sagitario, ejercerá cierta fuerza gravitacional contra el resto.

La potente conjunción de planetas no será visible a simple vista y sólo resulta clara cuando se la traza en papel. A ángulos rectos de la Tierra, conformando el aspecto de un "cuadrado" de 90 grados, estarán los otros dos planetas exteriores, Urano y Neptuno, éste a 17 grados 46 minutos de Acuario, y Neptuno a 4 grados 40 minutos de Acuario. Los planetas interiores del sistema solar estarán alineados de la siguiente manera: Venus a 19 grados 23 minutos de Aries; Mercurio a 20 grados 8 minutos de Aries; la Luna a 13 grados 24 minutos de Tauro; el Sol a 13 grados 58 minutos de Tauro; Júpiter a 17 grados 31 minutos de Tauro; Saturno a 20 grados 12 minutos de Tauro; Venus a 10 grados 56 minutos de Géminis.

Los astrólogos tienen un término muy preciso para esta singular configuración: "oposición". ¿Quién sabe qué disturbios naturales pueden ocurrir en la Tierra como resultado de la atracción gravitacional de todo el sistema solar al estar alineado contra nosotros?

Teoría del caos — alas de mariposa y oscilaciones axiales

Aunque se puede decir que los planetas están demasiado lejos como para tener ningún efecto aquí en la Tierra, basta examinar la llamada teoría del caos para comprender que los cambios en el delicado equilibrio del sistema solar pueden en verdad ser muy significativos. Esta teoría sostiene que todas las formas de vida de la Tierra están interconectadas; incluso el suave aleteo de una mariposa en el Amazonas puede asociarse indirectamente con un tifón en Hong Kong; al menos eso dice la teoría. Aplicando esta lógica, la suma de la atracción gravitacional de los otros planetas del sistema solar — sobre todo los más pesados, Júpiter y Saturno — no puede considerarse despreciable.

La alineación de tales gigantes con el Sol y la Luna bien podría originar manchas solares, afectar las mareas y perturbar el delicado equilibrio de las capas de la Tierra produciendo catástrofes naturales tales como tsunamis (olas de marea), inundaciones, actividades volcánicas y condiciones climáticas anómalas.

El escenario del más extremado desastre que podría generarse por esta configuración, podría incluir un cambio del eje terrestre. Se ha demostrado que el eje ha cambiado con el tiempo, de modo que el polo norte magnético y el polo norte geográfico continúan separándose cada vez más. Cualquier choque en este sistema ya inestable podría crear una gran "sacudida".

PROFECÍAS ASTROLÓGICAS

Una conexión entre la astrología y el Apocalipsis puede parecer improbable, pero la historia indica quiénes preparan las cartas astrológicas y las autoridades eclesiásticas han coincidido notablemente.

A través de las edades, profetas y astrólogos por igual han considerado significativos los movimientos de los planetas, especialmente de Saturno y Júpiter. Nostradamus, por ejemplo, los usó para dar fechas a futuros sucesos.

La naturaleza cíclica de la revolución de los planetas indujo a los primeros astrólogos a suponer que toda la vida, incluidas la vida y la historia del hombre, se regía por ciclos. Tales ciclos podían incluso ser múltiplos del tiempo que los planetas exteriores requerían para girar en torno al Sol. En ese período de la historia, los dos planetas exteriores eran Júpiter (requiere 11 862 años) y Saturno (requiere 29 458 años). No es coincidencia que el dios romano Saturno corresponda al griego Cronos, el dios del Tiempo y una vez gobernante de los cielos.

El "Annus Magnus" o gran año fue concebido como el período de tiempo que tardarían los planetas para regresar a su punto de partida el primer día de la Creación. El regreso a este punto sería evidentemente una fecha muy significativa, según el razonamiento de los profetas. Algunos filósofos griegos, como Zenón, creían que los sucesos de una era histórica se repetían en otra, tal como las almas de los seres humanos reencarnaban.

Otro griego, el astrónomo Aristarco de Samos (c. 250 a.C.), que enseñaba que la Tierra gira alrededor del Sol y que calculó la distancia del Sol a la Tierra, opinaba que la duración del Gran Año era de 2 484 años ordinarios. Heráclito (535-475 a.C.) calculó el Gran Año en 10 800 años. Sin embargo, un ciclo de tiempo más válido es la precesión de los equinoccios (véase más abajo).

En la Europa medieval, los intentos de fechar la Segunda Llegada de Cristo se basaban en datos astrológicos y bíblicos. El famoso astrónomo Tycho Brahe interpretó una nueva estrella que descubrió en 1572 como el heraldo de la Segunda Llegada, opinión respaldada luego por el rey Jaime I de Inglaterra. Tycho asoció la estrella con la aparición de un gran gobernante del norte también mencionado por Nostradamus. Esta nueva estrella jugó papel en las conjeturas milenarias de Sir Christopher Heydon en 1618. Heydon profetizó el séptimo retorno de Júpiter y Saturno "al trígono flameante", lo cual acarrearía la destrucción del papado, la caída de los turcos y el regreso de los judíos al nuevo "reino de Cristo".

El astrólogo judío "Maestro Salomón", guiado por indicios astrológicos, predijo que Carlos V estaba a punto de vencer a los turcos, lo cual llevaría a la conversión de los judíos y la segunda llegada de Cristo.

De los sucesos directamente asociados con Dios se esperaba cierta simetría de fechas. Dado que, por ejemplo, el diluvio universal se estimaba había ocurrido en 1656 Anno Mundi (o sea, 2348 a. C.), un acontecimiento de igual magnitud, quizá la Segunda Llegada, se previó para el año 1656. 10 años adicionales llevaron a los comentaristas al muy significativo "Milenio de la Bestia" de 1666.

El astrólogo alemán Mussemius decidió que, puesto que el nacimiento de Cristo había seguido a una conjunción de Saturno y Júpiter en el signo zodiacal de la Virgen, el Anticristo nacería cuando estos planetas volvieran a encontrarse en el lado opuesto del zodíaco, en Piscis, en 1544. Un intento ulterior de usar esta conjunción lo hizo Ciprian Leowitz, quien predijo el fin del mundo a la conjunción de Saturno y Júpiter en 1583.

Richard Harvey predijo que el mundo terminaría el 28 de abril de 1583, cuando apareciera Cristo.

Johannes Alsted, que derivó algunas de sus ideas de Tycho Brahe y del astrónomo Johannes Kepler, consideró la Reforma apenas como el prólogo del reino milenario de Cristo. Su "Espejo del Mundo" es una gran tabla en la cual sincronizó las tres eras y siete edades de Elías con las cuatro monarquías de Daniel y las revoluciones de Saturno y Júpiter.

La precesión de los equinoccios

El concepto astronómico fundamental sobre el que descansa la teoría del ciclo de las edades o eones es la precesión de los equinoccios. Este fenómeno astronómico fue descubierto por los antiguos egipcios. Hiparco (c. 120 a.C.) halló que la longitud de las estrellas aumenta regularmente en 50,2 segundos de longitud cada año o, en otras palabras, que la banda aparentemente "fija" de las estrellas del zodíaco en realidad se mueve, aunque muy lentamente. Esto es debido a que el eje terrestre describe un gradual círculo retrógrado a medida que la Tierra gira, un tanto similar al bamboleo de un trompo.

El eje realiza una rotación completa en 25 725 años (que se suele aproximar a 25 600 años o incluso 25 000 años). Este movimiento retrógrado por los signos del zodíaco significa que una fecha particular — la del equinoccio, por ejemplo — se desplaza paulatinamente de un signo a otro a la velocidad de un signo cada 2 143 años. El comienzo de la era de Acuario ocurre cuando el eje polar abandona el signo de Piscis, donde ha permanecido más de 2 000 años, para retroceder hasta el de Acuario.

LAS PIRÁMIDES Y LAS PROFECÍAS

En 1864, el profesor Piazzi Smyth, astrónomo del Rey de Escocia, permaneció cuatro meses en Giza, Egipto, tratando de calcular las relaciones matemáticas entre las profecías y las dimensiones de la Gran Pirámide.

La observación más asombrosa del profesor Smyth fue la exactitud con la que la proporción de la altura con respecto a la circunferencia de la base representa 1/2 pi. De ella dedujo que el «cúbito sagrado» empleado por los constructores de este enorme monumento era de la misma longitud (25,025 pulgadas imperiales) que la utilizada por Moisés para construir el tabernáculo. Con este supuesto, las medidas adquirieron vida propia.

Los opresivos pasadizos de la Gran Pirámide son extraordinarios tan solo por el propio peso de la piedra que los reviste. A partir de estos pocos pasadizos, el entusiasta Christian Robert Menzies y sus seguidores concibieron, o descifraron, un plan que explicaba el significado más amplio y profundo de la pirámide. Cada pulgada de los túneles fue medida, convertida a años y luego comparada con la cronología bíblica.

La entrada exterior de la pirámide se interpretó como representando la Creación (en 4004 a.C.) y la caída de Adán; la entrada del túnel descendente, el diluvio, y su intersección con el túnel ascendente que abre a la «Gran Galería» representaría el nacimiento de Cristo, mientras que el escalón de la puerta en su boca simbolizaría la vida y crucifixión de Cristo el año 33 de nuestra era.

La certidumbre de los victorianos en el progreso cristiano se reflejó en varios terrenos. La propia Gran Galería se consideró como el progreso ascendente del cristianismo en más de 2000 años, o la «Distribución de Gracia de los Evangelios». La Cámara del Rey marcaría «el tránsito de los salvados a la dicha celestial». La entrada a la Cámara del Rey y su antecámara tienen hoy la mayor importancia para nosotros porque se supone guarda relación con el período histórico en el que estamos entrando.

Morton Edgar, uno de los seguidores de Menzies, creía que la edad milenaria de dicha se produciría alrededor de 1874. Llegó a esta cifra tomando 4128 a.C. como el año de la Creación. Trabajando con el supuesto de que el cálculo de Edgar se adelantaba 124 años, y empleando en cambio la fecha del arzobispo Ussher, 4004 a.C., la era milenaria, según la Gran Pirámide, debía coincidir con el año 1998. Edgar dio también como fecha para el fin de la era milenaria, y última prueba de la humanidad, el año 2914 de nuestra era.

Davidson, coautor de La Gran Pirámide: Su Mensaje Divino, determinó que el pasadizo inferior entre la antecámara y la Cámara del Rey representaba el período entre 1928 y 1936. En un sentido, el estrechamiento de este pasadizo refleja las condiciones de la depresión que llevó al derrumbe de la bolsa de Wall Street en 1929.

La interpretación de las medidas que hizo Max Toth resaltaba julio de 1992 como el fin del pasadizo y el comienzo de lo que él denomina "el tiempo del fin". Toth predice fieras tormentas y erupciones volcánicas a partir de 1995. Afirma que surgirá un Reino del Espíritu (tomado de Joaquín de Fiore) tras un período de tribulaciones que terminará con el colapso de la civilización en 2025. El Mesías aparecerá en el cielo en 2034 y seis años después asumirá aspecto humano y vivirá en la Tierra 76 años.

Flinders Petrie descartó la presunta correlación entre la historia de la humanidad y los pasadizos de la Gran Pirámide al volver a estudiar la pirámide y corregir los errores de medición de Smyth. Para empeorar las cosas, demostró que el fin de la actual distribución debió ocurrir el 18 de agosto de 1882. Para mantener vivas las esperanzas, un tal coronel J. Garnier, guiado por las medidas de la entrada exterior hasta la antecámara de la Cámara del Rey, movió la fecha al 1913.

Su vehemencia en fijar la fecha de la Segunda Llegada de Cristo en el curso de su propia vida llevó a los milenaristas victorianos a cambiar la regla. La regla de "una pulgada por año" arroja el siguiente interesante grupo de fechas. Inmediatamente después de la fecha de la entrada, 1913, la cifra de 51,95 pulgadas nos hace trasponer la abertura y llegar a la antecámara al final de 1964. El otro lado de la antecámara se alcanza en 116,26 pulgadas, o 2082, que entonces comienza otro pasadizo inferior que se extiende del 2082 al 2182. La entrada a la Cámara del Rey representa el 2182, mientras que su muro final se alcanza en 2388. ¡Sólo el tiempo lo dirá!

Una nueva cámara en la gran pirámide

A principios de 1933, un investigador alemán, Rudolf Gantenbrink, descubrió una nueva cámara en la Gran Pirámide. Empleando un dispositivo de control remoto, exploró hasta su extremo un conducto de aire descendiente de 45 grados y 65 metros de largo y apenas 20 centímetros de ancho y alto. Al final de este conducto hay una puerta miniatura de piedra, posiblemente de alabastro o piedra caliza amarilla y con posibles ranuras para deslizarla hacia arriba. Una capa de fino polvo negro sugiere la presencia de materiales orgánicos y una cámara al otro lado de suficiente tamaño para permitir la circulación de corrientes de aire.

Es inconcebible que los profanadores de tumbas hayan logrado acceso a este conducto, por lo que el contenido de la cámara debe estar intacto. La cámara está situada en lo profundo de la roca de la pirámide, unos 21,5 metros por encima del piso de la Cámara del Rey y a 25 metros de la cara exterior de la pirámide, con una alineación que puede estar directamente opuesta a la estrella del perro de Sirio, asociada con la diosa Isis. Por coincidencia (o quizá no), la distancia vertical entre la Cámara de la Reina y la Cámara del Rey son también precisamente 21,5 metros.

EL CICLO DE 60 AÑOS

En 1985 el Dr. Ravi Batra publicó un libro en el que predijo con precisión el comienzo de la recesión de 1989.

Según el Dr. Batra, esta recesión se caracterizaría por un gran aumento del desempleo, un descenso de la inflación, una rápida baja de los precios de los inmuebles y el auge de las quiebras — sucesos económicos adversos que resultaron ciertos en muchos países por todo el mundo.

El Dr. Batra sugirió que las inversiones debían venderse a fines de 1989 y las empresas reducir sus deudas — con perfecta sincronización, según se vio. Pero el autor no afirmó nunca ser un profeta sino un simple observador de los ciclos económicos.

El Dr. Batra ha comparado acontecimientos de los años 90 con los de los años 30. De acuerdo con su método, 1996 representará el fin de esta recesión, tal como 1936 representó el fin de la anterior. El estudio de los ciclos bien podría ser un útil auxilio para determinar las fechas de las profecías.

Sesenta años es un lapso de tiempo recurrente que se encuentra en muchas culturas. Es, por ejemplo, el tiempo exacto especificado por los antiguos chinos para la conclusión del "Gran Año", durante el cual se supone que han de ocurrir todas las posibles combinaciones de acontecimientos según los describe la interacción de los 10 Tallos Celestes y las 12 Ramas Terrestres de la metafísica china. Tras 60 años, todos regresan exactamente a la misma combinación de Ramas y Tallos correspondiente al año en que nacieron.

Los personajes sexagenarios que representan el período chino de 60 años se llaman dragones. Cada uno tiene uno de los cinco elementos chinos: madera, fuego, tierra, metal y agua, y a cada uno adscrito uno de los 12 animales del zodíaco.

Los egipcios asociaban el período de 60 años con Osiris, el dios (entre otras cosas) de los ciclos, la muerte y la resurrección. El período "henti" de su ciclo constaba de dos períodos, cada uno de 60 años de duración.

Los antiguos griegos señalaron la razón de elegir el ciclo de 60 años. El neoplatónico Olimpiodoro, que vivió en Alejandría, escribió:

"... la esfera de Saturno y la esfera de Júpiter entran en conjunción en sus revoluciones, 60 años. Y si la esfera de Júpiter proviene del mismo [lugar en los cielos] al mismo lugar en doce años, pero la de Saturno en treinta años, es evidente que cuando Júpiter ha realizado cinco, Saturno habrá realizado dos: pues dos veces treinta es sesenta, y asimismo es doce por cinco, por lo cual sus revoluciones entran en conjunción en 60 años".

Entre los babilonios, el sacerdote Berossus (floreció en 260 a.C.) menciona tres períodos de tiempo extendidos, el "sossus" (60 años) y múltiplos de éste, el "neros" de 600 años y el "saros" de 3600 años, o sea el cuadrado de 60. Dos de éstos llegan a poco más de siete milenios, o una semana de Dios, un período utilizado por los judíos para indicar la conclusión de un ciclo completo.

Josefo Flavio, que vivió en Roma en el siglo primero de nuestra era, nos dice que el tiempo en la antigüedad estaba dividido en períodos de 600 años. En el manuscrito del Liber Vaticinationem, 60 es un período crucial. Más tarde, Nostradamus expresaría las fechas de algunas de sus cuartetas en términos de las conjunciones de Júpiter y Saturno cada 60 años.

Todos los anteriores precedentes indican que, para los fines de la predicción, puede ser más revelador dividir el pasado y también el futuro en períodos cíclicos de 60 años en lugar de siglos.

El ciclo Saros

Un componente de particular interés del ciclo de 60 años es el ciclo Saros, que fue descubierto por primera vez por los caldeos. El ciclo es de 6 585 32 días, o 18 años y 10,7 días o el equivalente de 19 años de eclipse.

La conexión entre este ciclo y el ciclo de 60 años se hace dividiendo 60 por 18. Si la respuesta, 3 333, se multiplica entonces por 60, obtenemos exactamente el año 2000 de nuestra era. Otra indicación del significado profético y milenario de ese año.

Ya hemos visto cómo se ha utilizado el ciclo de 60 años para predecir acontecimientos económicos. El ciclo Saros parecería ofrecer similares posibilidades. Por coincidencia, uno de los más destacados financieros y especuladores con divisas de los años 90 se llama George Soros. En el otoño de 1992, sus actividades cambiarias contra la libra esterlina hicieron que el Tesoro británico empleara millones de libras en un fútil intento de sustentar su moneda. En un día negro para la propia estima británica, el llamado "miércoles negro", la libra fue retirada del Sistema Monetario Europeo y se la puso a "flotar", bajando su precio, para hacerla reflejar su verdadero valor en el mercado. De esta manera, a través de una serie de astutos juegos especulativos, el Sr. Soros agregó la libra a una lista de devaluaciones de monedas europeas débiles.

No se sabe si Soros depende de su instinto para los negocios o de un método de cálculo adecuado. Algunas "apuestas" en los mercados monetarios se basan en el uso de tablas que revelan fluctuaciones cíclicas. Es posible que el ciclo Saros de algo más de 18 años tuviera que ver con los cálculos de George Soros. Sin duda, los movimientos de la libra en 1974, 18 años antes, son muy interesantes de estudiar.

MANCHAS SOLARES — EL CICLO DEL SOL

Una peculiaridad de la superficie del Sol que varía de un día a otro son las manchas solares. Éstas corresponden a un ciclo definido que se equipara al ciclo rotacional de Júpiter.

Las manchas solares son áreas de temperatura más baja que se observan como manchas oscuras por contraste con el resto de la superficie del Sol. Han sido conocidas del hombre desde la antigüedad, cuando las más grandes, visibles a simple vista, se suponía que anunciaban acontecimientos importantes. Fueron por primera vez registradas en Europa en 1610 pero, en detalle, no hasta principios del siglo XVIII. Samuel Schwabe fue el primero en descubrir su aumento y disminución periódicos. En China han sido observadas desde el año 188 d.C.

En su mayor parte, las manchas solares ocurren ligeramente al norte o ligeramente al sur del ecuador solar, entre los 10 y los 30 grados norte o sur. Poseen grandes campos magnéticos que cambian de polaridad de acuerdo con el ciclo. La mancha típica dura una semana antes de "agotarse"; algunas duran sólo un día y otras, varios meses. Una mancha solar grande puede abarcar un área de cinco veces el ancho de la Tierra.

Por razones que nadie entiende, la actividad solar parece seguir un ritmo, que ocurre en ciclos regulares virtualmente idénticos al ciclo de 11,86 años de Júpiter. Una máxima muy marcada se produjo entre 1947 y 1950, y otra aun mayor en 1957. Estas máximas de actividad parecen estar acelerando a medida que nos acercamos al fin del milenio. Es posible que grandes números de manchas solares sean indicadoras de algún tipo de cambio básico en la relación del Sol con la Tierra y el resto del sistema solar.

En una época, la ciencia estaba desconcertada por las manchas solares y ofrecía varias explicaciones. Por ejemplo, Kirchoff las definió como nubes solares; Zoller, con menos imaginación, como depósitos de escoria, y Hale, tal vez apropiadamente, como tormentas electromagnéticas. Hay una conexión definitiva entre las tormentas magnéticas y las manchas solares mayores, y durante 60 años o más se ha aceptado que los cambios climáticos terrestres, tales como lluvias excepcionalmente fuertes o sequías agudas, han estado conectadas con dicho ciclo. Las aberraciones climáticas se están haciendo cada vez más frecuentes a medida que nos aproximamos al milenio y puede ser que las manchas solares tengan un papel en el clímax del ciclo que se alcanzará hacia el año 2000. Se cree que los planetas afectan la actividad de las manchas solares; esta es una idea que se corresponde con los supuestos cambios, pronosticados para mayo del 2000, cuando los planetas estarán alineados con la Tierra.

Cada brote de manchas solares va acompañado de un auge de emisiones de todo tipo de energía solar, rayos X y ultravioleta, ondas de radio y luz visible. Esta emisión de energía, llamada viento solar, ocasiona cambios significativos en el entorno terrestre. Es posible que tales cambios anuncien un acontecimiento cataclísmico a final del siglo.

En años recientes se ha dedicado una enorme cantidad de tiempo y de esfuerzos para tratar de correlacionar la actividad de la manchas solares y otros fenómenos diversos, desde los ciclos bursátiles hasta el crecimiento de los anillos de los árboles. Los árboles muestran un claro ciclo de 11 años en sus anillos, pero hay pocas pruebas de que exista una conexión entre las manchas solares y los ciclos económicos.

Una interesante correlación de la que no se han extraído conclusiones satisfactorias es la de la ocurrencia máxima de manchas solares y períodos de intensas observaciones de OVNIS, además de períodos de variación en la declinación magnética de la Tierra.

Manchas solares, el clima y los planetas

Los meteorólogos reconocen el efecto del ciclo de manchas solares de 11,5 años en el clima. Un gran aumento de la actividad de las manchas solares produce un viento solar sumamente ionizado que desencadena mal tiempo en la Tierra, que a su vez ocasiona malas cosechas y mayores precios de los productos agrícolas. La correlación entre una racha de manchas solares y las tormentas parece más fuerte en ciertas partes del mundo tales como Siberia, Escandinavia, las Antillas, el sudeste de EE.UU. y posiblemente el Pacífico Sur.

Se ha demostrado positivamente que el ciclo de las manchas solares guarda relación con las corrientes en chorro. El clima anómalo se presenta con más probabilidad en las máximas y mínimas de actividad solar. La próxima mínima que podría acarrear mal tiempo es 1999, justo antes del milenio.

El ciclo de las manchas solares también se ha usado para predecir sequías. En los años 50 se pronosticó que habría graves sequías en 1975/76. En Gran Bretaña, estos años resultaron ser los más cálidos y secos registrados en este siglo. De acuerdo con el ciclo, 1998 y 2021 serán también años de prolongadas sequías. 1998 también concuerda con la hambruna y la sequía anunciada para antes del milenio.

El profesor Wood, de la Universidad de Colorado, ha descubierto un ciclo mayor de manchas solares de 179 años. Conforme al mismo, en 1778, el número de manchas solares fue muy elevado, incluso un récord. Exactamente 179 años más tarde, en 1957, se registró una nueva máxima de manchas solares. Un informe redactado para la NASA por Prescott Sleeper en 1972 sugería que esto podía deberse a la triple conjunción de Júpiter, Saturno y Urano, cuya ocurrencia estimó en períodos de 178 9527 años que representan 6 revoluciones de Saturno y 15 revoluciones de Júpiter.

LAS CONJUNCIONES PLANETARIAS

El significado de las conjunciones de Júpiter y Saturno tiene una historia que se remonta a los babilonios, cuando los planetas se empleaban como relojes del ciclo de 60 años.

En tiempos más recientes, se ha mostrado gran interés en el grado en que los movimientos de estos planetas afectan el clima en la Tierra.

Los primeros en iniciar el debate fueron John Gribbin y Stephen Plagemann en un libro titulado El efecto de Júpiter, en el que intentaron demostrar cómo las configuraciones de los planetas afectaban indirectamente los acontecimientos climáticos y geológicos terrestres. Los autores, el uno científico de la NASA y el otro ex redactor científico de la revista Nature, examinaron la actividad de las manchas solares, cuyo aumento, pensaban ellos, que podía relacionarse con los terremotos. También opinaron que la actividad de las manchas solares puede estar asociada con la configuración de los planetas del sistema solar.

Estas conexiones podrían arrojar luz sobre algunos misterios de la antigüedad y asimismo tener pertinencia en los eventos del fin del milenio. Su primer alegato era que el movimiento de todos los planetas del sistema solar puede afectar y de hecho afecta al Sol.

De todos los planetas, el de mayor efecto sobre el Sol es Júpiter. Esta influencia se debe a su enorme masa, que es 318 veces la de la Tierra. Saturno, 95 veces más "pesado" que la Tierra, es el segundo planeta mayor. Evidentemente, cuando ambos planetas se alinean en la misma región del cielo, su efecto gravitacional se refuerza. La astrología llama a esto una conjunción, por lo cual podemos decir con certeza que las conjunciones astrológicas, particularmente las de los dos planetas de más peso, Júpiter y Saturno, tienen un efecto gravitacional sobre el Sol.

El trabajo del profesor K.D. Wood, de la Universidad de Colorado, ha demostrado cómo la atracción gravitacional puede llegar a producir disturbios de la superficie tales como llamaradas solares y aumento de la actividad de las manchas solares. En 1973 comparó la actividad de las manchas solares con las variaciones gravitacionales impuestas por los planetas más pesados. Los resultados del profesor Wood explican por qué el ciclo medio de manchas solares de cerca de 11,5 años varía: el ritmo cambiante de los planetas aumenta o reduce la actividad de las manchas.

Por consiguiente, las manchas solares son un reflejo de los cambios en el campo magnético del Sol, el cual afecta a todos los planetas del sistema solar. Ellas pueden afectar la calma habitual de la ionosfera, una capa de la atmósfera a 322 kilómetros de distancia sobre la superficie de la Tierra compuesta por iones y partículas cargadas. Es la ionosfera la que, en situación de calma, actúa de reflector de las ondas de radio que así pueden regresar a la Tierra. No es entonces extraño que las transmisiones de radio de la Tierra sufran interferencias en tiempos de aumento de la actividad de las manchas solares. Esta última señala también un tiempo de impredecibles anomalías climáticas alrededor del mundo.

Los cambios del campo electromagnético del Sol afectan también al magma de debajo de la corteza terrestre, produciendo presiones y esfuerzos adicionales que únicamente pueden liberarse mediante terremotos, a veces actividad volcánica y deslizamientos de las placas tectónicas unas contra otras. A menudo tales sucesos necesitan apenas una ligera activación, pues las presiones se acumulan hasta tal punto que una fuerza adicional ocasiona una gran catástrofe, como el deslizamiento de la falla de San Andrés en California el 18 de abril de 1906 que, dicho sea de paso, se produjo poco después de la conjunción de Júpiter con Plutón. Otro ejemplo reciente es el terremoto de Turquía el 22 de mayo de 1971, que ocurrió el mismo mes de una conjunción de Júpiter y Neptuno. El terremoto de la provincia de Liaoning en la Manchuria en febrero de 1975 coincidió con una conjunción de Júpiter y Venus.

La conjunción de Júpiter con Saturno no sólo ocasiona manchas solares sino también el tipo de suceso que los antiguos profetas asociaban siempre con el apocalipsis: tiempo turbulento, sismos y actividad volcánica.

Antiguas predicciones de desastres naturales

Un astrólogo de la corte de Nínive sabía de las conexiones entre las conjunciones astrológicas y las catástrofes naturales, y hace más de 2 600 años escribió: "Cuando Marte se acerque a Júpiter, habrá gran devastación en la tierra". Nínive estaba en una región proclive a terremotos, por lo cual los sacerdotes y los astrólogos, que llevaban cuenta de los fenómenos naturales, poseían numerosos datos con los cuales trabajar. Sin embargo, si se trataba de hacer predicciones, las conjunciones planetarias debían ser respaldadas por otras configuraciones astrológicas.

El sacerdote babilonio Berossus escribe: "Todas las cosas terrestres serán consumidas cuando los planetas, que actualmente siguen sus distintos rumbos, coincidan [entren en conjunción] en el signo de Cáncer y se coloquen de tal manera que se pueda trazar una línea recta directamente a través de todas sus órbitas. Pero la inundación tendrá lugar cuando la misma conjunción de planetas ocurra en Capricornio. En la primera será el verano y en la segunda el invierno del año". [Séneca Nat. Quaest. III.29].

Censorio va más lejos y afirma que éstos son dos acontecimientos separados, el del verano del hemisferio norte (cuando el Sol se encuentra en Cáncer) será una conflagración o "eopyrosis", mientras que el otro, en invierno (cuando el Sol esté en Capricornio), será un cataclismo o diluvio. El diluvio bíblico se considera un ejemplo de esto. Un "Gran Año" después del diluvio de Noé, Censorio preveía que los planos volverían a la misma conjunción y precipitarían otro diluvio.

LOS SECRETOS DE CRISTO

Algunas de las enseñanzas impartidas por Cristo a sus discípulos siguen siendo secretas para todos, salvo unos pocos, hasta el día de hoy. Retenidos por los eruditos y perdidos hace mucho para la Iglesia, los manuscritos que encierran estos secretos pueden arrojar luz sobre lo que nos aguarda en el milenio.

LAS PRIMERAS PROFECÍAS CRISTIANAS

En el Nuevo Testamento, tanto Juan el Bautista como Jesús son llamados profetas, hombres que prosiguen la tradición de transmitir la voluntad de Dios a Su pueblo.

Jesús fue a veces considerado la reencarnación de uno de los antiguos profetas. En Marcos 8:27, inquiere: "¿Quién dicen los hombres que soy?" El consenso de la opinión parece haber sido que Él era la reencarnación de Juan el Bautista, de Elías o de uno de los profetas del Antiguo Testamento. Es difícil entender cómo pudo Él ser una reencarnación del profeta que lo bautizó, pero esto no ha disuadido a los creyentes de esta teoría.

En el siguiente capítulo de Marcos (9:1), Jesús lanza la profecía acerca del próximo reino de Dios: "En verdad os digo que algunos de los que estáis aquí no probaréis la muerte hasta después de haber visto la llegada del reino de Dios".

No es de extrañar que muchos de los primeros cristianos esperaran ver el fin del mundo y la llegada del reino de Dios en el curso de su vida. Les hubiera sorprendido aun más saber que, dos milenios más tarde, todavía no ha llegado. Jesús puede haber estado hablando en el sentido personal de iniciación en los misterios del reino de Dios antes de sus muertes, pero muchos debieron interpretar sus palabras como un pronóstico del fin del mundo.

Esta perspectiva de la llegada del reino de Dios volvió a surgir después de 1 000 años y una vez más el año 1033, un milenio tras la muerte de Cristo. Otro año milenario favorito fue el 1666, 100 años posterior al nacimiento de Cristo más 666, el número de la segunda bestia del Apocalipsis de San Juan. Ahora, el inminente arribo del fin del segundo milenio está apoyado por signos e "indicios celestes" astrológica y también astronómicamente significativos que han llevado a muchos observadores a preguntarse si el nuestro no será en realidad el tiempo predicho hace tantas generaciones.

En los comienzos de la iglesia cristiana, los miembros que tenían el don especial de pronunciar palabras (a veces en lenguas extranjeras) estando en trance se llamaban profetas, extendiendo así la idea precristiana referente a profetas especialmente preparados y "contactados". Tales personas, también llamadas en ocasiones "carismáticas", eran "inspiradas" por Dios con un mensaje ininteligible. Estos eran muy diferentes de quienes "hablaban en lenguas", balbuciendo en un lenguaje que era ininteligible para sus oyentes.

Tras la muerte de su fundador, la cristiandad libró una larga y dura lucha contra los cultos paganos. Numerosas doctrinas extrañas derivaban de los griegos, muchos de los cuales fueron de los primeros conversos al cristianismo a través de lecturas. Con frecuencia se deja de comprender que las escrituras del Nuevo Testamento fueron escritas en griego — un idioma que Jesús mismo no hablaba.

Gran parte de la experiencia más temprana y más directa de la religión, tal como "viajar en espíritu" o visitar el tercer cielo estando aún vivo, se ha eliminado de la doctrina cristiana oficial. Otras ideas gnósticas fueron extirpadas del pensamiento fundamental cristiano para resurgir luego en la teosofía o el ocultismo del siglo XX.

Las imágenes maravillosamente detalladas del Apocalipsis de San Juan han sido aprovechadas, desde que fueron escritas, por personas que trataban de penetrar el velo del futuro y determinar lo que el nuevo milenio puede tenernos reservado.

¿Qué es la escatología?

Escatología, palabra griega que significa "último discurso", es la doctrina de las cuatro últimas cosas. Su tema son los sucesos destinados a ocurrir en el fin del mundo de acuerdo con las doctrinas cristianas. La escatología tiene dos aspectos.

La escatología individual se interesa por lo que ha de ocurrir al hombre después de su muerte. La mayoría de la gente considera la muerte como el fin de su mundo personal. Ciertas sectas creen que el hombre yace en su tumba hasta el juicio final el día del fin del mundo.

Los Adventistas del Séptimo Día, por ejemplo, piensan que "la condición del hombre en la muerte es la inconsciencia. Que todos los hombres, buenos y malos por igual, permanecen en la tumba desde la muerte hasta la resurrección" (Creencias Fundamentales, artículo 10).

La escatología general trata de lo que sucederá al mundo al fin del tiempo, que es el tema del Apocalipsis. Las cuatro "últimas cosas" que se supone ocurrirán entonces son:

- El retorno de Cristo, o Segunda Venida
- La resurrección de los muertos de sus tumbas
- El Juicio Final de los muertos y de aquellos que aún vivan en ese momento (los "rápidos")
- La recompensa final, o separación, de los salvados y los condenados.

RESURRECCIÓN Y VAMPIROS

Los primeros cristianos creían en la resurrección de la carne. Su convicción era que la vida humana es inseparable de la experiencia corporal: si un hombre regresa a la vida de entre los muertos, debe regresar en forma física.

Los primeros padres cristianos Ireneo y Tertuliano subrayaron ambos la anticipación de la resurrección del cuerpo. Los cristianos gnósticos, por otra parte, que ridiculizaban el concepto de la resurrección del cuerpo, opinaban que la resurrección espiritual era la norma, y frecuentemente restaban valor al cuerpo, considerando sus acciones sin importancia para el "cuerpo espiritual".

La resurrección de Cristo es un dogma central del cristianismo. Si Él no se hubiera levantado después de muerto, sería considerado simplemente otro maestro espiritual. Algunas religiones celebran los ciclos de vida, muerte y renacimiento en otras formas, y únicamente el cristianismo insiste en el regreso a la vida de un solo individuo, Jesucristo. Esta nueva dirección del pensamiento religioso representó un momento crucial en la historia del mundo. A pesar de la afirmación específica en el Nuevo Testamento de que Jesús de Nazaret fue "crucificado, muerto y sepultado", y que "resucitó al tercer día", muchos teólogos modernos parecen sentirse incómodos con la idea de la resurrección física. Cristo, según nos dicen las escrituras, comió un trozo de pescado para demostrar a sus discípulos que no era un espectro, e incluso le pidió a Tomás que palpara la herida de su costado.

Tertuliano (c. 190 d.C.) definió el punto de vista ortodoxo diciendo que "así como Cristo se levantó en cuerpo de su sepulcro, cada creyente debe prever la resurrección de la carne... La salvación del alma no creo que requiera discusión. Lo que resucita es esta carne, imbuida de sangre, consolidada con huesos, entretejida de nervios y entrelazada con venas". Tertuliano pasa a declarar que todo el que niegue la resurrección de la carne es un hereje, lo cual presumiblemente significa que muchos cristianos modernos son herejes.

La frase "imbuida de sangre" suena familiar, ¡pues ha sido usada en todas las descripciones de los vampiros que se han escrito! Un vampiro es un ser que vuelve de su tumba un poco antes de la resurrección general de los muertos y que perturba a sus vecinos satisfaciendo a sus expensas su sed de sangre. Si se cree, como creían los primeros cristianos, en la resurrección de la carne, un vampiro es entonces simplemente un resucitado antes de su hora.

Hay muchos extraños paralelos entre la creencia cristiana

ortodoxa y la creencia en los vampiros. Los primeros cristianos, por ejemplo, usaban específicamente catacumbas, osarios subterráneos, como lugares de culto (véase más abajo). Desde tiempos inmemoriales, sobre todo en la Europa oriental, ha existido una tradición de resurrecciones de vampiros de tales sepulcros. Quienes se han convertido en vampiros lo deben a que otro vampiro les chupó la sangre. Es interesante el hecho de que el sacramento fundamental del cristianismo ha sido beber la sangre de Cristo. Esto se hizo por primera vez la noche anterior a su muerte y pasó a constituir, en consecuencia, parte de la práctica cristiana.

El consumo de la sangre de Cristo en la comunión va acompañado de un precepto que sugiere que su sangre ofrece la vida eterna. La tradición dice que los vampiros también viven para siempre o al menos durante períodos muy largos de tiempo. La cura contra los vampiros se dice que es una estaca en el corazón. Ecario señaló que la lanza del centurión hundida en el costado de Cristo tenía por objeto ahorrarle dolor a la víctima matándola en la cruz y debería por tanto haber impedido la resurrección.

La historia de la negativa de San Pedro de su Señor antes de cantar el gallo tiene un eco en el folklore vampirista, el cual sostiene que el vampiro tiene que regresar a su tumba antes de que cante el gallo.

Como para probar la generalidad de la resurrección física, en San Mateo se registra (27:50-53) que, al momento de fallecer Cristo en la cruz, varios otros muertos también se levantaron de sus tumbas y deambularon por las calles: "la tierra tembló y las rocas se hendieron; y las tumbas se abrieron; y muchos cadáveres... salieron de sus tumbas después de su resurrección y entraron en la ciudad santa [Jerusalén] y se aparecieron ante muchos".

Catacumbas y cristianos

¿Por qué se celebraban tantas de las primeras ceremonias cristianas en catacumbas, las antiguas necrópolis romanas? Esto no puede deberse del todo al temor de la persecución, como se sugiere a menudo, ya que los devotos hubieran podido fácilmente ser atrapados en tales lugares por los soldados romanos. No hay tampoco indicios de que los cristianos hayan vivido en las catacumbas con el fin de facilitar el culto. Incluso en aquellos tiempos de represión los creyentes se reunían en casas.

La razón más plausible del uso de catacumbas para los servicios está íntimamente conectada con la creencia en la resurrección el día de la Segunda Llegada. En la mente de los antiguos cristianos, existía un vínculo muy estrecho entre la vida y muerte de su fundador, Cristo, y los cadáveres de sus propios muertos, que ellos confiaban que iban a resucitar el día del Juicio Final, día que esperaban en cualquier momento. Era por consiguiente correcto que toda la comunidad de los «rápidos» y los muertos rindieran culto en el mismo lugar. Hasta hace poco, los muertos ilustres todavía se enterraban dentro de las iglesias, otro indicio de la estrecha relación entre los muertos y los vivos en el pensamiento cristiano.

EL APOCALIPSIS DE SAN JUAN

El Apocalipsis de San Juan se halla en el centro de este libro, pues contiene las profecías de lo que sucederá si el año 2000 d.C. es verdaderamente el año del Apocalipsis.

El Apocalipsis de San Juan, escrito en el año 96 a.C. (véase más abajo) nos remite a los libros del Antiguo Testamento de los profetas no menos de 285 veces, y es fundamentalmente una continuación de las obras apocalípticas de Daniel y Ezequiel. Tal como Ezequiel, San Juan come parte de un librito extraño y obviamente psicodélico (10:10) que le permite ver lo que encierra el futuro. Por cierto, ¡el escritor George Bernard Shaw descartó con petulancia el Apocalipsis como producto de la imaginación desatada de un narcómano!

El Apocalipsis de San Juan sigue un plan muy estructurado y numerológico. Tiene 22 capítulos, como las 22 letras del alfabeto hebreo, y separa muchos de sus símbolos y escenas en grupos de siete. Los capítulos 7, 10, la mitad del 11, y el 14 están escritos como apartes de la narración principal y podrían eliminarse sin gran pérdida de la coherencia. Los tres capítulos iniciales del Apocalipsis constan de las cartas y advertencias de San Juan a las siete ramas de la naciente iglesia cristiana en el Asia menor (Turquía moderna).

Durante su visión, San Juan tiene una conversación con el Espíritu, descrito como «el primero y el último... en su mano derecha siete estrellas; y de su boca salía una espada de doble filo» (1:16). Este Espíritu, identificado como la «Palabra de Dios» (19:13), amenaza de varias formas «luchar contra ellas [las iglesias] con la espada en mi boca» (2:16) o «gobernarlas con una vara de hierro» (2:27) o borrar el nombre de sus miembros del libro de la vida. Mas adelante en el libro (19:11-15) es mostrado como un guerrero coronado en un caballo blanco. Ninguna de las descripciones de este ser se asemeja en lo más mínimo a la figura de Cristo como es normalmente descrito.

La parte verdaderamente apocalíptica del libro comienza con la apertura de la puerta del cielo (capítulo 3) a través de la cual San Juan entra en el "espíritu", tal como la entrada de San Pablo al tercer cielo. En cuanto él pierde la consciencia y abandona el cuerpo, la voz que llama al profeta suena metálica y distante, como una trompeta. San Juan ve inmediatamente una figura sentada en un trono, la cual, según lo que la mayoría de los comentaristas dan por sentado, es Cristo; quien luce como si fuese de "jaspe y cornalina" (sardio o sardonice), y está rodeado por el arco iris. Siete espíritus están sentados al frente del trono, alrededor del cual se hallan agrupados 24 ancianos coronados. Como en la visión de Ezequiel del trono flotante de Jehová, el trono destella con relámpagos.

También es claro que las cuatro bestias, o querubines, de la visión de San Juan son las mismas que vio Ezequiel en torno a Jehová parecidas a un hombre, un león, un novillo y un águila, pero todos con seis alas y tachonadas de ojos. "Miles y miles" de ángeles rodeaban estos extraños seres. La figura de Cristo sostiene un libro en una mano. Un cordero que ha sido degollado, símbolo de Cristo, se ofrece a abrir el libro que ningún hombre ha podido abrir. El cordero, que tiene siete cuernos y siete ojos, esta relacionado con las bestias cornudas que se encuentran más adelante en el Apocalipsis.

El cordero abre los siete sellos del libro, uno por uno. Con cada sello abierto una porción de la ira divina es liberada. Luego Juan oye siete trompetas, anunciando la liberación de otros horrores, a saber varias bestias y profetas. Después, siete copas son vertidas sobre la sufriente humanidad.

Finalmente, la "Palabra de Dios" regresa cabalgando en un caballo blanco, llevando varias coronas, una afilada espada en su boca y acompañada por un cortejo de tropas celestiales. Con este ejército él conquista la Bestia y a los reyes de la tierra. Como Juan dice, "ha llegado la hora" — palabras que son igualmente importantes en los actuales momentos en que nos acercamos al Apocalipsis pronosticado para el final del siglo XX.

El misterio de la revelación

"La Revelación", algunas veces llamado el Apocalipsis de San Juan, trae una de las visiones más extraordinarias, nunca antes documentada. Por medio de ésta visión a San Juan le fue mostrado lo que pasará al final del mundo, el día de la resurrección de los muertos y el juicio final, y le fue dada la premonición de 1 000 años de gobierno pacífico después.

La autoría de "la Revelación" es discutida, y alegan algunos que un tipo llamado Cerinthus tomó "prestado" el nombre de San Juan para darle prestigio a sus escritos. Lo que se sabe a ciencia cierta es la fecha de la aparición de la obra, que es de alrededor del año 96 d.C.

"La Revelación" es tan rica en imágenes que más parece un manual de las religiones paganas iniciáticas que un libro del Nuevo Testamento.

Varias leyendas se han desarrollado en torno a "la Revelación". Una es la de que San Juan experimentó su visión en la volcánica isla griega de Patmos. Más tarde en su vida, se dice que determinó se le sepultase en Efeso, en el mismo sitio en donde se encontraban los restos de la Virgen María. Después de escoger su bóveda se alega que él mismo la cerró y nunca más se le volvió a ver. Se creía que dormiría en ésta tumba hasta el Segundo Advenimiento de Jesucristo, cuando se levantaría de entre los muertos, presumiblemente para confirmar la veracidad de su visión. El Segundo Advenimiento de Cristo, por lo tanto, es muy probable que esté acompañado por la segunda venida de San Juan.

LA BESTIAS NO SANTAS

A través de las edades, varios hombres malvados han sido asociados con el terrible Anticristo. En la época de los romanos, los mismos emperadores fueron relacionados con él; más tarde lo fueron eclesiásticos y políticos.

El repudio protestante de la iglesia católica hizo del papa un Anticristo. En el siglo XIX, Napoleón fue identificado como el Anticristo, y en el siglo XX Hitler fue el candidato de Nostradamus para segundo Anticristo. Lo más extraño es que no es siquiera mencionado por su nombre en el Apocalipsis. El nombre griego de Anticristo sólo aparece en el primer y segundo evangelio de San Juan.

La Bestia es otra inquietante figura en el Apocalipsis. Ha sido identificada con varios personajes históricos, incluyendo al mismo Aleister Crowley en este siglo. Numerosas bestias surgen en el Apocalipsis, y son confundidas frecuentemente la una con la otra. Dos diferentes palabras griegas son usadas para referirse a la Bestia, zoon y therion.

Zoon, o criatura viviente, se usa para las cuatro bestias sagradas que tienen la cabeza de león, ternero, hombre y águila. Al igual que los querubines de Ezequiel tienen sus alas incrustadas con ojos. Ellos son las cuatro bestias de la última carta del tarot, y su tarea es vigilar el trono de Jehová o la entrada a más bajos cielos. Pueden también derivarse de los dioses astrales asirios Marduk (el toro alado), Nebo (con rasgos humanos), Nergel (un león alado) y Ninib (un águila).

La palabra griega therion, sin embargo, es usada para describir en conjunto, bestias más salvajes. La primera de ellas es la "bestia que ascendió desde el fondo del abismo"

(11:7). Esta tal vez sea la misma primera Bestia, que "surgirá del mar y tiene siete cabezas y diez cuernos, y en los cuernos diez coronas, y en sus cabezas el nombre de blasfemia... como sobre un leopardo» (13:1-8). A esta bestia polimorfa, que tiene patas de oso y boca de león, «el dragón le confirió su poder y su morada y su gran autoridad".

En Daniel, capítulo 7, se sugiere que aquí se alude a los tres grandes imperios gentiles: el león de Babilonia, el oso de Persia y el leopardo de Grecia. Hoy en día, el oso se asocia por supuesto con Rusia. Los diez cuernos se equiparan a menudo con el imperio romano; los cuernos serían diez reyes (Daniel 7:24).

Muchos comentaristas han sugerido que el surgimiento de una nueva potencia paneuropea, la Unión Europea, es otro signo de la inminencia del Apocalipsis. Antes de que esta profecía se cumpla, según se afirma, los miembros de la Unión sumarán 13 estados y luego declinarán a 10. Se ha ofrecido la teoría de que la primera Bestia puede incluso ser un líder dictatorial de la UE (véase más abajo).

La primera Bestia será llevada a su trono por el Dragón, en general identificado como Satanás. Ésta reinará 42 años. Si el reino de la primera Bestia comienza en 1995, como algunos han sugerido, durará entonces hasta 2037. Durante este período, tanto el Dragón como la Bestia serán adorados.

La segunda Bestia tiene "dos cuernos como de cordero, y habla como un dragón... hace llover fuego del cielo sobre la tierra... y su número es 666" (13:11-18). Esta Bestia es la más infame de todas. Hablar como un dragón la vincula con Satanás. Hereda el poder de la primera Bestia y realiza milagros, incluyendo el hacer caer fuego del cielo, como Prometeo, a plena vista de testigos.

Esta segunda Bestia es la antítesis del cordero que simboliza a Cristo, y con frecuencia se la identifica como el Anticristo. La segunda Bestia hace erigir una estatua para la adoración de la primera, y hace que la estatua hable, tal como Simón el Mago hace que las estatuas hablen y parezcan vivas. La segunda Bestia vuelve a mencionarse con el falso profeta en Daniel 19:19-20, 20:4 y 20:10.

San Juan identifica a la segunda Bestia por el número 666. Muchos han interpretado esto como que San Juan se refería a Nerón, una conexión nebulosa, por decir lo menos. Con mayor sentido, San Juan profetiza que cuando la segunda Bestia llegue al poder, nadie tendrá permiso de comprar o vender si no ostenta su marca en la mano derecha o en la frente.

La segunda Bestia será por fin vencida por un guerrero montado en un caballo blanco llamado "La palabra de Dios" y será arrojada en un lago de fuego y azufre junto con su falso profeta. Sus defensores serán devorados por aves de rapiña llamadas especialmente por un ángel para ese fin.

La prostituta escarlata y la euro-bestia

La primera Bestia es probablemente la misma que la llamada "una bestia de color escarlata, plena de nombres de blasfemia, que tiene siete cabezas y diez cuernos" (17:3) y que lleva a la Prostituta sobre sus ancas. La Prostituta estaba "vestida de púrpura y escarlata, y revestida de oro y piedras preciosas y perlas, con una copa de oro en su mano llena de las abominaciones y la suciedad de su fornicación", y en la cabeza un sello que la proclama "Misterio, Babilonia la Grande, la madre de las rameras y de las abominaciones de la Tierra" (17:5). La Prostituta también bebe sangre de santos y mártires, que su cabalgadura, la Bestia, aspira a destruir.

Las siete cabezas de la primera Bestia están explicadas en 17:10 como siete reyes, de los cuales "cinco han caído y uno es, y el otro no ha venido aún". Los diez cuernos se interpretan como "diez reyes que todavía no han recibido reino". Estos diez cuernos o reyes "odiarán a la prostituta, y la volverán desolada y desnuda, y comerán de su carne, y la quemarán con fuego" (17:16). Tratan un poco mejor a la Bestia, dándole diez reinos. Este pasaje se ha interpretado como la entrega de la soberanía de 12 países europeos a un parlamento europeo central.

EL JUICIO FINAL

La idea del juicio del alma después de la muerte es antigua, pues data desde antes del 2400 a.C., y es muy extendida.

Los antiguos egipcios pensaban que el alma imploraba al corazón no atestiguar en su contra a la hora del juicio final. El judaísmo no incluía originalmente el juicio personal inmediato, que fue concebido más como un proceso a las naciones al fin del tiempo. Los códices gnósticos cristianos de Nag Hammadi, del siglo primero, dan a entender que el cuerpo puede declarar contra el alma en el curso del juicio. La pena por las malas acciones era el rechazo del cielo y la reencarnación en un nuevo cuerpo.

El neoplatonismo introdujo la idea de la iniciación en un culto de "Misterio" que daba beneficios reales en la vida ulterior admitiendo al iniciado a los cielos que de lo contrario podía no alcanzar. Esto representó una separación del pensamiento homérico, que no permitía la vida después de la muerte.

Los primeros cristianos asumieron que Cristo regresaría por segunda vez en el curso de sus vidas, que los conduciría a un mundo perfecto y que repartiría castigos a sus perseguidores. Cuando resultó obvio que Cristo podía no regresar hasta dentro de otros 1 000 años, se adoptó una idea diferente, la de que los muertos sufrirían un juicio preliminar poco después de su muerte pero que aguardarían en su tumba, o quizá en el purgatorio, el dictamen final. En este llamado Juicio Final, los muertos serán resucitados para presentarse al examen de su valor moral. Sin embargo, este juicio no ocurrirá hasta que los acontecimientos expuestos en los primeros capítulos del Apocalipsis de San Juan hayan tenido lugar. Cristo tiene que regresar para asumir el cargo del terrible juez, tras lo cual los muertos serán llamados a su presencia con el último resonar de trompetas.

En la Inglaterra medieval, el Juicio Final se conocía como el "Doom", en que se consideraba que los individuos podían esperar o la dicha celestial o el tormento en el lago de fuego.

Después de esto, el tiempo cesaría y la historia daría paso a la eternidad en la que ya no hay muerte, penas ni dolores. Las pinturas de esta época ilustran la escena en que el arcángel Gabriel pesa las almas de los muertos. De modo similar, los antiguos egipcios mostraban cómo se medía el peso del corazón con la pluma de la verdad.

El concepto del juicio y la resurrección se había vuelto demasiado complicado para la época en que escribe San Juan. Según sus escritos, el primer juicio tendrá lugar la segunda vez que Cristo vuelva a estar entre los hombres. Las almas de los mártires que no han adorado a la segunda Bestia serán perdonadas inmediatamente y vivirán con Cristo en el paraíso durante sus 1 000 años de reinado. Ésta es la llamada primera resurrección.

Los primeros mártires sin duda merecían el favor de Dios, si podemos juzgar por las numerosas ilustraciones truculentas de sus martirios. Los muertos que no puedan igualar estos magníficos ejemplos de fe serán dejados en sus tumbas hasta el fin del reinado de 1000 años de Cristo. Al concluir este período, Satanás, o el Dragón, estará nuevamente suelto, creando dificultades y engañando a los vivos. Entonces se llevará a cabo el segundo juicio, o juicio final. En esta ocasión, el juicio se efectuará conforme al criterio de lo que ha sido escrito acerca de los actos del hombre en el Libro de la Vida. ¡Ay del que no tenga una anotación en este libro! En tal caso, él o ella será arrojado para siempre en el lago de fuego junto con la propia Muerte. Esta sentencia se llama "la segunda muerte".

Reservaciones previas en el cielo

Los elegidos para ser salvados de la condenación recibirán una marca previa y pertenecen a una de las tribus de Israel, de acuerdo con el capítulo 7 del Apocalipsis. El trozo que trata este aspecto del Juicio Final ha alentado a muchos cristianos a creer que sólo 144 000 se salvarán. En el Apocalipsis, un ángel "estampa" la frente de 12 000 miembros de cada una de las tribus con "el sello del Dios viviente", y de allí el total de 144 000.

Este sello es muy similar a la marca impuesta por la Bestia a sus seguidores y en ambos casos sirve para indicar de qué "lado" está el individuo. Es también el origen del sello con el que Joanna Southcott confeccionaba "pases celestiales" para sus seguidores. Como diez de las tribus de Israel están hoy "perdidas" o dispersas, es fácil ver cómo la preocupación de reagruparlas llegó a ser una gran preocupación milenaria para los cristianos del siglo XVIII.

La ventaja de recibir el sello se podía comparar a contar con una reservación en el cielo.

FALSOS SEGUNDOS ADVENIMIENTOS

En el segundo siglo de nuestra era, un grupo de cristianos creían que la versión celestial de la ciudad de Jerusalén se iba a materializar en las nubes y descender a la Tierra.

El grupo denominado los montanistas fue fundado alrededor del año 156 de nuestra era. Su jefe, el profeta Montano, practicaba la profetización extática junto con sus sacerdotisas, Prisca y Maximila, quienes predicaban que el fin del mundo estaba por llegar.

El ascetismo y el martirio voluntario formaban también parte de la doctrina de Montano. De hecho, la secta era un regreso a las creencias y los deseos apocalípticos del primer cristianismo que para esta época habían sido casi erradicados de las enseñanzas de la iglesia ortodoxa. El integrante más conocido de los montanistas quizá fue Tertuliano.

Creyendo que Cristo reaparecería en la ciudad siria de Pepuza, los seguidores de Montano establecieron en ella una gran comunidad para esperarlo. Se lanzaron acusaciones de diversos vicios contra los profetas montanistas, como teñirse el pelo, pintarse las pestañas, hacer apuestas y realizar danzas sagradas con vírgenes. Los montanistas veneraban en particular la rica imaginería del Apocalipsis de San Juan y afirmaban tener la tumba del apóstol, distinción que también reclamaba la ciudad pagana de Efeso.

En el año 550 de nuestra era, el obispo de Efeso desenterró los cadáveres de Montano y sus profetizas y los incineró ritualmente, esperando así erradicar este culto problemático. Pero, pese a todos sus esfuerzos, el cristianismo ortodoxo no logró éxito definitivo en este fin hasta el siglo sexto de nuestra era.

Los montanistas no eran la única secta en afirmar tener conocimiento del segundo advenimiento de Cristo. Algunas han mezclado la afirmación con promesas de resurrección y vida eterna y de este modo han alentado el suicidio en masa. Un ejemplo es el de los 900 miembros del llamado Templo del Pueblo en Jonestown, Guyana, cuyo líder, Jim Jones, los convenció de seguirlo a la tumba.

Otro caso igualmente perturbador ocurrió en la capital ucraniana, Kiev, en noviembre de 1993, cuando Marina Tsvyguna, de 33 años, líder de una secta llamada la Gran Fraternidad Blanca, declaró ser la Mesías, María Devi Christos. Dijo que su misión era salvar a la humanidad del inminente juicio final del milenio. Como otros profetas anteriores, María afirmaba que sólo 144 000 de sus elegidos se salvarían.

En su papel del Cristo regresado, María se puso ropas blancas, un extraño sombrero de pico, un garfio de pastor como el de los antiguos faraones, un crucifijo y collares de cuentas. Junto con su segundo marido, Krivonogov, un anterior líder de juventudes que había sido formado en la guerra psicológica, expresó el deseo de que sus miembros la siguieran a la tumba y más allá. La pareja usó una combinación de exhortación religiosa al estilo antiguo y las últimas técnicas de lavado cerebral para conseguir su objetivo. Miles de menores educados y procedentes de buenos hogares que se habían unido al culto fueron persuadidos de romper todo contacto con sus familias y dejarse morir lentamente de inanición para asegurar su resurrección con María en el cielo. Y, como otros profetas antes que ella, María decía que sólo 144 000 de sus elegidos iban a salvarse. Las sugerencias posthipnóticas mantuvieron la atención de los niños fija en un distante reino de luz, alcanzado únicamente a través de la tumba. Por fortuna, las autoridades ucranianas intervinieron y apresaron a la "mesías" antes de que ninguna de sus víctimas muriera.

Los rusos tienen una larga historia de suicidios religiosos en masa en espera de los mejores tiempos por venir. La Gran

Hermandad Blanca de María tenía un precedente a mano en la oscura secta religiosa rusa llamada los "Viejos Creyentes". Durante el siglo XVII y comienzos del XVIII, por lo menos 20 000 de ellos se inmolaron con fuego antes que aceptar la ortodoxia religiosa estatal. Una secta cristiana extremista rusa llamada Krasnye Krestinnye o Bautistas del Fuego, cometía el suicidio en masa reuniéndose con parientes y amigos en una casa a la cual prendían entonces fuego sistemáticamente, tal como el holocausto con que terminó el asedio de Waco en abril de 1993. En uno de los suicidios en masa rusos, en el monasterio de Paleostrovski, más de 2 700 hombres, mujeres y niños buscaron la muerte prendiéndose fuego.

El primer advenimiento de Cristo

San Juan también relata la historia secreta del primer advenimiento de Cristo, que era evidentemente parte de la más extensa guerra entre Dios, que desea encarnar a su Hijo en un mundo pecaminoso, y Satanás (en la forma de un dragón), que quiere evitar esto a toda costa.

El aspecto espiritual de la acción se lleva a cabo en el cielo. El dragón (drakon, en griego) y la Mujer aparecen como "un gran portento en el cielo", y representan a Satanás y a la Virgen María. El dragón puede también tener una conexión astrológica, pues su cola cubre "una tercera parte de las estrellas del cielo" (12:4). El dragón es presentado como el perseguidor de la mujer, que está "vestida con el sol y [tiene] la luna bajo sus pies, y en su cabeza [lleva] una corona de doce estrellas" (12:1). Está encinta y sufre los dolores del parto. El dragón, que es de color rojo y tiene siete cabezas coronadas y diez cuernos, aguarda el nacimiento del niño para poder matarlo y comérselo. Pero Dios interviene y salva al niño de las mandíbulas del dragón, para que pueda realizar su misión de salvador.

El Apocalipsis dice luego que la mujer escapa a los montes, donde Dios la alimenta durante 1 260 días. El dragón la persigue, incluso provocando inundaciones en un intento de sumergirla. En el supuesto de que la mujer sea María, madre de Cristo, y usando la regla de "un año por día", el período de su permanencia en los montes es de 1 260 años después del nacimiento de Cristo. En un versículo anterior (11:3), se otorgan poderes a dos testigos para profetizar durante 1 260 días antes de que los mate la bestia del abismo sin fondo (11:7). Estos dos testigos resucitan después, como si fuera el eco de la resurrección de Cristo.

LOS SIETE SELLOS Y LAS SIETE TROMPETAS

El Cordero, símbolo de Cristo, deberá abrir los sellos del libro secreto del Apocalipsis de San Juan al final del milenio y desatar toda clase de horrores sobre la Tierra.

Los primeros cuatro sellos del libro secreto del Apocalipsis de San Juan dejarán libres a los legendarios Cuatro Jinetes del Apocalipsis (6:1-8), que atormentarán a la humanidad (véase el cuadro).

El quinto sello revelará algo muy diferente: las almas de los mártires se hallarán debajo de un altar clamando venganza contra sus asesinos (6:9-11). Los dos sellos siguientes se refieren enteramente a desastres naturales y al día final ecológico. El Apocalipsis describe terremotos, la desaparición de la capa de ozono ("el cielo fue levantado tal como cuando se enrolla un pergamino"), meteoritos ("las estrellas del cielo cayeron sobre la tierra") y muchas catástrofes naturales.

La apertura del séptimo sello iniciará la próxima secuencia de siete, cuando los ángeles tocarán las siete trompetas. Estas siete llamadas de trompeta traerán el desastre sobre las cabezas de los no favorecidos con el sello de Dios. Un ángel lanzará sobre la Tierra el contenido de un incensario encendido, ocasionando truenos, rayos y terremotos. Estas terribles calamidades destruirán un tercio de todas las criaturas marinas y un tercio de todas las naves.

Un suceso de particular interés es la caída de un meteorito llamado "Amargura" que emponzonará todos los ríos y a muchas personas. Es también posible que "Amargura" resulte ser una bomba fabricada por el hombre. La caída de este meteorito, anunciada por el quinto toque de trompeta, abrirá el "abismo sin fondo" y dejará salir los ejércitos del ángel Abadón (en griego, Apollyon) para destruir la humanidad. Sus pérfidos soldados semejan langostas pero con rostro humano y coronas. Tienen alas y poderosas colas con ponzoña como de alacrán que producen prolongadas enfermedades en las víctimas. Éstos eran los seres que Charles Manson y su "familia" esperaban desatar sobre un mundo indigno mediante una orgía de asesinatos.

La sexta trompeta desencadenará cuatro ángeles previamente "sujetos en el Éufrates". Según esta descripción, parecería que los ángeles fueran los espíritus o duendes que los magos introducían en botellas de plomo y luego echaban a un río o al mar. Se cuenta que el rey Salomón hizo esto con los espíritus recalcitrantes que había utilizado para construir su Templo. Estos cuatro estarán acompañados por 200 000 000 de jinetes cuya tarea es matar un tercio de lo que quede de la humanidad. Para tratarse de ángeles, parecen un tropel notablemente sanguinario.

La séptima y última llamada de trompeta ocurrirá cuando el "reino de este mundo se convierta en los reinos de nuestro Señor y de Cristo". Esto anunciará la resurrección de los muertos y su juicio por Dios.

Pero todavía está por venir una serie final de horrores. Los siete ángeles, vestidos de lino blanco puro con bandas de oro, aparecerán llevando siete pomos de oro. Cada pomo contiene una peste que se infligirá a la humanidad. El contenido del primer pomo producirá llagas a quienes tengan la marca de la Bestia; el segundo aniquilará toda forma de vida en los mares; el tercero convertirá los ríos en sangre, envenenando aún más los reservorios; el cuarto, tomando su fuerza del sol, quemará a la humanidad; el quinto pomo oscurecerá el reino de la Bestia; el sexto secará el Éufrates para dejar que los reyes de oriente invadan a Israel y quizá Europa, como también lo predice Nostradamus. El último pomo emponzoñará la atmósfera con infecciones antes desconocidas.

Así, los siete sellos quedan abiertos, las siete trompetas lanzan sus mensajes individuales de destrucción y los siete pomos se vierten sobre la humanidad. Únicamente los protegidos por "el sello de Dios" serán salvados de estas tribulaciones.

Los cuatro jinetes del Apocalipsis

El primer jinete cabalga sobre un caballo blanco, porta un arco y lleva corona; generalmente se le llama Conquista. El segundo cabalga un caballo rojo sangre, lleva una gran espada y a veces se le ilustra en armadura negra: se le suele llamar Guerra. Las guerras se han asociado siempre con el fin del mundo.

El tercer jinete cabalga un caballo negro y tiene una balanza en la mano. Algunas veces se le ilustra como un monje. Simboliza la Hambruna. En la visión de San Juan, esta asociación es subrayada por una voz que anuncia los precios del trigo y la cebada, alimentos básicos cuyo precio llegó a ser una vez ocho veces el normal. La profecía es que en los últimos días habrá agudas carestías de estos alimentos básicos, como lo predice Nostradamus.

El cuarto jinete cabalga un caballo de color pálido y es la Muerte. Suele ilustrársele como un esqueleto y también llamársele Peste o Pestilencia. Tras él viene Infierno, que algunos ilustran como las mandíbulas de una cabeza sin cuerpo que lanza llamaradas.

EL APOCALIPSIS DE SAN MARCOS

El capítulo 13 del Evangelio Según San Marcos es un Apocalipsis en miniatura tan amenazador como el Apocalipsis de San Juan.

En el Monte de los Olivos, Jesús explicó a Pedro, Santiago, Juan y Andrés las condiciones de su segundo advenimiento y del fin del mundo. La profecía tiene tres etapas distintas.

Primero, Jesús advierte de los cambios sociales y políticos que vendrán a la Tierra. Jesús predice que habrá muchos falsos mesías a los cuales hay que evitar. Antes del milenio habrá muchas guerras y rumores de guerras, "cada nación se alzará contra cada nación y cada reino contra cada reino", una predicción que Nostradamus fecha para 1999. Aumentarán los terremotos, las hambrunas y los problemas relacionados con ellos.

Después viene un pasaje que ha confundido a muchos intérpretes: "llegará la abominación de la desolación, mencionada por Daniel el profeta, presente en un lugar donde no debe" (San Marcos 13:14). Se dice que esto se refiere a la introducción que hizo Antíoco Epifanes (reinó del 175 al 164 a.C.) de la estatua de Zeus en el sanctasanctórum, el Templo de Jerusalén, en su intento de helenizar a los judíos. Este pasaje está subrayado por la frase entre paréntesis "dejad que el que lea lo comprenda", una sugerencia muy amplia de que el significado ha de ser interpretado mediante una de las claves secretas de la Cábala.

La referencia al profeta Daniel, del Antiguo Testamento, es también de interés, pues fue él quien proporcionó los indicios numéricos respecto a la llegada del Apocalipsis. Sectas tales como los Testigos de Jehová y los Adventistas del Séptimo Día usan las fechas de Daniel.

Jesús aconseja luego a sus seguidores abandonar las montañas, consejo que siguen los esenios, que dejaron Jerusalén para dirigirse a Qumran antes del período de este Evangelio; los mileritas, que en 1843 esperaron en las colinas el Segundo Advenimiento; los miembros de la Sociedad Aetherius, que hicieron muchas peregrinaciones semejantes, y otros grupos que esperaban el fin del mundo.

El período de grandes calamidades conectadas con falsos profetas y mesías será seguido de penurias de diversa clase, cuando "el sol se oscurezca, y la luna no irradie su brillo" (13:14). Por la descripción de Jesús, estos acontecimientos cósmicos parecerían ser la abertura del sexto sello del Apocalipsis de San Juan, o la interpretación que hizo Immanuel Velikovsky de los sucesos cósmicos del 1502 a.C. y el 1450 a.C., cuando un gran cuerpo celeste se acercó tanto a la Tierra que la revolución del globo vaciló. Parece que este suceso deberá repetirse en un futuro no muy distante: "Y las estrellas del cielo caerán", indicando tal vez un bombardeo de cometas o meteoritos sobre la Tierra.

Estos acontecimientos cósmicos serán seguidos de fenómenos de orden sobrenatural y Cristo mismo será visto "llegar en las nubes con gran poder y gloria". En este siglo ha habido varias apariciones bien documentadas de la Virgen María, su llegada rodeada de grandes efectos, como el desplazamiento del Sol en el cielo en una forma no natural.

Cristo y los ángeles congregarán a los "elegidos" de los cuatro vientos, lo que presuntamente significa de los cuatro confines de la Tierra. Este trozo ha concentrado el pensamiento de los profetas que piensan que los "elegidos" serán llamados exclusivamente de sus sectas particulares. En el Apocalipsis se sugiere que los elegidos sumarán 144 000 solamente. El pasaje concluye con el mandato de estar alertas, en caso de que el Segundo Advenimiento de Cristo sea súbito y tome desprevenidos a los fieles.

Por último, en un versículo muy sorprendente Jesús dice "En verdad os digo, que esta generación no pasará hasta que todas estas cosas hayan ocurrido" (13:30). ¿Significa esto que la profecía de Cristo ha fallado, puesto que no hay duda de que estos sucesos no han ocurrido en el orden prometido? Alternativamente, quizá la palabra "generación" se refiere a la semilla y progenie de quienes estuvieron con Él ese día.

Estas profecías tuvieron gran fuerza entre los primeros cristianos. Fueron repetidas casi palabra por palabra en San Mateo, capítulos 24-25, y también en San Lucas, 21, y constituyeron una parte importante de las primeras doctrinas.

Joel predice la guerra

El profeta del Antiguo Testamento Joel también tuvo visiones del fin del mundo, que él llamó "día del Señor". En Joel 2:30-32, escribe sobre los primeros signos celestiales del fin del tiempo. "Y mostraré portentos en los cielos y en la tierra, sangre y fuego, y columnas de humo. El sol se tornará en oscuridad, y la luna en sangre, antes de que llegue el grande y terrible Día del Señor". En 3:15 continúa, "el sol y la luna se oscurecerán, y las estrellas apagarán su brillo".

Estos eventos son espejo de las descripciones del fin del

mundo señaladas en otros lugares, excepto que Joel tiene un tono más optimista que muchos otros profetas de estos sucesos: "todo el que invoque el nombre del Señor será salvado". La salvación, según parece, puede alcanzarse muy sencillamente, sin grandes sacrificios.

Del lado negativo, sin embargo, Joel es menos generoso con los no creyentes, y amenaza vender como esclavos a los hijos de las naciones gentiles o paganas. Y es también positivamente belicoso. Al momento del juicio de Dios, proyecta "reunir a todas las naciones y... llevarlas al valle de Josafat" (3:2). Después exhorta al pueblo a prepararse para la guerra (3:9), "despertad a los hombres poderosos, dejad que todos los hombres de guerra se aproximen: dejad que se presenten; transformad vuestros arados en espadas, y vuestras horquetas en lanzas".

LOS SECRETOS DE LOS GNÓSTICOS

Si el jardín de los senderos que se bifurcan, que es la historia, hubiera seguido a los gnósticos, el Cristianismo se hubiera basado en el conocimiento y el esfuerzo individual y no en la fe y la intercesión de la Iglesia. Algunos de los misterios del Gnosticismo son muy relevantes para nosotros, ahora, al final del milenio.

EL APOCALIPSIS GNÓSTICO

Los primeros cristianos fueron vistos por algunos como una nueva secta judía que creía finalmente haber encontrado el tan esperado Mesías, pero no como una nueva religión.

A los primeros discípulos judíos se les unieron muchos griegos convertidos, quienes trajeron su tradición filosófica a la nueva religión cristiana. De hecho el Nuevo Testamento fue escrito en griego, y la versión del Antiguo Testamento más usada por los primeros cristianos fue la más antigua traducción al griego conocida como Septuagint, hecha en Alejandría aproximadamente en el 225 a.C. El Cristianismo podría verse como una secta judía helenizada.

Los centros judíos de habla griega, tales como Alejandría, hallaron inspiración religiosa en fuentes helenas, judaicas y egipcias. El Gnosticismo (que literalmente significa "conocimiento") se entremezcló con el Cristianismo temprano, mientras puso más énfasis en el conocimiento espiritual que en la mera fe, como el camino para la salvación. Muchos gnósticos se veían a sí mismos como cristianos.

Filo de Alejandría (20 a.C. - 50 d.C.) fue un gnóstico típico. Miembro de una distinguida familia de la ciudad, se formó en el conocimiento judío y en antiguos filósofos griegos como Platón. Dio origen a la doctrina del "Logos" usada en el Evangelio de San Juan: "En el principio era la Palabra [Logos en el original griego], y la Palabra [Logos] estaba con Dios, y la Palabra era Dios".

Así que una doctrina cristiana básica fue derivada del Gnosticismo. Muchas de las ideas de Filo aparecen en los Evangelios, especialmente en el Cuarto y en la Epístola Paulina a los Hebreos.

Clemente de Alejandría, uno de los primeros padres del Cristianismo, dijo: "El Gnosis es aquello que ha descendido para ser transmitido a unos pocos, comunicado por los apóstoles". *(Miscell.* Libro VI, Cap. 7).

Muchos de los primeros cristianos, fueron gnósticos, incluyendo algunos de los apóstoles. El Cristianismo pudo haber crecido como una religión gnóstica, enfatizando el conocimiento por encima de la ciega aceptación. Entonces, ¿qué pasó?

Como en cualquier religión o movimiento, los sucesores del fundador decidieron qué conservar y qué rechazar. Descartaron el conocimiento espiritual del Gnosticismo por ser demasiado peligroso, y conservaron el concepto de la aceptación ciega a la doctrina de la Iglesia. Luego declararon al Gnosticismo como una herejía. Si esto no hubiera pasado, tal vez los períodos de oscurantismo no hubieran sido tan oscuros y los millares de textos clásicos que fueron destruidos hubieran sobrevivido para transformar la civilización. La intolerancia de los primeros padres de la iglesia decidió ocultar los orígenes gnósticos del Cristianismo, sumiendo a Europa en el oscurantismo.

Mientras tanto, los textos clásicos de la filosofía y la civilización Griegas se enmohecían o eran parcialmente salvados en sus traducciones al árabe. Con ellos, el Islam se expandió por el Oriente Medio y el Norte de África. Eventualmente, como resultado de la conquista de España por los Moros, algunos de los textos clásicos de la civilización griega fueron traducidos de nuevo al latín y gradualmente la cultura antigua fue reintroducida en Europa a partir del siglo XIII.

Europa y el Cristianismo tuvieron que esperar más de mil años para esta retraducción. La luz del Renacimiento marcó el nacimiento de la Europa moderna cuando parte de lo perdido en los primeros siglos del Cristianismo fue redescubierto.

Como lo expresa J. A. Symonds, la "palabra renacimiento realmente significa un nacimiento nuevo a la libertad — el espíritu de la humanidad recuperando la conciencia... reconociendo la belleza del mundo exterior... liberando la razón en la ciencia, y la conciencia en la religión".

Con este redescubrimiento las tenebrosas doctrinas del fin del mundo, del Juicio y la condenación fueron vistas desde otra perspectiva, como parte de un horizonte más amplio de credibilidad. Gradualmente la gente se hizo conciente de la vasta literatura del mundo antiguo que apoyaba los millares de ideas y especulaciones sobre el lugar del hombre en el cosmos.

Sin embargo, muchos de los primeros escritos gnósticos, sólo salieron a la luz en el siglo XIX (ver abajo). Aun cuando estos textos fueron descubiertos y se probó su autenticidad absoluta, fueron reservados para el estudio de académicos y no fueron ampliamente asequibles al público en general. El Cristianismo y el establecimiento continuaron con el gran disimulo, aunque muchos de los textos descubiertos datan de una época más cercana a los tiempos de Cristo que los que son reconocidos oficialmente como parte de la Biblia.

Recuperando los secretos perdidos de los gnósticos

Muchos de los escritos gnósticos fueron suprimidos por los primeros padres del Cristianismo. Una vez que se decidió catalogar al Gnosticismo como una herejía, sus textos fueron destruidos sin piedad. Aunque algunos textos salieron a la luz en Luxor en 1769, descubiertos por el viajero escocés James Bruce, y en 1773 en una vitrina de libros en Londres, solo fue hasta 1851 que uno de los más grandes textos gnósticos, el "Pistis Sofia", fue publicado.

"El Apocalipsis de Pedro", el "Evangelio de Pedro" y uno

de los tres "Libros de Enoch" fueron desenterrados de la tumba de Akhmim en el alto Egipto en 1884. A estos les siguieron en 1896/7 el "Evangelio de María" y el "Evangelio de Tomás".

En 1945 un campesino árabe, absorto después de haber matado a un enemigo, encontró los códigos de Nag Hammadi, considerados como la fuente más importante de escritos gnósticos que se haya descubierto. Los académicos han tardado más de 45 años para hacerlos accesibles al público.

LA ADORACIÓN DE LA SERPIENTE Y EL MAGO VOLADOR

Durante su evolución el Cristianismo enseñó a sus seguidores que podían salvarse por su Fe en Dios, o por la intervención de un santo o de Jesucristo en nombre de ellos.

Los cristianos gnósticos pensaban que la gente era dueña de su propio destino espiritual o temporal. Los gnósticos creían que después de la muerte el alma subía desde el cuerpo a través de varios cielos. El nivel alcanzado en esta jerarquía dependía de la conciencia y el conocimiento espiritual del fallecido. Aunque ahora sea negado, los cielos múltiples fueron parte central de la doctrina cristiana. En la Segunda a los Corintios 12:2, por ejemplo, Pablo habla de "cómo uno es llevado al tercer cielo".

La creencia gnóstica cristiana comprendía también la noción del alma que viaja fuera del cuerpo durante el sueño, y que explora los cielos antes de volver al cuerpo. En Corintios, Pablo escribe de nuevo, "Conocí a un hombre en Cristo [ej. un cristiano] hace más de catorce años (no sé si está en el cuerpo; no sé si fuera del cuerpo: Dios lo sabe)".

Filo de Alejandría se refiere a una escalera de palabras o "nombres que llegan desde la tierra hasta el cielo" donde reside la última Palabra, el Logos. En cada nivel el alma es confrontada por guardianes que no la admitirán a ese cielo particular si no tiene la pureza o el conocimiento espiritual necesarios para ganar su admisión. El gnóstico sube de un cielo al otro porque sabe los secretos de las esferas y sus guardianes.

Hacia finales del siglo segundo estas prácticas habían sido purgadas del Canon del Cristianismo "aceptable". Irenaeus, Obispo de Lyons en la época, hablaba despectivamente del saber gnóstico: "Ellos [los cristianos gnósticos] usan magia, imágenes, encantos e invocaciones, y después de inventar ciertos nombres como si pertenecieran a los ángeles, proclaman que unos están en el primer cielo, otros en el segundo, y luego tratan de determinar los nombres, principados, ángeles y poderes de los... cielos".

Irenaeus tal vez no sabía que nadie menos que San Pablo había dado instrucciones similares en su propio Apocalipsis.

El samario de nacimiento Simón Magus (15 a.C.-53 d.C.), hijo de un hechicero judío, fue educado en la cuna del Gnosticismo, Alejandría. Fue discípulo de Dositheus, quien había sido seguidor de Juan Bautista y reconocía a Jesucristo como el Mesías. Simón viajó por toda Persia, Arabia, Egipto para aprender todo lo posible sobre la magia en el saber popular. Lo acompañaba otra hechicera llamada Helena, de quién Simón afirmaba era la reencarnación de Helena de Troya. En Samaria, hasta los cristianos hablaron de Simón como el "gran poder de Dios", y Pedro, temiendo su competencia, se negó a bautizarlo.

Simón Magus realizó muchos milagros, incluyendo aliviar a los enfermos, resucitar a los muertos, caminar sobre el fuego, volar por el aire, convertir las piedras en pan, crear banquetes de la nada, hacerse invisible, animar estatuas de piedra, cambiar su apariencia, y por supuesto, hacer cumplir sus órdenes por espíritus elementales o posibles demonios a su antojo.

Clemente de Alejandría llamó a Magus "El Erguido", tal vez una referencia discreta a sus rituales fálicos con Helena, a quien él usaba para generar el poder necesario para su magia. También usaba el semen resultante y la sangre menstrual de Helena en sus rituales. En Roma la vieja rivalidad con el apóstol Pedro terminó en que Simón lo retó a una demostración de poderes mágicos ante el emperador romano. Simón levitó y permaneció en el aire mientras Pedro se arrodilló y oró. Las oraciones de Pedro debieron haber sido escuchadas porque

Simón cayó y se rompió una pierna, prueba contundente de que el samario realmente se había elevado.

Adoradores de serpientes

De acuerdo a los Ofitas, una antigua secta gnóstica, había siete demonios animales obstruyendo el camino del alma a los cielos bajos. Los primeros cuatro eran Miguel (león), Souriel (toro), Rafael (serpiente) y Gabriel (águila).

Tres de estos eran fácilmente reconocibles como las bestias de guardia del trono de Dios en el Apocalipsis de San Juan: "y la primera bestia era como un león, la segunda como un ternero, la tercera tenía cara de hombre y la cuarta como un águila en vuelo" (5:7).

La única discordancia entre estos dos grupos es por supuesto la de serpiente/hombre. Los Ofitas consideraban sagrada a la serpiente. Esta criatura representaba también una parte muy especial del hombre. Los Ofitas (derivado de "Ophis", serpiente en griego) eran de cierta manera lo predecesores de las congregaciones fundamentalistas que manejaban serpientes en el Oeste Medio Americano.

Los tres demonios animales para completar siete son Thauthabaoth (oso), Erathaoth (perro o simio, como el Dios Egipcio Thoth) y Oneol o Thartharoath (asno). También puede haber una correspondencia entre estos y las bestias que rigen al mundo cerca del milenio. Como la bestia cuyo número es 666 tiene la pata del oso (13:2), y la bestia sobre la que monta la prostituta de Babilonia (17:3), es similar al asno, esto es muy probable.

EL ENCUBRIMIENTO DE NAG HAMMADI

En diciembre de 1945 unos libros que contenían muchos secretos de la religión cristiana llegaron a las manos de Mohammed'Ali al-Samman, un campesino árabe, cerca del pueblo de Nag Hammadi en el Alto Egipto.

Intactos desde su ocultamiento hace casi dos mil años, los manuscritos que fueron encontrados cerca de Nag Hammadi tienen la misma importancia que los Pergaminos del Mar Muerto.

Los textos relativamente incorruptos cubren períodos inmediatamente antes y después de la vida de Cristo.

Lo que es aún más extraordinario es lo que han tardado los académicos para hacer disponibles estas dos importantes colecciones de documentos.

La primera traducción al inglés no apareció sino hasta 1977. El editor a cargo del proyecto dijo que "la publicación de los tratados ha encontrado numerosos obstáculos de orden político y académico. Como resultado, aunque fueron descubiertos hace treinta y dos años, los folletos de Nag Hammadi no han sido previamente hechos disponibles en su totalidad en ninguna... lengua moderna". De los 13 códigos que quedan, un total de 53 trabajos separados, escritos en más de 1 000 páginas de papiros han sido identificados — uno sólo puede adivinar cuánto material hubiera estado disponible si la recursiva madre de Mohammed no lo hubiera usado como leña.

Entre estos cincuenta y tres trabajos están algunos de los antiguos evangelios, incluyendo evangelios secretos que no fueron preservados en el Nuevo Testamento, escritos griegos y filosofía como fragmentos de la "República" de Platón, cosmología, poemas, ejercicios místicos, técnicas mágicas sexuales, misticismo judío, escritos herméticos y no menos de cinco apocalipsis distintos.

El Apocalipsis de Pablo es un relato de la ascensión al cielo del apóstol y lo que vio allá, con instrucciones para otras almas de cómo comportarse durante El Juicio.

El Primer Apocalipsis de Jaime contiene las enseñanzas secretas de Cristo que fueron dadas a Jaime el Justo, su hermano. En él, Jaime se refiere a Jesús como "Rabbi" o Maestro, no como Dios. Jesús le aconseja a Jaime salir de Jerusalén ya que la ciudad sirve de morada a un gran número de archons (ángeles malos o demonios).

Jerusalén es claramente estigmatizada como la ciudad que "siempre le da la taza de amargura a los hijos de la luz". Jesús entrena a Jaime sobre lo que él debe decir cuando sea juzgado y confrontado por los "porteros" del cielo para entrar por las puertas del cielo — recuerde, ¡esto fue escrito antes de que le dieran ese trabajo a San Pedro!

Menos interesantes son el Segundo Apocalipsis de San Jaime y el Apocalipsis de Adán, aunque ambos acentúan el conocimiento secreto de los gnósticos cuyo pensamiento era parte de la doctrina cristiana original hasta que los padres de la Iglesia decidieron convertirse en los únicos dispensadores de la gracia y el conocimiento.

El Apocalipsis de Pedro es un relato de la visión de San Pedro, en que habla con Cristo en Espíritu. Aquí, Pedro es claramente visto como el verdadero sucesor de Cristo y el fundador de la comunidad gnóstica. En la visión, Pedro ve primero sacerdotes hostiles que parecen estar decididos a apedrearle a él y a Cristo, a muerte.

Después, Pedro recuerda la crucifixión, durante la cual Jesús estuvo cerca hablándole. Pedro pregunta, "Quién es este que ríe complacido sobre el árbol [la cruz]? Y es acaso otro cuyos pies y manos están clavando?" Cristo contesta, "Ese a quién viste sobre el árbol [la cruz], sonriendo complacido, es el Jesús viviente. Pero éste sobre cuyas manos y pies ponen clavos es su parte carnal, que es el sustituto expuesto a la vergüenza, el que se hizo hombre a su imagen. Pero míralo a él y mírame a mí".

La versión de la crucifixión es obviamente muy desconfortante para una iglesia cuyas doctrinas sobre el evento central de la fe cristiana han cambiado considerablemente durante los siglos. Por consiguiente, no es una sorpresa que aún en esta época de relativa libertad, alguna presión haya sido ejercida para mantener sus secretos por un poco más.

Pedro parecía saber qué iba a pasar mucho tiempo antes de que su libro fuera leído y entendido, ya que escribe "Estas cosas que viste entonces, las presentarás a los de otra raza que no son de esta época". Parece tener razón puesto que su Apocalipsis sólo ha visto la luz antes de entrar a la nueva era.

El descubrimiento de los manuscritos

Poco antes de que Mohammed'Ali al-Samman y sus hermanos vengaran el asesinato de su padre en una sangrienta contienda familiar, cercenando las extremidades de su enemigo, fueron con sus camellos a la montaña de Jabal al-Tarif cerca de la aldea de Nag Hammadi para coger "sabakh", una tierra suave que usaban para fertilizar sus cosechas. La montaña tenía un sinfín de cuevas, algunas de las cuales habían sido usadas como sitios funerales por más de 4 000 años. Mientras estaban labrando alrededor de una prominencia, encontraron una vasija de barro roja del tipo "Ali Baba" de dos o tres pies de altura. Estaba sellada cuidadosamente.

Al principio pensaron haber encontrado una de esas jarras que Salomón o algún otro mago usaban en el pasado para encerrar un genio. Su temor a liberar un ser tal era real y sólo fue superado por el pensamiento de que la jarra podía contener oro. Tomando su valor a dos manos, Mohammed levantó el pico y rompió la jarra. Imaginen su desilusión al ver rodar por el suelo trece libros de papiro empastados en cuero.

Los hermanos llevaron los volúmenes de papiro a casa y los tiraron junto al horno. La madre de Mohammed quemó mucha parte del papiro en el horno, junto con paja para calentar la casa. La familia vendió los códigos (libros) sobrevivientes por una pequeña suma, sin darse cuenta de que en sus manos había caído uno de los más grandes arsenales de "dinamita espiritual" que el mundo haya visto desde el establecimiento del Cristianismo.

NEOPLATONISMO

Después de la muerte de Cristo el Cristianismo empezó una larga lucha contra los cultos paganos. En el 313 d.C. se convirtió en la religión oficial del imperio.

En el curso de la lucha para establecer el Cristianismo sobre el Paganismo emergieron varias extrañas doctrinas, muchas de ellas tomadas de los letrados griegos que llenaban las filas del Cristianismo temprano. Los neoplatonistas eran un ejemplo interesante de este cristiano préstamo a la cultura griega.

Plutarco (46-120 d.C.), uno de los filósofos neoplatónicos destacados, lamentó el abandono de los viejos oráculos y explicaba por qué pensaba que éstos habían declinado tanto en número como en calidad. Él sabía que daemons (diferente de demonios) y otros seres espirituales habitaban la tierra junto al hombre y los animales, algo que ha sido olvidado desde hace mucho tiempo por la mayoría de la gente.

Explicaba que estos seres espirituales piensan tan intensamente que producen vibraciones en el aire, lo que capacita a otros seres espirituales y a hombres y mujeres altamente sensibles para recibir sus pensamientos. Así es como Plutarco explicaba la clarividencia y la profecía. Los magos pueden en forma similar influenciar los pensamientos de hombres y mujeres sensibles.

Puesto que los daemons no eran dioses la información que los profetas recogían de ellos algunas veces contenía sólo un grano de verdad. En su libro Sobre la Cesación de los Oráculos, Plutarco explicaba que, a diferencia de los dioses que son inmortales, los daemons envejecen y eventualmente mueren, aunque tal vez sólo después de muchos siglos. Así es como él explicaba el hecho de que los grandes oráculos del mundo antiguo estaban declinando; estos daemons eran ya muy viejos y morían. Por siglos después de la llegada de la religión los cristianos continuaron creyendo en el poder de los dioses paganos, quienes en esos días eran claramente diferenciados de los malos espíritus.

El filósofo considerado usualmente como el padre fundador o codificador del Neoplatonismo fue Plotino (204-270 d.C.). Era visto por sus seguidores como iluminado por la divinidad (ver panel) y por algunos de sus detractores como un enemigo de la astrología.

Porfirio (233-305 d.C.) fue alumno de Plotino. Entre sus libros se incluyen muchos sobre magia y alrededor de 15 dedicados a atacar la doctrina cristiana, incluyendo la visión cristiana de la segunda venida de Cristo. Uno de sus trabajos, una crítica al Libro de Daniel, fue públicamente quemado por el Emperador Teodosio.

De las citas que aún perduran sabemos que Porfirio declaraba que el libro de Daniel era de un judío palestino, escrito en griego entre 175-64 a.C. De acuerdo con Porfirio, las predicciones del libro corresponden con demasiada precisión a los eventos y, por consiguiente, éste debe haber sido escrito retrospectivamente. Este es el tributo más alto que cualquiera pueda pagarle a un trabajo de profecía, pero no explica satisfactoriamente las profecías que se cumplieron después de la fecha en que fueron compuestas.

Una visión opuesta a la de Porfirio es la de que el Libro de Daniel fue realmente escrito durante el cautiverio en Babilonia, como lo establece el texto, fecha que corresponde a su inclusión en el Canon que no contiene ningún trabajo después del 400 a.C. El Libro de Daniel fue escrito en hebreo y en arameo, pero no en griego. Además, Jesús lo recomendó específicamente como un trabajo de verdadera profecía, y él debe haber estado en posición de saberlo.

El Sirio Iamblichus (m. 333 d.C.), que compartió varias de las opiniones de Porfirio transformó el Neoplatonismo de una especulación teórica y religiosa a un sistema de magia. Explicó procedimientos específicos trasmitidos por los antiguos griegos que fueron a su vez pasados a los profetas como Nostradamus, capacitándolos para ver los siglos futuros con claridad.

Ni Porfirio ni Iamblichus usaron la palabra "magia", sino que hablaban de theurgy en términos que los místicos usualmente se reservan para el culto. Estos neoplatonistas, así como los gnósticos, detallaron considerablemente el uso de talismanes, sellos, encantos, invocaciones (para los ángeles y guardianes de las puertas de los bajos cielos) y evocaciones (para las manifestaciones demoníacas). Desarrollaron un tratamiento religioso para las tecnicas de los magos que fueron tan importantes para los seudo-mesías como Simón Magus.

La idea de las jerarquías de seres espirituales y demoníacos fue también introducida en la teología del Cristianismo, aunque las técnicas mágicas que eran parte y envoltura de ellas fueron rigurosamente suprimidas. Esta supresión encendió una batalla que duraría por siglos, una guerra visible entre las fuerzas del bien y del mal, pero que en realidad es una continuación del conflicto entre el paganismo y su usurpador el Cristianismo.

Invocando el Daemon

El neoplatonista Plotino afirmaba que las drogas o la hechicería afectaban solamente el lado físico e irracional de la naturaleza del hombre. El alma racional, declaró, puede liberarse de la influencia de la magia.

Sin embargo un sacerdote egipcio no tuvo dificultad en convencer a Plotino de que le permitiera demostrar sus poderes mágicos invocando su daemon familiar. Plotino que ya llevaba 26 años viviendo y enseñando en Roma, decidió que el único lugar puro en la ciudad para llevar a cabo este experimento era el Templo de Isis.

Una noche, los dos hombres fueron al templo con varios amigos de Plotino y empezaron la invocación. En vez de aparecer un daemon o espíritu guardián, un dios se materializó. Cualquiera podría imaginarse el impacto recibido por el grupo reunido. Dado el grado espiritual de Plotino, sin embargo, tal vez un dios era lo único que podía esperarse.

SECRETOS DE LOS DIEZ CIELOS

Gran parte de los libros del Nuevo Testamento fueron escritos por el Apóstol Pablo. Varios de estos manuscritos sólo han salido a la luz recientemente.

"El Apocalipsis de Pablo" fue descubierto en diciembre de 1945 junto con otros manuscritos cerca de la aldea de Nag Hammadi en Egipto. Este trabajo resalta la antigua idea gnóstico cristiana de lo que ocurre después de la muerte cuando el alma es juzgada.

De acuerdo con el Apocalipsis de Pablo, cada alma sube lo más alto posible por una jerarquía de cielos y enfrenta retos cada vez más difíciles impuestos por los ángeles guardianes de cada cielo. El libro se centra en el ascenso de Pablo al décimo y más alto cielo. La jornada empieza cuando éste encuentra un niño en la montaña de Jericó, camino al cielo (simbolizado por

Jerusalén). El niño resulta ser el Espíritu Santo que conduce a Pablo, primero al tercer cielo.

El Espíritu Santo le advierte a Pablo que debe mantener el control porque están a punto de entrar en el reino de los "principados... arcángeles, poderes y toda la raza de demonios". El Espíritu Santo dice también que van a ver "al que revela los cuerpos a la semilla del alma", o sea, al ser que planta las almas en nuevos cuerpos para la reencarnación. Porque el alma que deseara ascender al cielo más alto debía evitar la reencarnación. Esto fue parte de la doctrina cristiana hasta el 553 d.C. cuando fue suprimido.

Cuando Pablo alcanza el cuarto cielo, el Espíritu Santo le hace mirar su cuerpo que ha quedado en la montaña de Jericó. Mientras Pablo asciende, presencia el juicio y castigo de otra alma en el cuarto cielo. Dice, "Vi ángeles que parecían dioses ... sacando un alma del lugar de los muertos". El alma había resucitado para ser juzgada, uno de los cuatro eventos prometidos para el fin del mundo. Los ángeles la azotaban, ¡escena que riñe con la imagen de ángeles dulces descritos por los cristianos Victorianos!

El alma hablaba diciendo, "¿Qué pecado habré yo cometido en el mundo?" El "portero" de esta entrada celeste acusa al alma. El alma contesta, "¡Trae testigos! Deja que te muestren en qué cuerpo cometí acciones ilegales". Tres cuerpos se levantan como testigos y acusan al alma de rabia y envidia, y finalmente de asesinato. "Cuando el alma oyó estas cosas agachó la mirada con dolor... fue expulsada".

En este momento uno espera que el alma sea enviada al infierno, como en la doctrina cristiana reciente, pero no: "el alma que había sido expulsada [fue] hacia un cuerpo que [le] había sido preparado.

Pablo, sacudido por esta experiencia, fue llamado por el Espíritu Santo quién le permitió pasar por la puerta del quinto cielo. Vio aquí a sus amigos apóstoles, y "un gran ángel que en el quinto cielo sostenía una varilla de hierro en su mano". Este ángel y otros tres con látigos en sus manos, azotan a las almas de los muertos y las conducen al juicio. Pablo permanece con el Espíritu Santo y las puertas del sexto cielo se abren solas ante él.

En el sexto cielo Pablo ve una fuerte luz que brilla sobre él desde el cielo. Es conducido por el "cobrador del peaje" a través de las puertas del séptimo cielo. Aquí, ve "un viejo [lleno de] luz [que viste de] blanco. [Su trono], que está en el séptimo cielo, [es siete] veces más brillante que el sol". Este viejo impresiona por su parecido a Jehová, tal como lo describe Ezequiel, en su visión.

El viejo pregunta, "¿A dónde vas, Pablo?" Pablo contesta con reluctancia, y después de ser animado por el Espíritu Santo, da la señal gnóstica que ha aprendido. El octavo cielo se abre y Pablo sube. Aquí abraza a los doce apóstoles, cuya mayoría desconoce, y juntos suben al noveno cielo. Finalmente Pablo alcanza el décimo y más alto cielo, donde es transformado.

El conocimiento espiritual secreto

No es de sorprender que los primeros padres cristianos eliminaran el conocimiento espiritual práctico que había sido parte integral del Cristianismo, y que era conocido y practicado por el Apóstol Pablo. Para estos hombres era mucho más conveniente y gratificante el afirmar que la gracia espiritual sólo podía ser alcanzada a través de ellos como representantes de Cristo en la Tierra. En una postura que difícilmente hubiera sido aprobada por el mismo Jesucristo, las aspiraciones mundanas de unos pocos triunfaron sobre la iluminación espiritual de la mayoría.

A medida que nos acercamos al final del milenio y algunos esperan que el apocalipsis se haga realidad, es apenas justo que esta dimensión espiritual temprana sea completamente reconocida y entendida. Después de dos mil años de silencio, la esencia de las primeras enseñanzas de Pablo otra vez se hacen públicas sólo a 23 años del fin del milenio.

Irónicamente, la segunda venida, o reencarnación, esperada con tanto afán por algunos fanáticos puede ser vista como evidencia de la imperfección de Dios en vez de su omnipotencia. De acuerdo con Pablo, la reencarnación era el destino de cualquiera que fallara en su ascenso a las alturas de los diez cielos.

HECHICEROS, ESPÍRITUS Y ADIVINOS

La historia era vista como una progresión a través de varias eras gobernadas por ángeles, que culminaba con el fin del mundo y el mandato de Cristo sobre la tierra. Los adivinos invocaron a los ángeles para que divulgaran los secretos del futuro y el Papa elegido para gobernar a la iglesia a fines del milenio fue un conocido adivino.

GERBERT Y EL PRIMER MILENIO

Hacia finales del primer milenio, en el 999 d.C. muchos cristianos en Europa pensaron que el mundo iba a acabarse y que la segunda venida de Cristo se aproximaba.

Durante unos pocos meses en 999 d.C. la gente no hablaba de nada más que de la segunda venida. El Papa que reinaba a fines del primer milenio fue una de las personalidades más fascinantes y misteriosas de la historia papal. Después de la muerte de Gregorio V a la temprana edad de 27 años (envenenado, según los rumores) un prelado académico llamado Gerbert fue escogido para ocupar el trono de San Pedro como el Papa Silvestre II.

Gerbert, el primer Papa francés era de una humilde cuna en Aurillac en la región Auvergne. Dice la tradición que era un avanzado estudiante en las artes negras, que inicialmente aprendió durante tres años de residencia en ciertas escuelas arabes en España. Se decía que regularmente conversaba con el diablo, e inclusive varios cardenales pensaban que él era el mismísimo diablo.

La versión oficial sobre los orígenes del pastor a cargo de conducir el rebaño católico hacia el segundo milenio fue, por supuesto, un poco distinta. Esta resaltaba la devoción por las matemáticas y las ciencias naturales, disciplinas que en esos tiempos se traslapaban, particularmente en la imaginación popular. Gerbert enseñaba gramática, dialéctica, retórica, aritmética, música, astronomía y geometría y apoyaba los clásicos como una parte esencial de la educación. Así como a Friar Bacon, se le atribuía poseer una "cabeza oculta" que le hablaba y podía profetizar hechos futuros.

A medida que el primer año de papado de Gerbert se acercaba a la hora del milenio, sus fieles de los países eslavos y alemanes esperaban que el mundo terminara en llamas. Mientras tanto, en los países que bordeaban el Mediterráneo, la visión más popular era el sonido ensordecedor de la trompeta de Gabriel llamando a los muertos de sus tumbas para compartir con los "vivos", que aún no habían muerto.

La histeria masiva se apoderó de Europa, en general, en la medida que se aproximaba el fin de año. Esta situación ocasionó hechos sorprendentes. Algunos hombres se perdonaron sus deudas; marido y mujer se confesaron precipitadamente sus infidelidades; los presos fueron liberados de sus prisiones; cazadores furtivos hicieron las paces con sus señores; los campos quedaron abandonados sin cultivar y los edificios sin reparar. Después de todo, concluían, ¿para qué reparar un edificio que no se necesitará en unos cuantos meses? Obedeciendo a la Biblia, algunos de los más piadosos ricos regalaron las ropas que les sobraban a los pobres, pero conservaron las mejores para el día del encuentro con su divino creador. Las almas más mercantiles se lanzaron sobre las propiedades que habían descendido a precios irrisorios. Mucha gente estaba convencida de que en un mundo sin futuro, tales propiedades carecían de valor.

Los confesionarios tuvieron una demanda arrolladora, pues la gente ponía su vida espiritual en orden para asegurarse el mejor lugar posible en la vida eterna. La demanda por absoluciones fue tal, que superó la habilidad física de los sacerdotes para concederlas; fue tanta la prisa, que se concedían absoluciones generales en misas especiales. Muchos que convivían en pecado, rápidamente se casaron. Inmensas multitudes de peregrinos salieron hacia Tierra Santa esperando llegar a tiempo para encontrar a Jesús en Jerusalén. En el camino, o se azotaban como penitentes, o cantaban himnos, mientras en la noche observaban los cielos buscando señales de su venida.

En diciembre el fanatismo alcanzó nuevas dimensiones cuando las comunidades intentaban purificar sus áreas de pecadores para que el Ángel del Juicio no tuviera que visitarlos: bandas de flagelantes recorrían el campo; las turbas pedían la ejecución de posibles brujos o ciudadanos impopulares, e inclusive varios animales de granja fueron liberados para que vagaran libremente por las ciudades, con lo que agregaron cierto aire surrealista a las preparaciones.

En la noche del 31 de diciembre, Gerbert celebró misa en la Basílica de San Pedro en Roma. La congregación aglomerada creía que ésta misa podía ser la última. Cuando la misa terminó, un silencio funeral se apoderó de la congregación — pero esperaron en vano.

La vida pronto se normalizó. Tal vez los únicos no defraudados fueron los que sabían que nunca hubieran podido haber pasado por las puertas de San Pedro, y los que ganaron a expensas de los crédulos.

Lo que Gerbert aprendió de los moros

De acuerdo con el historiador del siglo XII William de Malmesbury, Gerbert se fugaba de su monasterio por las noches hacia España para estudiar astrología y "otras artes con los sarracenos". Los invasores musulmanes de la época habían alcanzado más altos niveles de civilización que la Europa cristiana del norte. Bajo enseñanza musulmana, Gerbert aprendió "lo que presagia [augura] el vuelo y el canto de las aves, a convocar espíritus del mundo inferior [necromancia], y todo lo que abarca la curiosidad humana, bueno o malo" [otras artes y ciencias].

Michael Scott, refiriéndose a él como Master Gilbertus, dice que era el mejor "negrómano" (necrómano o mago) en Francia, "a quien los demonios obedecían en lo que les pidiera día o noche, dados los grandes sacrificios que les ofrecía, y sus oraciones y ayunos, libros sobre magia y gran diversidad de campanas y veladoras".

Dado su antepasado, no es sorprendente que Gerbert fuera visto por sus contemporáneos como el mejor hombre para el cargo de Papa al final del mundo.

EL APOCALIPSIS DE JOAQUÍN

La clásica profecía apocalíptica del siglo XIII fue producida por Joaquín de Fiore (1145-1202), abad de Cortale en la provincia Italiana de Calabria, a quien tres Papas le pidieron escribir un trabajo sobre el Apocalipsis.

La respuesta de Joaquín fue *Expositio in Apocalypsin*. Dividió la historia en tres períodos, cada uno introducido por una etapa de incubación. La idea de Joaquín es muy parecida a la que soporta a las Edades Astrológicas. Describe cómo, mientras meditaba una noche de Pascua, percibió una corriente de luz brillante que vertía sobre su alma. El significado del Apocalipsis se abrió frente a él. Profetizó la venida del Anticristo, y le informó a Richard Coeur de Lion, cuando éste vino a consultarlo, que el Anticristo pronto ocuparía el mismísimo trono Papal. Predijo que el Papado sería privado de todos sus poderes temporales, lo que sólo se cumplió seis siglos después, en 1870.

El libro de Joaquín provocó mucha especulación sobre la llegada del milenio, tema de discusión al que San Agustín se había resistido con ahínco toda su vida. El reino de Dios, dijo Agustín, repetidamente, ya había llegado. Por medio siglo, después de la muerte de Joaquín, *Expositio* fue reverenciado como una nueva escatología, junto con la contenida en el Libro de Daniel, el Apocalipsis de San Juan y los ficticios Oráculos Sibilinos. Veamos ahora las tres eras de la historia, según Joaquín.

La primera era, la del Padre; la de la Ley Mosaica del Antiguo Testamento. La segunda, la del Hijo; en que el evangelio del Nuevo Testamento tuvo el poder. Ambas eras habían transcurrido y, según Joaquín, ya se vivía el período de incubación o transición a la tercera era, la del Paráclito o Espíritu Santo, que empezaría entre 1200 y 1260, y duraría hasta el fin del milenio y juicio final.

La primera había sido de miedo y servidumbre, la segunda de fe y sumisión filial y la tercera, predijo Joaquín, sería una era de amor, gozo y libertad, en la que el conocimiento espiritual sería revelado directamente al corazón de los hombres.

Joaquín pensaba que surgiría un nuevo maestro, un nuevo Elias o *novus dux* que, como Cristo, tendría 12 apóstoles que conformarían una comunidad religiosa. Otra figura esperada antes del fin del mundo era el primer Anticristo, descrito por casi todos los visionarios como un gobernante ordinario con poderes extraordinarios. Su reino duraría sólo tres años y medio, pero en este período echaría abajo a la Iglesia derrocando al Papa. Esto coincide con la visión de un Papa del siglo XX cuyo sucesor fue expulsado del Vaticano.

Después de la caída del Anticristo habría un período de paz universal, que precedería los desastres naturales y calamidades que anunciarían la venida de un segundo Anticristo, seguido inmediatamente por el juicio final.

Un gobernante llegó a ser casi una figura mítica, gracias a Joaquín. El Santo Emperador Romano Federico II (1194-1250), excomulgado por lo menos tres veces por perjurio, blasfemia y herejía, fue visto por sus enemigos como el Anticristo. Pero sus seguidores lo creían el Emperador de los Últimos Días o el novus dux del que hablaba Joaquín.

Durante las Cruzadas, Federico les capturó Jerusalén, Belén y Nazareth y parte de lo que ahora es Líbano, a los Musulmanes. Fue coronado Rey de Jerusalén, y se rumoraba que había conquistado la ciudad para el segundo descenso de Cristo a la tierra. El éxito de Federico en las cruzadas confirmó su fama de ser casi-divino.

Cuando Federico murió en 1250, sus seguidores esperaron en pleno que se levantara de su tumba para gobernarlos otra vez. A medida que se aproximaba el cumplimiento de la era del Espíritu pronosticada por Joaquín, 1260, los autodenominados "ejércitos de santos" empezaron a flagelarse en público, con el fin de evitar mayores castigos a la llegada del día del juicio. La hambruna de 1258 y la plaga de 1259 hicieron creer que 1260 era la fecha correcta del milenio, pero el año llegó, transcurrió y la vida continuó como siempre.

Las tablas de la ley

El poeta irlandés W. B. Yeats menciona en sus Mitologías un libro de Joaquín, poco conocido llamado Liber Inducens in Evangelium Aeternum. Yeats se preguntaba si ese libro, tal vez no sería un poco de "dinamita medieval... que sólo sirve para demostrar la poca importancia que hoy tienen para nosotros cosas que un día conmovieron al mundo".

Después de leer el libro de Joaquín, Yeats escribió: "el polvo caerá por muchos años sobre esta pequeña caja [el libro era guardado en una caja hecha por el joyero renacentista Benvenuto Cellini], que luego abriré; y el alboroto que tal vez haga el fuego del último día saldrá de debajo de su tapa". La visión poética de Yeats esperaba también la segunda venida de Cristo a finales de este siglo.

Otro de los libros de Joaquín, *Adversus Judaeos* ("Contra los Judíos") proponía que aunque todos los judíos fueran finalmente convertidos al Cristianismo en los últimos días, primero seguirían al Anticristo (junto con muchos cristianos) y traerían gran sufrimiento sobre ellos mismos y el resto del mundo.

Para evitar esto, Joaquín urgía la conversión de los judíos antes de la aparición del Anticristo. Esta propuesta, más tarde acarrearía mucho dolor y odio, aunque fuera bien intencionada y anticipara una más pura edad milenial de gozo y amor filial.

EL ABAD TRITHEMIUS

Profecías sobre los eventos y angélicos gobernantes del mundo hasta el año 2223 fueron hechas en 1508 por Trithemius, maestro en criptografía y magia.

La llegada del siglo XVI fue extraña. Colón acababa de descubrir América por accidente mientras viajaba hacia China y el oriente. El Papa era el corrupto y prolijo Rodrigo Borgia (Alejandro VI), quién habitó el vaticano entre 1492 y 1503 con su amante Venozza Catanei y sus cuatro hijos. No era ningún secreto que él había asegurado su elección al sobornar con enormes sumas a los demás cardenales. Borgia vivió como un decadente emperador pagano con todo lo que eso significaba, incluyendo orgías, conducta difícil de aplaudir en un representante de Cristo en la Tierra.

En esta época nació el misterioso Johannes Trithemius (1462-1516), un hombre que podía hablar con los ángeles y enviar mensajes a larga distancia con el guiño de un ojo, casi cuatro siglos antes de que se inventara el teléfono. Brillante académico y profesor de dos de los más grandes comentaristas y practicantes de la magia europea de la época, Cornelius Agrippa y Paracelsus, Trithemius fue nombrado Abad de Sponheim a la increíble edad de 23 años. Le interesaban también los "alfabetos mágicos" y fue de cierta manera el padre de la criptografía, la ciencia de escribir mensajes secretos en código. Algunos de sus métodos de escritura codificada fueron usados por John Dee, espía al servicio de la reina Isabel I.

Las profecías de Trithemius se conservan en un pequeño y extraño libro titulado De Septem Secundeis, id est, Intelligentiis, sive Spiritibus Orbes post Deum moventibus, o "De los Siete espíritus, o inteligencias celestes que gobiernan el orbe [de los planetas] bajo el mandato de Dios". A pesar del oscuro título, el libro explica claramente un sistema elaborado de ciclos de tiempo y una sucesión de ángeles que los rigen.

Trithemius cuenta la completa historia del mundo desde su creación hasta el final del tiempo. Divide su masivo espectro en eras, compuestas por bloques de 354 años y cuatro meses regidas por un ángel cada una. La primera es Orisiel (que responde a Saturno), seguida por Anael (Venus), luego Zacariel (Júpiter), Rafael (Mercurio), Samael (Marte), Gabriel (la Luna) y finalmente Miguel (el Sol).

La primera era, desde la creación, que de acuerdo con Trithemius empezó un 15 de marzo, es regida por Orisiel. Durante su reino anota Trithemius, "los hombres eran rudos y cohabitaban juntos en desiertos y lugares inhóspitos, a la manera de las bestias".

Desde el Anno Mundi 354 al Anno Mundi 708 (calculando desde la creación), Anael, bajo la influencia de Venus, animó a los hombres a construir casas y erigir ciudades, hacer ropa y desarrollar las artes del hilado y el tejido. La influencia de Venus volvió al hombre lascivo, y como consecuencia los hombres "tomaron para sí mujeres hermosas como esposas, [y] descuidaron a Dios".

Trithemius vivió en la era diecinueve cuando el mundo era regido por tercera vez por Samael, representando a Marte, el dios de la guerra. Su gobierno se extendió desde el año 6378, medido en años Anno Mundi (desde la creación, equivalente a 1171 d.C.) hasta el 6732 Anno Mundi (1525 d.C.). Uno de los hechos principales en este período de la historia fue la Guerra de los Cien Años entre Inglaterra y Francia.

El reino de Samael fue seguido por el del ángel Gabriel, regido por la Luna, desde el 6732 Anno Mundi (1525 d.C.) hasta el 7086 Anno Mundi (noviembre 1879 d.C.). En la siguiente era las riendas estarían a cargo del ángel Miguel, quién retendrá el poder hasta el año 2233 d.C. Miguel fue el Arcángel que condujo las fuerzas de la luz a la victoria contra el diablo en la primera guerra del cielo.

Los eventos del milenio, por consiguiente están bajo el control de este ángel del Sol, y reflejan la idea de la segunda venida, así como Cristo es algunas veces identificado con el Sol y es ciertamente llamado Miguel por algunos comentaristas. Es como si Cristo fuera a retornar a completar el trabajo que empezó cuando vino a la Tierra. Paradójicamente, los adalides comunistas José Stalin y León Trotsky nacieron ambos en 1879, al comienzo de la era del sol.

Bajo el dominio del ángel Miguel, "los reyes empezaron a formar parte de los mortales", pero en este reino a él le toca remover tantos reyes como sea posible, de tal manera que antes del año 2233 la monarquía no exista en ningún país.

Miguel originalmente presidía también "la adoración de varios dioses", o sea que, un renacer del Paganismo a fines de siglo está por verse. Este ángel también estuvo presente en el nacimiento de las matemáticas, la astronomía y la magia. Lógicamente, Albert Einstein, premio Nobel de física, nació en ese año clave de 1879, al inicio de la era de Miguel.

Las matemáticas y la astronomía han dado grandes saltos en los primeros dos tercios del reino de Miguel. Un renacer en el tercer arte, la magia, está por verse en el último tercio de su reino a partir del 2115.

Al colocar a Miguel de último en el ciclo de los ángeles, Trithemius, quería indicar que este reino vería el fin del mundo. Si usted acepta su profecía, no ocurrirá antes del 2233 d.C.

Trithemius el hechicero

La habilidad de Trithemius como mago quedó demostrada en el portento que realizó ante el emperador Maximiliano I de Alemania en 1482. Maximiliano estaba inmensamente afligido por la muerte de su esposa María, hija de Carlos el Calvo, Duque de Borgoña y pidió a Trithemius que invocara su espíritu.

Trithemius así lo hizo, y aunque al emperador no se le permitió hablar con la aparecida, la materialización fue tan auténtica que el emperador reconoció el lunar de su cuello, lo que le convenció de que ése era verdaderamente el espíritu de la emperadora. Este episodio en la vida de Trithemius llegó a ser parte de las leyendas que más tarde fueron asociadas con Fausto.

SAN MALAQUÍAS

> El tiempo ha probado el error de la gente que originalmente tomó las profecías de San Malaquías como una trampa.

El paso del tiempo ha comprobado el error de los que dudaron de San Malaquías, porque sus profecías han resultado ser admirablemente ciertas. Profetizó inclusive la fecha precisa de su propia muerte y acertó. Sus profecías atañen al papado, empezando con el Papa Celestino II en 1143. En total, 112 papas y sus características están listados desde 1143 "¡hasta el fin del Mundo!"

Maelmhaedhoc O'Morgair (luego Latinizado como Malaquías) nació en Armagh en 1094. Llegó a ser Obispo de Armagh en 1132 y murió el día de "Todos los Santos" en brazos de quien sería su biógrafo, el francés San Bernardo de Clairvaux.

Al hacer sus profecías, Malaquías usualmente sintetizaba en una expresión el nombre del papa, sus antecedentes familiares o escudo de armas. El escudo de armas heráldico era el de la familia del papa o el que le dieron a él cuando ascendió al papado. Por ejemplo, Alejandro VII (1655-67) tenía un escudo de armas familiar que mostraba tres colinas con una brillante estrella encima: Malaquías lo llamó Montium Custos o "El Guardián de las Colinas". El de León XIII (1878-1903) mostraba un cometa dorado sobre un campo azulado que Malaquías pronosticó calificándolo de Lumen in Coelo, o "una Luz en el Cielo".

Algunas veces la historia personal del papa juega un papel en el lema dado por Malaquías. Clemente XIII (1758-69), quien tenía conexiones con el gobierno del estado italiano de Umbría y cuyo emblema era una rosa, fue llamado por Malaquías Rosa Umbríae, la "Rosa de Umbría".

En el presente siglo, Benedicto XV (1914-22), indicado por Malaquías como Religio Depopulata ("Religión Despopularizada"), reinó en una época que vio la fundación del comunismo, un movimiento antireligioso como jamás ninguno, y la rápida reducción de intensidad en la creencia religiosa. Su sucesor, Pío XI (1922-39), verdaderamente vivió su lema de Fides Intrépida ("Fe Inmovible"), al hablar contra Hitler y Mussolini y al denunciar el Comunismo. Píus Angelicus, el "Pastor Angélico", fue una apta descripción de Eugenio Pacelli, que llevó la mitra papal como el Papa Pío XII.

La elección de Pastor et Nauta ("Pastor y Navegante"), creó un ambiente de farsa en el proceso electoral. Se dice con clara evidencia que mientras el cónclave para elegir al papa se reunía en Roma, el cardenal Spellman de Nueva York intentó cumplir la profecía de Malaquías al arrendar un bote lleno de ovejas y dirigirlo por el Río Tíber. Giuseppe Roncalli fue eventualmente elegido; su elevación desde el Arzobispado de Venecia (simbolizado por el navegante) al papado (simbolizado por el pastor) ampliamente vindicó el lema de Malaquías.

A este papa le sucedió Pablo VI (1963-78), cuyo escudo de armas eran tres flores de lis, el Flos Florum ("flor de flores") de Malaquías. El siguiente papa fue Juan Pablo I, cuyo nombre real, Albino Luciani, significa "pálido claro". Su ciudad natal, Belluno (Luna Bella), fue identificado por Malaquías como De Medietate Lunae, o "De la Media Luna".

El presente aludido, Juan Pablo II, es el antiguo Arzobispo de Krakow, Karol Wojtyla. Nació el día de un eclipse solar (mayo 18 de 1920) y laboró en una cantera en su país Polonia. En las profecías de Malaquías se le refiere como "De Labore Solis".

De acuerdo con Malaquías sólo habrá dos papas más, antes del fin del mundo. Significativamente, el último papa tendrá el mismo nombre del primer pastor de la Iglesia Católica Romana, el apóstol Pedro.

Malaquías se refiere al segundo Pedro como "Petrus Romanus" ("Pedro de Roma"), y dice más de él que de cualquier otro pontífice. Su profecía es inequívoca. Este Pedro "alimentará su rebaño en medio de muchas tribulaciones; después de las cuales la ciudad de las siete colinas será destruida y el temible juez juzgará a la gente".

Está claro aquí que el Papa Pedro presidirá el fin de la Iglesia Católica Romana, la cual sufrirá persecución, tal vez a manos del Anticristo. La palabra "tribulación" es comúnmente usada para describir el inmediato período premilenio. La ciudad de las siete colinas es obviamente Roma. El "temible Juez" puede hacer referencia a Cristo, quien vendrá a sentarse a la derecha de Dios Padre para juzgar a los vivos y a los muertos.

El papa en trance

Otra confirmación del fin de la Iglesia Católica Romana le fue dada al Papa Pío X (1835-1914) en 1909 en una visión. Durante una audiencia con el Capítulo General de los Franciscanos, Pío cayó en semitrance y se sentó con la cabeza hundida sobre su pecho. Después de unos pocos minutos, volvió en sí y abrió sus ojos, con una mirada de horror grabada en su cara. Gritó:

"Lo que he visto es terrible... ¿Seré yo? ¿Será mi sucesor? Lo que es cierto es que el papa se irá de Roma y al huir del Vaticano tendrá que caminar sobre los cadáveres de sus sacerdotes. No le cuenten a nadie mientras yo esté vivo".

En períodos de inestabilidad el papa puede abandonar el Vaticano hacia la relativa seguridad del castillo de St Angelo por una calzada elevada sobre el nivel de la calle. Esto no fue parte de la visión, o sea que es probable que lo que el Papa Pío vió fue la huida de algo más que un peligro temporal. En los tiempos de Pío, el Comunismo fue identificado como el más grande enemigo del Catolicismo, y fue al dominio de esta fuerza secular a lo que Pío más temía. Pero ¿quién podría negar que lo que él realmente vió no fue la salida del último papa, como lo predijo Malaquías?

EL AÑO DE LA BESTIA: 1666

El año favorito elegido para el galardón del Apocalipsis fue el 1666. Fue escogido porque representaba la suma del primer milenio (1000) más el número de la Bestia escrito en el Apocalipsis de San Juan (666).

A mitad de la década de 1660 los ciudadanos de Londres deben haber creído que de verdad estaban presenciando el fin del mundo: en 1665 fueron arrasados por una plaga que mató por lo menos 68 000 personas, y en el año siguiente una gran parte de la ciudad fue destruida por un gran incendio. Durante el siglo XVII el recurso tradicional para cálculos proféticos continuó siendo la Biblia. La fuente profética más ampliamente leída en la época era Merlín Ambrosius, una mezcla de profecías del Mago Merlín de la corte del Rey Arturo, el bardo nacionalista de Gales Myrddin, las incluidas por Geoffrey de Monmouth en el séptimo libro de su Historia Regium Britanniae y las de Ambrosio en su Historia Britonum de Nennius. También eran bien conocidas las profecías de "Mother Shipton".

Las profecías de Merlín habían sido reeditadas en el siglo

XIV para apoyar las pretensiones inglesas al trono de Francia, y en el XV para justificar las aspiraciones de las casas rivales de York y Lancaster. Algunas profecías del galés Merlín prestaron apoyo a las rebeliones de Owain Glyndwr contra Enrique XIV, y de Rhys ap Gruffydd contra Enrique VIII. Las profecías llegaron a inmiscuirse tanto en las rebeliones que hubo leyes impuestas por los Tudor para sofocar su perniciosa influencia.

Muchos de los profetas prominentes en el siglo anterior a la Guerra Civil de Inglaterra se vieron a sí mismos como tomando parte en el último juicio y la llegada del Reino de Dios. No hubo escasez de mesías. A fines del siglo XVI y principios del XVII el Apocalipsis próximo fue frecuentemente citado en el conflicto entre la Iglesia Católica Romana y el Protestantismo. Los Puritanos llamaron a la Iglesia de Roma "La Puta de Babilonia" que, de acuerdo con la Biblia, sería destruida.

Irónicamente, fue durante el reino del Rey antipuritano Jaime I cuando la Biblia se hizo disponible en inglés en edición estándar. De repente, mucha gente que antes no podía leerla en latín pudo ahora encontrar esos pasajes hermosos y conmovedores en Daniel, Ezequiel y en el Apocalipsis de San Juan que por siglos habían suministrado el combustible para los intérpretes proféticos y que aún lo consiguen.

Algunos que creían que el fin estaba cerca — conocidos como milenaristas — reportaron visitaciones por parte de mensajeros proféticos. William Sedgwick, predicador de la Catedral de Ely, creyó que Cristo le había dicho que "el mundo llegaría a su fin dentro de catorce días" y fue a Londres a informarle al Rey. El más activo milenarismo ocurrió en los años turbulentos antes del mandato del puritano Oliver Cromwell. En este período un buen número de seudo-mesías atraía seguidores, entre ellos dos hilanderos, Richard Farnham y John Bull, quienes en 1636 se proclamaron "divinos testigos". Profesaban conocer el futuro y ser capaces de infligir plagas sobre sus enemigos cuando lo desearan. Citaban el Apocalipsis de San Juan 11:3: "y yo le daré poder a mis dos testigos, y ellos profetizarán mil doscientos tres días". El poder otorgado a ellos por el Señor no evitó su encarcelamiento y subsiguiente ejecución en 1642.

Otro mesías más de este período fue Edward Wightman,

quien decía ser el Elías o Elijah profetizado en Malaquías 4:5. En 1612 llegó a ser el último inglés en ser quemado por herejía. Un fanfarrón, John Robins fue deificado por sus seguidores quienes sostenían que su esposa era la Virgen María y su hijo Jesús; y su divina misión era ¡llevar a cabo la conversión de los Judíos y reconocer a Jerusalén!

Desde mitades del siglo XVII la profecía y el interés popular por el milenio entraron en decadencia, ciertamente en Inglaterra. En 1655 Meric Casuabón, en Un Tratado Sobre el Entusiasmo, declaró que todos los casos de éxtasis religioso no eran más que "un nivel y forma de epilepsia"; esto fue escrito por un hombre que había previamente publicado los diarios del doctor John Dee, buscador de arcos para el divino conocimiento y comerciante en profecías angélicas.

A fines del siglo XVII cuando todo el mundo estaba harto de predicciones milenarias, llegó a ser aceptable declarar que los libros de Daniel y la Revelación debían ser leídos metafóricamente y no literalmente. Hasta los Quakers aceptaron que la profecía era particularmente extraña. Gracias a la Reforma, la religión había perdido sus cualidades mágicas. Sólo algo más de un siglo después la profecía sería tomada en serio otra vez.

La vieja madre Shipton y el Armagedon

La Madre Shipton fue una de varios profetas — Nostradamus y el astrólogo William Lilly entre otros — que predijeron que Londres sería devorado por las llamas. Sus profecías fueron publicadas inicialmente en 1641, casi 25 años antes del gran incendio.

El nombre real de la "Madre Shipton" era Ursula Southiel (1488-1561). Nacida en Knaresborough, Yorkshire — el resultado de la unión entre su madre y un demonio, como élla lo decía — tenía reputación de ser extraordinariamente fea, y tal vez por esta razón vivió en una cueva parte de su vida. Sus predicciones más interesantes conciernen el Armagedón:

"Luego vendrá el Hijo del Hombre [Cristo], con una bestia feroz en sus brazos, cuyo reino yace en la tierra de la Luna [tal vez el Medio Oriente], que es temida por todo el mundo; con una muchedumbre cruzará las aguas y vendrá a la tierra del León [león, o sea Inglaterra]; pedirá la ayuda de la Bestia de su país, y un Águila [EE.UU.] destruirá los castillos del Támesis, y habrá una batalla entre muchos reinos... y será luego coronado el Hijo del Hombre, y las... Águilas serán preferidas [por la gente] y habrá paz en el mundo, y será plena".

EL LIBRO DE LAS PROFECÍAS

Alrededor del 346 d.C. uno de los libros de profecía más extraordinarios, el *Liber Vaticinationem Quodam Instinctumentis,* vio la luz. Escrito por un académico desconocido, es el único libro profético que suministra fechas exactas.

Este libro fue estrictamente prohibido por el Vaticano, y parece que sólo una o dos copias manuscritas han sobrevivido. Una fue a dar a la extensa colección de libros y manuscritos esotéricos reunida por los nazis durante la Segunda Guerra Mundial y almacenada en un depósito en Poznan, Polonia.

El manuscrito data probablemente de la segunda mitad del siglo XVI y puede haber sido copiado de un original anterior. El texto principal está escrito en latín. Divide la historia en series de períodos que se traslapan. Cada uno es una norma, palabra latina por "regla, precepto, modelo o patrón". La norma abarca períodos de tiempo fijos, usualmente de 60 o 144 años y las profecías asignadas a ellos son de una gran precisión.

El *Liber Vaticinationem* sugiere que ciertos eventos hacen ocurrir otros eventos. Si el primer evento, causante, se retarda, entonces el segundo evento puede no darse. La fecha en que cada norma empieza (dies natalis) depende de cálculos complejos centrados en las fechas de los eventos cumplidos en la norma previa.

Tomemos una norma específica, la 63 y examinemos sus profecías. Esta norma se llama *Nullus Modus Caedibus Fuit* que traducida holgadamente significa "no hubo fin a la matanza". Dice así:

63:1 *"Esta 'norma' solamente empezará*
cuando nadie más que el zorro peleador
haya levantado su brazo contra el otro
en el imperio por cien años".

Yo interpreto que aquí se cubre el período del 1915 al 2058. La palabra "imperio" indica Europa, definida por el Imperio Romano. Las profecías se llevarán a cabo (la norma empezará) sólo después de un período de cien años de relativa paz en Europa. El "zorro peleador" es Alemania. Ahora, como hubo un período de relativa paz en Europa por 99 años después de la derrota de Napoleón en Waterloo en 1815, hasta 1915 (con la excepción de la Guerra franco-prusiana de 1870) esta norma debe empezar en 1915:

63:4 *"No habrá fin a la matanza*
cuando el zorro del norte de Roma
rasgue tres veces el cuerpo del imperio.
Hasta el imperio del oriente temblará".

Aquí parece sugerir una situación de guerra y muerte causado por el zorro (Alemania) al atacar al resto del imperio (Europa) tres veces. Hasta Rusia (el imperio del oriente) será involucrada. Continua con una descripción de cada una de las tres guerras:

63:5 *"Para la primera un noble es atacado dos veces*
en las calles de Illyria y muere.
El zorro levanta sus ojos hacia la luna,
y el imperio del oriente pierde la cabeza".

La primera guerra es obviamente el conflicto de 1914-18, con el "noble atacado dos veces", el archiduque Fernando de Austria cuyo asesinato en Sarajevo el 28 de junio de 1914 activó las hostilidades. Hubo dos intentos separados para asesinar a Fernando ese día.

"El zorro levanta sus ojos hacia la luna" se refiere a la alianza de Alemania con Turquía, representada por la luna creciente del Islam. Rusia (el imperio del oriente) fue absorbido por la guerra y en 1917 depuso al Zar ("pierde su cabeza"). El versículo 63:14 establece "cuando dos años en meses hayan transcurrido"; abriendo una fecha para la segunda guerra en 1915 (cuando la norma empezó) más 24 equivale a 1939.

> **63:6** *"Para la segunda, Roma conspira con el zorro:*
> *entre los dos se comen el imperio.*
> *Poderosos sonidos iluminan las noches*
> *e incontables multitudes marchan".*

Las últimas dos líneas son descripciones muy precisas de los frutos de la II Guerra Mundial: bombardeos aéreos, migración forzada y millones de personas desplazadas.

> **63:7** *"Para la tercera, la tierra tiembla*
> *el cuello de la Galia es destrozado*
> *muchos mueren huyendo de los vientos horribles*
> *el sol se estaciona en su marcha por los cielos".*

La III Guerra Mundial no ha llegado todavía, pero esta profecía nos anuncia lo que nos espera.

En 63:16, nos dice: "la norma morirá o será completada [vita decedere] cuando el zorro sea cortado en dos", que sólo podría referirse a la partición de Alemania en 1945. Esta norma particularmente cargada de violencia es sucedida por la norma 64 que con esta interpretación cubre el período 1945-2089.

El futuro de acuerdo a *Liber Vaticinationem*

Tratar de establecer las fechas de las profecías contenidas en el *Liber Vaticinationem* es parecido a contestar un difícil test de coeficiente intelectual. Habiendo dicho esto, cuando los cálculos se han hecho correctamente el libro parece proveer fechas exactas de los mayores eventos ocurridos siglos después de haber sido escritos. Las sorprendentes predicciones del capítulo 63 del manuscrito son buenos ejemplos. Pero... ¿y el futuro qué? Es hora de voltear la hoja y mirar las predicciones que hace la norma 64 para los años 1945-2089. ¿Qué puede usted sacar de aquí?

64:9 *"Los dioses de los antiguos retornarán*
a las calles y a las tabernas del Imperio.
Los árboles se secarán con los vientos calientes
y las aguas de Florencia se secarán.
En las tierras más allá de los pilares de Hércules
se levantará el espíritu de una imagen cornada
y el profeta [arcúspice] volverá a la mesa
mientras las aguas se retiran de los cauces[?].
Al mugir, el ganado atraerá al tigre sobre sí
pero la duela del granjero reprimirá su boca
del país de los judíos viene rápidamente
el hombre que es justificado por el cuerno de la abundancia".

EL REINO DE LOS CULTOS

Muchos cultos cristianos generaron sus propios mesías. Muchos discípulos los siguieron tal vez demasiado dispuestos, desde las mujeres de la morada del amor que enterraban a sus muertos de pie, pasando por cultos con millones de seguidores y poderosos imperios publicitarios, hasta las llamas apocalípticas de Waco y la extraña mujer mesías de la Rusia moderna.

PROFECÍAS SOBRE LÁMINAS DORADAS

Probablemente no hay ningún otro grupo religioso americano con una historia más fascinante que los Mormones, fundados en el siglo XIX por el profeta de New England Joseph Smith.

Smith, nacido en Vermont recibió su primera revelación en la primavera de 1820, cuando tenía sólo 14 años. Estaba orando en el bosque cuando dos personajes se le aparecieron. Uno señalaba al otro y le dijo: "Este es mi amado Hijo, ¡escúchalo!" Smith inmediatamente asumió que estaba experimentando una visitación de Dios y aprovechó para preguntar cual era la secta o iglesia correcta para unirse y poder salvarse. La figura le contestó que "todos los credos [eran] abominables".

Su segunda visión ocurrió dos años más tarde cuando un ángel, o "mensajero de Dios", describió Smith, lo visitó en su lecho y le dijo que tenía trabajo por hacer difundiendo el verdadero evangelio.

Desde ese momento en adelante Smith sintió una enorme necesidad de entregar la auténtica verdad, fuera la que fuera, a sus semejantes. El mismo ángel, Moroni, le dijo que un libro escrito en láminas doradas, con un relato sobre los anteriores habitantes de Norte América y que contenía la "totalidad del evangelio eterno" tal como lo entregó el salvador a los antiguos habitantes de Norte América, había sido depositado al lado de una colina en las afueras de la ciudad donde Smith vivía. Además de las láminas, estaban el Urim y el Thummin, las dos piedras del oráculo profético e intérprete de la palabra de Dios y usadas por los sumos sacerdotes judíos.

Como uno puede imaginarse, al día siguiente Smith fue directo al lugar en el Cerro de Cumorah indicado por el ángel, donde acertadamente encontró el libro de las láminas doradas depositado en una caja de piedra con las piedras de Urim y Thummin, y la pechera del sumo sacerdote. El ángel, que lo visitó de nuevo en la colina, le pidió a Smith no llevarse el contenido de la caja de piedra, sino que volviera al mismo lugar cada año durante los siguientes cuatro años. Finalmente, el 22 de septiembre de 1827 en el equinoccio de otoño, el ángel le confió a Smith las platinas y otra parafernalia.

Smith se casó con Emma Hale y se pasó a vivir a casa de su padre, donde inició el trabajo de traducir el texto escrito en las láminas doradas. No estaba escrito ni en hebreo ni en griego como uno lo hubiera imaginado, sino en "egipcio reformado". Con el fin de complacer a Martin Harris, un posible inversionista y editor del libro, Smith le suministró ejemplos de este lenguaje único con su traducción. El financiero los llevó al profesor Charles Anthon, quien identificó los caracteres como una mezcla de "egipcio, caldeo, asirio y árabe". Cómo podría alguien no entrenado traducir tal mezcla tan esotérica, es difícil de explicar; pero parece que la inspiración divina triunfó sobre el mero aprendizaje de libros, y la traducción progresó.

En 1929, Smith y un amigo, Oliver Cowdery, encontraron otro mensajero celeste mientras oraban en el bosque. Este mensajero que se identificó como Juan Bautista, inició inmediatamente a Smith y a Oliver en el "sacerdocio de Aaron". Aaron fue el hermano mayor de Moisés y el primero en la extensa línea de sumos sacerdotes judíos después del escape de la cautividad israelita en Egipto. No está claro cómo Juan Bautista podía conferir el sacerdocio judío a estos dos, pero de acuerdo con Smith, él lo hizo; y más tarde ambos recibieron un más alto galardón, el sacerdocio de Melquisedec (ver panel).

La traducción del libro de las hojas doradas de Smith fue publicada el 26 de marzo de 1830, cerca del equinoccio de primavera, dos años y medio después que empezara su labor. Unos pocos días después, la "Iglesia de Cristo de los Santos de los Últimos Días", como los mormones se refieren a su iglesia, fue oficialmente constituida en Fayette, Nueva York.

Los mormones finalmente se asentaron en Nauvoo. Aquí, José Smith y su hermano fueron asesinados cuando una turba anti-mormona asaltó la cárcel donde estaban arrestados por haber destruido un trabajo de arte. Brigham Young (1801-77), que sucedió al mártir Smith, trasladó la colonia hacia el oeste, a Salt Lake City, Utah, que es todavía la sede y hogar de la secta.

El sacerdocio de Melquisedec

El Melquisedec original se llamaba "Sacerdote del más elevado Dios". Fue un sacerdote cananeo y posiblemente rey de Jerusalén en el tiempo de Abraham. De acuerdo con una secta de los gnósticos (eran cristianos tempranos que decían poseer cierto conocimiento místico no permitido a otra gente) él había sido una previa encarnación de Cristo. Esta extraña teoría de que Dios se haya reencarnado más de una vez, es apoyada por la Epístola de Pablo a los hebreos 7:3 donde se habla de Melquisedec "como en camino al hijo de Dios". En el mismo capítulo Pablo inclusive cuestiona los ancestros de Cristo al sugerir que la tribu de Judah, de la cual descendía Cristo, no era conocida por producir grandes sacerdotes o profetas, como fue la de Leví o los descendientes de Melquisedec.

Todos los hombres mormones de cierta edad, buena reputación y buen carácter pueden ser recibidos en uno de estos dos sacerdocios, Leví o Melquisedec. Por esta razón los mormones tienen un gran sacerdocio masculino y un laicado predominantemente femenino.

EL BAUTISMO PARA 80 MILLONES DE MUERTOS

"El matrimonio celestial" y el "bautizo de los muertos" están entre las ceremonias celebradas en los templos mormones. Irónicamente, su programa de "bautizo para los muertos" ha tenido como resultado el forzoso bautismo masivo de los creyentes de otras iglesias.

Los mormones creen en la congregación física de las diez tribus de Israel en América, antes del regreso de Cristo que reinará sobre ellos personalmente. Esto ocurrirá cerca del milenio en tres etapas distintas:

1. La congregación de Efraín. La tribu de Efraín de quien José Smith dice ser descendiente (presumiblemente espiritual) se reunirá primero en Sión, el sitio de la nueva Jerusalén. El lugar de Sión, previamente se pensó que era la ciudad de Independencia, Missouri, pero ha sido ahora designado un lugar cerca de las Montañas Rocosas. Esta congregación se está dando ahora.

2. La congregación de los judíos. Esta reunión de los descendientes del reino de Judah (no los descendientes del reino de Israel) está actualmente ocurriendo en Palestina, como lo predijeron también los profetas del Viejo Testamento. Esta predicción fue recientemente estimulada por la firma del acuerdo de paz OLP/Israel en septiembre 1993. El templo, y posiblemente la ciudad, de Jerusalén tendrán que ser reconstruidos antes del regreso de Cristo.

3. La congregación de las diez tribus perdidas. Aparte de la reunión anterior habrá una congregación de las diez tribus perdidas de Israel, que todavía están ocultas en algún lugar "de las tierras del norte". Deben reagruparse e ir a Sión donde serán recibidas por los efrainitas que ya han llegado. Esto no ha ocurrido todavía y podría ser muy complicado de organizar, a menos que uno crea en la doctrina israelita británica que afirma que estas tribus perdidas ¡son en realidad los británicos!

Los mormones creen que cuando estas tres congregaciones

se completen Cristo volverá a la tierra. Para ellos, el milenio constituye un período de mil años empezando aproximadamente en el 2000 d.C. Habrá dos resurrecciones, una al principio y otra al final de este período milenario. En la primera resurrección los muertos creyentes se levantarán, y extasiados se elevarán físicamente por los aires a recibir a Cristo descendiendo, y bajarán de nuevo con él hacia la tierra. Caritativamente, los mormones incluyen los "buenos paganos" en esta resurrección. Los malos, por otro lado, serán "quemados como la maleza" sin segundo chance, y durante el milenio sus espíritus permanecerán en una gigantesca prisión de espíritus.

Poco después del principio del milenio, en el año 2000 d.C., la "ciudad de Enoch" (o la nueva Jerusalén) descenderá de los cielos y se materializará en el lugar preparado de Sión. Satán será cercado y su poder para hacer el mal severamente limitado. La gente que viva en este período morirá si no se arrepiente, o alternativamente se volverá inmortal a la edad de cien años en vez de morir, una perspectiva atractiva. Después de su retorno a la tierra, Cristo gobernará en carne y hueso, sobre dos ciudades capitales, Jerusalén en Palestina y Sión en EE.UU. Después de esto, la Tierra descansará de guerras por 1 000 beatíficos años.

Al terminar el milenio en el 3000 d.C. habrá una nueva ronda de resurrecciones, Satán será liberado, y su pequeño número de seguidores se convertirá en los "Hijos de la Perdición". Estos desafortunados nunca serán redimidos y eternamente morarán en el infierno. Con sus nuevos convertidos Satán intentará otra vez, aunque sin éxito, atacar al cielo. Después de su derrota la tierra será "celestializada" y será un hogar apropiado para los demás humanos espiritualizados, que recibirán variados niveles de inmortalidad.

80 millones de muertos almacenados en computadores

La cruzada mormona para "bautizar a los muertos" ha tenido como resultado la acumulación, por parte de la secta, de vastas cantidades de información genealógica, incluidos los lugares de nacimiento, bautizo y matrimonio ¡de más de 80 000 000 de personas muertas!

Esta información es almacenada en bancos de memoria en Salt Lake City. Sus duplicados se conservan en túneles enormes taladrados bajo las montañas, en lo que debe ser uno de los lugares de almacenamiento más seguros en la actualidad. Da cierto alivio el pensar que si todo el mundo desapareciera como consecuencia de algún cataclismo apocalíptico, la información de toda esta gente quedaría disponible para ser inspeccionada en alguna época remota.

Los 80 millones de muertos documentados no son necesariamente mormones, pero sí, en su mayoría descendientes de anglosajones, y rara vez concientes de haber sido añadidos a las listas y almacenados por una secta de la que tal vez nunca habían oído hablar.

Hay varios productos no religiosos derivados de este extraordinario esfuerzo. Primero, los registros, una vez computarizados, son suministrados en microfichas a los centros mormones de todo el mundo y usados ampliamente por genealogistas e historiadores de familia.

En la actualidad, los investigadores de "epidemiología genética" — que averiguan la incidencia, distribución y control o diseminación de una enfermedad en toda la población — están usando esta amplia colección de registros para seguir enfermedades hasta los padres, abuelos y tatarabuelos de los actuales pacientes. Esto los capacita para luego contactar otras ramificaciones de la familia y analizar los genes que predisponen a ciertas enfermedades. Tal vez, la ayuda médica llegará a estos pacientes potenciales, en vez de la salvación del alma esperada originalmente.

LOS TESTIGOS DE JEHOVÁ

Charles Taze Russell (1852-1916), padre fundador de los Testigos de Jehová, calculó el fin del mundo, el Armagedón y la segunda venida de Cristo. El año de 1999 es el esperado, por ahora.

Russell vaticinó primero 1874 como el año del establecimiento del reino de Dios y cuando falló, lo cambió para el 1 de octubre de 1914. Debió ser uno de los pocos al que complació el principio de la I Guerra Mundial ese verano. Pero cuando Cristo falló en materializarse después de un comienzo tan prometedor, Russell dijo que El era invisible, una mera transacción celeste gubernamental. Luego el Armagedón fue cómodamente profetizado para 1975, 61 años más tarde, fecha postergada otras cuantas veces más.

El Armagedón será la batalla decisiva (no la última) de Jehová en contra de sus enemigos. Los Testigos consideran que es una batalla necesaria para destronar a Satanás, el anterior regente del mundo, antes de que llegue un glorioso mundo nuevo.

El precio será caro: más de dos billones de muertos, ninguno de los cuales irá a los cielos. Unos usarán arcos, flechas, punzones y lanzas; y los otros aguaceros, inundaciones, terremotos, granizadas, incendios destructores y plagas devoradoras. Finalmente, Cristo arrojará al abismo a Satanás.

La tierra, una vez limpiada por el Armagedón, se convertirá en un jardín templado que reemplace el paraíso perdido al comenzar la historia. La bestias serán pacificas y el hombre tendrá dominio sobre los "animales bajos". El milenio será literalmente un período de mil años en que reinará Cristo, sin que haya envejecimiento, enfermedad, crimen, vicio, ni muerte. La tierra será poblada por los sobrevivientes del Armagedón.

Russell arribó a sus fechas agarrándose de los pasajes bíblicos que le sirvieran, independientemente de su contexto. Esta técnica es todavía usada por los miembros de su movimiento. Partiendo del mismo viejo aliado de todos los adivinadores, el libro de Daniel, Russell dedujo que Cristo iba a recibir de Dios, "el anciano de los días", un reino que nunca sería destruido.

Se suponía que Cristo recibiría este reino al final del "tiempo designado a las naciones", que se calcula en 2 520 días que se leen como años. Se dice que los profetas a menudo usaban la palabra "días" como abreviatura de años, práctica apoyada en Ezequiel 4:6, "Te he nominado a ti cada día por un año". Para llegar a la fecha del año del milenio, se agrega 2520 a 607 a.C., año en que Israel perdió la soberanía y quedó bajo el mando de los ejércitos de Babilonia.

Regresando a los comienzos de los Testigos de Jehová, en 1879 Russell publicó una revista llamada la *Atalaya de Sión* y el *Heraldo de la Presencia de Cristo,* que ayudó a promocionar el nuevo movimiento. Cinco años más tarde ya estaba legalmente constituido.

El anzuelo milenario de la organización era obvio desde el principio. En una serie de libros llamados "Amanecer milenario" Russell atormentaba a sus discípulos con promesas de un reino al alcance de la mano. Más de seis millones de hogares recibieron copias.

En 1912 Russell empezó a trabajar en uno de sus proyectos más ambiciosos, el Foto-drama de la creación. Con una mezcla de diapositivas e imágenes animadas con sonido, adelantándose a los tiempos, Russell retrató eventos desde la creación hasta el final de los supuestos 1 000 años de reinado de Cristo. Hasta 35 000 personas por día vieron su espectáculo tras su estreno en 1914. Al mismo tiempo que los Testigos de Jehová descubrían el poder de la imprenta, reconocían también la importancia del cine para propagar su causa.

Russell sobrevivió a su profecía de 1914 por solo dos años. Después de su muerte el liderazgo de su organización fue disputado, y mayores problemas surgieron en 1918 cuando el gobierno canadiense prohibió la posesión de copias de la Atalaya de Sión. También en 1918 ocho de sus directivos fueron hallados culpables de resistirse a servir en el ejército americano, delito por el que su líder fue sentenciado a 20 años de prisión, aunque un año más tarde fueron todos liberados.

Para evadir este problema, que surgió de nuevo durante la II Guerra Mundial, varios de sus miembros se hicieron "ministros" de jornada completa, lo que ayudó a expandir el movimiento.

La Iglesia es ahora una inmensa organización con su propia editorial y una sofisticada infraestructura administrativa. Sólo en Nueva York, los testigos operan siete factorías y un gran complejo de oficinas.

Los testigos de Jehová niegan la existencia de la conciencia después de la muerte. El hombre, según ellos, permanecerá en su tumba hasta el milenio, cuando los escogidos serán resucitados en un cuerpo espiritual. En la actualidad hay más de 3 750 000 Testigos de Jehová en el mundo, pero según sus propias escrituras sólo hay espacio para que 144 000 almas elegidas reinen con Cristo en el cielo.

Calculando la fecha del retorno de Cristo

El punto de arranque de los testigos de Jehová es, como hemos visto el 607 a.C., la fecha en que el pueblo de Israel fue subyugado por Babilonia. En Daniel 4:23 se le dice a Nabucodonosor que será reducido a un estado de bestia salvaje, "hasta que pase siete veces por encima de él".

Esto se interpreta como siete años o siete veces 360 (el número de días en un año, como se concebía en la época), lo que iguala 2520. Esto se interpreta como 2520 años, al usar la regla de un año por cada día, que se agregan al 607 a.C. y tenemos entonces el año 1914 d.C. como la fecha en que Cristo debía regresar a regir su reino, invisiblemente.

La locura de Nabucodonosor es vista como un castigo por tomar cautivos a los judíos, y por extensión se convierte en la referencia desde la cual se calcula la reaparición del Salvador.

WILLIAM MILLER

Sorprendentemente, la historia de los adventistas del séptimo día no empieza con la observancia del sábado como el día del Señor, sino con una profecía exacta sobre la segunda venida, anunciando el fin del mundo.

De acuerdo con el temprano adventista del séptimo día William Miller, Cristo retornaría entre marzo 21 de 1843 y marzo 21 de 1844.

Nacido en Pittsfield, Massachusetts en 1782, el joven Miller se convirtió, y después de varios años de intenso estudio bíblico concluyó que "en aproximadamente 25 años desde la fecha

[1818] todos los asuntos de la vida presente serán cumplidos". Miller había encontrado varias referencias interesantes con los números en Daniel 9:24-27:

"24 Setenta semanas son determinadas sobre tu gente y tu ciudad santa... y para ungir a los más santos.

25 Sabe por consiguiente... que a partir del mandato de restaurar y construir [otra vez] Jerusalén hasta el Mesías el Príncipe habrá siete semanas, y tres veintenas y dos semanas...

26 Y después de tres veintenas y dos semanas el Mesías será destronado...".

Miller asumió como fecha de arranque para esta profecía el 457 a.C. , el año del decreto de Artaxerxes que permitió a Ezra volver a Jerusalén y continuar orando en el templo.

Él entendía que un día, en lengua profética quería decir un año. Entonces las 70 semanas del texto significaban 490 años. Miller rápidamente le agregó 490 al 457 a.C. y se deleitó cuando resultó el 33 d.C., o sea el año de la crucifixión de Cristo. Sintió entonces, que definitivamente iba por el camino correcto.

Miller luego leyó Daniel 8:14:

"Y él me dijo, en dos mil trescientos días [literalmente "a principios de la tarde"]; luego el santuario será limpiado [justificado]".

Usando la misma fórmula de antes, Miller estableció que el período referido era de 2 300 años. Le agregó este número a 457 a.C. y arribó al 1843 d.C. Al leer más adelante, Daniel le pregunta a Dios el significado de todo esto, y el arcángel Gabriel explica "después de ese tiempo será la profecía". Miller asumió entonces que en el 1843 d.C. sería el fin del mundo presente. La frase "el santuario será limpiado" debía significar el retorno de Cristo.

Cuando el año designado transcurrió, Cristo no volvió a reinar sobre la tierra y una gran frustración se apoderó de Miller y sus seguidores que eran miles. El mismo quedó aturdido por el fracaso de sus cálculos. El año fue cambiado por 1844 para rectificar la anomalía aritmética entre a.C. y d.C. (ver panel). Una vez más Cristo falló en su regreso. Luego, uno de los seguidores de Miller reactivó las esperanzas al sugerir que el regreso de Cristo no sería en el equinoccio de 1844 sino en el séptimo mes, específicamente el 22 de octubre, que correspondía a la festividad judía de Expiación para ese año. Miller aceptó esta nueva interpretación. Otra vez esperaron en vano. La desilusión esta vez fue arrolladora: los Adventistas del Séptimo día todavía se refieren al 22 de octubre como el de "la Gran Desilusión". Mucha gente abandonó su fe en este momento, quedando sólo unos pocos creyentes.

El movimiento fue luego rescatado del olvido por Hiram Edison. El afirmaba haber tenido una visión que explicaba que la fecha de la profecía era correcta ¡pero que representaba el cambio de un compartimiento del cielo a otro! Joseph Bates, un capitán naval retirado contribuyó también. En 1845 se convenció de que el séptimo día de la semana — en que, según el Génesis, Dios descansó — era el sábado. Por muchos siglos, acusaba él, los cristianos se habían estado condenando por no observar el (correcto) séptimo día de descanso. Su interpretación del Apocalipsis de San Juan, capítulo 7:4, era que sólo las 144 000 almas que guardaran correctamente este mandamiento serían salvadas al final del mundo.

Pero la que realmente merece el crédito por la fundación de los Adventistas del Séptimo Día como se conocen actualmente es Ellen G. White (1827-1915). Ella tuvo alrededor de 900 visiones relacionadas tanto con la segunda venida de Cristo como con los problemas teológicos diarios de la nueva religión. Las ideas recibidas por White en estas visiones fueron diseminadas a través del programa radial La Voz de la Profecía, del programa de televisión La Fe para Hoy y de una extensa lista de publicaciones.

La creencia en la segunda venida de Cristo es absoluta entre los adventistas, aunque ya no se intenta ponerle una fecha. Algunos de sus escritos ponen el 1999 como la fecha del fin del mundo, causado por la batalla del Armagedón. Los malos perecerán en la batalla, los buenos, elegidos de Dios, serán conducidos al cielo a gobernar con Cristo por 1 000 años, en el nuevo milenio.

Después de estos 1 000 años Satanás será liberado y los muertos malos resucitarán de sus tumbas y otra vez invadirán el mundo. Habrá todavía otra batalla (no de Armagedón) entre Satanás y sus hordas malas y Cristo con su "ejército de santos" de la nueva Jerusalén. Satanás y sus seguidores serán eventualmente aniquilados.

En qué se basaron los cálculos de Miller

Miller hizo varias suposiciones, todas posiblemente defectuosas. 1) Que un "día" en escritos proféticos es siempre igual a un año, pero que 2 300 días pueden literalmente significar 6.3 años en vez de 2 300 años. 2) Que las 70 "semanas" y los 2 300 "días" empezaron simultáneamente. Si, por ejemplo, los 2 300 "días" contaban desde el 33 d.C., entonces la segunda venida de Cristo sería el 2333 d.C., en vez del 1843. 3) Que la fecha inicial correcta era el 457 a.C. Pudo haberse escogido el 445 o el 444 a.C. cuando se concedió el permiso para la reconstrucción de la muralla de Jerusalén. Artaxerxes simplemente permitió a Nehemíah y a Ezra retornar a Jerusalén en 457 a.C. 4) Que la "limpieza del santuario" en realidad se refiere a la venida de Cristo, en vez de algún evento pre-apocalíptico. 5) Finalmente hay un pequeño asunto aritmético que se ha convertido en una trampa en muchos cálculos de fechas que van desde a.C. hasta d.C. Como hubo dos "años uno" (1 a.C. y 1 d.C.), uno debe siempre restar un año del resultado final. Por ejemplo el lapso entre enero, 2 a.C. y enero, 3 d.C. no es cinco años sino cuatro.

Este último error se encuentra en varias de las predicciones discutidas en este libro, tales como los cálculos de Gerald Massey.

LA ESCALERA ARDIENTE

> Al mediodía del 19 de abril de 1993 en Waco, Texas, David Koresh ayunó y oró con 85 de sus seguidores antes de seducirlos para que murieran en llamas bajo la promesa de inmortalizarlos.

Los hombres, mujeres y niños que perecieron en esta fecha con su "mesías" loco, fueron víctimas de un sistema de creencias diseñado hace 150 años por William Miller.

Siguiendo la cronología del arzobispo Ussher, e interpretando los 2 300 días de Daniel como 2300 años, Miller predijo que el fin del mundo sería en 1843 d.C. Después de su fracaso escogió el "séptimo mes" para el adviento de Cristo y el 22 de octubre de 1844 solemnemente condujo a sus discípulos a las montañas a encontrar a su creador. Como sabemos Cristo no llegó y su rebaño tuvo que bajar penosamente otra vez.

Unos 90 años más tarde, en 1931, un grupo rebelde de los Adventistas del Séptimo Día, el brazo independiente Davidian, estableció un centro en Waco. Desde esta fecha la secta ha reclutado sus miembros principalmente de las filas de los Adventistas del Séptimo Día. La viuda del fundador continuó su trabajo hasta su muerte a los 85 años. En un acto fanático de creyente digno de un profeta del Viejo Testamento, su hijo desenterró su cuerpo y declaró que su sucesor sería el que pudiera resucitarla. David Koresh, miembro del culto, pragmáticamente reportó el hijo a las autoridades y éste fue retenido durante largo tiempo en una institución después de su arresto por exhumación ilegal.

El camino estaba ahora libre para que Koresh tomara el liderazgo del culto. Introdujo varias doctrinas con fuertes implicaciones sexuales. Para él, el aceite de ungir de los Salmos era símbolo de las secreciones sexuales de sus seguidoras sobre la cabeza de su pene erecto. Practicaba lo que predicaba e insistía que las esposas escogidas entre sus seguidores debían tener relaciones sexuales con él y no con sus esposos. Además "señalaba" a las hijas de sus seguidores como futuras esposas. Una de ellas fue Rachel Sylvia, que tenía trece años cuando murió en el incendio.

Quería vivir con sus seguidores en una gran familia feliz: tenía dos hijos con la discípula Nicole Gent, tres con Michelle Jones, uno con Lorraine Sylvia y dos más con su esposa Rachel — sin mencionar las numerosas aventuras con otros seguidores. Las amenazas teológicas de condenación eran reforzadas por el castigo físico y la sutil presión de la mirada.

Koresh creía que en 1993 sería la segunda venida de Cristo, exactamente 150 años después de la fecha original de Miller. Hizo las preparaciones para separar a sus seguidores del mundo exterior. La hacienda fue fortificada, túneles secretos fueron construidos y grandes cantidades de armas semi-automáticas fueron adquiridas por correo.

Fueron precisamente estas grandes compras postales las que

llamaron la atención de la agencia de control de armas de fuego (ATF) en relación con la secta. Un intento de registro de las instalaciones fue recibido con una lluvia de balas que mató a varios agentes. Este acto temerario atrajo el peso de la ley sobre la comunidad. El 28 de febrero de 1993 fueron rodeados después de negarse a permitir la entrada de los agentes de la autoridad o la salida de sus seguidores del recinto fortificado. A menudo Koresh hablaba de la glorificación del Señor al morir en el fuego. El FBI bombardeó el lugar con música estridente, lo iluminó con reflectores y se llevó con grúa el coche favorito de Koresh, un Chevrolet negro.

Los niños que fueron autorizados para dejar Mount Carmel, como se llamaba la fortaleza, contaron historias horrendas de abuso físico y sexual. Algunas chicas, con sólo 11 años, recibían una simbólica estrella de David, que significaba que habían sido seleccionadas para tener relaciones sexuales con Koresh y por consiguiente no debían ser desfloradas por ningún otro miembro del culto. A estas niñas se les enseñaba luego a referirse a Koresh como "padre" y a sus padres naturales como "perros".

El último día, 51 días después de que el asedio empezara, el FBI empleó un tanque como martillo para abrir huecos en las paredes exteriores de la finca. Adentro, Koresh calmó a sus seguidores, quienes se pusieron máscaras antigás, y leyó la Biblia mientras llovía gas CS sobre el recinto. Los que intentaron salir fueron fusilados. Cinco horas más tarde los 24 niños, muchos de ellos sus propios hijos, fueron separados de sus padres y sistemáticamente drogados. Koresh se sentó en un sillón reclinable y leyó la Biblia a los adultos. El apocalipsis había llegado, dijo, y todos irían con él al cielo, a través del fuego purificador.

Finalmente, a las 12:06 p.m. Koresh dio la orden de encender la kerosina que había sido derramada alrededor del edificio y la hacienda fue consumida por las llamas.

La segunda venida de Ciro

El nombre de "Koresh" significa "sol" y es la escritura hebrea de Ciro, conquistador de Babilonia, rey y fundador de Persia que vivió en siglo VI a.C. Koresh incluso llamó a su propio hijo Ciro, en honor a este rey.

El Ciro original era politeísta y, tal vez, seguidor de Zoroastrismo o del culto al fuego. Su forma favorita de castigo a los prisioneros era quemarlos vivos. El rey Ciro permitió a los judíos la salida de Babilonia para volver a Palestina y reconstruir el templo de Jerusalén. La muy favorable referencia que el Antiguo Testamento hace de él capturó la imaginación de David Koresh.

Si el FBI hubiera considerado un poco más la historia Bíblica, a lo mejor hubiera podido prever el feroz incendio que este Ciro del último día tenía reservado para sus devotos seguidores.

EMBARAZADA PARA DAR A LUZ AL MESÍAS

La profeta Joanna Southcott (1750-1814) experimentó la segunda venida de Cristo de una manera singular; afirmó que estaba embarazada del Mesías.

Nacida en Gittisham, Devon, en una familia que arrendaba una finca, Joanna Southcott trabajó ordeñando las vacas y haciendo las compras antes de descubrir su vocación real como profeta. El intenso gusto por la religión y por ir a la iglesia la llevaron a rechazar el amor carnal y a todos sus pretendientes.

En 1792 hizo su primera profecía al anunciar en una clase bíblica que ella sería la "esposa del cordero". Luego tuvo un ataque y tuvo que ser sacada del salón. Un día Joanna encontró un pequeño sello con las iniciales "IC" y dos estrellas. Adoptó el sello como suyo e interpretó la iniciales como las de Jesús Cristo.

Su gran momento llegó cuando en enero de 1802 conoció a William Sharp, un rico grabador de Chiswick, al oeste de Londres, que se convirtió en uno de sus discípulos. Joanna se pasó a vivir a Londres, donde pronto empezó a atraer interés. La primera capilla Southcottiana fue abierta en Duke St, Southwark, por un ministro disidente de la región occidental del país llamado William Tozer. Muchos miembros venían para "burlarse pero se quedaban a orar", según un observador.

La salvación eterna será dada a solo 144 000 de sus seguidores, declaraba Joanna; e incluso estableció como condición que estuvieran marcados con su sello "IC". Un documento de salvación con el respectivo sello era expedido a los creyentes.

Este documento declaraba que el portador era "sellado por el Señor... [iba] a heredar el árbol de la vida — "para ser herederos de Dios junto con Jesucristo" — o en pocas palabras, que esa persona poseía una parte del paraíso. Joanna expidió por lo menos 10 000 de estos certificados, uno de los cuales le fue encontrado a una asesina llamada Mary Bateman.

A finales de verano de 1813, después de un viaje exitoso al norte de Inglaterra para inaugurar nuevas capillas, Joanna escribió cartas a todos los obispos, nobles y miembros del parlamento, así como cartas abiertas al Times y otros periódicos, anunciando que pronto ella sería la "madre de Shiloh". Poco después se retiró de la vida pública, presumiblemente a continuar con su embarazo mesiánico.

En marzo de 1814 sus discípulos llamaron a nueve doctores eminentes para examinar la profeta de 64 años. Todos estuvieron de acuerdo en que ella mostraba signos indiscutibles de embarazo y de que estimaban que el bebé nacería el día de Navidad. La noticia causó gran consternación y muchos donantes dispuestos a cultivar buenas relaciones con el incipiente segundo Jesucristo enviaron regalos, dinero, joyas y ropa.

Sin embargo, el día de Navidad, débil y sintiendo que en vez de dar a luz al Mesías iba a morir, Joanna impartió sus últimas instrucciones. Su cuerpo debía ser conservado tibio y luego abierto cuatro días después de su muerte. Los regalos para el nuevo Mesías debían ser retornados. Dos días más tarde murió. En la autopsia no se encontró ni enfermedad, ni feto.

Sorprendentemente, pocos de sus seguidores parecían estar desconcertados por la no venida del Mesías y 50 años después de su muerte, con donaciones recibidas de sus fieles en sólo una ciudad — Melbourne, Australia — uno de sus discípulos construyó una mansión, Melbourne House, en Yorkshire.

Este discípulo fue el barbudo jorobado John Wroe que en 1823 hizo dos públicos intentos por caminar sobre el agua, con resultados predecibles. El mismo año, se hizo circuncidar públicamente. En 1840 después de un cuidadoso cálculo, declaró que el milenio empezaría en 1863. Su profecía se cumplió, al menos para él, puesto que en ese año murió.

La milenaria caja de pandora

Uno de los legados de Joanna Southcott para el mundo, es una caja sellada y cerrada con llave, atada con cuerdas y todavía guardada con reverencia en el sur de Inglaterra. En ella, creen los seguidores de Joanna, está el secreto para la paz del mundo, la felicidad y el milenio anunciado en el Apocalipsis de San Juan.

La caja fue conocida inicialmente después de la muerte de Helen Exeter, líder de la secta, quien había formado la Sociedad de la Panacea para promover los escritos de Joanna. Como Wroe, Helen Exeter murió en el año que predijo para el milenio; encontró la muerte en 1914 en un barco torpedeado en el Canal de la Mancha. La caja sólo puede ser abierta en presencia de la totalidad de los 24 obispos de la Iglesia de Inglaterra, una condición que parece asegurar que siga cerrada para siempre.

Un hombre de quien se dice haber abierto la caja en 1927 es el investigador físico Harry Price. Entre los extraños y variados objetos encontrados estaban un gorro de dormir, una pistola de juguete, algunos papeles y otros cacharros. La Sociedad de la Panacea mantiene que él jamás pudo haber abierto la caja.

En esta última década del siglo XX hay todavía grupos seguidores de Southcott por todo el mundo, esperando aún la llegada del milenio que, según ellos, coincidirá con la apertura de la caja misteriosa. Evocando la fórmula de Joanna del "cuarto año después de la primera década del siglo", su fecha estimada para Su llegada, y la del milenio sería el 2014.

LA RESPLANDECIENTE VIRGEN DE FÁTIMA

Si usted quiere saber de una fuente impecable lo que va a pasar al final del milenio, entonces concéntrese en las profecías de la Virgen María.

El domingo 13 de mayo de 1917, día de la Ascensión, Lucía, Francisco y Jacinta, niños entre siete y diez años pastoreaban sus ovejas en una hondonada llamada Cova da Iria, cerca a la aldea de Fátima, aproximadamente 80 millas (129 km) al norte de Lisboa. De repente, hubo un destello asombroso en el cielo despejado. Un segundo resplandor atrajo su mirada hacia un árbol, frente al que permanecía de pie una hermosa dama que vestía un blanco manto luminoso y sostenía un brillante rosario. Le dijo a los niños que no tuvieran miedo que ella venía del cielo. Después de pedirles que regresaran al mismo lugar, a la misma hora, el día 13 de los siguientes seis meses, la dama subió al firmamento y desapareció.

Un mes más tarde los niños fueron al mismo lugar, esta vez acompañados por varios incrédulos aldeanos. Al mediodía una pequeña y blanca nube reluciente descendió del firmamento y se colocó debajo del mismo árbol. Sólo los niños vieron a la dama, que profetizó que la mayor, Lucía do Santos, viviría muchísimos años, mientras los otros dos morirían pronto, profecía que se cumplió. La dama desapareció, y los aldeanos presentes afirmaron haber escuchado un sonido como un cohete mientras la pequeña nube desaparecía en el firmamento.

La noticia se extendió rápidamente y para la segunda aparición, el 13 de julio, había alrededor de 5 000 personas presentes. Esta vez Lucía le preguntó a la dama quién era y ella no contestó directamente pero prometió que la I Guerra Mundial terminaría pronto (terminó al año siguiente) y que "habría otra, más terrible" durante el reinado del Papa Pío XI, y que sería anunciada por una desconocida luz en el cielo nocturno.

Esta extraña iluminación del firmamento ocurrió el 25 de enero de 1938 cuando los cielos del hemisferio norte se cubrieron de luces carmesí, "como reflejos de las llamas del infierno". El New York Times dedicó casi una página entera a este extraño evento. El Papa Pío XI fue puesto bajo tremenda presión por los dictadores de Italia y Alemania y murió antes del inicio de la II Guerra Mundial en 1939. La dama dijo que la única manera de prevenir esta segunda guerra era que Rusia se reconvirtiera al Cristianismo, lo que, como sabemos, sólo ahora está empezando a ocurrir. Después de la reconversión y consagración de Rusia, continuó ella, "al mundo le será concedido un período de paz".

La siguiente aparición de la dama, el 13 de Agosto de 1917, fue saboteada por las autoridades que arrestaron a los tres niños. Alrededor de 15 000 personas se reunieron en el lugar y vieron la blanca nube de luz aparecer desde el oriente, posarse por un momento sobre el árbol y luego salir.

La aparición del 13 de octubre atrajo una multitud de 70 000 personas, aproximadamente el 17 por ciento de la población del país en aquel entonces. El día estaba nublado y a las 10 a.m. empezó un fuerte aguacero. A la una y media una columna de humo se levantó sobre las cabezas de los tres niños, y se evaporó; esto ocurrió tres veces. Luego las nubes se abrieron y dejaron ver un disco (algunos dicen que era el sol) que brilló como plata opaca y que podía ser observado sin dolor en los ojos, ni enceguecimiento. Empezó a dar vueltas y mientras lo hacía una sucesión de colores pasaban por su superficie. La atmósfera cambió a un color púrpura y luego al "color de un viejo damasco amarillo".

¿Entonces qué fue lo que ocurrió, un milagro o un producto de la imaginación? Basado en el testimonio de miles, es definitivo que algo increíble sucedió y que no puede ser explicado como un "truco de la luz", una trampa, o ciertamente una aberración climática.

Habla la Virgen

Gran controversia rodea la tercera profecía de la Virgen. Se dice que Lucía palideció al escucharla y lloró de miedo. Se negó a revelar el contenido de la profecía, pero eventualmente lo escribió y lo envió al papa por medio del obispo de Leiria.

Aunque parte de la profecía fue dada a conocer al mundo en 1942 por el Papa Pío XII, especialmente lo concerniente a la guerra, el resto no ha sido revelado. Hay razones suficientes para creer que el resto de la profecía predice la persecución del papa y la destrucción de la Iglesia Católica Romana alrededor del año 2000. No sorprende que la profecía sea aún censurada por el vaticano, a pesar de las instrucciones de la dama de que podía y debía ser completamente revelada al público en 1960.

Un periódico de Stuttgard, el Neues Europa, no dudó en afirmar que sabía el contenido de la profecía y el 15 de octubre de 1963, imprimió lo que decía ser su texto:

"Para la Iglesia también, la hora del juicio más grande ha llegado. Los cardenales se opondrán a los cardenales, y los obispos a los obispos. Satanás marchará por en medio y habrá grandes cambios en Roma. Lo que está podrido caerá, para nunca levantarse. La Iglesia se oscurecerá y el mundo temblará de terror. El tiempo vendrá en que ningún rey, emperador, cardenal u obispo lo esperará a Él que, sin embargo, vendrá con el fin de castigar de acuerdo con los designios de mi padre".

LAS VERDADES DEL SEÑOR DONNELLY

El congresista Ignacio Donnelly no logró convencer a mucha gente con sus teorías heréticas de los mundos perdidos, pero desde luego que sí logró atraer la atención hacia ellas.

Nacido el 3 de noviembre de 1831 en el seno de una familia de clase media de origen irlandés, establecida en Filadelfia, Donnelly se graduó de abogado antes de entrar a la carrera política, a los 24 años de edad. Para 1859 era teniente-gobernador de Minnesota, a pesar de haber intentado fundar una ciudad modelo que terminó en bancarrota. En la vida pública fue un hábil orador y alborotador del populacho al denunciar escándalos, negociados y complots.

Además de demagogo, Donnelly es recordado por habérsele

ocurrido tres teorías improbables. La primera se relaciona con la destrucción de la Atlantida, desaparecida en los abismos del Atlántico. Desde la época de Platón este mito no había logrado despertar el interés del resto de la humanidad. Después de su redescubrimiento por parte de Donnelly, es dudoso que el mismo Platón lo reconociese. En su libro *Atlantida: el Mundo Antidiluviano,* Donnelly trató de corregir lo que le parecía corrupción de la historia. El resultado fue un método de cómo tornar en sólidas y casi aceptables evidencias de tono dudoso.

Donnelly identificó la Atlantida con lugares tan diversos como el Jardín del Edén, el de las Hesperides, los Campos Eliseos, el Monte Olimpo y Asgard así como cualquiera otro paraíso soñado por el hombre. Después del diluvio (que se volvió el prototipo de inundaciones en varias culturas) y de la destrucción del paraíso terrenal, se supone que colonos Atlantes iniciaron culturas en Egipto y América, y la de los Arios y Semitas. ¿De qué otra manera, argumentaba Donnelly, nos podemos explicar el uso religioso de las pirámides en América Central, Egipto y entre los Incas? Estas culturas tienen que haber compartido un origen común: provenir de la mitad del Atlántico.

El trabajo de Donnelly no fue simplemente descartado como las locuras de un lunático. Nada menos que el Primer Ministro británico, Gladstone, presentó una moción en la Cámara de los Comunes, proponiendo el envío de una flota de la marina real en busca de los restos de la Atlantida en el Atlántico. Pero las cabezas frías de la Tesorería vetaron el proyecto, alegando su alto costo.

Pero Donnelly no se durmió en los laureles, pues luego se ocupó en teorías relacionadas con la destrucción del mundo, publicadas en su libro *Ragnarok.* El periódico *The London Daily News* se refería a su autor como "estupendo especulador en cosmogonía". El acento visionario de sus conceptos, le ganó muy rápidamente admiradores. Teorizó que un cometa casi destruye la tierra y que aún podría hacerlo. Velikovsky desarrollo estas teorías años después, dándoles base científica e hizo predicciones que, curiosamente, resultaron acertadas.

Cansado de escribir acerca del pasado, intentó predecir los sucesos de 1990 en un libro llamado *La Columna de César,* publicado en 1890. Anunció atinadamente el dominio de los grandes negocios sobre la ética y la política, pero su idea de que las grandes ciudades usarían energía magnética de la tierra, parece lejos de su realización. Los restaurantes servirían alimentos de todo el mundo con tan sólo oprimir un botón, lo cual es una buen premonición de la tecnología de microondas. Las noticias de cualquier lugar del globo aparecerían en pantallas individuales al oprimir un botón; extraña anticipación de la presente tecnología de las comunicaciones basada en la informática.

Donnelly imaginó a las ciudades de finales del siglo XX dependiendo de mano de obra esclava. De acuerdo con Donnelly, esta clase marginada, destruye a los ejércitos del Estado y a la clase dirigente. Con los cadáveres de las víctimas de la revuelta, erige una enorme columna de concreto para conmemorar la insurrección y luego la turba se ensaña con sus líderes, linchándolos también. El héroe de la obra escapa de Nueva York a Europa en una nave aérea. De Europa vuela al sur, donde escoge, entre todos los sitios, a Uganda para fundar una nueva civilización.

Después de ser elegido vice-presidente del Partido del Pueblo en los Estados Unidos, Donnelly contrajo nupcias por segunda vez con una mujer 46 años más joven que él. Murió pacíficamente en 1901.

Los secretos de Shakespeare

El coronamiento de sus realizaciones, así lo creía Donnelly, fue haber descifrado a Shakespeare. En esto seguía los pasos de la norteamericana Delia Bacon, quien esperaba restituirle el prestigio de las obras de Shakespeare a su tocayo, Francis Bacon. Esta investigación implicó una tortuosa manipulación de los textos así como de sus valores numéricos, que fueron ingeniados para sacar mensajes secretos de Bacon, el supuesto autor anónimo de la obra de Shakespeare.

La conocida inclinación de Bacon por los números, tomó como su blanco predilecto al autor de un complejísimo número de obras de teatro, de las cuales puede extraerse todo tipo de mensajes, con un poco de imaginación. Sin embargo, Donnelly no se interesó en usar la imaginación, y en el curso de estas complicadas investigaciones usó casi dos toneladas de papel, según alegó él. Su obra monumental, "El Gran Criptograma", suma casi mil páginas. Desafortunadamente esto muestra hasta que niveles pudo descender el que otrora fuera un gran talento.

LOS ISRAELITAS CRISTIANOS

En algún momento se pensó que la mejor forma de adelantar la fecha del milenio era propiciar la aparición de los pronosticados indicios del Apocalipsis.

Una de las señales más importantes del advenimiento del Apocalipsis era el regreso de los dispersados judíos a Israel y, según algunos intérpretes, su conversión al cristianismo.

Ya en el siglo VI d.C. el Oráculo Tibertino, el primero de los adelantados oráculos Sibilinos, profetizó la eventual aceptación de Cristo por parte de los judíos. En Europa medieval la persecución de los judíos que se negaban a la conversión a menudo iba de la mano de las Cruzadas para la reconquista de la Tierra Santa. El Papa Pablo IV estableció un gueto Judío en 1555 para facilitar los originalmente bien intencionados esfuerzos de conversión.

El culto del Anglo-Israelismo surgió en Inglaterra con el Puritanismo, que tomó literalmente las profecías de la Biblia sobre la restauración de Israel, y hoy en día prospera predominantemente en los Estados Unidos. Bajo el gobierno puritano de Oliver Cromwell a mediados del siglo XVII, las leyes contra la inmigración judía fueron mitigadas aunque no completamente abolidas. Las opiniones de Cromwell sobre los judíos eran tan fuera de lo común que la comunidad judía de los Países Bajos envío un investigador para establecer si Cromwell tenía raíces judías.

Como una forma de reconocimiento de sus raíces religiosas, Praisegod Barebone, un puritano especialmente fanático, se situó en la primera fila de los movimientos promovidos por el

Pequeño Parlamento (1653) para abolir la Constitución inglesa y reemplazarla por las leyes judías de Moisés.

Esto fue llevado al extremo al final del siglo XVIII cuando Richard Brothers (1757-1824), un oficial de la marina retirado, se autoproclamó Rey de los Judíos. Creía que él y sus seguidores habían sido escogidos para llevar a los judíos de vuelta a Tierra Santa para alojarlos en una espléndida Nueva Jerusalén antes de convertirlos al cristianismo como preparación al Segundo Advenimiento del Mesías.

Brothers se refería a experiencias visionarias y poco probables, como haber visto al diablo caminando en una calle de Londres o haber recibido a dos ángeles en su casa. Finalmente, las autoridades se cansaron de sus vociferaciones y lo metieron en un asilo de locos.

Antes de que los judíos pudieran retornar a Israel había que solucionar el problema de localizar a las diez tribus perdidas de Israel. Estas tribus fueron capturadas por los asirios y dispersadas de Palestina en el siglo VIII a.C., dejando únicamente a dos tribus en el reino de Judea. Varios sabios, entre ellos Edward Hine (1801-85), "descubrieron" que, después de mucho errabundeo, las diez tribus terminaron su viaje en Inglaterra.

Isaías mismo le dio cierta credibilidad a esta idea cuando dijo que "el Señor... podrá recobrar el resto de su pueblo, dejado de lado, en Asiria y en Egipto... y en las costas del mar" (11:11). Hine concluyó que esas costas eran en efecto las Islas Británicas. La idea de Hine fue apoyada por el Profesor Piazzi Smith, Real Astrónomo de Escocia, quien también tenía sus propias extrañas teorías sobre la Gran Pirámide.

Anthony Cooper, el séptimo Conde de Shaftesbury (1801-85), Presidente de la Sociedad Promotora del Cristianismo entre los Judíos, trató de producir el Segundo Advenimiento convirtiendo a los judíos. Conocido como el "príncipe de los bienhechores", Cooper fue famoso por su reforma de las condiciones laborales de los deshollinadores victorianos. Organizó, además, un servicio de emigración para los más conocidos ladrones londinenses. Pero Cooper tuvo menos éxito con su plan de conversión: en su mejor año consiguió solo tres conversiones. Curiosamente, la mayoría de sus conversos fueron rabinos.

Sucesivos gobiernos británicos se comprometieron con el principio de un nuevo hogar para el pueblo judío con la Declaración Balfour de 1917. Finalmente, en mayo de 1948, esta intención fue puesta en práctica con el establecimiento del Estado de Israel. Como dato interesante, la suma total de los números de esta fecha (1+9+4+8) es 22, el número de letras del alfabeto hebreo y un número místico en la cábala judía.

Israelitas británicos en América

Los colonos puritanos llevaron a América su identificación con los judíos. En el siglo XIX, Edward Hine fue uno de los que trataron de mantener vivo el mensaje, y en 1884 realizó una gira de conferencias en los Estados Unidos. Tras varios años como profeta viajero cayó en desgracia y tuvo que ser repatriado por sus seguidores británicos.

La promesa del retorno de los judíos a Palestina permaneció presente en las conferencias proféticas de los Estados Unidos realizadas durante 1878 y 1918. Cuando el Estado de Israel fue fundado, un profesor del Instituto Bíblico de Los Ángeles anunció por la radio que esta era "la mayor noticia profética que hemos tenido en el siglo XX". Se esperaba que Jesús llegaría en cualquier momento.

Con una reacción similar fue recibida la captura por parte de Israel de la ciudad vieja de Jerusalén durante la Guerra de los Seis Días en 1967, que parecía confirmar siglos de especulación profética. El Último Gran Planeta Tierra de Hal Lindsey, publicado tres años después, vendió muchas copias gracias al renovado interés en profecías milenarias.

De los defensores del Anglo-Israelismo en la post-guerra americana, James Lovell (de Kingdom Digest), Howard Rand (de Destiny Publishers) y Herbert W. Armstrong son quizás los más conocidos. Armstrong, fundador de la Radio Iglesia de Dios, editor de la revista La Simple Verdad y veterano de programas religiosos de televisión, se ocupaba principalmente de Anglo-Israelismo y profecías milenarias.

LA ADVERTENCIA DE LA HERMANA MARIE GABRIEL

El lunes 19 de Julio de 1993, la Hermana Marie Gabriel Paprocski, una "Hermana religiosa en ropas seculares" interesada en astronomía, anunció que un cometa gigante estaba en curso de colisión con Júpiter.

Según los cálculos de esta monja polaca, un cometa chocaría con Júpiter antes del 25 de Julio de 1994. Su predicción contradecía la noción de Velikovsky de que un cuerpo masivo habría sido arrancado de Júpiter hace 3 500 años.

La advertencia de la Hermana Marie Gabriel llegó en una carta dirigida a todos los líderes mundiales, entre ellos al Papa Juan Pablo II, al Presidente Bill Clinton y al presidente Yeltsin de la CEI. Comunicados de prensa fueron enviados a las principales compañías de televisión y fueron publicados anuncios en páginas completas de los principales periódicos internacionales. La Hermana ciertamente se preocupó de promover su profecía.

La Hermana Marie Gabriel, quien asegura ser la "astrónoma Sofía", dio a conocer su predicción por primera vez en Julio de 1986. La colisión entre Júpiter y el cometa, según dijo, produciría la "explosión cósmica más grande de la historia de la humanidad". A pesar de que en su momento su descripción del cometa como "un asteroide encendido" convenció a varios astrónomos que consideraron que su advertencia no era fruto del delirio de una loca en busca de publicidad, más tarde, los mismos científicos predijeron una colisión entre Júpiter y un cometa pero esta vez, sin resultados catastróficos para la humanidad.

El precedente bíblico de la profecía de la Hermana Marie Gabriel es Isaías 24:1, en donde el profeta dice "He aquí que Jehová vacía la tierra y la desnuda, y trastorna su faz, y hace esparcir a sus moradores". Nuevamente, en Isaías 24:18 hay un extraño pasaje que predice trastornos naturales desagradables: "porque de lo alto se abrirán ventanas, y temblarán los cimientos de la tierra", que suena como si algo flojo en el cielo hubiera remecido la tierra de su órbita, o por lo menos causado terremotos.

Finalmente, Isaías 24:19-20 describe la escena posterior a la catástrofe, cuando "la tierra será quebrantada del todo, será enteramente desmenuzada, en gran manera, la tierra será conmovida. Temblará la tierra como ebrio...". Aquí se presenta una clara imagen de la Tierra siendo arrojada de su curso natural por el impacto del cometa al chocar con Júpiter.

En la manera tradicional de los profetas, la Hermana Marie Gabriel explicó este evento cósmico como una advertencia de Dios a todos los gobiernos para que se apresuraran a adoptar las siguientes ocho medidas:

1. Reducir dramáticamente los niveles de crimen copiando el sistema de ley y orden de Arabia Saudita.
2. Destruir todo material pornográfico.
3. Prohibir crimen e indecencia en la televisión.
4. El gobierno británico debía asegurarse de que su Servicio Nacional de Salud no dejara morir a los pacientes ancianos para poder acomodar más pacientes en los hospitales.
5. Prohibir el alcohol.
6. Obligar a las mujeres a un código de vestimenta parecido al musulmán.
7. Prohibir toda crueldad contra animales, específicamente la caza de pájaros en Italia y España, arreos, corridas de toros, etc.
8. Fin de todas las guerras.

Sin embargo, la Hermana Marie Gabriel no aclaró cuál era la conexión entre la moralidad humana y los movimientos astronómicos.

Los asteroides y comentas son una amenaza para nuestro planeta si son lo suficientemente grandes como para sobrevivir al paso por la atmósfera de la Tierra y alcanzar su superficie. La Hermana Marie Gabriel quizás se refería a otro visitante reciente que cambió de opinión y se fue solo dos meses antes de que ella publicara su predicción.

Este asteroide, que se estima medía cerca de 9.2 metros de

diámetro y pesaba el equivalente de un destructor naval, pasó a 140 mil kilómetros de la Tierra el 20 de Mayo de 1993. Se calcula que viajaba a 77 mil kilómetros por hora así que esta distancia, que representa menos de la mitad de la que hay entre la Luna y la Tierra, habría sido recorrida rápidamente si el asteroide hubiera sobrevivido la zambullida en la atmósfera. Este encuentro cercano pasó desapercibido hasta que el asteroide fue detectado cuando rozó la atmósfera. Hubiera dejado un gran cráter de haber alcanzado la superficie del planeta.

1066 y todo eso

La aparición de un cometa fue considerada durante mucho tiempo como una señal del advenimiento de un evento catastrófico. De todos los fenómenos celestiales los cometas eran quizás los más fáciles de observar después de los eclipses, que también se suponía que tenían un significado para la humanidad. Un cometa fue visto antes de la invasión a Inglaterra de Guillermo el Conquistador en 1066, un hecho conmemorado en el Tapiz Bayeux donde está representado como una estrella en un palo conectado a algo que parece llamas.

No es raro que el escritor Erich von Daniken usara este tipo de imagen para impulsar su teoría sobre platillos voladores pues la representación del Tapiz da una idea más clara de lo que es un cometa que si se mira a través de un telescopio. El cometa visto en 1066 podría considerarse como el heraldo del nacimiento de Inglaterra como nación. El cometa de la Hermana Marie Gabriel parecía señalar el fallecimiento de la nación.

Antes del siglo XVIII y la Edad de la Razón, fenómenos como los eclipses del Sol o la Luna eran considerados por muchos como presagios de eventos importantes en la vida. El significado preciso de estos eventos estaba abierto a la interpretación. Por supuesto, los paranoicos no los recibían muy bien. El Papa Urban VIII, por ejemplo, estuvo sobre ascuas desde el eclipse de luna de enero de 1628 y durante los eclipses de sol de diciembre de 1628 y de junio de 1630, pues estaba convencido de que estos podían ser anuncios de su muerte. Hasta contrató los servicios de un hereje y brujo, Tommasso Campanella, para que lo ayudara a prevenir el daño temido.

Campanella había sido condenado a cadena perpetua después de que trató de establecer una Utopía y "provocar" el milenio. Para lograr la seguridad de su prestigioso cliente, Campanella llevaba a cabo elaborados rituales durante los períodos de eclipse. Es interesante pensar que un Papa estuviera tan desesperado en aferrarse a su cuerpo como para emplear para su propio beneficio las mismas prácticas que estaba tratando de erradicar.

MESÍAS DE CREACIÓN PROPIA

Algunos profetas del Apocalipsis relativamente modernos han cruzado la fina línea entre la profecía y la teofanía y han alegado ser Mesías.

Que los profetas se declaren Mesías no es un fenómeno poco usual y en la Edad Media no faltaban cristianos, judíos y hasta musulmanes que reclamaban el título.

Dos mesías extraordinarios del siglo XIX fueron Henry James Prince (1811-99) y John Smyth-Pigott (m.1927). Prince era un sacerdote anglicano con mucho talento para la oratoria y para atraer mujeres. Llegó a convencer de que sus sermones debían su fuerza al Espíritu Santo. Prince empezó a predicar fuera de la iglesia y pronto anunció que él era, de hecho, la encarnación del profeta Elías. Estableció su propia iglesia en Brighton, una pequeña ciudad de la costa al sur de Inglaterra.

Suficiente gente adinerada creyó en Prince como para comprarle una casa grande con 81 hectáreas de tierra en Spraxton, Somerset. Ahí, en 1846, él estableció el "Refugio del Amor" o Agapemone. El grupo llegó pronto a ser conocido como los Agapemonitas (de la palabra griega amor). Prince adoptó el título de "el Amado" y, eventualmente, "el Mesías".

Por ser el representante de Dios en la Tierra, Prince no fue cuestionado por sus discípulos acerca de la acomodada existencia que le costeaban. Por lo menos en una ocasión atravesó el pueblo de Bridgewater en Somerset en su carruaje mientras su lacayo tocaba una trompeta y lo proclamaba como el Mesías. Poco tiempo después empezó a tomar a varias discípulas en calidad de "Novias del Cordero", una de las costumbres de su "iglesia" que otros líderes de cultos, como David Koresh de Waco por ejemplo, más tarde emularían.

Prince estaba "por encima del pecado" y como tal, libre para vivir como quisiera. No así sus seguidores, de quienes se esperaba una vida casta. Esta doble moral no molestaba a los creyentes y hasta en momentos de poco dinero, las necesidades del Mesías eran satisfechas. Un acaudalado comerciante donó todas sus riquezas, 15 mil dólares, una suma entonces bastante considerable, y se fue a trabajar en el Refugio del Amor como mayordomo.

El hecho de que este ex-sacerdote anglicano hubiera sido apartado del sacerdocio y de que tuviera acusaciones legales en su contra, presentadas por familias que trataban de prevenir que sus seguidores donaran todas sus pertenencias, no afectó su causa y el Refugio del Amor floreció. Llegó incluso a recaudar fondos para construir una Iglesia del Arca de la Alianza en Clapton, Londres. Convencido de que el fin del mundo estaba cerca, Prince le garantizó la inmortalidad a sus seguidores. Aquellos que morían habrían "caído en pecado", y eran enterrados de pie bajo el césped, como lo fue el propio Prince en 1899.

Tres años después, el vacío espiritual que dejó la muerte de Prince fue llenado por John Smyth-Pigott, quien se declaró "el Hijo del Hombre", el nuevo Mesías, en la iglesia de Clapton. Él siguió la costumbre de Prince de seleccionar "novias espirituales" que le dieron hijos. Esto eventualmente le causó el ser retirado como sacerdote anglicano. En algún momento había hasta cien mujeres en el Refugio del Amor.

Prince y Smyth-Piggot vivieron cómodamente comparados con otros "mesías", que quizás no convencieron a tantas personas. El profeta chino y líder militar Hung Hsui-chaun removió un avispero cuando alegó ser el hermano menor de Cristo. Su declaración inspiró la rebelión Taiping, que se inició en el sur de China en 1851 y continuó hasta 1864. Sus seguidores creían ser los hijos de Israel y trataron de derrocar a la dinastía Manchu para establecer a China como la tierra prometida. El

General británico Gordon contuvo la revolución, y alrededor de 1880, en Sudan, se opondría también a Mahdi, un musulmán que reclamaba el título de Mesías.

El león de Judá en África

Uno de los más extraordinarios movimientos mesiánicos de la actualidad es el Rastafarianismo, que se ha extendido desde Jamaica a los Estados Unidos y el Reino Unido. El candidato involuntario para ser el Mesías fue el Emperador de Etiopía, Haile Selassie (1891-1975).

El Rastafarianismo se inspiró en la retórica del militante pro-Negro Marcus Garvey durante la Primera Guerra Mundial. Garvey, un jamaiquino que emigró a los Estados Unidos, quiso ser el salvador político de los negros y era decididamente anti-blancos. Mantenía que los negros debían prestar atención a África "cuando un rey negro será coronado, pues la liberación llegará pronto". Poco después, en 1930, Ras Tafari se convirtió en el Emperador de Etiopía, Haile Selassie, confirmando la profecía de Garvey. Haile Selassie, quien asumió el título de "El León de Judá", se convirtió en el último de lo que él alegaba era la más larga dinastía del mundo.

Algunos de los Rastafarianos más extremistas, como Niyamen, abogaban por el uso de la marihuana (ganja), lucían trenzas africanas, y promovían una postura militante anti-blanca. Creció una especie de culto basado en la expectativa de una migración masiva a un nuevo reino en África y se hicieron fortunas con la venta de falsos billetes y pasaportes.

Los Rastafarianos han sobrevivido la desilusión y la muerte de Haile Selassie en 1975. Así como los judíos de generaciones pasadas, tienen un patria no reconocida como suya. Visiones del retorno de Haile Selassie u otro Mesías negro junto con la posibilidad de un Armagedón que podría desencadenar también una guerra racial, continúa alimentando las expectativas rastafarianas. El sueño de un Armagedón racial impulsó, más tarde, la campaña asesina de Manson en California.

LA ERA DE ACUARIO

¿Ha significado el nacimiento de esta Era la muerte del Cristianismo? ¿Nos dirigimos hacia una extraña Nueva Era basada en paz, amor y la exploración de niveles profundos de nuestro espacio interior asequibles a través del uso de drogas? Acoger la filosofía de la Nueva Edad podría ser nuestra única defensa contra el Apocalipsis.

MADAME BLAVATSKY

En 1888, Helena Petrovna Blavatsky (1831-91), fundadora de la teosofía, afirmó que Lemuria era el hogar de la "raza de la tercera raíz".

HPB, como la llamaban sus discípulos, nació en Ucrania con el nombre de Helena Petrovna von Hahn, la hija de un oficial del ejército ruso de extracción alemana. En 1849 se casó con el General Blavatsky, el vice-gobernador de Erivan pero poco tiempo después empezó a recorrer el mundo.

Lemuria era un continente perdido sobre el cual algunos pensaban que había existido en el Océano Índico o en el Océano Pacífico hasta que fue destruido por una erupción volcánica. Según los teosofistas, la especie humana evolucionó a través de un número de razas fundamentales o raíces. Entre éstas estaban los lemurianos, antes de los atlántidos y la especie humana de la actualidad ("la raza de la quinta raíz").

El nombre Lemuria proviene del lémur, parecido al mono que fue encontrado en África, el sur de India y Malasia. La vasta distribución de estos habitantes llevó a científicos tan distinguidos como Thomas Huxley y Ernst Haeckel a creer que en algún momento un continente los habría comunicado. Esta conjetura de los naturalistas del siglo XIX que buscaban un puente entre Asia y África fue rápidamente secuestrada por un grupo de personas que intentaban encontrar un lugar apropiado para una teoría bastante menos verosímil.

Su Lemuria era la cuna de la civilización humana, nada menos que el Jardín del Edén. Los habitantes originales de Lemuria eran, según Madame Blavatsky, gigantes parecidos a los monos, hermafroditas que ponían huevos, tenían cuatro brazos y tres ojos (como algunos dioses hindúes). Afortunadamente para nosotros, seres de Venus ofrecieron reemplazarlos y se reprodujeron con los monos locales, agregando un toque darwiniano. La ironía es que los científicos ya no creen que haya existido un continente puente llamado Lemuria.

Madame Blavatsky dijo que la tercera raza raíz de Lemuria fue arrasada hace más de 40 millones de años pero que sus descendientes sobreviven como aborígenes australianos, papús y hotentotes — una teoría que un antropólogo moderno encontraría difícil de aceptar. Quizás las historias sobre lo increíblemente altos que eran los Lemurianos fueron prestadas de las descripciones de los supuestamente altos aborígenes tasmanios, extinguidos cuando Blavatsky estaba escribiendo. Este mito de la altura se deriva de la distancia entre los cortes en los troncos que los aborígenes tasmanios hacían para subirse a los árboles.

Después de la muerte de Madame Blavatsky, en 1891, su sucesora, Annie Besant, una incansable luchadora por la justicia social, retomó la causa. Junto con W. Scott-Elliot, trabajó sobre la historia de Lemuria y hasta proveyó mapas detallados que mostraban las etapas críticas de la evolución del mundo. Estos se parecen en gran medida a los actuales mapas de "Pangaea", un mito moderno con el que la ciencia moderna intenta documentar la evolución continental.

La cuarta raza raíz vivía supuestamente en Atlántida, donde desarrollaron una tecnología impulsada a través de la concentración de la fuerza de voluntad. Finalmente Atlántida fue destruida, de acuerdo con el comentario de Platón acerca de esta civilización, posiblemente con la erupción del volcán Santorini.

La quinta raza raíz, los Arios, provienen de Atlántida y se asentaron en Egipto, India, Persia y Europa. De ahí, como lo registra la historia, se diseminaron en los últimos cuatro siglos por casi todas las esquinas del mundo.

De la sexta raza raíz se dice que se está empezando a desarrollar en California, tras el arribo del nuevo Maestro Mundial o Mesías (véase abajo). Esta raza se desarrollará ininterrumpidamente durante miles de años y eventualmente desplazará a la raza de la actualidad.

La vida en la tierra terminará con la séptima raza raíz, y en ese momento, según los maestros de Madame Blavatsky, la vida comenzará nuevamente en el planeta Mercurio. Esta idea de vida transfiriéndose de un planeta a otro fue un tema que también gustaba a los aetherianos.

Krishnamurti: Mesías de una nueva edad

Los teosofistas se suscribieron a la doctrina hindú de avatares que alega que Dios se encarna como un hombre cuando es necesario para la evolución. La Sociedad sintió que era el momento pertinente para una nueva encarnación y se dedicó a buscarla. En 1908, miembros de la Sociedad Teosófica notaron que un muchacho vecino los miraba cuando nadaban en el río Adyar. Dos de los miembros, Ernest Wood y el Reverendo C. W. Leadbeater, notaron que este muchacho de 13 años estaba poseído por un aura excepcional. Después de revisar sus vidas pasadas, como ellos dicen, propusieron al padre del muchacho que la Sociedad Teosófica se encargara de su educación.

El nombre del chico era Jiddu Krishnamurti. Después de arreglar algunos problemas legales con el Sr. Krishnamurti, que era hindú ortodoxo, la Sociedad Teosófica empezó a promover a Krishnamurti como el nuevo Maestro Mundial, casi un nuevo Mesías.

En 1911 la Sociedad proclamó que Krishnamurti era el canal para la sabiduría del Lord Maitreya, o la quinta y última encarnación del Buda, y decidieron que 1911 señalaba el inicio de la Edad de Acuario.

Krishnamurti fue llevado a una excursión del mundo para que conociera a los feligreses. En Sidney, Australia, los teosofistas llegaron a construir un enorme anfiteatro en la bahía desde donde podían recibir al nuevo Mesías o Maestro Mundial, como ellos prefieren llamarlo.

En 1927 Krishnamurti experimentó una profunda experiencia que cambió su relación con la Sociedad Teosófica. Sintió que había sido aceptado en el rango de "los Amados" y aceptó su dharma como maestro; esta convicción lo hizo separarse de la Sociedad. En 1929 Krishnamurti rechazó su posición como gurú teosófico, renunció a su título de Mesías y estableció una nueva base en Ojai, California. Sus conferencias en filosofía y vida espiritual sirvieron para desarrollar la consciencia que deberá llevarnos a la nueva Era de Acuario proclamada por los hippies en los años sesenta. Quizás sean ellos los progenitores de la sexta raza raíz de Madame Blavatsky.

EL PROFETA DE LA NUEVA EDAD

La reputación del profeta Aleister Crowley se logró a través de la publicación de su seminal *El Libro de la Ley,* cuyo contenido había sido entregado por uno de los antiguos daimons egipcios.

La entidad que visitó a Crowley y a su esposa Rose en su apartamento en el Cairo durante la primavera de 1904 se llamaba Aiwass. Predijo el fin del cristianismo y el nacimiento de una nueva era, una transición que estaría marcada por la violencia, la fuerza, el fuego y la destrucción.

El Libro de la Ley, o "Liber Al vel Legis", apareció como un corto poema en prosa en tres capítulos. Con su publicación Crowley fue proclamado profeta de una nueva era, "el Eón del Niño Coronado y Conquistador" de Horus, el dios-pregonador de guerra egipcio.

El principio de este nuevo Eón era similar al dictum de Rabelais: "No hay ley que prime sobre el hacer lo que uno quiera". Esto no significaba una licencia para comportarse de cualquier manera. (Él fue redescubierto veinte años más tarde por el movimiento hippie que encontró en su filosofía varios paralelos con sus propias actitudes y creencias). Lo que Crowley quería decir era que cada individuo debía tratar de encontrar su propósito en la vida: en resumen, descubrir cuál era su Voluntad Verdadera. Después debían esforzarse por hacer sólo eso sin estar atados por las trabas de la moralidad convencional o perder el tiempo comportándose de manera "aceptable" pero falsa.

Cuando Crowley murió en 1947 fue llorado por unos pocos discípulos. Veinte años después, las editoriales publicaban nuevas ediciones de todos sus libros y su imagen era usada prominentemente en la cubierta del álbum de los Beatles, Sergeant Pepper's Lonely Hearts Club Band.

Pero, ¿qué pasó con las profecías de Crowley? Crowley alegó más adelante que *El Libro de la Ley* no solo profetizaba la llegada de la guerra y el derramamiento de sangre sino que además los precipitaría. Con cada edición autorizada del libro, la transición al nuevo Eón avanzaba un paso más.

En el verso número 46 del tercer capítulo se leen las palabras proféticas "Yo soy el guerrero Señor de los Cuarentas". Crowley registró el hecho de que él no había entendido esta frase cuando la escribió. Sin embargo, al leerla después de la Segunda Guerra Mundial suena escandalosamente clara.

Y si esto todavía parece pura coincidencia, considérese lo sucedido en uno de los experimentos de Crowley con magia ritual. En 1910, durante su estada en la casa de su amigo y pupilo el Comandante Marston, ex-oficial de la Marina Real Británica, Crawley accedió a invocar a Bartzabel, el espíritu de Marte, el dios de la guerra.

Victor Neuberg actuó como medium o sea que permitió que Bartzabel hablara a través de él para profetizar y contestar preguntas. La invocación fue puntualmente realizada de acuerdo con un ritual escrito por Crowley y Victor empezó a decir las palabras del Espíritu de Marte. El Comandante Marston preguntó a Bartzabel acerca de las posibilidades de una declaración de guerra en Europa.

El espíritu replicó que durante los próximos cinco años (desde 1910) habría dos conflictos: El centro del primero estaría en Turquía y el del segundo en el Imperio Alemán. El resultado de estas guerras iba a ser la destrucción de los imperios turco y alemán. Ambas profecías se cumplieron al pie de la letra con la Guerra de los Balcanes de 1912 y la Primera Guerra Mundial.

El libro de Crowley sugiere una guerra en Europa en el año 1997: varios de sus pasajes codificados se refieren a los 93 años después de su fecha de origen, 1904, o sea que Abril de 1997 sería la fecha del comienzo (o conclusión) de una guerra. Este conflicto se extenderá a Europa Oriental o a los nuevos estados independientes de la antigua Unión Soviética. Para el fin del siglo debemos "¡esperar los juicios fatales de Ra-Hoor-Khuit! Esto regenerará al mundo". Ra-Hoor-Khuit, otro dios egipcio de la guerra, ayudará en la transición de un Eón a otro al final del siglo.

El Libro de la Ley pasa a predecir: "Hrumachis se levantará y el de vara doble asumirá mi trono y lugar. Otro profeta se levantará y traerá fiebres frescas de los cielos... otro sacrificio manchará la tumba; otro rey reinará". (Hrumachis es el Sol Naciente del nuevo Eón. El "de vara doble" es el dios egipcio del cual los griegos derivaron Themis, la diosa de la justicia).

"¡Invóquenme bajo mis estrellas! ¡El amor es la ley, amor bajo la voluntad... tomen vino y drogas extrañas... y embriáguense de eso! ¡No los perjudicará en absoluto!" — un pasaje que resume los psicodélicos amoríos de los sesentas, que habrían sido difíciles de imaginar en 1904. El libro de Crowley es ciertamente una poderosa obra de literatura profética, llena de amor y odio.

La llave secreta

El libro 2:76 de *El libro de la Ley* contiene una serie de letras y números aparentemente desconectados. Crowley explicó el propósito de éstos: "El siguiente pasaje parece ser un examen cabalístico... para cualquier persona que alegue ser el Heredero Mágico de la Bestia". Crowley había adoptado el título de "Bestia 666" de su libro bíblico favorito, el Apocalipsis de San Juan.

Hasta ahora, a pesar de muchos intentos, nadie ha revelado públicamente ninguna prueba realmente clara y convincente de que pueda desenmarañar esta "llave", para probar así ser el sucesor espiritual de Crowley. Charles Stansfield Jones afirmó haberla solucionado pero Crowley decidió más tarde que su explicación no había llegado al fondo del rompecabezas. Este es el rompecabezas:

4 6 3 8 A B K 2 4 a L G M O R 3Y X 24 89 R P S T O V A L

A primera vista no tiene ningún sentido pero si se aplica la palabra equivalente a la letra de la cábala, ésta empieza a tomar forma. Vale la pena anotar que la "G" no es realmente una "G" sino que simboliza otra cosa. Tal vez el profeta que logre descifrar este legado podrá explicar el resto de las profecías del extraño libro de Crowley.

EL PROFETA DORMIDO

Edgar Cayce (1877-1945), conocido como "el profeta dormido", hizo un número de predicciones extraordinariamente acertadas y un número casi igual de otras completamente equivocadas.

Cayce se dio cuenta de que tenía poderes psíquicos cuando era muy joven pero fue solamente más tarde en su vida cuando llegó a especializarse en el diagnóstico en estado de trance, lo que lo hizo famoso. Lo que lo diferencia de muchos otros profetas es que sus lecturas fueron cuidadosamente transcritas y guardadas en un archivo que todavía existe.

Durante las consultas con sus pacientes él se acostaba en un sofá, se acomodaba y luego dejaba que su luz interna lo conectara con su "canal" de comunicación. Entonces "leía" el diagnóstico y la solución a la condición o problema. Cuando se despertaba decía no recordar nada de lo que se había dicho a través de él.

A pesar de no haber recibido una buena educación en el

sentido tradicional, cuando estaba en trance a menudo diagnosticaba enfermedades, describía los estados acertadamente y prescribía detalladamente tratamientos y medicinas en términos que sugerían el estudio formal de un doctor. No siempre atinaba, y devolvía sus honorarios a quienes no estuvieran satisfechos con sus "lecturas".

Una vez Cayce prescribió un remedio preparado con la planta clari que nadie supo encontrar. Casualmente el paciente, James Andrews, descubrió que un doctor en París había vendido ese remedio hacía 60 años. Algunos cínicos podrían alegar que Cayce había estado leyendo viejos manuales médicos si no fuera por el siguiente caso.

En esta ocasión recomendó el uso de una droga llamada "Codiron", y dio el nombre y dirección de la fábrica de drogas que la podía suministrar. Cuando el paciente telefoneó a la firma en Chicago se encontró con que la fórmula para esa medicina acababa de ser establecida y que el nombre había sido escogido apenas una hora antes de su llamada.

El "canal de comunicación" de Cayce más tarde le salvó la vista a su hijo de ocho años, que se hirió los ojos jugando con fósforos. El especialista quiso sacarle un ojo. Cayce prohibió la operación y siguió su propio consejo. Vendas remojadas en ácido tánico — un remedio dado a Cayce durante uno de sus trances — fueron aplicadas en los ojos de su hijo. En cuestión de dos semanas el chico recobró la vista.

En la vida diaria, Cayce manejaba una tienda de fotografía en Virginia Beach, Virginia. Además de ayudar a la gente en sus problemas médicos, Cayce podía hacer uso de sus talentos psíquicos como consultor de negocios. Estas predicciones eran valoradas por aquellos que iban a verlo y se beneficiaban con ellas. A un hombre que pidió consejo el 5 de marzo de 1929 le dijo que no invirtiera en la bolsa. Cayce dio un consejo similar el 6 de abril y describió "un movimiento hacia abajo de larga duración" poco antes de la caída de Wall Street en 1929.

Cayce predijo el fin del comunismo y el renacimiento de Rusia. Vio también un fuerte movimiento religioso proveniente de Rusia. Una predicción menos verosímil fue la de que China se convertiría en la nueva "cuna del cristianismo".

En 1934 Cayce hizo una serie de declaraciones sobre grandes cambios geológicos y climáticos (véase abajo). Una erupción del Monte Etna fue predicha — la última vez que produjo una erupción destructiva en 1991, destruyó el pueblo de Fornazzo y sucedió de nuevo al año siguiente. También predijo una erupción del Vesubio (cerca de Nápoles en Italia) o del Monte Pelee en Martinica; este último causó terremotos en el sur de California. En 1999 el cambio del eje de la tierra, que se inició en 1936 según Cayce, causará una serie de catástrofes. El año 2000 está programado para llegar con un estallido, con grandes terremotos en Turquía y los Balcanes, que causarán la desaparición de extensiones de tierra bajo el mar. La única ocurrencia positiva parece ser el cambio por un clima mejor para Escandinavia y Gran Bretaña como resultado de una alteración en la corriente del Golfo.

Como muchos profetas cristianos, Cayce mantuvo que "el día del juicio final" está a las puertas. Él predijo la Tercera Guerra Mundial para 1999, seguida de la Nueva Edad y el Segundo Advenimiento de Cristo. Cayce se vio a sí mismo reencarnando en Nebrasca en el 2100 d.C.; quizás entonces podrá verificar sus propias predicciones.

Los grandes cataclismos que vendrán con el final del siglo

En 1934 Cayce realizó una "lectura" en trance que describía una serie de catástrofes naturales inimaginables que ocurrirían al final del siglo XX. Estas incluían:

- El desplazamiento del eje del mundo más o menos en el año 2000, lo que causará:
- Inundaciones de varias regiones costeras, a causa de un hundimiento de la masa de tierra de cerca de 9,1 metros combinado con el derretimiento de los polos entre ellas; estarán:
- El sur de Inglaterra, que convertirá a Londres en una ciudad costera
- La pérdida de gran parte del Japón

- Inundaciones en el norte de Europa, que ocurrirán rápidamente
- Mar abierto que aparecerá en donde Groenlandia estuvo
- Nueva tierra que aparecerá en la costa este de América del Norte
- Destrucción generalizada en Los Ángeles, San Francisco y la destrucción de Manhattan y desaparición de Nueva York
- Cataclismos en las dos regiones polares
- Erupciones de volcanes en regiones tropicales y un aumento de la actividad volcánica en la Cuenca del Pacífico, que afectará especialmente a Japón (daño severo), China, parte del Sur de Asia, Australia Oriental, y la costa pacífica de Sur América.
- Aparición de un puente entre Sur América y el Antártico (como en los extraordinarios mapas antiguos de Piri Re'is)
- El calentamiento general de las áreas que ahora son frías y el enfriamiento de las calientes.

LEO TAXIL: EL GRAN TRAMPOSO

En el París de 1890, Gabriel Jogand-Pages, conocido también por su pseudónimo Leo Taxil, se juntó con una banda de compañeros libre pensadores para dar rienda suelta a una tomadura de pelo gigante contra la Iglesia Católica Romana.

Jogand-Pages aprovechó las artes negras para ofender a la fuerte tradición católica de su país. Este consumado embustero nació en Provenza a mediados del siglo XIX y fue educado en un colegio jesuita. Fue entonces cuando descubrió la masonería, un tema prohibido en un colegio católico.

Jogand-Pages se convirtió en masón pero pronto tuvo un aparente cambio de ideología y publicó una denuncia a la masonería. La verdad es que los escritos de Taxil no eran mucho más que hábiles trampas. Continuó elaborándolas inventándose una ex satanista llamada Diana Vaughan quien supuestamente era la descendiente del alquimista inglés Thomas Vaughan, y a quien presentó a las jerarquías católicas como una conversa potencial. Diana, dijo Taxil, era miembro de una organización llamada Palladium, una secta satánica mundial supuestamente masónica y bajo la dirección de un hombre llamado Albert Pike de Charleston, Estados Unidos. Para darle credibilidad a Diana, y un brochazo de color diabólico, Taxil hasta la dotó de una genealogía a ella y a sus compañeros satanistas.

Parte de esta genealogía, y una de las mejores burlas, fue la predicción del nacimiento y ancestro del Anticristo (mencionado en el Apocalipsis de San Juan). Una de las sacerdotisas de Palladium, Sophia Walder, fue presentada literalmente como una "hija de Satán", creada por Lucifer. Según las predicciones de Taxil, Sophia iría a Jerusalén donde, en el verano de 1896, tendría relaciones sexuales con el demonio Bitru (o Sytry) y daría a luz una hija. Treinta y tres años después esta hija tendría una hija con el demonio Decarabia, quien después de otros treinta y tres años, en 1962, daría a luz al Anticristo.

La profecía dice que el Anticristo haría pública su misión a los treinta y tres años de edad en 1995. Entonces convertiría al Papa. Luego habría un año de guerra que traería la destrucción de la iglesia católica y la conversión de muchas almas al Anticristo.

A pesar de que todo el asunto ha sido descrito como una trampa, contenía también varios elementos reales. Por ejemplo, Albert Pike era un importante masón que escribió un libro clásico sobre el tema de la masonería (Moralidad y Dogma de la Masonería), pero no existe evidencia de que hubiera estado conectado de ninguna forma a la conspiración satánica de Taxil.

La predicción también influyó en la clarividente estadounidense contemporánea Jeane Dixon, quien tuvo una visión del nacimiento del Anticristo en algún lugar del Medio Oriente el 6 de febrero del mismo año que Taxil predijo, 1962. En su visión, los padres del niño eran la antigua reina egipcia Nefertiti y el Faraón Akhnaton.

Por razones simbólicas, el Anticristo debe nacer en Galilea o en Jerusalén para balancear el nacimiento de Cristo. Nicholas

Campion, que decidió redactar la natalidad del Anticristo, descubrió que el día anterior se había producido un eclipse solar.

Campion escogió un momento para escribir el horóscopo del Anticristo: a las 0:10 a.m. horario de Greenwich del 5 de febrero de 1962 en Jerusalén. A esa hora, además del eclipse, todos los planetas tradicionales — Mercurio, Venus, el Sol, la Luna, Marte, Júpiter y Saturno — estaban en el signo de acuario, una conjución astrológica poco común.

La visión de un niño que nace como el Anticristo fue retomada en 1976 por David Seltzer en su novela "La Profecía". Damien, obviamente el Anticristo, crece en el seno de la familia de un diplomático estadounidense. Varias películas han sido basadas en esta premisa.

Aleister Crowley, el mago más célebre del siglo XX, incluye a un personaje infantil con habilidades mágicas específicas en su novela *Moonchild.* Aunque la novela no menciona al Anticristo, Crowley había obviamente contemplado la idea de crear a un Anticristo futuro que complementara a su título de "La Gran Bestia 666".

El anticristo

El Anticristo, cuando llegue, afirmará ser un dios y hará milagros, como revivir muertos, caminar sobre el agua, curar a los enfermos y probablemente volar como Simon Magus. La tradición judía tiene la encarnación del poder diabólico en una persona calva con un ojo más grande que el otro y sorda por el oído derecho. Los cristianos de las primeras épocas adoptaron la noción judía de una guerra entre Dios y su adversario.

Uno de los personajes históricos identificados como el adversario fue el rey sirio Antiochus IV Epifanes (gobernó entre 175-164 a.C.), quien capturó Jerusalén en 171 a.C. y usó el Templo para ofrecer sacrificios a dioses paganos. Después ordenó la persecución de los judíos registrada en el segundo libro de los Macabeos.

La referencia bíblica más famosa al Anticristo está en el Apocalipsis de San Juan, capítulo 13, a pesar de que San

Juan no usa el término Anticristo y se refiere a este como la Bestia.

Otras identificaciones del Anticristo han sido el profeta Mohammed y los dos emperadores napoleónicos de Francia, ¡un término conveniente en épocas de hostilidades! A menudo el título de Anticristo es usado por los protestantes para referirse al Papa (particularmente a Bonifacio VIII y a Juan XXII), pero esta es una corrupción del significado original. El Anticristo debe ser el oponente de, o el falso pretendiente al trono del verdadero Cristo. El Anticristo no debe confundirse con Satán: es el representante de Satán en la tierra.

EL NACIMIENTO DE ACUARIO

De todas las fechas y predicciones examinadas en este libro, lo que sigue es un calendario de las fechas más significativas del nacimiento de la Edad de Acuario.

Las siguientes son las fechas que compiten principalmente en cuanto al nacimiento de la Edad de Acuario. Estas fechas no corresponden necesariamente a la llegada del milenio, al Segundo Advenimiento de Cristo o la Batalla de Armagedón. Representan una cita con el destino más benévola, un anuncio de un período de paz terrenal, no de juicio, guerra celestial, salvación ni condena.

1904 El principio del Eón de Horus, como fue recibido por Aleister Crowley en abril de 1904 en el Cairo. El advenimiento de esta era fue anunciada en *El Libro de la Ley,* un texto que fue dictado a Crowley por la desencarnada voz de Aiwass. El llamado "Eón del Niño Coronado y Conquistador" ha sido identificado a menudo con la Edad de Acuario. Para Crowley, la nueva era traía el fin del período cristiano y su mentalidad esclavista.

1905 La entrada a la Edad de Acuario fue identificada por Gerald Massey como 2 160 años después de 255 a.C. En realidad, aritméticamente debió haber sido calculada para 1906. La razón para haber escogido 255 a.C. es algo dudosa, ya que ésta es la fecha de la escritura del Septuagint, el Antiguo Testamento traducido al griego.

1911 La Sociedad Teosófica de Helena Petrovna Blavatsky escoge su fecha basándose en las palabras del Lord Maitreya, dictadas a Krishnamurti, el entonces "Maestro Mundial" de la Sociedad.

1914 Estalla la Primera Guerra Mundial.

1931 Mensajes recibidos por Alice Biley de Djwhal Khul, el desencarnado tibetano, indican que la Edad de Acuario ha empezado.

1936 El desplazamiento del eje de la tierra empieza, según las predicciones del psíquico estadounidense Edgar Cayce.

1939 Empieza la Segunda Guerra Mundial.

1943 Edgar Cayce declara que la nueva era espiritual empezará en esta fecha.

1962 Nacimiento del Anticristo, según Leo Taxil (durante 1880) y la clarividente estadounidense Jeane Dixon (ella calculó que la fecha era el 6 de febrero). Nicolas Campion escogió el 5 de febrero cuando los siete planetas estarían alineados con Acuario. El mensajero espiritual peruano Willaru Huayta, de la nación Quechua, también escogió febrero de 1962 como el comienzo de la Era de Acuario.

1963 Posible llegada de la Era de Acuario según el autor de Liber Vaticinationem. El principio de la era hippie que predica la Nueva Era de amor.

1975 Fecha de la llegada del Avatar de la Nueva Era, según el astrólogo Dane Rudhyar.

1989 La caída del comunismo.

1995 Max Toth declara el advenimiento del Reino del Espíritu. Año en que el Anticristo de Leo Taxil convierte al Papa.

1997 Fecha de la llegada de una Nueva Era según el psicólogo Carl Jung.

1999 Nostradamus predice el advenimiento del "Rey del Terror" en septiembre, probablemente seguido por Armagedón; no es realmente un candidato para el comienzo de la Nueva Era pero es útil como una "marca". El 11 de agosto de 1999 ocurrirá el último eclipse del siglo XX y la formación astrológica de la Gran Cruz.

2000 Seleccionado por muchos profetas cristianos y no cristianos como una fecha clave; entre ellos Nostradamus (el Segundo Advenimiento), San Malachy (por inferencia), Edgar Cayce, la Virgen María de Fátima (por inferencia) y muchos escritores y predicadores cristianos, particularmente fundamentalistas; el 4 ó 5 de mayo del año 2000 trae una formación astrológica significativa que, según Richar Kieninger y el grupo Stelle, traerá consigo una destrucción cataclísmica.

2001 Aritméticamente una mejor elección comparada con el año anterior, apoyada por los Adventistas del Séptimo Día, la cronología hebrea y Nostradamus. Ambas fechas están más íntimamente ligadas al Apocalipsis y al Segundo Advenimiento de Cristo que al nacimiento de la Edad de Acuario.

2010 Una fecha preferida por un número de escritores de temas esotéricos, entre ellos Nicholas Tereshchenko y Peter Lemesurier; este último cita al Institut Geographique Nationale francés como su autoridad.

2012 José Arguelles sugiere que este año marca el fin de una era de 396 años, según un antiguo calendario maya. Terrence y Dennis McKenna consideran esta fecha como la culminación de muchas escalas de tiempo.

2013 El final del calendario Inca. Según Willaru Huayta, la Nueva Edad será anunciada con el paso cercano de un gran asteroide por la Tierra.

2020 El 21 de diciembre de este año Júpiter y Saturno estarán en conjución en Acuario por primera vez desde 1404 d.C., según Adrian Duncan. Los antiguos judíos ciertamente valoraron esta conjución particular como un augurio de grandes cambios.

2023 Woldben señala esta fecha como el comienzo de la Edad de Acuario.

2060 Dane Rudhyar sugirió que la Edad de Piscis empezó en 100 a.C., así que después del período precesional regular de 2160 años, la Era de Acuario comenzará en este año o en el próximo.

2143 El nacimiento de Cristo más el período precesional de 2134 años, sumándole o restándole unos pocos años de inexactitud con repecto a esa fecha particular de nacimiento.

2160 El nacimiento de Cristo más el período regular precesional de 2 160 años, también más o menos algunos pocos años por la misma inexactitud, una fecha sugerida por Woldben y Gordon Strachan.

2233 La fecha más próxima del Día del Juicio, según el monje del siglo XV Johannes Trithemius y un momento posible para el nacimiento de la Nueva Era.

¿Cuál es la fecha correcta?

Todos los que han dado una fecha posible para el nacimiento de Acuario parecen estar de acuerdo con que será alrededor del año 2000. Esto probablemente parece un poco vago, así que veamos si podemos precisarlo un poco.

Es razonable asumir que la Edad de Piscis empezó antes del nacimiento de Cristo, no antes del año 200 a.C. Si adoptamos el período precesional regular de 2 160 años, la Edad de Acuario probablemente empezaría no antes del 200 a.C. más 2 160 años o 1961 d.C. Si escogemos el nacimiento de Cristo como la última fecha posible para el principio de la Edad de Piscis, tenemos entonces el año 2161 como la última fecha posible del nacimiento de la Edad de Acuario.

Es posible que la Edad de Acuario ya haya empezado en 1962 ó 1963, y que las cadenas de la antigua Edad sean completamente abandonadas más o menos entre el año 2001 y el 2010.

LOS HIPPIES Y LA ERA DE ACUARIO

La mayoría de la gente no sabía que existía algo llamado la Era de Acuario hasta que apareció el musical "Hair". Los astrólogos lo sabían desde mucho antes.

Puesto en escena por primera vez hace unos 25 años, durante el apogeo de la era hippie, "Hair" celebraba con palabras y música la filosofía de conectarse, ponerse a tono y desprenderse. El movimiento hippie popularizó la noción de la Edad de Acuario y probablemente al hacerlo, salvó a la humanidad.

El mundo todavía no ha logrado alcanzar esta perspectiva de la vida que no es competitiva, materialista, ni violenta, aunque haya signos de un resurgimiento de interés en ella. Para muchas personas el ritmo de vida se ha acelerado considerablemente desde esos días perezosos y vagos de los años sesenta cuando el nuevo mensaje era "haga el amor y no la guerra". Miremos que ha pasado desde esos días de la cultura del ácido.

La Guerra de Vietnam está casi olvidada; la Guerra Fría y el Comunismo se han esfumado; la amenaza de la bomba atómica (tan presente en la retórica hippie) se ha alejado; China gradualmente está abriendo las puertas a los valores de "mercado"; y la revolución sexual, habiendo ido tan lejos, está en camino de estrellarse en la dirección opuesta. El gurú del LSD y ex-profesor de Harvard Timothy Leary, uno de los líderes del movimiento hippie, cuando salió de la cárcel se reconcilió con Gordon Liddy (el agente que lo arrestó) y descubrió la microcomputadora. Este aparato fue originalmente ensamblado por dos hippies en su mesa de cocina y programado por Bill Gates, el fundador y dueño de la corporación Microsoft y el marginado más rico del mundo.

Teniendo en cuenta que su apogeo solo duró unos cinco años, los hippies tuvieron una gran influencia en el mundo. Esto tiene implicaciones interesantes para el Apocalipsis. Al sintonizarse con otras "frecuencias", ya sea por medio de las drogas o la mística, los hippies ayudaron a producir un cambio en la consciencia que quizás evitó un destino diferente y más oscuro. Este cambio puede verse en los actuales líderes políticos que generalmente tienen una actitud más liberal que muchos de sus predecesores. Es posible, como está esbozado en *Liber Vaticinionem*, que ciertos eventos claves fuercen al destino a cambiar de rumbo. El movimiento hippie bien pudo haber sido uno de esos eventos que previnieron una peligrosa catástrofe.

La era de Acuario

Hay mucha controversia en cuanto a la fecha en que la Era de

Acuario empezó o ha de empezar, pero todo el mundo está de acuerdo en que es aproximadamente el año 2000 d.C. (Para los antecedentes completos del ciclo del Equinoccio a través de los signos del Zodíaco, conocidos como la precesión de los Equinoccios). Todo lo que necesitamos saber ahora es que el ciclo completo toma 25 725 años. Cada signo abarca un doceavo de ello, o 2 143 años, aunque la cifra ha sido tomada como 2 160 años.

La secuencia funciona hacia atrás, casi como si un "embrague" metafórico que controla la maquinaria del universo estuviera "resbalando" desde comienzos del tiempo. Estamos en proceso de "resbalar" de la Era de Piscis a la Era de Acuario.

Como sabemos la duración de la Era de Piscis, todo lo que necesitamos es una fecha de comienzo para calcular su probable final. La mayoría de los comentaristas han usado el período precesional de 2 160 años, pero también podríamos emplear el dato más preciso de 2 143 años.

Gerald Massey usa el 255 a.C. como su punto de partida, y al añadirle 2 160 años obtiene la fecha de 1905 d.C, aunque debiera ser 1906 d.C., porque hay dos años uno (1 a.C. y 1 d.C). Una elección más obvia hubiera sido el nacimiento de Cristo, que arrojaría el resultado del año 2160 d.C. por el método estándar, o quizás 2143 d.C. como la fecha en cuestión.

Hay una segunda manera de establecer el despunte de la Era de Acuario, escogiendo una fecha de un evento significativo o el recibimiento de una revelación particular, que es la opción tomada por la mayoría de los comentaristas no-bíblicos. Aleister Crowley, por ejemplo, recibió *El Libro de la Ley* en el Cairo en abril de 1904, de manera que para él la Nueva Era empezó en esa fecha.

El hilo común que corre a lo largo de la mayoría de estas predicciones es el arribo de un avatar, la reencarnación de un dios, profeta o gurú que venga a guiar a la humanidad a través de la difícil etapa de transición. Habrá ciertamente una serie de falsos profetas que aparecerán durante el período de cambio; de hecho, esto se ha especificado como uno de los signos de los tiempos.

Las tres edades

El Cristianismo se asocia con Piscis, el signo del pez. Durante los primeros cinco a seis siglos, el símbolo más comúnmente relacionado con la religión cristiana era el pez y no la cruz. Los primeros discípulos eran pescadores. El símbolo ha tomado un significado nuevo con más recientes y menos ortodoxos practicantes del Cristianismo. El líder del culto Moses David Begg, por ejemplo, estimulaba a sus discípulos femeninos a "pescar coqueteando", ¡con lo que pretendía decir que aseguraran conversos a su culto mediante medios sexuales y de seducción!

Antes de la Era de Piscis, desde 2000 a.C. (en términos generales) al nacimiento de Cristo, prevaleció el signo de Aries, el Carnero. Durante este período existieron varios cultos del carnero en el Medio Oriente y en otros sitios, y eran comunes las comunidades de pastores nómadas. Anterior a ésta, desde 4000 hasta 2000 a.C., Tauro, el Toro mantuvo su dominio y cultos a éste eran prominentes, como el del dios egipcio Apis. Antes de la era que coincide con la de Tauro, se han perdido de vista las civilizaciones, pero la influencia habría sido del signo de Géminis, simbolizado por los Gemelos.

LA SOCIEDAD AETHERIUS

Una fría mañana de primavera en 1954, después de haber estado experimentando con estados de trance de yoga, George King oyó una voz que le dijo que se preparara para convertirse en el vocero del "Parlamento Interplanetario".

En 1954, ocho dias después de haber oído una voz misteriosa diciéndole que había sido escogido como el vocero del "Parlamento Interplanetario", George King fue "sacudido hasta la médula" por la aparición milagrosa de una figura vestida de traje ceremonial blanco y con la apariencia de un santo oriental. La aparición le dijo que él había sido escogido para actuar como sirviente de los "Maestros Cósmicos". Así nació La Sociedad Aetherius, a pesar de que King no la constituyó formalmente hasta 1960.

Pronto King comenzaría a sostener reuniones públicas. En ellas se ponía un par de gafas oscuras y entraba en trance para hacer contacto con la entidad comunicadora, a menudo en Marte o Venus. Normalmente la información pasada a través de King incluía movimientos de flotas de platillos voladores y también el advenimiento de desastres terrestres tales como huracanes y terremotos. Estos cataclismos en el mundo natural eran interpretados como el anuncio de un nuevo orden espiritual que seres como el Maestro Aetherius están tratando de traer a la tierra, muy a la manera de la Segunda Venida de Cristo. (La palabra latina Aetherius significa "relacionado con el éter o con la morada de los dioses").

Durante una o dos de las primeras reuniones públicas sostenidas por King en 1955, el Maestro Aetherius mencionó que Jesucristo estaba viviendo en Venus, al lado de otros líderes religiosos como Buda y Rama-Krishna. Se dijo que la estrella de Belén era un platillo volador que había traído a Jesús a la tierra en su primera reencarnación. La ridiculización de la prensa aseguró funciones con entradas agotadas.

El 23 de julio de 1958 King aseguró haberse encontrado con el avatar de Jesucristo en Holdstone Down, al oeste de Inglaterra. Como resultado de esta reunión, King tomó la costumbre de visitar los "lugares elevados" del mundo cargándolos de energía espiritual.

Los cursos ofrecidos por la Sociedad, constituida también como una iglesia, incluyen sanación espiritual y yoga. Su razón fundamental se centra en las transmisiones mentales continuas de fuentes extraterrestres hacia el fundador de la Sociedad, y en el concepto de que se puede guardar energía espiritual para su posterior liberación.

George King cree que varias veces nos hemos escapado por un pelo del Apocalipsis recientemente, y que hemos sido salvados gracias a la batalla espiritual que él y otros que como él libran en nombre nuestro. Durante estas batallas, integrantes de la Sociedad Aetherius portan armas en forma de energía espiritual, que generan a través, entre otras cosas, de oración. King, quien posee títulos del Seminario Teológico de Van Nuys en California, ha inventado un acumulador de energía espiritual basado en cristales y oro, dentro del cual alega que puede acumular la energía de miles de horas de oración, para ser luego liberada en tiempos de crisis espiritual.

Venus, con sus insinuaciones de amor, ocupa un lugar especial en la cosmología de los Aetherios. Es de la parte espiritual de este planeta que ellos esperan la inminente llegada de un avatar, quizás Jesucristo o el Buda como Maitreya.

Otros mensajes de ovnis

Los años cincuenta vieron un cambio en el tipo de comunicación experimentado por los mediums. Utilizados desde hace tiempo solamente (o así lo suponía la imaginación del público) como conducto de mensajes de los muertos, los mediums comenzaron a recibir información de platillos voladores u OVNIS (Objetos Voladores No Identificados). Estos mensajes son en su mayoría no menos banales e imprecisos que aquellos recibidos del mundo espiritual.

La "Escuela de Filosofía Universal y Sanación", dirigida por Gladys Spearman-Cook en Londres, solía entregar regularmente señales venidas de una próxima "Hermandad Interplanetaria". También en Londres, la Logia del Águila Blanca, un grupo espiritual en South Kensington, dedicó la mayoría de sus energías a hacer contacto con platillos voladores, aunque informaban de cosas de poco interés para el espectador promedio no comprometido. Los OVNIS se volvieron una moda en el mundo del espiritualismo e incluso la revista oficial del movimiento, *Psychic News*, comenzó a dedicar bastante espacio a informar sobre importantes visiones de platillos voladores.

En América, también, el contacto con seres del espacio tendió a eclipsar por un tiempo el principal interés del espiritualismo que era llegar a los espíritus de los muertos. "Summerland" ("Tierra de verano"), el nombre dado al reino habitado por la vida espiritual, fue incluso reubicada por algunos en otro planeta de nuestra galaxia. Incluso los principales cultos cristianos fueron mordidos por el virus de los OVNIS.

Los Mormones, por ejemplo, asignaron otros planetas como depósitos post-apocalípticos para almas irredentas. Al "Reino Telestial" post-Juicio Final irán todas las personas que han sido "sucias", tales como mentirosos, adúlteros, hechiceros y aquellos que han roto los convenios.

EL APOCALIPSIS DE MANSON

Charles Manson, descrito alguna vez como el "bastardo carnicero hippie ladrón de coches, líder de culto, sexomaníaco", y su "familia" de unas 20 niñas integrantes (llamadas las esclavas de Satán) y parásitos diversos establecieron su sede en un rancho cerca de Death Valley (el Valle de la Muerte) en California a finales de los años sesenta. Manson había sido miembro alguna vez del culto de la Cientología, cuyas técnicas, según pensó, lo capacitarían para ser o hacer lo que quisiera.

Desde principios de 1961, Manson comenzó a prepararse para el fin de la civilización occidental, la cual, estaba convencido, estaba a punto de ser destruida por una especie de Armagedón. Se obsesionó con la idea de precipitar la llegada de esta catástrofe. Una manera de ayudar a ello, según pensaba, era provocar una guerra racial. Hablaba muchísimo acerca de los negros que había conocido en prisión, quienes tenían escondites secretos de armas para ser usadas en algún momento futuro contra sus vecinos blancos. Una de las estrategias de Manson para iniciar una guerra racial la debió en gran parte a lo oculto: la transmisión de "vibraciones de odio" hacia el agitado "ghetto" negro de Watts.

Otra manera de socavar la sociedad americana sería comenzar una campaña de asesinatos. Son estos asesinatos, especialmente el de la actriz Sharon Tate, esposa del director de cine Roman Polanski, por los cuales se le recuerda. El objetivo de Manson era matar a los famosos, pero los no tan famosos también entraron en su plan. Cuántos fueron asesinados por "la familia", aún no se conoce.

La comuna de odio-miedo-sexo-muerte de Manson fue gobernada por un "collage" de mitos sacados de la Cientología, la Iglesia del Proceso del Juicio Final, la Logia Solar de OTO de Aleister Crowley y la "Beatlemania". Para su "teología" produjo interpretaciones oscuras de letras de las canciones de los Beatles (ver abajo), y del Apocalipsis de San Juan.

Manson derivó sus ideas claves del Proceso, cuyas publicaciones incluyeron Satán en Guerra, Lucifer en Guerra y una revista que vendía ideas de temor y muerte. El líder de ese culto, Robert Sylvester DeGrimston Moor, afirmaba ser una reencarnación de Cristo (como lo hizo Manson en posterior momento), mientras que su esposa, Mary MacLean, dijo ser la reencarnación de Hecata, diosa de la magia, los espíritus y la brujería. En marzo de 1974 los editores del libro de Ed Sanders sobre Manson, La Familia, fueron a pleito en la corte sobre hasta qué punto el Proceso había influenciado a Manson: el Proceso perdió.

Los seguidores de Manson fueron incitados a beber sangre de animales, odiar a los negros y a creer en la idea de la "guerra de razas Armagedón". Esto estalló en 1969 después de que Manson y la "familia" cometieran asesinatos que luego serían achacados a negros. Una vez la masacre indiscriminada tomaba su camino, el grupo se escabullía en un paraíso bajo tierra. (Manson tomó prestado este concepto del americano Cyrus "Koresh" Teed, cuyas ideas inspiraron la teoría de la tierra hueca de los Nazis.) De acuerdo con Manson, este paraíso estaría disponible en el momento adecuado, cuando los "siete huecos en los siete planos" se alinearan. La "familia" entonces "se escurriría hacia el otro lado del universo" a través del "Hueco" que se abría cerca de su escondite en el desierto.

Charles Manson era un ávido lector de la Biblia, ese vasto depósito de mensajes apocalípticos escondidos. En su ejemplar del Apocalipsis de San Juan, escribió paralelos entre éste y su vida con la "familia". Los carritos de las dunas que utilizaban eran los caballos de Helter Skelter con "protectores de fuego". Uno de los pasajes favoritos de Manson del 9:21 era "no se arrepienten ellos de sus asesinatos, ni de sus hechicerías, ni de su fornicación, ni tampoco de sus robos". ¿Qué mejor justificación para su estilo de vida?

Se veía a sí mismo como el ángel del hueco sin fondo que en el debido tiempo pasaría con su familia a través del Hueco hacia su reino, y de ahí emergirían de vez en cuando, como langostas, para destruir y asolar la humanidad. El ángel con el que Manson se identificaba era llamado Abaddon en hebreo,

Apollyon en griego (que significa "destructor"), y en latín Exterminans, el Ángel Exterminador.

El Armagedón no llegó a tiempo: al contrario, el 15 de octubre de 1969, la policía rodeó a los restos de su "banda de ladrones desnudos y de pelo largo" y los envió a juicio. Manson, junto con sus principales discípulos, Patricia Krenwinkel, Susan Atkins and Leslie Van Hounten, fue condenado por los asesinatos de Tate y La Bianca, y sentenciado a cadena perpetua.

Manson dijo: "Yo no soy el rey de los judíos ni tampoco el líder de un culto hippie. Yo soy lo que ustedes han hecho de mí... En los ojos de mi mente mis pensamientos encienden fuego en sus ciudades". De haberse dado las cosas a su manera, el Apocalipsis llegaría mañana.

Lo que los Beatles nunca pretendieron

Manson leyó mensajes personales en las letras de las canciones de los Beatles. Hasta un inocuo detalle como la portada blanca de uno de sus discos fue interpretada como una señal de la inminente guerra racial. Entendió que la canción Helter Skelter, significaba su misión y su carrera precipitada hacia Armagedón. ¡Para los Beatles ingleses, helter-skelter era solo un tobogán de niños en un parque de atracciones! Manson vio a los Beatles como cuatro ángeles del Apocalipsis (8:7-12). Entendió Blackbird como una referencia racial, y la canción Sexie Sadie emocionó a su "esclava" Susan Atkins, conocida como Sadie Mae Glutz.

Para Manson, Revolution 9 era al mismo tiempo revolución y el capítulo noveno de la "Revelación", en el cual San Juan dice "en aquellos días los hombres buscarán la muerte, y no la encontrarán; y desearán morir, y la muerte los evitará". De buen corazón como siempre, Manson propuso ayudar a esa gente. Títulos de canciones mucho más obvios, como Happiness is a Warm Gun (La felicidad es una pistola tibia), fueron tomados literalmente. La canción Piggies (Cerdos) bien pudo inspirar el asesinato de una pareja rechoncha de mediana edad usando un trincho y un tenedor. En varias ocasiones Manson intentó llamar por teléfono a los Beatles para discutir sus fantasías paranoicas. Por fortuna para ellos, nunca lo logró.

LAS GRANDES GUERRAS

Las guerras han sido objeto de muchas profecías a lo largo de los años. La Revolución Francesa fue pronosticada por muchos profetas, por lo menos 20 de ellos de los Siglos XV y XVI, incluyendo a Nostradamus.

Durante los comienzos del siglo XX muchos profetas predijeron la Primera Guerra Mundial como "la guerra para terminar todas las guerras", aunque la mayoría de ellos eligió la fecha de 1913 en vez de 1914 como el año en que habría de empezar. En Alemania la jerga popular se refería a los años de 1911 a 1913 como glutjahr, flutjahr y blutjahr; es decir, el año del fuego o el calor (1911), el año de las inundaciones (1912) y el año de la sangre (1913).

Este último fue seleccionado por razones cíclicas, porque fue exactamente un siglo antes de que Prusia le declarara la guerra a Francia, Napoleón triunfara en Lützen, Austria le declarara la guerra a Francia, Wellington venciera a los franceses en Vitoria, y Napoleón fuera vencido en la "Batalla de las Naciones" en Leipzig: 1813 fue verdaderamente un buen "año sangriento".

Un profeta poco conocido, Rudolf Mewes, un físico, publicó en 1896 un libro que predijo conflicto entre Euroasia y los países asiáticos en 1904, lo cual corresponde exactamente a la guerra entre Rusia y Japón (1904-5). El complicado sistema que diseñó para hacer sus predicciones se basó en fluctuaciones meteorológicas. Aunque falible, este sistema es de interés hoy en día por la luz que puede arrojar en las crecientes fluctuaciones salvajes en el clima que enfrentamos en la última década de este siglo.

De sus observaciones de las fluctuaciones del campo magnético de la tierra, de las manchas solares y de la intensidad de la aurora, o luces del norte, Mewes desarrolló la idea de un ciclo de 111,3 años. Cada ciclo, dedujo de sus investigaciones del tiempo comprendido entre 2400 a.C. a 2100 d.C., experimenta dos períodos de guerra y dos de avances en las ciencias y las artes. Cada uno de esos períodos, o sub-ciclos, dura unos 27.8 años.

Los esfuerzos de Mewes, por lo general, no daban en el blanco, pero alentaron a otros a desarrollar teorías en direcciones similares. Un sistema de profecías que pudiera predecir prácticamente todo, desde la calidad de las cosechas hasta las fluctuaciones cíclicas de las economías y las bolsas de valores y el momento del Apocalipsis, no sería un logro modesto.

Quizás la teoría de ciclos más antigua aplicada a la medición de la Primera Guerra Mundial sea la del ciclo del Sirio Egipcio de 1461 años. Si contamos 1461 años hacia atrás desde las fechas de la Primera Guerra Mundial (1914-18), tendremos 453-457, una época en que la Roma imperial estaba siendo atacada por tribus germánicas. Si usamos el mismo ciclo contando hacia atrás de la Segunda Guerra Mundial, caemos muy cerca de 476 d.C., una fecha ampliamente reconocida como el fin del Imperio Romano de Occidente, cuando el emperador Rómulo Augusto fue depuesto por los Godos al mando de Odoácer.

El ciclo Sirio es demasiado largo para predecir guerras futuras. El historiador Arnold Toynbee (1889-1975) intentó calcular un ciclo guerra-paz más corto al analizar la historia hacia atrás hasta el año 1495. Estableció cuatro "ciclos regulares", cada uno de los cuales tenía un "preludio" (a veces con una guerra premonitoria), una "guerra general" (léase guerra paneuropea), un "espacio de respiro", una "guerra adicional" y finalmente, una "paz general".

Los cuatro ciclos fueron 1568-1672, 1672-1792, 1792- 1914, y 1914 hasta 2118 ó 2036. De acuerdo con este sistema, estamos en el momento en un período de "paz general". Desafortunadamente, los cuatro ciclos de Toynbee tienen duraciones irregulares, o sea que no servirían como sistema adecuado para profetizar fechas, pero el principio de alternar períodos de paz y guerra podría vincularse con un ciclo subyacente. Si pudiéramos descubrir este ciclo subyacente, quizás podríamos conocer la fecha de la última de todas las guerras, el Armagedón.

El latido del corazón del mundo o los ciclos biológicos

Conocidos ciclos biológicos, como el latido del corazón, la menstruación, las mareas, las manchas solares y las órbitas de los planetas siempre han sugerido la existencia de otros ciclos todavía desconocidos. La Astrología ha tratado desde tiempos inmemoriales de relacionar un conjunto de ciclos conocido, el movimiento de los planetas, con los asuntos del hombre. Algunos consideran todavía que estos horóscopos son capaces de establecer eventos recurrentes en una vida individual, así como también tendencias de la personalidad. El estudio de los tres bio-ritmos es casi tan popular como los horóscopos.

Un ciclo muy conocido es el ciclo Metónico, que demuestra que cada 19 años las fases de la Luna coinciden exactamente con el calendario. El ciclo Metónico fue descubierto por el astrónomo griego Metón alrededor del año 432 a.C.

Edward Dewey ha catalogado casi todos los fenómenos potencialmente sujetos a variaciones cíclicas en el tiempo. Ha descubierto, por ejemplo, que los ciclos de reproducción de varias especies de animales salvajes, tales como zorros y lobos en Canadá, se aumenta al máximo cada 9.6 años. Esto, a su vez, se explica por otro ciclo de fluctuación en la fiebre del conejo, y por lo tanto en la provisión de alimentos para los depredadores involucrados. Dewey ha intentado buscar otros ciclos que se conecten sobre los cuales basar conclusiones útiles.

Los ciclos del clima dependen parcialmente del calentamiento diferencial de la superficie terrestre, pero hasta ahora los meteorólogos no parecen haber podido establecer un conjunto confiable de relaciones proféticas.

LA TIERRA CONTRAATACA

¿Se cansará al fin la largamente sufrida Tierra de que sus riquezas sean saqueadas y precipitará las profecías del Apocalipsis de forma tal que el profeta original no habría siquiera adivinado?

TERREMOTOS EN SITIOS DIVERSOS

Cuando San Marcos preguntó a Cristo (13:8) mediante qué signos sería señalada su Segunda Venida, el Señor dijo "Habrá terremotos en sitios diversos, y habrá hambrunas y desgracias".

Terremotos, hambrunas y desgracias siempre han estado con nosotros, pero ciertamente ha habido un incremento en la actividad de terremotos en la última década.

En el Antiguo Testamento el terremoto era uno de los medios tradicionales de Jehová para demostrar su desaprobación. Isaías (29:6) registra que la condenada ciudad de Ariel "será visitada por el Señor de las multitudes con truenos, y con terremotos, y gran ruido... y la llama del fuego devorador".

El terremoto es un fenómeno natural básico contra el cual el hombre tiene pocas defensas, excepto quizás la predicción. Las zonas de terremotos son tan extensas que una sacudida generalizada podría destruir casi todo el marco del Pacífico, el sur de Europa, el Cercano Oriente y el suroeste de Asia. Incluso la Gran Bretaña no es inmune, ya que registró un terremoto de 5.2 en la escala de Richter en fecha tan reciente como es 1990.

En años recientes, los terremotos han ocurrido en zonas

previamente estables. La provincia de Liaoning en Manchuria, por ejemplo, no había tenido un terremoto en más de cien años antes del 4 de febrero de 1975. El terremoto registró 4.8 en la escala de Richter, una medida logarítmica de energía, que significa que cada grado hacia arriba representa un incremento de diez veces.

Poco antes del terremoto, los animales en el área de Liaoning comenzaron a comportarse de una manera extraña. Andrew Robinson lo describe así: "Las serpientes se despertaron anticipadamente de la hibernación y yacían congeladas en la nieve; las ratas aparecieron en grupos y estaban tan agitadas que no le temían a los seres humanos; cerditos pequeños se arrancaron las colas unos a otros y se las comieron".

Cuando el terremoto estalló, haces de luz resplandecieron en el cielo, chorros de agua y arena salieron de la tierra, los puentes se doblaron, y la mayoría de los edificios de las ciudades principales de la provincia quedaron destruidos. Tan solo 300 personas murieron porque la población recibió suficiente advertencia al respecto.

La pérdida de vidas humanas más grande jamás descrita ocurrió en julio de 1201 en el Cercano Oriente y el Mediterráneo. Casi todas las ciudades de la región se vieron afectadas y las muertes humanas se calcularon en 1 100 000. El número de víctimas más grande en tiempos modernos por un terremoto sucedió en T'ang-shan en China (7.9 en la escala de Richter) el 28 de julio de 1976, cuando entre 500 000 y 750 000 personas murieron.

El terremoto más destructivo en términos materiales ocurrió en la Planicie de Kanto, Japón, el 1 de septiembre de 1923 (escala de Richter 8.2). Destruyó dos tercios de Tokio, cuatro quintas partes de Yokohama y causó una caída del piso marino de la bahía contigua de más de 1 300 pies (400 metros).

Un gran terremoto en Tokio tendría ahora serias consecuencias, ya que, al intentar reconstruir el país, provocaría la disminución de las inversiones de Japón en el mundo, causando una crisis financiera mundial.

El incremento de la actividad sísmica observada en las últimas dos décadas podría indicar que nuestro viaje hacia el final del milenio podría ser aún más accidentado. Terremotos recientes de 6.7 en la escala de Richter en la frontera de India y

Nepal han sido eclipsados por el más reciente de 8.5 en Hokkaido, Japón, del que resultó un maremoto.

Algunos observadores están convencidos de que el número de terremotos se ha doblado aproximadamente en cada una de las décadas desde 1950. Los efectos secundarios de futuros terremotos podrían incluir derrames nucleares, ya que algunos de los reactores nucleares de Europa del Este han sido construidos a lo largo de fallas geológicas.

Según el conocimiento general los terremotos son causados por fricciones entre las vastas "placas tectónicas" que sostienen los continentes. Un punto de vista alternativo dice que su ocurrencia está relacionada con la actividad de las manchas solares, y que estas podrían tener alguna incidencia en la configuración de los planetas del sistema solar.

Predicciones de California

El famoso terremoto de San Francisco de 1906 demolió casi cinco millas cuadradas (13 km cuadrados) de la ciudad y estuvo acompañado de una gran ruptura de 270 millas (230 km) de largo. El sistema de la falla de San Andrés — 60 millas (96 km) de ancha y 800 millas (1 280 km) de longitud — y sus sistemas asociados de fallas continúan generando temblores, y el conjunto se mueve en un promedio entre 1 y 11/2 pulgadas (2,5-3 cm) al año.

En octubre de 1989 hubo otro terremoto serio a lo largo de la falla de San Andrés (6.9 en la escala de Richter), que, además de matar a cerca de 300 personas y causar daños en varios edificios, causó el derrumbamiento de una autopista y de una sección del puente Bay Bridge que une a San Francisco con Oakland. Al terremoto le siguieron un poderoso incendio en colinas de Oakland, y otro terremoto en enero de 1994.

Esta devastación habrá recordado a los californianos las predicciones de Edgar Cayce, quien predijo destrucción y temblores menores de tierra desde 1980 hasta 1990 como algo preliminar a una destrucción mayor que tendrá lugar en Los Ángeles y San Francisco en la última década del milenio.

Nostradamus predijo al parecer terremotos en Niza, Mónaco, Rheims, Pisa, Génova, Savona, Siena, Capua, Módena y Malta (X:60). Un terremoto en "Mortara" y el hundimiento de parte de Inglaterra está específicamente profetizado en IX:31. La referencia a un terremoto en California no está clara, salvo que ocurrirá en mayo.

COMETAS EN COLISIÓN

El científico ruso Immanuel Velikovsky (1895-1979) nació en la pequeña población de Vitebsk en 1895. Hijo de un académico y editor hebreo, era vivamente consciente de las historias de desastre y catástrofe del Antiguo Testamento.

Velikovsky era un físico y psicólogo que había estudiado en el Gimnasio Medvednikov en Moscú, de donde se graduó con honores, y en las Universidades de Moscú y Edimburgo. Después se fue a trabajar a Berlín, donde se convirtió en uno de los fundadores de Scripta Universitatis. Allí conoció a Albert Einstein, quien estaba encargado del programa de publicaciones de física de la organización.

En los años treinta Velikovsky viajó a Viena para estudiar psicoanálisis y las ideas de Sigmund Freud. Fue en esta época cuando se interesó por las civilizaciones antiguas. La idea para su primer y probablemente más importante libro, *Worlds in Collision,* nació aquí. En él escribe sobre el trascendental fenómeno natural que alguna vez devastó el mundo. Las civilizaciones antiguas más grandes, incluyendo los griegos, samoas, indios de América, chinos, egipcios y hebreos dejaron relatos de este acontecimiento cataclísmico, que Velikovsky creyó que había sido causado por un cometa. Comenzó a juntar los fragmentos de evidencia tomados de los escribanos antiguos, y llegó eventualmente a la conclusión de que debió haber sucedido hace 3 500 años.

La Biblia ofrece uno de los síntomas del evento descrito

como el Sol detenido en el cielo. Esto Velikovsky lo situó en 1450 a.C. Las culturas del otro lado del mundo, registraron una noche muy larga, el anverso de lo visto en el Medio Oriente: el mismo evento visto desde dos lados diferentes de la tierra. Velikovsky interpretó esto como el acercamiento de un cometa enorme, que produjo el efecto de reducir temporalmente la rotación de la tierra sobre su propio eje.

Velikovsky sostuvo que durante un período de 52 años desde aproximadamente 1502 a.C. hasta 1450 a.C. la tierra fue golpeada dos veces por la cola de este inmenso cometa, que surgió de Júpiter, el planeta más grande del sistema solar. Estas colisiones causaron maremotos, terremotos y erupciones volcánicas que alteraron radicalmente la geografía del planeta.

Como resultado de ello, posiblemente continentes enteros como Atlantis se hundieron en el océano, mientras que nuevas masas de tierra surgieron del fondo del suelo marino. Del cielo llovieron llamas, gases nocivos y millones de rocas blancas calientes y fragmentos de tektita. Los dos polos podrían haberse invertido o por lo menos su posición habría fluctuado.

El cometa, declaró Velikovsky, amenazó la órbita de Marte al pasar, antes de convertirse en el planeta que hoy conocemos como Venus. Venus sería extremadamente caliente, decía él, debido a su reciente vida de cometa, y tendría altas concentraciones de hidrocarburos en su atmósfera y una rotación alterada. Estas nociones fueron confirmadas por sondas espaciales décadas después de los pronunciamientos de Velikovsky.

Velikovsky predijo correctamente que la Luna debía tener una intensa actividad magnética, que su superficie contenía carburo e hidrocarburos aromáticos y que se descubriría que Júpiter emite fuertes emisiones de radio.

Podrá imaginarse el furor que sus ideas causaron en círculos científicos. Cómo puede ser esto, gritaban todos. Las autoridades trataron de impedir la publicación de su trabajo, pero Velikovsky burló a sus críticos al permitir que revistas de mercado masivo como *Reader's Digest* y *Harpers* publicaran sus resultados en Estados Unidos, asegurando así una amplia difusión de sus teorías.

Algunos científicos aún no aceptan totalmente sus ideas, pese a la precisión de muchas de sus predicciones. Si fuimos visitados por un enorme cometa en 1500 a.C. y de nuevo en

1450 a.C., tal como ha sido registrado en varios libros sagrados, y como creía Velikovsky, ¿qué podría prevenir una "segunda venida" similar de un fenómeno natural destructivo desde el espacio en el 2000 d.C.?

El nacimiento de Venus

Los antiguos describían a Venus como un cuerpo intensamente brillante, y lo clasificaban como segundo en importancia después del Sol y la Luna. Hoy es tan solo un punto pequeño en el cielo. Velikovsky creía que Venus emergió a la vida con resultados espectaculares, acontecimiento que fue registrado por varias culturas antiguas.

Los aztecas llamaban a Venus "la estrella que humeaba" y Quetzalcoatl ("La Serpiente Emplumada"). Sus libros sagrados revelan cómo en algún tiempo "el Sol se negó a mostrarse y durante cuatro días el mundo fue privado de luz. Entonces apareció una gran estrella; se le dio el nombre de Quetzalcoatl... [y] un gran número de personas... murieron de la hambruna y la pestilencia".

Los griegos hablan de cómo Phaeton (la "estrella abrasadora") casi destruye la tierra con fuego, y después se transforma en Venus. El Talmud judío describe su apariencia de cometa como "fuego que colgaba del planeta Venus", mientras que el Midrash habla de la "luz abrasadora de Venus brillando de un lado del cosmos al otro". Los asirios llamaban a Venus "el dragón pavoroso... que viste de fuego".

En China, en tiempos del Emperador Yao, "el Sol se ocultó durante un lapso de diez días" y "una estrella brillante salió de la constelación de Yin", demostrando el efecto gravitacional en la Tierra durante el nacimiento de Venus.

CAMBIANDO LOS CAMPOS MAGNÉTICOS

Nuestra visión del sistema solar se está apartando gradualmente de la perfecta esfera rotatoria tachonada de estrellas, concebida por los antiguos, hacia un sistema más dinámico y menos estable.

Las órbitas y ejes de los planetas pueden verse afectados, según parece, por toda una fila de otros cuerpos que se mueven aleatoriamente en el sistema solar.

Se ha observado que los cambios en el clima coinciden con cambios en el campo magnético de la Tierra. La naturaleza de esta relación es desconocida, pero la repentina extinción de especies enteras de animales, los dinosaurios por ejemplo, pueden haber coincidido con cambios abruptos en el campo magnético de la Tierra. Estos cambios han sido comprobados recientemente (véase más abajo).

Ahora, si estos cambios magnéticos suenan cómodamente lejanos en el tiempo, hay que pensarlo de nuevo. Algunos investigadores han encontrado evidencia convincente en las cenizas de las fogatas de campamentos de aborígenes de Australia, según la cual los polos Norte y Sur estaban en posiciones diferentes a las que tienen hoy. En efecto, allí se indica una completa inversión de los polos. Los cambios en la dirección magnética y los trastornos asociados con ellos han tenido lugar hace relativamente poco.

Una repentina inversión de los polos magnéticos, tal como sucedió en el pasado, podría causar violentos terremotos a lo largo de las fallas tectónicas existentes, y enormes maremotos generados por movimientos en el suelo oceánico. Sería fácil imaginarse islas hundiéndose, áreas costeras inundadas y zonas de tierra baja al interior, y aún algunos trozos de suelo oceánico asomándose por fuera del agua. Muchas áreas experimentarían inundaciones totales como la que puso a prueba el ingenio de Noé. Predicciones de estos acontecimientos por profetas como Edgar Cayce han sido desechadas, pero a la luz de estas pruebas deberían quizás ser reconsideradas.

Si la tierra se inclinara de repente el planeta sería arrasado por huracanes y maremotos. Hay una evidencia que apoya la noción de que cataclismos de esta naturaleza han ocurrido en el pasado. Los inmensos depósitos de carbón de la Gran Bretaña son un buen indicativo de que en la era carbonífera cuando se formaron los depósitos, la región era tropical, con extensos bosques de helechos y pantanos. Áreas inmensas de Norteamérica también estaban cubiertas de selva tropical. En contraste, partes del este de Australia y el sur de África estaban sepultadas bajo toneladas de hielo.

Una explicación posible, ofrecida por Alfred Wegener en los años veinte, es el movimiento continental. Esto presupone que grandes porciones de tierra "se movieron" miles de millas desde sus lugares de origen. Con el escenario de la "inversión de los ejes" parece posible que manadas de mamuts estuvieran pastando felizmente en una tibia Siberia hasta que un desafortunado día el clima cambió. El congelamiento fue tan rápido que dejó la carne de los mamuts, que quedaron atrapados en el hielo, todavía comible y aún gustosa después de largos períodos de tiempo. Se encontró que un mamut tenía flores sin digerir en el estómago. Una posición contraria es la de que los mamuts siempre fueron habitantes del Ártico, pero esto parece improbable. Un ambiente tan severo no habría podido proveer a los mamuts de vegetación suficiente para crecer tanto.

Experimentos con giroscopios (volantes que giran a gran velocidad montados en ejes) muestran que, con el impulso apropiado, dan la vuelta y después asumen rápidamente una posición de rotación estable. La Tierra podría verse como un sistema del tipo del giroscopio, que requiere el ímpetu de un cuerpo inmenso que pase cerca — como Venus o un asteroide — para darle el impulso gravitacional necesario para volcarse.

Un ingeniero eléctrico llamado Hugh Brown sugirió en 1967 que el eje de la tierra se inclinó en 90 grados en época tan reciente como es la de hace 7 000 años. La idea de Brown de los cambios regulares de los polos parece poco probable, pero la inversión cataclíctica ocasional del eje está más en el reino de lo posible.

Un defensor de la teoría de Brown, Adam Barber, predijo en un panfleto — llamado de manera optimista El Desastre Venidero Peor que la Bomba H — que una inclinación de 135 grados ocurrirá en los próximos 50 años, por lo menos antes del 2005. Afortunadamente, la predicción puede tomarse con una pizca de sal más bien grande; pero escritos al respecto por Peter Warlow, publicados en el *Journal of Physics* en 1978, merecen ser tomados con mayor seriedad.

Warlow pone la inversión del eje en 180 grados; o sea, los polos Norte y Sur de hecho intercambiaron posiciones. Lo demostró éxitosamente con un modelo, y lo reforzó con cálculos de sonido. El cambio del eje sucede más o menos cada 2 000 años, piensa él.

Como Velikovsky, Warlow toma la evidencia de los mitos muy en serio. Afirma que los egipcios registraron cuatro inversiones separadas de este tipo, durante las cuales el Sol parecía haber dado marcha atrás en su movimiento a través del cielo. El más reciente de ellos ocurrió, tal como dice, en el 700 a.C. y además en 1500 a.C.; este último corresponde con la fecha de Velikovsky y con la destrucción de la civilización minóica en Creta.

La prueba magnética

El registro geológico muestra que el campo magnético de la Tierra se ha invertido periódicamente con consecuencias desastrosas para la mayoría de los seres vivientes, incluido el hombre.

El registro geológico de estas inversiones totales de polaridad está preservado en roca fundida que se ha enfriado en diferentes períodos del tiempo geológico. Cada vez que una roca de este tipo se solidifica conserva un débil campo magnético inducido por el campo gravitacional de la tierra. La lava recién enfriada de volcanes activos e incluso objetos hechos por el hombre, como hierro en lingotes, al enfriarse toman este mismo campo magnético débil.

También las chimeneas, en el proceso de calentarse y enfriarse, acumulan este débil campo. Se han adelantado trabajos en chimeneas tanto de aborígenes australianos como de habitantes pre-romanos de Inglaterra para catalogar la condición del campo magnético de la tierra en tiempos históricos específicos.

Hay geólogos que han estudiado el suelo marino alrededor de la creciente sierra de la mitad del océano y han descubierto una serie de franjas de roca que se han solidificado en diferentes épocas, y de éstas, las mas apartadas de la sierra son las más viejas en tiempo geológico. Al leer estas franjas, los geólogos descubrieron en el estrato hasta ahora estudiado que el campo de la tierra se ha invertido más de 20 veces. El último cambio, o inversión, aparentemente duró solo 2000 años.

Aún en un período breve de la historia reciente se ha identificado un cierto grado de desviación del polo norte magnético. A comienzos del siglo XVII, las brújulas apuntaban a 11 grados al este del norte. En 1643 apuntaban 4 grados al este del norte, y en 1650 habían retornado por un tiempo exactamente al norte.

LAS PLAGAS Y LA MUERTE NEGRA

Un virulento ramalazo de cólera emerge en la India, y un brote de difteria estalla en la Rusia exsoviética.

Los estallidos recientes de enfermedades mortales confirman una tendencia creciente que ha preocupado a los científicos en la última década. Poco a poco, esto ha ido mostrando cómo el triunfo de la ciencia médica sobre las enfermedades ya no es tan infalible como parecía en los años cincuenta. Los virus están contraatacando, y de manera más preocupante al volverse resistentes a las medicinas.

La evolución ocurre también en los virus: los especímenes más fuertes son los que sobreviven. La tuberculosis, que mata unos 3 millones de personas al año en el mundo entero, está comenzando a adquirir resistencia a los antibióticos. En Estados Unidos se ha formado una alianza peligrosa entre el SIDA y la tuberculosis. Otro antiguo flagelo, la malaria, ha vuelto a aparecer y está cobrando unos 2 millones de víctimas al año en todo el mundo. La lucha contra ella la están impidiendo tanto la resistencia a la medicinas del parásito microscópico que causa la enfermedad, como por la resistencia contra los pesticidas de los mosquitos que los portan.

Esto ha sido en parte contrarrestado por una aceleración en la investigación de medicinas y la producción de medicamentos aún más fuertes para enfrentar las nuevas amenazas. Pero las medicinas no están ganando la batalla, y en países industrializados miles de personas están muriendo cada año por enfermedades resistentes al antibiótico contraídas en hospitales mientras reciben tratamiento contra males menos graves.

La intrusión en las selvas tropicales ha expuesto al hombre a nuevas fuentes de infecciones de animales e insectos que están poniendo a prueba la inventiva de los científicos. Varias de estas aparentes "nuevas" enfermedades provienen de viejos virus de monos, incluyendo el SIDA, el ebola y la fiebre de Marburg. Sin embargo, si se cree que sólo existe el riesgo de contraer estas enfermedades en zonas tropicales, hay que pensarlo de nuevo. Al este de Estados Unidos, el rápido incremento de la enfermedad de Lyme, se debe primordialmente a nuevas urbanizaciones construidas cerca de áreas madereras, ya que la bacteria responsable la portan ratones y ciervos, sus huéspedes habituales.

Nuevos procedimientos de labranza y de procesamiento de alimentos nos ponen en peligro de bacterias y virus. Aunque estos procedimientos son higiénicos en el sentido aceptado de la palabra, estos procesos dan lugar a mezclas exóticas que originan nuevas infecciones. Las recientes alarmas de salmonela y listeria en el Reino Unido, Europa y Estados Unidos han surgido de la reproducción intensiva de gallinas en criaderos, un procedimiento que no existía a gran escala hasta los años sesenta.

La práctica de la industria alimentaria de usar hasta el último pedazo del animal sacrificado, ha significado que restos insalubres reingresen en la cadena de alimentos como comida para otros animales. Los recientes estallidos de la "enfermedad de las vacas locas" han sido causados por esta práctica, al reciclar los sesos de animales infectados y darlos como alimento al ganado. Esto no ocurriría normalmente en la naturaleza; si se las dejara por sí solas, las vacas no comerían carne. El único paralelo puede encontrarse en Nueva Guinea, donde la transmisión de la Enfermedad de Creutzfeld-Jakob fue rastreada hasta la práctica canibalística en que una persona se comía los sesos infectados de otra.

La mutación genética de bacterias y virus puede producir "super" microbios. Se han encontrado tendencias peligrosas de gripe en el sur de China, donde se practica una forma de granja que integra cerdos y patos. La forma interdependiente de alimentación de estos dos tipos de animales ha creado un "recipiente de mezcla genética" en donde se combinan diferentes virus que forman tipos nuevos más virulentos.

Muchos virus pueden tener cambios genéticos con espeluznante velocidad en respuesta a cambios en el medio ambiente. Como resultado de esta "cohabitación genética forzada", han nacido virus y bacterias bastante molestos. La coincidencia de algunos factores que les son favorables podrían dirigirse hacia una epidemia de proporciones horribles. Considere el SIDA: suponga que en vez de transmitirse a través de fluidos sanguíneos, esta enfermedad se pasara de una persona a otra por vía de infección aeróbica, como la gripe. El arribo de algo tan transmisible como la gripe y tan virulento como algunos virus introducidos por la nueva "piscina genética" o por animales, podría hacer parecer moderada la Muerte Negra o la pandemia de gripe de 1918, que cobró millones de vidas en Europa.

Sería cosa de justicia natural que el Apocalipsis llegara no de los cielos sino del suelo y los bosques que los hombres han estado destruyendo sistemáticamente: ¡un caso de contraataque de la Tierra!

La muerte negra

La Muerte Negra, o peste bubónica, no ha sido totalmente erradicada, aunque los estallidos de la misma sean hoy raros y las muertes sean pocas. Apareció primero en Europa durante el reino del emperador Justiniano en 542 d.C., y en la Edad Media fue responsable de millones de muertes cuando azotó repetidamente el continente. Con cada epidemia sucesiva su severidad fue mermando ya que la gente desarrolló inmunidad contra ella, de manera que en el siglo XX quedó casi confinada a climas más templados.

Uno de los pocos casos de epidemia registrado en el siglo XX en Europa Occidental sucedió en los años veinte en Inglaterra. Unos obreros que construían una trinchera en una vía férrea cerca de Lewes, en Sussex, excavaron sin querer un foso con peste, imperturbado por siglos. Muy pronto los hombres comenzaron a sucumbir a una enfermedad que inicialmente fue diagnosticada como neumonía. Varios de ellos murieron antes de que las autoridades se dieran cuenta de que estaban lidiando con algo más siniestro, y rápidamente pusieron en cuarentena a cuantos estaban en peligro. La crisis fue eventualmente controlada, pero sería sensato considerar que la semilla de la muerte, en forma de bacteria de la peste, puede sobrevivir en el suelo durante siglos.

LA NATURALEZA SE ENCUENTRA CON LO SOBRENATURAL

Un tema apocalíptico antiguo está tomando nueva prominencia al llegar el final del siglo XX: la destrucción acelerada del medio ambiente.

Accidentes nucleares, derrames de petróleo, calentamiento global, bosques que desaparecen, la rápida desertización de vastas zonas de África, el efecto invernadero, daños a la capa de ozono, la vista de cometas y meteoros, el arribo de nuevas plagas y la distorsión de patrones habituales de clima — todos ellos traen a la mente acontecimientos ambientales y temas similares descritos en la Biblia.

El Apocalipsis de San Juan habla del rompimiento de los siete sellos. Los primeros cuatro sellos soltaron los cuatro conocidos Jinetes del Apocalipsis, la peste, la hambruna, la guerra y la muerte (6:1-8). El quinto sello revela a santos y mártires. El sexto revela desastres ecológicos y naturales (6:12-9:2): "Y hubo un gran terremoto; y el Sol se volvió negro como harpillera para el cabello, y la Luna se volvió de sangre". El cielo y el Sol muestran a veces extraños efectos de luz antes de un terremoto, y que la Luna tome un aspecto sangriento siempre ha sido tomado como un presagio o como un síntoma de desastres naturales.

Posiblemente la caída de grandes cometas o meteoros se indica en "las estrellas del cielo cayeron a la tierra, como cuando las higas de una higuera caen al ser agitadas por un viento poderoso" (6:13). El tremor podría referirse a un tambaleo del eje de la tierra, que probablemente acompaña la llegada de estos cuerpos celestiales destructivos.

Con la destrucción de la capa de ozono que "se marchó como un rollo cuando está enrollado totalmente" la humanidad se verá forzada a encontrar refugio dondequiera que lo encuentre. El siguiente verso (6:15) habla de cómo en ese terrible momento, todos, desde reyes y ricos hasta hombres libres, se esconderán "en las madrigueras y las rocas de las montañas". En el pasado reciente, este verso era interpretado como la población que huye de la lluvia radioactiva nuclear en refugios subterráneos. Al disminuir esta posibilidad, sería más apropiado interpretarlo como un desastre ecológico.

En el siguiente capítulo, San Juan ve en su visión "cuatro ángeles de pie en las cuatro esquinas de la tierra, reteniendo los cuatro vientos de la tierra, porque los vientos no han de soplar, ni en el mar, ni en ningún árbol". Este verso evoca una misteriosa visión de una tierra muda sin una brizna de viento, una pausa antes de que el desastre golpee.

Antes de que sean liberadas todas las horribles fuerzas destructivas, una voz ordena que los servidores de Dios sean identificados con una marca en la frente de modo que puedan escapar al daño. Curiosamente, la misma marcación es llevada a cabo por la Bestia, de tal manera que él, al igual que Dios, sea capaz de reconocer a los suyos.

Hasta que esto suceda, los ángeles vengadores son instruidos para "no dañar la tierra, ni el mar, ni los árboles" (7:3). Es casi una petición directa a nuestra era para dejar de destruir la tierra, polucionar el mar, y echar abajo los alguna vez inmensos bosques de la Amazonía.

Finalmente, después de que sea abierto el séptimo sello, hay un período de silencio antes "de que hubiera voces, y truenos, y rayos, y un terremoto" (8:5). El terremoto precede a erupciones volcánicas extendidas, de las cuales llueven fuego, piedras y sangre sobre la vegetación. Entonces, "una montaña inmensa ardiendo en llamas" (8:8) torna el mar de color de sangre y envenena un tercio de los peces del océano.

La tercera trompeta trae aún más destrucción, "y allí cae una gran estrella del cielo, quemándose como si fuera una lámpara, y cae encima de la tercera parte de los ríos, y de las fuentes de agua". La estrella que se llama Ajenjo, no aparece en ningún catálogo de estrellas. El vocablo es usado como un juego de palabras con la hierba amarga usada en la hechura de la bebida absinta, "y la tercera parte de las aguas se volvieron ajenjo (o hiel); y muchos hombres murieron por las aguas, ya que se volvieron amargas" (9:10-11) o venenosas.

Esto podría indicar el envenenamiento de los suministros de agua, quizás por alguna nueva plaga proveniente de fuera del espacio. Otro pasaje ambiguo involucra un tipo de langosta venenosa que es enviada para atormentar a la humanidad (ver panel).

Cuando suene la cuarta trompeta sucederán más cambios cósmicos, que recuerdan las teorías de Velikovsky sobre el cataclismo cósmico: "un tercio del Sol fue golpeado, y un tercio de la Luna, y una tercera parte de las estrellas; de manera que un tercio de ellas estaba oscura, y el día no brilló durante una tercera parte, lo mismo que la noche" (8:12).

Así terminan los pasajes del Apocalipsis de San Juan que pueden interpretarse con un significado ecológico.

Langostas sobrenaturales

La quinta trompeta provoca una extraña carrera de criaturas que emergen de los fuegos de los volcanes, "salieron del fuego langostas sobre la tierra" (9:3). Estas langostas tienen la orden de matar a todos aquellos que no lleven la marca de Dios en sus frentes. Deben matar con sus aguijones como de escorpiones, pero sus víctimas deben morir lentamente en cinco meses.

Estas langostas parecen más demonios que animales. Son descritas como caballos cubiertos de armaduras; tenían el rostro humano, y usaban, o parecían usar petos de hierro, con coro-nas de oro en sus cabezas. Podrían ser vistas como demonios surgidos de las entrañas de la tierra, o tal vez del mismo infierno.

Sin embargo, no es imposible que fueran tan naturales como los volcanes de los cuales salían y que fueran una clase de criaturas cuya picadura provocara enfermedades y finalmente la muerte después de cinco meses de sufrimiento. Dado que las langostas eran criaturas muy familiares para los autores de la

Biblia, parece extraño usar esa palabra para otra cosa distinta de alguna clase de insecto volador.

CLIMA APOCALÍPTICO

En los primeros tres años de la década de los años 90, el clima mundial ha sido claramente raro. En un período de doce años solamente, ocurrieron los tres desastres climáticos más perjudiciales en la historia de los Estados Unidos.

En septiembre de 1992, el huracán Andrew devastó Florida. Luego, en marzo de 1993, una poderosa ventisca azotó de Florida hasta Maine. El Servicio Meteorológico Nacional de los Estados Unidos la llamó "la peor tormenta del siglo", porque liberó más nieve, granizo y lluvia que ninguna otra tormenta en el país desde 1888. La lluvia incesante causó inundaciones en el medio oeste de los Estados Unidos, con daños que podrían convertirlo, en términos de dinero, en el desastre climático más costoso de todos los tiempos.

El director del Servicio Meteorológico, Albert Friday, se preguntaba si estos sucesos indicaban realmente no sólo un cambio en el tiempo, sino un cambio más dramático en el clima. Siempre ha habido desastres naturales, pero la cantidad presenciada en años recientes raya en lo apocalíptico. Incluso tormentas en el sudeste de España, que no figuraron entre las noticias internacionales, pusieron el cielo de un sombrío color verde, sacaron a los murciélagos de su hábitat natural, y dejaron como resultado que Murcia fuera declarada zona de desastre.

Los ciclones tropicales, llamados tifones (en Oriente) o huracanes (en Occidente), figuran entre los fenómenos terrestres más poderosos y destructivos conocidos por el hombre, capaces de viajar a velocidades tremendas (hasta 316 kilómetros por hora) y de cubrir superficies enormes (hasta 1500 kilómetros cuadrados). Afortunadamente, como los huracanes se forman sobre el mar, los meteorólogos suelen tener tiempo para predecir sus movimientos, y con bastante frecuencia se calman antes de llegar a tierra.

En septiembre de 1989, el huracán Hugo cruzó el litoral oriental de los Estados Unidos a una vertiginosa velocidad máxima de 260 kilómetros por hora, causando la muerte de 71 personas y daños por valor de diez mil millones de dólares. En su punto más alto, un viento así puede liberar energía equivalente a 25 bombas de hidrógeno como la de Hiroshima.

En agosto de 1992, el huracán Andrew azotó Florida, causando daños por valor de 16 mil millones de dólares en Miami y alrededores. Fue uno de los desastres naturales más costosos de la historia escrita. Cada año se desencadenan hasta 50 ciclones a lo largo de los trópicos, aunque rara vez afectan áreas tan populosas. Las tormentas matan a más gente en los Estados Unidos que cualquier otro fenómeno natural.

Del otro lado del Atlántico, el 16 de octubre de 1987, el sur de Gran Bretaña despertó para encontrar un paisaje devastado por una tormenta rarísima, que interrumpió las líneas de comunicación y bloqueó muchas rutas hacia la capital. La Bolsa de Valores de Londres se vio obligada a cerrar temprano, como resultado de las dificultades. Los vientos fueron más fuertes que ninguno experimentado en Gran Bretaña en los 200 años anteriores, con rachas de más de 130 kilómetros por hora. Más de 19 millones de árboles fueron arrancados de raíz en pocas horas, algunos de los cuales cayeron sobre rejas de hierro con una fuerza tal, que los clavos quedaron incrustados en la madera.

Todo esto ocurrió a pesar de un pronóstico de tiempo calmado emitido por la Oficina Meteorológica apenas unas horas antes de que la tormenta llegara a Gran Bretaña (ver recuadro). El costo total de este desastre natural fue de 1 500 millones de libras esterlinas (2 200 millones de dólares).

Durante la siguiente jornada de operaciones financieras, el lunes 19 de octubre de 1987, una crisis de otra clase asestó un golpe, cuando casi todos los mercados de valores del mundo experimentaron una virtual caída libre. Esa semana, los precios de las acciones sufrieron una pérdida en su valor más grande que durante la crisis económica de 1929, durante el mismo período de tiempo. ¿Estaban relacionados estos dos sucesos? ¿Había llegado a su clímax algún ciclo misterioso y desconocido, tanto en el plano físico como en el vasto campo psicológico que determina los precios de los valores y las acciones?

Un viento aún más fuerte, aunque sin tanta publicidad, azotó a Gran Bretaña en enero de 1990, el día de Burns (llamado así por el poeta escocés Robert Burns), cuando los vientos del día llegaron a una velocidad furiosa de 173 kilómetros por hora y cobraron por lo menos unas 47 vidas.

Estos y otros desastres se han ido acumulando en un período de tiempo tan corto, que el principal mercado de seguros del mundo, Lloyds, fue financieramente humillado por el peso total de los reclamos. En la próxima década podríamos enfrentarnos a fenómenos naturales cada vez más crueles y destructivos, a medida que continúe desestabilizándose el sistema climático.

Profetas modernos del clima

Los meteorólogos de hoy en día, aunque están equipados con la tecnología de la información más avanzada, no parecen ser más exactos en sus pronósticos que sus primitivos predecesores.

Los meteorólogos tienen mucho en común con los astrólogos. Ambos tienen un largo historial de uso de observaciones precisas y tablas como herramientas básicas de interpretación, y en ambas profesiones aún se requiere de ese pequeño agregado de instinto intuitivo para interpretar el gráfico y sacar las conclusiones correctas y relevantes del montón de datos confusos disponibles.

Los meteorólogos británicos ciertamente llegaron a conclusiones erradas del gráfico para la noche del 16 de octubre de 1987. Asimismo, los astrólogos modernos, incluso con la ayuda de gráficos producidos por computadoras, pueden estar muy lejos del blanco en sus predicciones. En contraste, el astrólogo isabelino Simon Foreman pudo pronosticar el día de su muerte sin tener siquiera la ayuda de una calculadora de bolsillo.

Durante muchos siglos, la meteorología fue, de hecho, hijastra de la astrología. Los más grandes pensadores de la antigüedad consideraban evidente que las condiciones climáticas fueran gobernadas por las estrellas. Puede que el pensamiento en esta área llegue a cerrar el círculo cuando se comprenda mejor la relación entre las condiciones activas del sistema solar, como las manchas solares, y las condiciones atmosféricas.

EL INFIERNO EN LA TIERRA: LOS VOLCANES

Los volcanes son tal vez los fenómenos naturales que más se asemejan al Infierno en la imaginación del hombre. Un archivo computarizado de volcanes activos, recopilado entre 1950 y 1975, enumeró no menos de 700.

Para 1981, el archivo computarizado de volcanes potencialmente activos enumeraba más de 1 300. Los volcanes son suficientemente destructivos por sí mismos, pero hay un aspecto aún más maligno en ellos.

El 27 de agosto de 1883, la isla de Krakatoa, en Indonesia, literalmente explotó como resultado de actividad volcánica, causando la muerte de más de 36 000 personas y arrojando toneladas de piedra pómez a la atmósfera. Una cantidad tal de este material fue liberado, que el calor del sol no era capaz de llegar a la superficie de la tierra, y las temperaturas alrededor del mundo bajaron significativamente durante muchos meses.

¡Ese fue el efecto de apenas un volcán! Una sucesión de semejantes explosiones podría precipitar rápidamente una reacción en cadena. Partículas minúsculas de rocas con fragmentos de vidrio, piedra pómez, vapor sobrecalentado y gotas de ácido sulfúrico se pueden esparcir a una velocidad asombrosa en superficies extensas. (En 1982, El Chichón, en México, arrojó un velo de 20 millones de toneladas de gotitas de ácido sulfúrico alrededor del mundo en menos de un mes.)

Pueden pasar meses antes de que las partículas de polvo y rocas finalmente salgan de la atmósfera, pero las gotitas de ácido sulfúrico pueden viajar con los vientos durante años. Los "velos de polvo" resultantes originan hermosas puestas de sol y extraños efectos ópticos, como la luna azul, que recuerdan las palabras de San Marcos sobre el Apocalipsis: "se oscurecerá el Sol, y la Luna no dará su brillo" (13:24).

Con la reducción de las temperaturas en la Tierra podrían provocarse otros efectos apocalípticos. Los gases adicionales, el ácido sulfúrico y las partículas de polvo arrojadas a la atmósfera por las erupciones mencionadas reducirían la temperatura atmosférica lo suficiente como para proporcionar a los CFCs (clorofluorocarbonos) el catalizador que han estado esperando, y permitirles el inicio de una "matanza" general de la capa de ozono.

Si llega a concretarse este escenario, Armagedón parecerá manso en comparación. El ecosistema de la tierra es de un delicado equilibrio. La arremetida de una excesiva actividad volcánica aumentaría enormemente el agotamiento de la capa de ozono, lo que conduciría a una caída en las cosechas y un horroroso incremento del cáncer y de las quemaduras de la piel.

El Apocalipsis de San Juan no usa la palabra volcán, pero de todos modos tiene descripciones bastante exactas de fenómenos que reconoceríamos como volcanes. Éstos son invocados por los ángeles en los últimos días para ayudar a destruir a la humanidad. Los ángeles tienen órdenes de tocar siete trompetas, la primera de las cuales empieza con fuego, "hubo granizo y fuego mezclado con sangre, que fue arrojado sobre la tierra; y quedó abrasada la tercera parte de los árboles, y toda la hierba verde quedó abrasada" (8:7). Semejante tormenta de fuego tiene que ser fruto de erupciones volcánicas generalizadas.

La destrucción continúa con la segunda trompeta, "y fue arrojada en el mar como una gran montaña ardiendo en llamas; y convirtióse en sangre la tercera parte del mar, y murió la tercera parte de las criaturas que hay en el mar de las que tienen vida, y la tercera parte de las naves fue destruída" (8:8-9). Este pasaje recuerda la erupción del Vesuvio en el año 79 d.C., cuando aquellos que huían remando del muelle en Herculano fueron destruidos.

La quinta trompeta provoca una extraña mezcla de desastres naturales y sobrenaturales para el hombre, "y subió del pozo humo, como el humo de un gran horno, y se oscureció el sol y el aire a causa del humo del pozo" (9:2). De este pozo ardiente sale una extraña criatura, como una langosta.

No parece que San Juan hubiera estado bajo el efecto de ninguna ilusión en relación con el llamado de los ángeles del Señor a los volcanes para la destrucción de la humanidad.

Destrucción de Atlantis

Probablemente la explosión volcánica más violenta de la antigüedad ocurrió en la isla egea de Santorín (o Thera), 113 kilómetros al norte de Creta, en el año 1645 a.C. Fue probablemente la explosión volcánica más grande conocida por el hombre. Santorín comprende hoy en día tres islas. Estas se encuentran esparcidas alrededor de una gran extensión de agua que señala la enorme caldera, o cráter, donde solía estar Santorín antes de la explosión volcánica. Ahora hay dos islotes volcánicos en el centro del agua. El más joven de éstos permanece intermitentemente activo.

La erupción comenzó con una explosión que disparó una columna de escombros de 30 kilómetros de altura y la dispersó sobre todo el Mediterráneo oriental. Cuando el agua entró finalmente en el enorme cráter, se convirtió rápidamente en vapor y explotó con una fuerza inimaginable enviando al aire miles de kilómetros cúbicos de vapor y lava fragmentada.

El cráter mide unos 11 kilómetros de norte a sur y casi 8 kilómetros de este a oeste, una superficie de 90 kilómetros cuadrados, y alcanza una profundidad de hasta media milla. Se calcula que el volumen de rocas desplazadas fue de entre 60 y 65 kilómetros cúbicos, una cantidad inimaginablemente enorme, que debió ser pulverizada, derretida e incluso vaporizada por la fuerza de la explosión.

Se ha sugerido que esta monumental explosión destruyó la civilización de "Atlantis", en la vecina Creta de Minos. Si un lugar así realmente existió, pudo ser cubierto de ceniza y piedra pómez en pocas horas. El maremoto generado por la masiva explosión debió destruir el litoral de Creta e incluso llegado a Knossos, "hundiendo" a Atlantis. Si esto es así, entonces el fenómeno puso fin a una civilización entera de considerable complejidad. Una explosión como esa también puede barrer con una civilización moderna.

BOMBAS DEL CIELO: METEOROS

Un meteoro podría estrellarse en cualquier momento — el milagro es que no haya ocurrido muchas veces antes. El sistema solar contiene muchos organismos que podrían causar estragos en la Tierra.

Un suceso apocalíptico ocurrió en Siberia en la mañana del 30 de junio de 1908. Un testigo presencial del hecho aterrador cuenta:

"Cuando me senté a desayunar al lado de mi arado, oí golpes repentinos, como de tiroteo. Mi caballo cayó de rodillas. Desde el lado norte sobre el bosque se alzó una llamarada. Luego vi que el bosque de abetos se había inclinado a causa del viento, y pensé en un huracán. Me aferré a mi arado con ambas manos para que no volara. El viento era tan fuerte que arrancaba tierra de la superficie del terreno, y entonces el huracán levantó una muralla de agua por el (Río) Angora".

El labrador y su caballo estaban a más de 201 kilómetros de donde ocurrió el desastre. El labrador había sentido los efectos de un gran fenómeno natural: un meteorito que cayó en la tierra. Una roca del tamaño de cuatro o cinco superpetroleros surcando la tierra a una velocidad 40 veces mayor que la de una bala, y candente por la travesía de la atmósfera, puede causar tanto daño como una enorme bomba nuclear.

Si este meteoro hubiese caído en una gran ciudad en vez del desierto siberiano, la habría destruido junto con toda presencia de vida. Un vidente de fines del siglo XX ha predicho, en efecto, esta misma suerte para Londres en el año 1999 — una idea verdaderamente escalofriante.

Consideremos otro "si". ¿Qué pasaría si el meteoro fuera del tamaño de uno de los asteroides más grandes (más de 650 kilómetros de ancho) que viajan en órbitas muy erráticas a través de nuestro sistema solar? ¿No podría semejante meteorito gigantesco aniquilar la mayor parte de nuestra civilización tal como la conocemos? ¿Traído por los pelos? Ciertamente no para ese labrador cuyo desayuno fue tan abruptamente interrumpido, ni para las almas que estuvieran cerca y que no sobrevivieron para dar su testimonio.

Científicos de Dartmouth College, en New Hampshire, que escriben en la revista Nature, sostienen que Chixculub, en México, es el punto de impacto de un meteoro que exterminó a los dinosaurios. Sea esto cierto o no, un cráter masivo de más de 190 kilómetros de ancho puede ser causado por un meteorito de apenas unos kilómetros de ancho.

El impacto en Chixculub levantó polvo y escombros con una fuerza tal, que se encontraron partículas a 1 600 kilómetros de distancia, en Haití. Los científicos consideran que el enfriamiento mundial resultante causado por la pantalla de polvo y escombros en la atmósfera bien podría haber aniquilado a los dinosaurios. El hombre, a pesar de la tecnología, es probablemente menos resistente que los dinosaurios, y sucumbiría rápidamente al gran cambio climático que originaría tal fenómeno.

Según Willaru Huayta, un descendiente peruano de la nación Quechua, el año 2013 indicará el fin del actual calendario Inca. Para este año pronostica que un enorme asteroide pasará cerca a la órbita de la tierra, y que, a causa de su campo gravitacional, provocará una cantidad de catástrofes. Él declara que el meteoro será tres veces más grande que Júpiter. Curiosamente, se suele implicar a Júpiter con desastres terrestres, posiblemente debido a su tamaño. Cuando este asteroide se haya alejado de la órbita de la tierra y los cataclismos resultantes hayan amainado, lo que quede de la humanidad, según Huayta, se convertirá en un pueblo "simiente", del mismo modo que se supone que los hijos de Noé repoblaron la tierra. Estas personas serán los nuevos Adán y Eva y la base de la "sexta generación", según lo definido por los Incas. Este suceso se inscribe dentro de los límites de la posibilidad, y daría un significado concreto a la idea de una Nueva Era.

Incluso una lluvia de meteoritos mucho más pequeños que cayera sobre un área densamente poblada podría causar más daño inmediato que un ataque nuclear concertado. Imagínense el daño si nuestra piel atmosférica protectora fuera mermada como resultado de esto, con su caída de temperatura concomitante, además del aumento de la radiación ultravioleta y cósmica.

Aparte de unas pocas excepciones conocidas, como el cometa Halley, nadie sabe cómo predecir la trayectoria de una fracción de los meteoros que pasan a través del sistema solar. Ni siquiera el cometa Halley apareció tan brillante como se había pronosticado la última vez que pasó cerca a la tierra en los años 80. Así que ¿quién puede decir qué está por caer sobre nosotros?

Advertencias sobre el cinturón deasteroides

El cinturón de asteroides es un grupo de fragmentos (algunos de más de 644 kilómetros de ancho) que orbita alrededor del Sol, entre las trayectorias de Júpiter y Marte. Algunos de estos mounstruos, que pueden exceder los 650 kilómetros de ancho, tienen trayectorias muy irregulares. Los astrónomos todavía tienen que calcularlas, aunque se sabe que no siguen elipses regulares alrededor del Sol.

Se piensa que los asteroides son los restos de un décimo planeta que explotó en algún momento en el pasado. Según el Dr. David Hughes, de Sheffield, en Inglaterra, hay tal vez 100 000 asteroides "pequeños" dando vueltas por el sistema solar que no podemos detectar debido a su tamaño. Él define como "pequeños" a los que tienen unos 6 kilómetros de ancho. Son importantes porque un golpe oblicuo de un asteroide de este tamaño produciría un cráter lo suficientemente grande como para tragarse dos ciudades de tamaño promedio.

GLOSARIO

Adivinación El arte de obtener el conocimiento de acontecimientos futuros a través de técnicas específicas, no necesariamente de inspiración divina, como se supone que es la profecía.

Anticristo San Juan Evangelista predijo en el Apocalipsis que un falso Mesías, el Anticristo, aparecería poco antes del fin del mundo. Algunos comentaristas sostienen que Nostradamus predijo tres Anticristos, de los cuales Napoleón y Hitler fueron los dos primeros, pero el punto de vista tradicional es que sólo hay un Anticristo, que todavía está por venir. El Anticristo también es mencionado en las Epístolas de San Juan.

Apocalipsis Una revelación concerniente al estado del fin del mundo, aplicada usualmente al último libro del Nuevo Testamento, la Revelación de San Juan Evangelista.

Ascendiente Los grados zodiacales exactos del horizonte en un momento dado, casi siempre en el nacimiento.

Astrología El arte o ciencia de graficar la posición de los planetas, el zodíaco y otros cuerpos celestiales en un tiempo y lugar específicos, con frecuencia un nacimiento específico, y de sacar conclusiones de ahí.

Astrología judicial Astrología concerniente mayormente al juicio del horóscopo de un individuo particular, con el fin de diagnosticar el carácter de dicho individuo y de predecir su destino.

Astrología mundana La rama de la astrología judicial que se refiere a los horóscopos y el destino de ciudades y naciones, más que de individuos.

Branchus El Oráculo de Apolo en Dídima, en la Grecia antigua. Branchus era un hijo de Apolo, y se puede seguir la pista de su oráculo desde el siglo VII a.C. Sobre los métodos de este oráculo Nostradamus basó sus métodos como está explicado en la Centuria I, cuarteta 2.

Cábala Antiguo sistema metafísico judío usado por los magos europeos de los tiempos modernos como un 'mapa' de los otros planetas y mundos del universo.

Calendario Gregoriano El calendario que reemplazó al calendario juliano y corrigió los cálculos de los años bisiestos.

Calendario Juliano El calendario inicialmente adoptado por Julio César en el año 46 a.C., que se usó en Europa hasta el siglo 16 en los países católicos y hasta más tarde en países protestantes y ortodoxos.

Capeto Nombre de una dinastía francesa anterior a la de la familia de los Borbones de la cual Luis XVI fue la cabeza. No obstante, la palabra fue usada frecuentemente por Nostradamus con un sentido más libre para significar cualquier gobernante o, claro, cualquier rey en ejercicio que fuera francés.

Caput y Cauda Draconis Antigua frase latina que significa "la cabeza del dragón" y "la cola del dragón" — los puntos más alto y más bajo del balanceo de la Luna dentro de la órbita de su recorrido alrededor del planeta.

Cielo Medio Los grados zodiacales exactos de máxima elevación sobre el horizonte en un momento particular; con más frecuencia, el momento del nacimiento.

Cosmología Cálculo teórico de la naturaleza del universo, especialmente con referencia a la relación espacio-tiempo.

Cuarteta Un verso rimado de cuatro líneas usado por Nostradamus para expresar sus predicciones. Todas tienen un contenido totalmente propio, y rara vez están relacionadas con la cuarteta adjunta.

Elementales Los espíritus de los cuatro elementos clásicos, Fuego, Aire, Agua y Tierra.

Feng-shui El arte chino de seleccionar la mejor posición para casas o tumbas, con el fin de maximizar la suerte del dueño. El Feng-shui no se relaciona directamente con la geomancia europea.

Geomancia Una técnica de adivinación que usa 16 figuras de cuatro líneas generadas por puntos hechos al azar en papel o en la tierra, que frecuentemente se relacionan con gnomos, o los espíritus elementales de la tierra. (No confundir con el Feng-shui o la geomancia china.)

I Ching Libro chino de adivinación basado en 64 hexagramas o figuras hechas de seis líneas, una encima de la otra, ya sea quebrada (Yin) o entera (Yang).

Ifa Forma africana de adivinación que se basa en la geomancia árabe.

Jeroglífico Una forma de escritura simbólica practicada por los antiguos egipcios. En el siglo XVI la palabra se aplicaba simplemente a cualquier signo o pintura simbólicos.

Malaquías Un santo que supuestamente fue el autor de una lista de lemas latinos, uno para cada Papa hasta el fin del papado. Después del lema del Papa actual, sólo hay otros dos lemas y por tanto, sólo dos Papas más hasta la desaparición del papado.

Metaplásmico Relativo al proceso de alterar una palabra mediante la adición, retiro, transposición o substitución de una o varias letras.

Milenio Un período de 1000 años, medido normalmente desde el nacimiento de Cristo, al final del cual comienza una nueva era.

Monofisismo Herejía que surgió en el siglo V, que negaba la humanidad de Cristo. En el año 451 el concilio de Calcedonia lo proscribió, pero casi todos los cristianos egipcios se negaron a aceptar este fallo.

Nigromancía La evocación e interrogatorio de los espíritus de los muertos.

Neoplatónicos Una escuela de filósofos, incluídos Jámblico, Proclo y Plotino, concentrados alrededor de Alejandría, en Egipto. Contemporáneos de los primeros Padres Cristianos, fundamentaron sus doctrinas en las obras de Platón.

Oculto Relativo al conocimiento escondido o mágico.

Precesión de los Equinoccios Un lento movimiento hacia el oeste de la posición de los equinoccios en el plano del Ecuador celestial. El efecto es que los signos zodiacales dejan de coincidir con las constelaciones con las que fueron identificadas en primer lugar. En términos prácticos, significa que el comienzo del primer signo en el zodíaco (Aries) está ahora entrando en la constelación correspondiente a Acuario, y de aquí, el comienzo de la Era de Acuario.

Profeta Una persona que habla o escribe las revelaciones de eventos futuros inspirada divinamente.

Proyección Astral La capacidad de proyectar la conciencia fuera del cuerpo a un lugar o tiempo distante, o a otro plano de la realidad.

Siglo Con esto Nostradamus indica un grupo de 100 cuartetos, en lugar de un período de cien años. Nostradamus no completó cada Siglo.

Sortes Adivinación por suertes, o como resultado de abrir un libro sagrado al azar y dar con la frase que explica y responde la pregunta cuestionada.

Tarot Paquete de 78 cartas usadas desde el siglo XIII para jugar y para adivinar.

Vidente El que adivina o el que, a través de un talento natural, ve revelaciones de futuro que no son necesariamente inspiradas divinamente.

Yang El principio masculino en la cosmología china, representado en el *I Ching* por una línea continua.

Ying El principio femenino en la cosmología china, representado en el *I Ching* por una línea discontinua.

